KB153361

청년의 생각

청년의 생각

이승만 박정희 논술문 수상 12인

펴낸날   2023년 4월 20일 초판

저자   김은구·심하연 외 10인
자문   김 박·고영주
펴낸이   이석우
펴낸곳   자유민주아카데미
　　　　　서울시 마포구 큰우물로75 성지빌딩 405호
　　　　　대표전화 02-717-1948   팩스 070-4185-7319
　　　　　홈페이지 www.korea21.kr
　　　　　유튜브   https://www.youtube.com/channel/UCn6TWxCgiPT2Teqlc0KA5Lg

등록   2022년 8월 1일(제2022-000208호)
진행   기획편집위원장 이석우
　　　　　기획편집위원 이종복
　　　　　디자인·제작 (주)하양인 (02)6013-5383

© 이석우, 2023
ISBN 979-11-979721-3-3 (03340)

청년의 생각

이승만 박정희 논술문 수상 12인

김은구 심하연
이다헌 박상윤
최 진 김호영
조주형 김규태
박현정 설총명
김민정 이하은

자유민주아카데미

대한민국에 최초로
자유의 나라를 선물한
이승만 대통령

반만년 가난의 나라에서
부국강병 국가를 실현한
박정희 대통령

목차

박정희 부국강병 대통령 청년 논술문 수상작

고영주 (자유민주당 대표)

이 책은 「제2회 이승만 건국대통령, 박정희 부국강병대통령 논술문·동화 공모전」에서 입선한 수상자들의 작품을 소개하는 책자입니다.

먼저 이 공모전에 귀한 글을 써 보내주신 응모자 여러분께 감사를 드리고, 또한 입상까지 하신 수상자 여러분께는 진심으로 축하를 드립니다. 훌륭한 글을 보내 주셨으나, 제한된 숫자만 수상 대상이 되는 관계로 치열한 경쟁 끝에 수상작에 포함되지 못한 응모자 분들께는 심심한 위로와 격려의 말씀을 드립니다.

이번 공모전에서는 제1회 공모전에 없던 동화 부문을 추가시켰습니다. 그리고 추가된 동화 부문의 응모 자격에는 연령 제한을 두지 않아서 전 국민이 참여할 수 있도록 하였습니다.

그러다 보니 상금 총액이 1,500만원이 불어나 총5,500만원이 되었습니다. 이 공모전의 후원자이신 김 박 회장님께는 사전 상의도 안 드리고 증액하였는데 김 회장님께서는 이번에도 상금 전액을 흔쾌히 후원해 주셨습니다.

오로지 대한민국 잘 되기만 바라며, 자나 깨나 나라 걱정과 나라 살리는 연구에 몰두하시는 김 박 회장님께 이 자리를 빌려 한없는 존경과 감사의 마음을 전합니다.

얼마 전 미국의 수도 워싱턴 D.C.에서 발행되는 US 뉴스 & 월드리포트지에서 세계 10대 강국의 순위를 발표하였는데, 놀랍게도 한국이 세계 6위의 강국이랍니다.

1위는 미국, 2위는 중국, 3위는 러시아, 4위는 독일, 5위는 영국, 그다음 6위가 한국입니다. 프랑스는 7위, 일본이 8위입니다. 6·25 남침 전쟁 직후, 즉 70년 전만 해도 국민소득 80달러로 전 세계에서 최하위 수준이었는데, 어느덧 세계 6위의 강국이 되었다니 믿어지십니까? 더군다나 프랑스, 일본보다도 더 강국으로 평가되다니요?

이런 놀라운 성과가 이승만·박정희 대통령 없이, 사이비 민주화 대통령들만 있었다면 과연 가능했겠습니까?

음수사원(飮水思源)이라고 했습니다. 물을 마실 때는 그 물이 어디서 왔는지 근원을 생각하고 고마움을 잊지 말라는 취지입니다.

이승만 대통령은 해방 직후 국민들 대부분이 자유민주주의가 무엇인지도 모르는 상황에서, 대한민국을 자유민주주의 국가로 건국하였고, 건국 초기에 6·25 남침 전쟁이 발발하자 탁월한 외교력으로 미국과 서방세계를 끌어들여 나라를 지켜냈습니다. 또한 휴전 후에는 한미상호방위조약을 체결하여 우리나라가 전쟁 걱정 없이 경제 발전을 할 수 있는 토대를 구축해 놓았습니다.

그야말로 명실공히 대한민국 건국의 아버지, 즉 국부이십니다.

박정희 대통령은 세계 최빈국의 만성적인 가난과 사회적 혼란, 그리고 호시탐탐 적화를 노리는 북한의 위협이라는 삼중고 속에서, 조국 근대화의 기치를 내걸고, 안보 태세 구축과 병행하여 세계 역사상 유례가 없는 최단기간의 경제 발전 그리고 세계 최고 수준의 방위산업기술국이라는, 이른바 「한강의 기적」을 이루어 내신 분입니다.

그야말로 명실공히 대한민국 부국강병의 비조(鼻祖)이십니다.

한편 북한 공산주의자들과 그들의 사주를 받는 남한의 종북 주사파 세력들은 이렇게 자랑스러운 대한민국 역사를 그대로 두고서는 대한민국의 공산화, 즉 적화통일이 어렵다고 보았습니다.

그래서 이들은 대한민국을 부끄러운 나라, 태어나지 말았어야 할 국가인 것처럼 역사를 조작하기로 하고, 그 방법으로 대한민국을 세우고 키운 위인들을 모조리 흠집 내기로 한 것입니다.

그리하여 우선적인 공격 대상을 국부인 이승만 대통령, 부국강병의 비조인 박정희 대통령으로 정하고, 그동안 무차별적인 모함과 조작을 해 왔던 것입니다.

그 결과 오늘날의 청장년 세대들은 이승만·박정희 대통령에 대하여 왜곡된 인식을 하게 되었고, 급기야 국가관과 애국심까지 상처를 입게 되었습니다.

나라를 지키려면 무기와 장비도 중요하지만, 그보다도 자기 나라를 지키려는 의지와 애국심이 더 중요합니다.

우리 청장년들에게 건전한 애국심을 키워주기 위해서는, 우리 역사를 사실대로 알려서, 자랑스러운 대한민국의 건국과 발전 과정에 자부심을 갖도록 하는 것이 가장 중요합니다.

그런 점에서 우리 자유민주당과 김 박 회장님의 의견이 완전히 일치되어 이런 공모전을 시행하고 있다는 사실을 말씀드립니다.

아울러 공모전 이후 비교적 짧은 시간 내에 이 책자를 발간할 수 있게 된 것은 책 편집 등 출간을 진행한 자유민주아카데미의 이석우 원장님과 순전히 애국심에서 자원봉사를 해주신 오율자 학장님, 그리고 김 박 회장님을 비롯하여 당 안팎에서 후원해 주신 많은 애국자 분들의 헌신이 있었던 덕분입니다.

모든 분들께 깊은 감사를 드립니다.

마지막으로 좋은 작품을 내주시어 3개 분야에서 상금 각 1,000만 원의 최우수상을 수상하신 심하연·김은구·김도식 님들, 상금 각 500만 원의 우수상을 수상하신 박상윤·이다헌·김정애 님들, 상금 각 200만 원의 장려상을 수상하신 김호영·최진 님들, 그리고 상금 각 100만 원의 가작상을 수상하신 김규태·설총명, 이하은·조주형·박현정·김민정 님들께 다시 한 번 더 축하와 감사를 드리면서 출간 축하 인사말씀에 대신하고자 합니다.

감사합니다.

제2회
이승만 건국 대통령 · 박정희 부국강병 대통령
청년 논술문 · 전 국민 동화 공모전

시상식

- 일시 : 2023년 2월 28일(화) 오후 3시

- 장소 : 자유민주당 중앙홀
  (서울 마포구 큰우물로 75)

공모전 목적 및 취지

■ **이승만 대통령**은 나라가 없어진 민족적 암울의 시기에 상해 임시 정부 수반으로서 헌신적인 독립운동과 세계를 꿰뚫어 본 안목 및 통찰력으로 빼앗긴 나라를 되찾아 자유민주주의 국가로 만들어 내고 북한 공산주의 정권의 남침에 미국과 유엔군의 참전을 이끌어 내어 나라를 다시 살려 낸 대한민국 건국의 아버지이자 세계적 외교력의 위인입니다.

■ **박정희 대통령**은 세계 최빈국의 만성 가난과 사회적 혼란 속에 적화 야욕의 북한과 대치하고 있는 삼중고의 나라를 강력한 안보 태세 구축과 병행해 세계 역사상 유례가 없는 최단기간의 경제 발전이라는 기적을 이끌어 오늘날의 번영된 경제강국으로 우뚝 세움으로써 전 세계 지도자들과 석학이 칭송하고 존경하는 부국강병의 불세출의 위인입니다.

▶ 제대로 알려져 있지않고 많은 부분 왜곡까지 되어있는 두 분의 위업과 애국심을 역사적 사실(史實)들과 진실로 되살리고 찾아내어 바로 잡아 널리 알림으로써 모든 국민이 자긍심과 희망과 용기로 바른 재도약의 길에 다시 함께 나서는 큰 첫 발걸음이 되고자 합니다.

공모 주제

(응모 기간 : 2022. 9. 21. ~ 2023. 1. 31.)

- 이승만 대통령의 자유민주주의 건국 이념 및 그 성취 과정과 의미에 대한 고찰
- 박정희 대통령의 부국강병 정신 및 그 성취 과정과 의미에 대한 고찰
- 이승만 대통령과 박정희 대통령의 위업을 알려주는 어린이를 위한 동화

총 시상금

- 5,500만원

이승만 대통령

1) 자유 민주주의를 지켜라!

2) 반공태세를 굳건히 하라!

3) 한미 우호동맹을 굳건히 하라!

4) 뭉치면 살고 흩어지면 죽는다!

1950년 7월 19일 북한군이 남침 진격하고 있던 때, 트루먼 미국 대통령에게 쓴 편지.

〈한국전선에서 미군의 전사상자가 늘어난다는 보고를 받을 때마다 가슴이 아픕니다. 이곳 한국 땅에서 죽고 다친 미국 병사들의 모든 부모, 처자, 형제자매들에게 부족하나마 위로의 말을 전하고 싶습니다. 우리 한국인들은, 약자를 지켜주려고 이 땅에 와서 잔인한 침략자들을 상대로 해방과 자유가 지구상에서 사라지지 않도록 생명을 걸고 싸우고 피 흘린 그들의 용기와 희생을 결코 잊지 않을 것입니다. 위대한 귀국의 병사들은 미국인으로서 살다가 죽었습니다만, 세계시민으로서 그들의 생명을 바쳤습니다. 공산 집단에 의하여 자유국가의 독립이 유린되는 것을 방치하는 것은 모든 나라와 미국 자신까지도 공격받는 길을 터주는

것임을 알고 나라 사랑의 한계를 초월하면서까지 목숨을 바쳤습니다.〉

이승만의 편지를 받은 트루먼 대통령이 1950년 7월 19일 행한 라디오·TV 연설.

〈한국은 작은 나라이고, 수천 마일이나 떨어져 있지만 그곳의 일은 모든 미국인에게도 중요합니다. 공산군의 공격은 국제공산주의 운동이 독립국가를 정복하기 위해 군사적 침략을 서슴없이 하고 있다는 점을 확실히 보여주었습니다. 이런 침략 행위는 모든 자유국가의 안전에 심각한 위험이 됩니다. 이는 사람들이 자유와 평화 속에서 살 수 있는 세계를 만들고 싶어 하는 자유국가의 노력에 대한 직접적인 도전입니다. 정면으로 그런 도발을 하였으므로 우리도 정면으로 맞서야 합니다.〉

박정희 대통령

"내 일생 조국과 민족을 위하여"

"우리의 후손들이 오늘을 사는 우리 세대가 그들을 위해 무엇을 했고 조국을 위해 어떠한 일을 했느냐고 물을 때 우리는 서슴지 않고 조국 근대화의 신앙을 가지고 일하고 또 일했다고 떳떳하게 대답할 수 있게 합시다." (1967년 1월 17일 연두교서)

세계적인 지도자들과 석학이 평가하는 박정희 대통령

(앨빈 토플러) "민주화는 산업화가 끝난 후에 가능하다. 이런 인물을 독재자라고 하는건 언어도단이다. 그는 세계가 본받고 싶어하는 모델이다."

(키신저) "19~20세기에 이룬 경제기적 혁명은 오직 박정희에 의한 것뿐이다. 산업화 후에 민주화 토대를 다진 박정희를 나는 존경한다."

(아이젠하워) "박정희가 없었다면 공산주의의 마지노선이 무너졌다."

(폴 케네디) "박정희는 세계 최빈국가를 불과 20년만에 정상급 국가로 만든 인물이다."

(등소평) "박정희는 나의 멘토다."

(김정일과 정주영 대화) "유신에 대해 말들이 많지만 박정희는 새마을운동으로 경제를 성장시켰다. 서울은 도쿄보다 나은 민족의 자산이다."

시상식

- **사　회 : 이석우** 자유민주아카데미 원장
- **인 사 말 : 고영주** 자유민주당 대표
- **축　사 : 인보길** 뉴데일리미디어그룹 회장/전 조선일보 편집국장
  손병두 전 박정희기념재단 이사장/서강대 총장
  박상재 한국아동문학인협회 이사장

- **심사위원장 심사평**
  신철식 우호문화재단 이사장 (전 이승만건국대통령기념사업회 회장)
  좌승희 박정희대통령기념재단 박정희학술원 원장
  김원석 한국아동문학인협회 고문
  　(동요 '예솔아, 할아버지께서 부르셔' 작사)

- **시상 & 수상자 소감**

수상자

- **최우수상(3명) 상금 각 1,000만원**
  심하연(26세) '대한민국의 자유는 어디로부터 왔는가?' 〈이승만 논술문〉
  김은구(45세) '유신, 대한민국 세 번째 보수주의 혁명' 〈박정희 논술문〉
  김도식(50세) '새벽빛' 〈박정희 대통령 동화〉

- **우수상(3명) 상금 각 500만원**
  박상윤(39세) '초등학교 『사회(역사)』 교과서부터 바꾸어야 이승만 대통령 평
  　　　　　가와 대한민국을 바로 세울 수 있다.' 〈이승만 논술문〉
  이다헌(20세) '토크빌의 『미국의 민주주의』를 통해 본 박정희와 자유민주주의'
  　　　　　〈박정희 논술문〉
  김정애(67세) '순덕이네 집' 〈박정희 대통령 동화〉

- **장려상(2명) 상금 각 200만원**
  김호영(36세) '대한민국을 대한민국으로' 〈이승만 논술문〉
  최　진(24세) '박정희 대통령이 이뤄낸 부국강병 대한민국의 두 축,
  　　　　　경부고속도로와 포항제철' 〈박정희 논술문〉

- **가작(6명) 상금 각 100만원**
  김규태(42세) **설총명**(37세) **이하은**(22세) 〈이승만 논술문〉
  조주형(33세) **박현정**(17세) **김민정**(18세) 〈박정희 논술문〉

제1부

이승만 건국 대통령
청년 논술문 수상작

최우수상	심하연
우수상	박상윤
장려상	김호영
가작	김규태
	설총명
	이하은

대한민국의 자유는
어디로부터 왔는가?

심하연 (26세. 경희사이버대 글로벌경영학과 재학)

| 요·약·문 |

한국에서 최초로 박사학위를 취득한 사람이자 초대 대통령이었던 이승만이 우리가 사는 시대에까지 미친 그 시대에 국민들에게 교육적, 경제적인 면에서 발전적이고 긍정적인 영향과 우수한 점을 기술해 보았습니다. 지금은 100년전에 비해서 시대가 개혁적으로 무궁무진히 발전하여 우리가 자칫 잊을 수도 있었던 인물을 다시금 상고시켜보고 되새겨보는 시간이 되길 바랍니다.

- 젊은세대가 이끌고 가야 할 우리나라 역사의 현 주소는 어디일까?
- 이승만대통령에 대한 간략한 소개 글
- 우리가 사는 살기 좋은 나라 대한민국이 있기까지
- 이승만과 같은 지도자가 나올 가능성을 세계는 원한다.
- 이승만이 원한 세상과, 우리가 사는 세상, 세상이 원한 인물
- 필자가 생각한 이승만, 논술문 공모전 (참고 : 필자는 1996년 생)
- 이승만은 어떤 인물이었는가?
- 20대 시절의 청년 이승만 (투옥 생활 중 기독교사상 전파)
- 기독교 배경에서 자란 가정에서 본 청년 시절의 이승만

젊은세대가 이끌고 가야 할 우리나라 역사의 현 주소는 어디일까?

20세기 후반에 태어나 21세기에 대한민국 국민으로 살아가면서 2022년 열린 카타르 월드컵 대회에서 BTS 정국의 Dreamers 개막식 노래를 부르며 국가대표 축구선수들을 응원하고 옆 사람과 "대한민국~!"을 외치는 우리는 정작 대한민국의 탄생 배경과 건립과정을 잘 모르는 사람들이 더 많은 것 같습니다.

여러분이 살아가고 있는 현 정부에 관심을 가지는 것도 중요하지만 전체적인 역사를 알아야 할 필요가 있습니다.

앞으로 대한민국의 미래와 밀접한 관련이 있는 근현대사에 대해 우리는 얼마나 알고있을까요? '대한민국'이라는 나라가 세워지기까지의 역사와 초대 대통령을 지나 현 정부가 있기까지 중요한 의무를 다한 한 인물이 있습니다.

우리가 익히 들어 잘 알고 있는 역사 위인전에 자주 등장하는 백범 김구 선생과 동시대에 살았고 한 나라를 통치했던 사람입니다.

바로 이승만 대통령입니다. (1875. 3. 26 ~ 1965. 7. 19)

이승만대통령에 대한 간략한 소개 글

이승만 초대 대통령에 대하여 60세 이상 어른들은 잘 아는 사람은 아시겠지만 요즘 젊은 사람들 또한 더 잘 알고있어야 할 인물이죠.

왜냐하면 10대와 20대 30대 여러분이 앞으로의 대한민국의 미래를 책임질 대한민국의 주축으로서 대한민국의 건립 역사를 알아야 하기 때문입니다.

역사를 잘 알고 있어야 앞으로 투표를 할 때 더 신중히 투표하여 더 나은 통치자를 뽑을 아주 중요한 권한을 가졌기 때문입니다. "역사를 잊은 민족에게 미래는 없다!" 이 문구를 많이 들어보셨을 것입니다. 우리는 현 정부 또한 관심을 가져야 하지만 1948년 대한민국이 수립될 당시 우리나라를 건국한 이념 또한 살펴볼 수 있어야 합니다. 저와 여러분이 알고 있어야 안정적이고 막강한 나라로 자리매김해 나갈 수 있을 것입니다.

우리나라를 빛낸 수 많은 인물들 중에서 이승만 초대 대통령은 올바른 건국이념을 한국에 선포하고, 외교의 역할을 톡톡히 하여 좋은 신념을 국민에게 전파하여 자유민주주의 국가로 살 수 있도록 도움을 주었습니다.

유학을 통해 해외와도 자주 교류하며 현재의 문화강국으로 우뚝 선

나라로 살 수 있도록 기반을 마련했던 분입니다.

우리가 사는 살기 좋은 나라 대한민국이 있기까지

우리가 현재 사는 대한민국 사회는 교육 수준이 매우 높고, 문맹률이 낮으며 문화강국으로 유명합니다. 해외에 가도 한국을 인식하는 수준이 매우 좋은 편이며, KOREAN 이라면 다들 친해지고 싶어하죠. 요즘엔 세계적으로 위상이 높아져 한국어를 배우려는 외국인도 매우 많아지고 있는 추세입니다.

디지털 사회와 교육의 글로벌화, 해외 명문대생들간의 활발한 문화교류, 한류의 확산에 따른 전세계가 열광하는 블랙핑크, 동방신기, NewJeans, 소녀시대, BTS 등의 세계진출. UN연설로 연일 화제의 중심이 되는 나라가 되었습니다.

해외로 수출된 국내제작 유명 드라마로는 대장금, 겨울연가등이 있고, 최근의 히트작 황동혁 감독의 오징어 게임, 학교폭력을 무게있게 다룬 드라마 시리즈 김은숙 작가의 더 글로리 등이 있습니다.

문화선진국으로 자랑스러운 대한민국 국민으로서 살아가는게 얼마나 기쁜지! 반도체 LED TV 스마트폰 수출률이 높은 경제강국, 외교강국이 되기까지 수 많은 발전을 거듭해왔습니다.

국민들의 열띤 수고로 삼성, SK, LG, 현대, 두산, KIA, POSCO, 한화같은 높은 품질의 전자제품과 철강산업 대기업 뿐만 아니라,

연예기획사 SM, YG, JYP, CUBE, HYBE엔터테인먼트 등이 세계에서 인정받는 높은 퀄리티를 자랑하는 작품을 선보이는 인재보유국이기도 합니다.

또한 대한민국은 문화 컨텐츠 강국일 뿐만 아니라 국내에서의 국민들의 인기뿐만 아니라 해외 기업들과도 협력하는 수준입니다.

여러분 네옴시티 프로젝트를 들어보셨나요? 2023년 무함마드 빈 살만 이라는 사우디아라비아 왕세자는 한국에 내방했는데요, 최소 몇백억에서 천억원을 호가할 정도의 투자가치를 부여하여 정부의 2030정책 네옴시티 프로젝트 발표와 함께 친환경도시개발에 비전을 두고 한국의 대기업들과 협력하여 900만명 이상의 인구를 포용할 인프라를 구축할 계획이라고합니다.

이렇 듯 석유로 인해 자본이 많은 아랍권 자원 강국에서도 협력을 원하는 살기 좋고 수준높은 교육수준까지 갖춘 현재의 대한민국이 있기까지 우리는 수많은 세대에 걸친 애국자들과 위인들과 함께 해왔습니다.

여러분도 대한민국을 대표하는 한 사람으로 혹은 세계를 대표하는 한 사람으로 남고싶지 않나요? 훌륭한 나라에서는 훌륭한 인재들이 많이 생기기 마련입니다. 지금 살고있는 나라에 자부심을 가지려면 역사를 알아야하고, 여러분이 가장 훌륭한 삶을 살고있다는 것을 많은 사람들에게 알리며 지내기를 바랍니다. 그 주인공인 여러분들이 앞으로 나아갈 길의 보탬 중 한 페이지가 될 수 있도록 긴글 함께 읽어주시면 감사하겠습니다.

이승만과 같은 지도자가 나올 가능성을 세계는 원한다.

우리가 먼저 살기 좋은 나라로 이 나라를 인식해야 앞으로 더 나은 세상을 만들 수 있을 것입니다. 현 정부가 국가를 잘 운영하는지도, 외교를 잘 하고있는지도 잘 모르겠다는 사람은 없을 것입니다. 100년이 채 안된 역사들이 우리의 삶에 영향을 미치고 있는지도 잘 모르겠는 이전 정부를 왜 알아야 하는지 의문과, 왜 그 옛날의 대통령에 대해 내가 알아야하는가? 이 질문이 이제 만 27세가 된 저라고 안한게 아닙니다. 하지만 분명히 알아야할 것은 우리는 과거의 역사에서도 왜곡된 부분 또한 좋은 쪽으로 발전시켜 앞서나간 훌륭한 지도자와 같은 인물들을 현시대에도 많이 양성해야할 뿐만아니라, 더 발전시켜서 사회와 국가에 이바지 하도록 서로가 서로를 부축해야하기 때문입니다.

이승만이 원한 세상과, 우리가 사는 세상, 세상이 원한 인물

이승만은 세계를 원했고, 세계는 지도자를 원했습니다.

이승만은 100년전 세계화를 원했고, 우리는 현재 세계화를 이뤘습니다.

이승만은 교육에 열의를 보였고 대학은 이승만과 교류했습니다.

이승만은 일본의 속국이 되기를 원하지 않았고, 현대는 일본과 교류하는 시대가 되었습니다.

이승만은 대한민국이 강국이기를 원했고 이승만은 대한민국을 선택했습니다.

이승만은 대한민국의 독립 해방을 원했고, 국민은 현재 자유를 누립니다.

이승만은 성경과 하나님을 사랑했고, 한국에도 미국처럼 하나님을 사랑하는 사람이 많아지길 바랬습니다.

이승만은 대한민국의 자유를 원했고, 한국은 민주주의 국가가 되었습니다.

이승만은 끝까지 한국을 믿었고, 우리는 이승만을 인정했습니다.

이승만은 학교에서 배우며 감옥에서 기도했고, 죽기 전 까지 기도했습니다.

필자가 생각한 이승만, 논술문 공모전 (참고 : 필자는 1996년 생)

저 또한 여느 평범한 대한민국 국민과 다르지 않게 동갑인 학생들과 함께 한국에서 고등학교 교육을 받았고, 한국사 시간에 선생님께 수업을 들었습니다. 대학생이 되며 기독교 연합동아리 활동을 꾸준히 하였고, 매일 중고등학생과 성경을 함께 읽는 생활을 하였습니다. 해외(이스라엘)에 유학도 다녀오게 되었고, 지금은 직장인이 되었습니다.

성인이 되며 자연스레 투표권을 가지게 되어 국회의원과 대통령을 선거하며 현 정부에도 관심을 가지고 있습니다.

저는 어떻게 보면 우리 세대가 아예 몰랐거나 잊혀져 갈 수도 있던 인물을 이렇게 되살려 생각해보게 하는 논술 공모전 대회의 취지가 아

주 좋다고 생각하고,

다시금 대한민국의 건국이념에 대해서 상고해보며 기릴 수 있는 시간을 갖는 지금이 매우 좋습니다.

누구나 하기 싫어하는 일을 하는걸 선뜻 좋아하지 않습니다. 누구나 좋아하는 일을 열심히 하게 됩니다. 논술을 작성하며 역사적 인물인 초대 대통령의 인생을 알아보며 제가 느꼈던 감정, 새로 알게 된 사실들, 나라를 사랑한 진심에 대하여 여러분도 함께 알기를 바라는 마음입니다.

이번 논술을 계기로 역대 대통령 특히 초대 대통령에 대해서 알아볼 뿐만 아니라 주변에 알리고자 하였고, 공모전을 통하여 그의 삶에서 바랬던 대한민국의 자유민주주의 국가로 건립하고자 했던 목표에 대해 다른 사람에게도 잘 알리게 된 계기가 됐습니다.

저는 모든 국민이 투표권을 갖는 합법화 된 민주주의를 실현하는 시대에 너무도 당연하게 살아왔기 때문에 국민에 대한 기본권리를 세운 업적을 남기고, 대한민국이 자유민주주의 국가로 이렇게까지 굳건히 성장할 수 있도록 나라를 건립한, 과거에 국가에 외교면에서 큰 도움을 준 애국자로서 뛰어났던 역사적 인물에 대하여 알게 된 것에 대해 매우 영광스럽게 생각합니다.

이승만은 어떤 인물이었는가?

　2022년 현재 대학생 겸 직장인인 저는 근현대사를 공부하던 한국사 시간에 광복절에 관해 배웠고, 일제의 탄압에 반대하는 유관순 열사의 애국심 넘치는 헌신의 대한민국 국민에 의해서만 이룬 역사라고 아주 부분적으로 생각해왔습니다. 하지만 우리가 미처 몰랐던 역사 인물들 중에서, 이승만이라는 아주 중요한 인물이 있었다는 걸 알게 되었고, 이에 관심을 갖고 이승만에 대한 자료를 여러 방면으로 수집하면서 공부하게 되었고, 수집한 자료를 토대로 그의 행보와 업적을 년도 순으로 차례로 소개하고자 합니다. (출처 : 인터넷 검색)

20대 시절의 청년 이승만 (투옥 생활 중 기독교사상 전파)

　1894년 동학농민운동이 있었을 당시 20살이었던 이승만은 개화사상을 받아들여 아펜젤러의 배재학당에 입학하였습니다.

　그는 뛰어난 웅변실력으로 유명하였으며 서재필 등의 계몽 운동가들과 활발하게 교류하며 자유와 민주주의라는 것에 대해 처음 배웠으며 독립협회를 중심으로 계몽운동에 참여하였습니다.

　1898년 3월 10일 종로에서 열린 한국 최초의 근대적 대중집회인 만민공동회에서 23살의 청년 이승만은 러시아의 이권 요구를 규탄하는 연설을 통해서 젊은 리더로 인정받았습니다.

　또한 한국 최초의 민간 일간신문인 매일신문을 창간하였고, 이 때의 경험으로 유영석과 함께 제국신문을 창간했습니다.

또한 그는 감옥에서 선교사들을 통해 성경을 들여와 읽으며 간수 및 동료 죄수들에게도 기독교를 전도했고 새로운 사상을 학습하고 발전시켰습니다.

1901년 초에 기본서장서라는 건의서를 제출했습니다. 무릇 감옥을 설치한 것은 사실 백성 가운데 불량한 자로 하여금 개과천선 하게 하기 위함입니다. 그러므로 태서(서양)의 옥정을 살펴보건대 인애와 관서의 제조항 밖에도 지극히 선한 한 가지 조항이 더 있습니다. 이는 우리 한국이 마땅히 빨리 본받아 시행해야 할 일입니다. 백성으로서 법률을 위반하는 일은 태반이 직업을 잃고 의지할 데가 없는 자들로부터 나오는데, 이것 역시 교화가 미치지 못하기 때문입니다. 백성 위에 있는 사람은 그들에게 사랑을 베풀 것을 생각하지 않고, 다만 그 죄만을 미워하여 죄과에 따라 오직 법으로만 다스리려 합니다. 라며 교화의 중요성을 강조했습니다. 그러면서 그는 몇 가지 형정 개혁방안과 자신의 언론활동을 경험을 설명하고나서, 결론적으로 감옥 안에 학교를 개설할 것을 건의했습니다. (출처 : 책 이승만과 김구)

감옥 내 도서관을 만들었고, 책 '독립정신'을 저술하였고(실제로 도서관에 비치 되어있음) 1904년 29세 때 석방되어 대한제국의 독립 보전 요청임무를 갖고 미국유학을 하러 떠났습니다.

기독교 배경에서 자란 가정에서 본 청년 시절의 이승만

필자는 기독교 배경 가정에서 태어났을 때부터 자라와서 현재까지도 매주 성도들과 주일에 모이고 있습니다. 저는 23살~24살에 기독교 단체에서 교사 분들에게 수업을 받았고, 강단에도 섰으며, 많은 성도들에게 진리를 가르치려고 성경 말씀을 알기 쉽게 정리하여 외쳤던 사람입니다. 훈련생의 과정을 통과하며 이스라엘에도 다녀왔습니다. 이런 저희 집안의 관점에서 봤을 때에도 이승만의 20대 시절에 한 행동은 아주 칭찬할 만한 행동이었다고 생각합니다. 기독교 단체는 몇 십년 전부터 현재까지도 중국과 북한의 공산주의 체제로 인하여 종교의 자유가 없고, 자유가 많이 박탈당한 나라에 대해서 굉장히 유감이며 빨리 그들에게 자유가 오기를 소망해왔고, 성도들과 매주 있는 기도집회에서 현재까지도 북한에 복음의 문이 열리기를 단체적인 방식으로 간절히 기도하고 있습니다. 지금 생각해보면 이승만이 바래왔던 것도 현재 우리 기독교 단체에서 바라는 점과 비슷하다고 느껴집니다. 이승만은 성경을 읽으며 전파했고 하나님을 믿는 사람이었습니다.

자유민주주의 국가를 이룩하고자 했던 이승만의 마음에 매우 공감이 갔고, 학생들을 지식으로 깨우고 감옥에서까지 죄수들에게 성경을 읽도록 교육했으며, 도서관까지 세웠다는 점에서 그가 배운 개화사상을 매우 높게 사야한다고 생각합니다. 자유민주주의가 무엇인지 알고나니 그것을 실제로 실현하게 한 이승만을 매우 높이 평가하게 되었습니다. 우리는 자유민주주의와 자유주의 자유에 대해서 알 필요가 있습니다. 사전에서 찾아서 정의를 정리해 보았습니다.

자유민주주의의 사전적 의미 liberal democracy (출처 : 사전)

자유주의에 입각한 민주주의 사상이 자유 민주주의이고, 자유로부터 온 민주주의가 진정한 민주주의의 의미이다.

자유민주주의의 '자유'는 시민의 정치적 자유를 의미한다.

이러한 자유권 중에는 사유 재산의 권리(소위 재산권)이 포함된다.

그렇기 때문에 개인의 법적인 자유가 궁극적으로 공산화나 적화통일 등으로 이어져 다른 영역의 자유를 위협할 수 있다면, 적당한 선에서 그러한 자유를 제약하는 것이 자유민주주의 원칙에 위배되지는 않는다.

경제적 자유를 무제한으로 풀어주는 것이 자유민주주의가 아닌 것과 마찬가지.

민주주의의 사전적 의미 democracy (출처 : 사전)

민주주의란 국민이 지배를 하는 정치형태를 말한다. 민주주의를 영어로 democracy라고 표현하는데, 이것은 고대 그리스로부터 시작된다. 어원은 demos와 kratos의 합성어인데 demos는 민중이라는 뜻이고, kratos

는 권력, 지배를 뜻한다. 이것은 곧 민중에 의한 지배를 의미한다.

즉, 민주주의란 다수의 민중이 지배하고 지배받기도 하는 정치형태를 말한다. 고대 그리스에서는 민주주의가 정치형태의 한 측면으로 중시되었다. 입법기관으로 민회가 있었고, 행정기관으로 평의회가, 사법기관으로 재판소가 있었는데, 이중에 평의회와 재판소는 국민들의 선출에 의하여 형성되었다. 현대로 넘어오면서 민주주의는 단순한 정치형태의 의미를 뛰어넘어 생활형태로 또는 사회구성의 원리로 받아들여지게 된다.

자유주의의 정의 liberalism (출처 : 사전)

개인의 자유와 자유로운 인격 표현을 중시하는 사상 및 운동으로 사회와 집단은 개인의 자유를 보장하기 위해 존재한다고 본다.

17~18세기에 주로 유럽의 신흥 시민계급에 의하여 주장된 시민적·경제적 자유와 민주적인 여러 제도의 도입을 요구하는 사상이나 운동이다. 로크, 루소, 벤담, 밀 등이 주창하였으며, 미국과 프랑스 혁명의 원동력이 되었다.

개인적 인격의 존엄성을 인정하고, 개성을 자발적으로 발전시키고자하는 사상이다. 개인의 사유(思惟)와 활동에 대한 간섭을 줄이고, 가능한 한 자유를 증대시키려고 하는 생활 방식이다.

자유의 개념과 사전적 의미 (출처 : 사전)

- 외부적인 구속이나 무엇에 얽매이지 아니하고 자기 마음대로 할 수 있는 상태로 자유를 누리다.
- 법률의 범위 안에서 남에게 구속되지 아니하고 자기 마음대로 하는 행위.
- (권리로서의) 자유 표현/사상/표현/종교의 자유
- (자기가 원하는 대로 할 수 있는) 자유(로운 상태)
- 행동/선택의 자유 (죄수나 노예 상태가 아닌) 자유
- (~을 겪지 않는) 자유 두려움/고통/배고픔 등으로부터의 자유
- ~을 마음대로 써도 된다는 허락

대한민국은 민주공화국입니다 (출처 : 헌법 제 1조)

우리나라 헌법 제 1조를 참조하자면

제1조 ① 대한민국은 민주공화국이다.

② 대한민국의 주권은 국민에게 있고, 모든 권력은 국민으로부터 나온다.

이렇듯이 헌법에서 매우 중요하게 1순위로 다루고 있는 조항이 있습니다.

현재는 국민으로부터 권력이 나온다고 할 만큼 개인의 주권이 매우

존중받고 있는 시대입니다. 이러한 조항이 나오기까지 역사 속에 분투했던 인물이 많았다는 점을 여러분은 기억해야 할 것입니다.

필자가 살고있는 시대에 느낀 90년대생이 생각한 자유의 권한

저는 자유민주주의라는 개념이 정치와 연관 짓지 않고 단순히 자유라는 말을 보고 좋아하던 사람이었습니다. 수업 시간이나 강의 시간 혹은 회사에서의 휴식 시간을 자유시간(Break time)이라고 부르죠. 직장인인 저에게 자유란 동료, 친구들과 자유롭게 얘기할 수 있고, 회사에서 휴대폰 사용이 가능하여 통화를 할 수 있는 등의 자유, 의복의 자유, 한국에서도 영어로 얘기할 자유, 휴가 기간에 여행을 갈 자유, 하루 근로시간이 8시간을 초과하지 않을 자유가 있습니다. 집에서는 숙면 휴식의 자유, 반려동물을 키울 자유, 사랑하는 사람과 즐겁게 영화관에서 영화를 볼 자유 또한 있습니다. 영화배우나 연극배우 가수가 될 직업 선택의 자유도 있습니다. 심지어 몇몇에게 국한되긴 해도 직업을 그만 둘 자유도 있죠. 종교나 사회단체에 가입할 자유, 정치에 참여할 여부에도 자유가 있습니다.

자유민주주의 국가에 살면서 적어도 저에게 자유란 매우 당연하게 여기던 선택권이라는 것이죠.

생활 방면의 자유는 체제 면에서의 자유와도 많은 관련이 있습니다.

우리가 가진 개인의 행복추구권과 같은 권한의 가치가 모두 자유민주주의의로 부터 파생된 것이기 때문입니다. 당연히 값지게 누리던 생활의 근원과 역사를 알고나니 일상생활에서 소중함과 감사를 표하게됩니다.

MZ 세대에게 자유란?

92년생, 99년생인 제 언니와 남동생에게 자유란? 이라고 질문했을 때 대답은 하고싶은 것 하고, 배우고싶은 것 배우고 북한처럼 사상에 얽매이지 않는 것이라고 생각하며 평범하게 사는 것이 자유이고 모든 자유에는 책임이 따르는 것 이라고 했습니다.

자유는 권한과 의무와도 밀접한 관련이 있습니다.

21세기에 살아가고있는 우리에게 자유는 망망대해처럼 펼쳐진 태평양과 같은 것입니다. 탄압 억압과 거리가 먼 매우 많은 자유가 열려있습니다.

현재 그렇지 않은 중국, 북한과 몇 공산주의 국가에 비해서 말이죠.

젊은 분들도 모두 공감 하시도록 좀 더 쉽게 설명하자면 21세기의 판타지 소설 대표작인 '해리포터' 의 집요정 도비를 아시나요? 해리포터 영화를 즐겨 보셨던 분들은 아실겁니다. 노비인 집요정 도비에게 주인이 양말을 주면 자유가 되는 장면 다들 한번쯤은 보셨을 것입니다.

양말을 받아 자유가 된 노비였던 도비가 외치던 말이있죠.

"Dobby is Free!!!!" 주인과 일로부터 해방된 도비는 자유를 만끽합니다.

저와 같은 20대 여러분이 공감이 가도록 일제의 억압과 탄압에 빗대어 어떠한 억압과 자유로부터 자유로워지고 싶어 한 노예 집요정 도비가 자유를 되찾은 모습을 예로 들었습니다. (출처 : 영화 해리포터)

제가 예를 든건 해리포터 같이 전 세계 어느 서점에서나 손쉽게 구할 수 있는 공상과학 SF영화의 소설 속 이야기 이지만, 실제로 제가 느끼기에 우리 세대가 느꼈던 일제와 공산주의 등 자유민주주의 체제가 갖춰져있지 않은 시대가 느낀 억압과 구속은 딱 그 정도로 감히 상상할 수 없는 시대이죠.

1910~1945 까지의 일제 강점기에서 수많은 약탈의 위협이 있었지만 이승만은 우리나라가 애초에 일본의 속국으로 생각하지 않았던 모양입니다.

한국 최초의 박사 학위를 받은 최초의 한국 사람이 모국을 가치있게 생각한 건 높은 교육에서 온 것입니다. 이러한 교육으로 인해 변화된 대한민국을 실제로 목격했던 세대는 얼마나 대한민국의 현재가 살기 좋다는 시대가 되었다는걸 우리 세대의 그 누구보다도 잘 아시는 분들 이실 것입니다.

이렇듯 젊은 사람들이 이야기 하는 자유와 정치 면에서 말하는 자유 (주의)는 꽤나 사뭇 차이가 느껴지는데요, 우리는 이승만에 대해서 이야기 하기도 해야하지만, 우리가 얼마나 자유를 누리고 왔는지에 대해서도 이야기 할 수 있어야 합니다. 20세기의 여러 선열들과 위인들이 만들어 둔 아주 좋은 세상에서 21세기에 평안을 누리며 살고 있다는 것도 말입니다. 그 안락함을 풍족히 누려온 증거들이 바로 우리 세대가 아닐까 생각이 듭니다. 저는 다짐하게 되었습니다. 그분들이 열심히 터를 닦아놓은 세상에 아주 좋은 시대에 살고 있음에 감사할 줄 알고, 그렇게 만들어 준 분들에 대해 현재의 누군가에게, 앞으로 후세대 분들에게도 분명하게 말해줄 수 있는 젊은이가 되어야겠다고 말입니다.

Free 말만 들어도 너무 좋은 말 아닌가요? 억압에서 벗어나 진정한 자유를 찾는 통쾌함과 동시에 너무나도 해방감이 드는 단어라고 느껴집니다.

이승만은 공산주의로 물든 세력을 보고, 모든 주권이 국민에게 있는 민주주의의 가치를 알고 자유민주주의 국가가 되길 얼마나 간절히 원했을까요?

우리는 우리의 인생을 소중히 여겨 직장도 아무 직장이나 선택하는 사람들이 아니죠. 성인이 되어서 내가 원하는 진로와 직장을 선택할 수 있는 권리, 누군가에게 통치당하고 약탈과 억압을 당하지 않을 수 있는 권리 등이 우리에게 있습니다. 이는 이승만 선열이 이루어놓은 자유민주 국가에 속한 국민으로서 민주주의가 토대로 된 주권을 누릴 수 있기 때문입니다.

저는 자유민주주의와 자유의 사전적 정의를 보고 암울했던 일제시대 또한 동시에 떠올랐습니다. 우리는 우리의 언어를 사용할 수 없도록 자유를 탄압당했었고, 국민들 또한 일제의 지배와 공산주의에 물들어 가고 있을 때에

이승만이 대학에서 배운 외교력으로 국민들에게 올바른 자유민주주의를 전파하였답니다. 20세기 초반 많은 사람들이 제대로 대학 교육을 받지 않은 현실 속에서 국민을 위협했던 다른 사상에 사로잡힌 국민들을 계몽하는 것은 쉽지 않았을 것입니다. 이에 이승만은 지속적인 교육의 필요성을 인식했고 올바른 사상을 끊임없이 심어주는 것이 필요함을 인식하고 그 당시의 국민들을 계몽하였습니다.

20세기 초반 자유주의 이념을 언론에 선포한 이승만 (출처 : 나무위키 등)

1900년대 초에는 저(필자)의 모교인 이화여고는 외국 선교사 스크랜튼 여사에 의해 세워졌습니다. 기독교 정신을 배경으로 학교를 세운 사람은 1886년 이화여대를 세운 사람이었는데 이승만과 스크랜튼 여사가 동시대에 살았던 인물이라고 생각하니 더욱 친근하고, 이해하기 쉽게 다가왔습니다. 이승만은 분명히 학교를 세울 때에도 독단적으로 하지 않았을 것이고 유학중에 만난 미국의 교수님들과 융화되었으며 선교사의 영향을 많이 받았을 것입니다.

이승만은 1905년 30세 때 시어도어 루즈벨트를 만나 독립보전을 위한 교민들의 청원서를 전달하였습니다. 이 면담은 국내에 언론을 통해 보도되었고 황성신문에서는 이승만은 한국 국민의 대표자, 독립 주권의 보전자, 애국열성의 의기남자, 청년지사라며 극찬을 받았습니다.

어떤 나라이든지 주체적인 정신을 가지고 성장해야 주변에서도 많이 인정을 해 준다고 생각합니다. 대한민국의 독립정신을 아주 강하게 주장한 사례로, 주권을 갖고 있어야 한다는 정신을 가진 청년의 신념을 언론에서 잘 표현했다고 생각합니다. 우리도 이러한 애국정신을 가져야 한다고 생각합니다.

*브루클린 데일리 이글(Brooklyn Daily Eagle)이 8월 4일에 보도한 기사에 보면 이승만은 이렇게 말했습니다.

"우리는 한국 정부 또는 어떤 단체를 대표한다고 주장하는 것이 아니라 나라의 자유주의 정서를 대변하는 것입니다."

기자가 "당신은 러시아보다 일본을 선호합니까?"라고 묻자

"우리는 러시아보다 일본을 더 좋아하지만 우리는 어떠한 국가나 민족에게도 지배받고 싶지 않습니다."

또한 이승만은 일본에 대해서 이렇게 표현하였습니다.

"우리는 개인적 그리고 정치적 자유를 주장합니다. 일본은 우리를 보호 통치할 권한이 없습니다. 미국이 우리를 보호 통치할 권한이 없는 것처럼."

즉, 이승만은 일본은 한국을 보호 통치할 권한이 없고 어떠한 국가에게도 지배받고 싶지 않다는 점을 분명히 밝혔으며, 한국의 독립을 위해 갔다는 것이 명확했습니다.

이렇듯 일본에 대한 저항정신과 우리나라의 독립 의지를 명확하게 얘기하므로 국민들과 언론에 밝혔습니다. 우리도 이러했던 이승만의 20대 시절을 본받아 당당하게 한국을 소개할 수 있는 자랑스러운 외교관이 되기를 기대해봅니다. 저와 여러분 모두가 말이죠.

이승만의 미국에서의 대학생활 (30대)

이승만은 이후에도 미국에서 학사, 석사, 박사학위를 취득하였습니다.

그는 최초의 한국인 박사학위 취득자이며, 이러한 학업 성취 과정으로 인해 자부심을 갖고 정치적 행보에 영향을 미치게 되었습니다.

높은 학위를 취득한 한국인의 좋은 사례의 시작점이 아니었나 싶습니다.

필자 또한 현재 27세로 30대를 앞둔 사람으로서, 이승만의 젊은 시절을 바라보자면, 애국자라는 수식어가 매우 어울리는 학생이었을 것이라고 생각합니다.

어쩌면 그 시대에 앞서가서 새로운 것을 보고자 하는 청년 시절이 그려집니다. 배움이라는 꽃의 아름다움을 안 그는 올바른 말씀으로 학생들을 일깨워주고자 노력했을 뿐만 아니라, 영어를 모국어처럼 완벽하게 구사하여, 학업에 열중하는 모습을 보였습니다.

독자 여러분들 중에서는 현재 학업을 진행하는 과정중에 있으시거나 어떤 분들은 대학생의 부모님들도 계실 것이고, 심지어 아직 대학에 진학 하기 전의 청소년 여러분들도 계실 것입니다.

우리도 이승만도 대통령이기 이전에 국민이었고 대학생이었습니다.

우리는 이승만에 대해 알아보고 공부하면서 무엇을 느껴야 할까요?

우리 주변과 자신도 돌아보게 되진 않나요?

대한민국의 국민으로서 느껴야 할 자부심 마음껏 느끼십시오.

또한 학업을 향한 열정 마음껏 펼쳐 주십시오.

주변 학생들을 일깨워주는 옳은 말도 하십시오.

여러분이라고 한 시대에 획을 그을 통치자의 꿈 또한 왜 갖지 말아야 하겠습니까? 선교사가 되고, 의사가 되고, 변호사가 되고 판·검사도 되십시오.

학교를 세우는 일, 한국어와 수학 영어 한국사와 세계사를 가르치는 일 모두 가치 있는 것입니다.

대한민국이라는 국가를 사랑했기 때문에 할 수 있던 일,

사회를 이끄는 힘 외교의 역할을 저와 여러분이 하셔야 합니다.

100년 전에 열정적으로 그가 했던 일을 본 받아 우리도 실천해야 합니다.

대통령이 꿈인 사람이 젊은 세대에는 왜 없어야 하겠습니까?

여러분도 높은 꿈을 가지시고 발자취를 따라 성취하십시오.

이승만의 미국에서의 대학 학위과정

– 조지 워싱턴 대학교에서 학사학위

– 하버드 대학교에서 석사학위

– 프린스턴 대학교에서 정치학을 전공 박사학위 (1910년 35세)

이승만은 1910년 10월 한국으로 귀국하여 황성 YMCA 청년회에서 교사로 활동하며 학생들을 가르쳤습니다.

활동하던 중 1911년 일제가 기독교인들에게 총독을 암살하려 한다는 거짓 누명을 씌워 700여 명을 체포한 사건을 계기로 국내에서 활동할 수 없다고 판단하여 하와이로 건너가게 됩니다.

이후엔 미국 감리회 소속의 한인중앙학원 교장직을 거쳤습니다.

5년만에 남녀공학제 교육기관인 한인기독학원(Korean Christian Institute)을 세우고 한인 학생들을 교육하였습니다.

1913년에는 순한글 월간지인 "태평양잡지"도 창간하게 됩니다.

당시 같이 일하는 사람중 한사람인 박용만은 군사를 양성해야 한다고 하였지만 막대한 운영비가 필요했고 이승만은 그 돈으로 교육과 외교에 투자해야 한다고 할 만큼 교육과 외교에 대한 열의가 돋보였습니다.

이승만의 학교설립에 대한 필자의 생각

만약에 이승만이 20세기 초반에 활약하여 기독교 학교를 설립했다면, 21세기 대한민국에는 학교를 설립하고자 하는 마음을 가진 사람들이 어디있을까? 생각을 해보았습니다. 우리 주변에는 많은 기독교 재단인 고등학교, 대학교들이 있고, 재학중인 학생들도 있을 것입니다.

제 주변에는 태어났을 때부터 교사분들이 많았고, 교사분들은 교사를 양성하고자 하였으며, 현재 저의 주변 지인은 대부분 교사입니다. 우린 학교가 이미 많이 세워져 있는 시대에 살고 있지만, 그곳에서 교사들과 학생들이 올바른 수업을 하고 배우는지 관심을 가져야 합니다.

대학교에 가서 우린 최상의 교육을 받지만, 우리가 받은 교육과 다른 교육을 받은 사람의 말도 들어줄 수 있어야 하며, 허용하는 한 더 좋은 것을 가르치는 사람들이 되어야 합니다.

20세기에 기독교를 국교로 받아들여 전파할 뿐만 아니라 굳건히 설립하고자하는 선교사들과 이승만과 같은 인물이 없었다면, 대한민국은 자유가 없는 나라로 전락했거나, 일제에서 벗어나지 못했을 것으로 생각됩니다.

필자는 현재 글로벌 경영학과 대학생이기도 한데, 대학에서 학업을 하는 것이 다만 등록금을 내고 무언가를 배우는 것에서 그치는 것이 아니라 더 나아가 나를 통해 또는 어떤 단체를 통해 선한 영향력을 미치며, 국내 뿐만 아니라 세계적인 무대에서도 역량을 발휘하는 사람이 되도록 발판이 되는 공간이라고 생각합니다. 어떻게 보면 이승만이 앞서서 그런 행보를 보였기 때문에 한국의 기독교가 이만큼 성장할 수 있게 된 것 같습니다.

이승만도 청년 시절 지금의 저와 같이 하나님을 사랑하고 하나님의 말씀과 사람들을 사랑했을 것이라고 저는 믿어 의심치 않습니다.

대한민국 임시정부 시기 초대 대통령 선출 (출처 : 나무위키 등)

각지의 임시정부를 통합한 대한민국 임시정부는 대통령제로 개정하고 이승만이 초대 대통령으로 선출되었습니다.

1945년 8월 8일 이승만은 광복 직전에 미 정부에 귀국 요청 편지를 보냈습니다. 이 때 같은 반소련주의자인 맥아더의 도움으로 이승만은 도쿄에 가서 그를 만나게 됩니다.

소련은 8월 일본과의 전쟁에 참전하여 일주일 만에 한반도 북부를 점령했고 27일에는 한반도 북부 지역 대부분에 소련군이 배치되었습니다.

미국은 소련의 남하를 저지하기 위해 38선을 그었고 9월 8일에 미군이 뒤늦게 한반도에 도착합니다.

이승만은 임시정부로부터 국제연맹 총회에 한국 독립을 탄원할 전권대사로 임명 되었습니다.

1933년 국제연맹총회가 열리는 스위스에 가서 독립청원서를 제출하고 회원국 대표들과 기자들에게 한인 독립 문제를 회의 의제로 채택해 줄 것을 요청 했습니다. 처음엔 직접 상정하려 했으나 거부당한 뒤 성명서를 작성하고 국제연맹 사무국과 회원국 대표들에게 발송했고 이에 각국 대표들과 현지 언론들도 우호적이었습니다.

1930년대 들어서 임시정부에서 반(反)이승만 세력이 약화 되자 1934년 임시정부 국무위원에 선출되었습니다.

이 후에 이승만은 맥아더와 함께 10월 4일 미국을 출발하여 도쿄를 거쳐 10월 16일 귀국했습니다.

이승만의 이름은 기존에도 한국 내에 널리 알려져 있었기 때문에 그는 귀국시부터 많은 지지를 받았고 조선인민공화국의 지도자로 추대될 정도였습니다. 그러나 이승만의 의사와 상관없이 일방적으로 추대된 것이었기 때문에 이승만은 방송을 통해 공식적으로 조선인민공화국 주석직 취임을 거절했습니다.

이승만은 모든 정치세력의 단결을 호소하며 독립촉성중앙협의회라는 통합 기구를 조직했고 독촉중앙회는 이승만 세력의 정치적 모태가 되었습니다.

1945년 10월 25일자 매일신보에 실린 독촉에서 한 이승만의 발언

"무엇이든지 하나로 만들자! 한 덩어리로 애국정신을 뭉쳐 우리의 원하는 바를 세계에 보여야 한다. 그 기관을 만들자. 이 모임은 실로 조선 독립을 위해 우리의 역사에 길이 남을 것이다. 그러나 나는 여러분에게 억지로 뭉치라고 강요하지도 않고 또 뭉쳐 만들려 하지도 않는다. 당신들이 뭉쳐서 조선 사람에게 실감하게 하라!"

이 발언에서도 볼 수 있듯이, 애국정신으로 뭉친 한마음 한뜻을 원하면서도 개인의 의견을 존중해 강요하지 않는다고 말하는 언행을 발견할 수 있습니다. 그러면서도 의무를 다하여 애국의 일을 하라고 국민에게 강조하는 그의 태도를 볼 수 있습니다.

12월 29일 모스크바 3상 회의에서 한국에 대한 신탁통치가 결정되자 신탁통치에 반대하는 시위들이 전국적으로 일어났고 김구의 임시정부와 이승만도 신탁통치에 반대했습니다. 그러나 몰래 38선을 넘어 북으로 갔던 박헌영이 소련에 설득된 뒤 1946년 1월 3일 좌익세력들은 신탁통치를 찬성하기 시작했습니다.

1946년 3월 20일부터 제1차 미소공동위원회가 열렸습니다.

이승만은 1946년 4월부터 6월까지 두 달간 삼남 지방을 순회했습니다. 이 '남선순행'을 자신의 정치적 기반을 지방까지 확대하는 기회로 삼게 됩니다.

그 와중에 북쪽에서는 1946년 2월에 이미 북조선인민위원회라는 사실상의 정부가 수립되어 무상몰수 무상분배의 토지 개혁을 하고 기간산업을 국유화하는 등 공산체제를 자리 잡아가고 있었습니다.

제1차 미소공동위원회가 미국과 소련의 입장 차로 무기한 휴회되자 6월 3일 정읍을 방문하던 중 남한 단독 정부 수립을 주장하였습니다. 이에 대해 이승만이 자신이 대통령이 되기 위한 권력욕 때문이라는 시각과, 앞서 언급했듯이 이북 지역엔 이미 사실상의 정부가 수립되어 단독 국가가 만들어지고 있었기 때문에 소련이 한반도를 점령하는 것만은 막아야 한다는 신념 때문이었습니다.

이승만은 제헌국회에서 초대 국회의장 자격으로 대통령 중심제 헌법

제정에 중요한 역할을 담당하였으며, 같은 해 7월 20일에는 제헌국회의 간접선거로 진행된 제1대 대통령 선거에서도 출석의원 196명 중 180명의 표를 얻어 당선되게 됩니다.

대한민국 정부가 1948년 8월 15일에 수립됨과 함께 공식적으로 대한민국의 초대 대통령에 취임하였습니다.

이승만은 북한이 시행한 토지 개혁에 남한의 농민들이 불만을 느끼고 사회주의가 퍼지는 것을 우려했습니다.

이에 따라 1950년 3월에 한민당의 반대를 뿌리치고 농지개혁법을 단행하여 광복 이후에도 여전히 남아있던 지주제를 혁파하고 농민들의 불만을 해소하는데 성공했습니다.

이 농민 불만 해소야말로 6.25 전쟁 초반의 패배를 극복할 수 있었던 근본적인 원인이었습니다. 국민 절대다수가 농민인 이 시기에 농심은 곧 민심이자 여론이었기 때문에 농지 개혁은 단순한 경제 정책이 아닌 대한민국의 안보 정책이기도 했습니다.

이 농지 개혁은 점진적이고 단계적인 형태의 토지 개혁으로 이 과정에서 토지 가격은 폭락하고, 지주들로부터 땅을 매입하고 나중에 토지의 값을 지불하겠다는 유가증권을 주었는데, 이 유가증권은 6.25 전쟁 등을 거치면서 가치가 하락하였습니다. 이로 말미암아 지주들의 몰락과 농민층의 분해, 근대적 자본가의 성장의 토대가 마련되었습니다.

1948년 10월 19일에는 여수와 순천에 주둔 중이던 14연대의 좌익 군인들이 제주에서 일어난 반란을 진압하러 제주도로 가는 것을 거부하고 남한 단독정부를 반대하며 반란을 일으킨 여수·순천 10.19 사건이 발생했습니다. 이후 중국 대륙도 공산화되면서 이승만은 철저한 반공 노선을 지향하였습니다. 이와 더불어 이승만은 국가보안법을 제정하여, 이들을 탄압하는 걸 가속화했고 1949년까지 감옥에 수감 된 이가 10만 명을 넘게 됩니다. 이러한 숙군작업 없이 그대로 6.25 전쟁이 일어났더라면 내부에 수많은 반란군과 간첩들을 안은 채로 전쟁을 치를뻔 했던 것입니다.

1949년 초 반민특위가 출범했고 친일반민족행위자 7,000여명 중 682건을 조사해 305명을 체포했습니다. 그러나 거리에서는 반민법 반대 관제 데모들이 벌어졌습니다. 6월 6일에는 경찰이 반민특위를 습격하여 위원 35명을 체포하는 사건이 일어났고 이후 반민특위는 급격히 위축되었습니다.

이승만은 1949년 2월 반민특위 활동이 위헌이라는 담화를 발표했습니다.

당시 반민특위 위원장을 비롯해 반민특위 활동가들은 이승만과 대립했으며, 특히나 악질 친일 경찰인 노덕술 구속을 둘러싸고 갈등과 대결이 첨예화됐습니다. 이런 와중에 이승만 편인 경찰은 5월 하순 이른바 국회 프락치 사건이라 하여 국회의원 이문원과 최태규 등 4명을 전격 구속하면서 이들일 남로당 프락치라고 발표하며 사건을 조작했습니다. 이 승만은 반민특위를 해체하기 위해 신익희 국회의장과 김상덕 위원장을 경무대로 불러 노덕술 석방을 종용했고, 6월 6일에는 내무차관 장경근을 동원하여 궁극적으로 반민특위를 습격하고 해체하게 됩니다. 놀라운 건 이러한 반민특위 흔적의 제거 과정을 한국전쟁 중인 1951년까지도 끊임없이 진행했습니다. 1951년 2월 8일 국무회의에서는 반민특위 관련 임시조치법 폐지 건을 재차 논의했으며, 2월 14일 반민족행위 재판기관 임시조치법이 폐지됨으로써, 친일파 청산은 단 한 명도 처벌하지 못한 채 끝이 났습니다.

1950년 6월 25일 새벽 북한의 침공으로 6.25 전쟁이 발발했고, 전방에 배치된 인민군은 신속히 남쪽으로 진격했습니다. 이승만에겐 같은 날 오전 10시나 되어서야 보고가 되었습니다. 소련의 지원을 받은 북한군은 진격해오고 있었고,

이날 이승만은 무초 주한 미국대사를 만나서 한국은 더 많은 무기와 탄약 그리고 특히 더 많은 소총이 필요하다고 말했습니다. 무초는 이승만과의 회담이 끝난 뒤 미국에 "부산으로 10일 치의 탄약들을 즉시 보내라"고 전문을 보냈습니다.

6월 26일 새벽 3시에 이승만은 도쿄에 있는 맥아더에게 전화를 했습

니다.

맥아더는 자는 중이었으나 이승만은 부관에게 "지금 전화를 받지 않으면 한국 내 미국인들이 하나씩 죽어나갈 것이다"라며 다그쳤습니다. 결국 전화를 받은 맥아더에게 이승만은 "지금 이 사태가 일어난 건 누구 책임이냐. 내가 여러번 경고했지 않느냐. 빨리 한국을 도와라"라고 말했다. 이승만은 전투에 쓸 포와 기구들을 보내줄 것을 요청했습니다.

미국은 이승만이 던진 수에 휘둘리게 되었고 결국 휴전협정 체결 이후 한미상호방위조약을 체결해줄 것을 약속할 수밖에 없었습니다. 휴전 이후 1953년 10월 이승만은 미국과 한미상호방위조약을 체결하여, 한반도를 둘러싼 긴장 속에서 현재까지도 지속되는 미국의 대(對)한국 안보보장을 얻는데 성공하였습니다.

이승만의 교육을 향한 의지 (고등학교와 대학교개설, 의무교육, 국민의 진학률 향상)

이승만은 교육이 최우선이라 생각하여 초등학교 의무교육을 실시하고 전후 대대적인 학교 건립에 나섰습니다. 그리고 일제의 식민지정책에 따라 제한되어 있던 고등교육 기회를 개방시켜 전 국민의 교육수준을 향상시켰습니다.

원래는 정부수립 직후부터 실시하려 했으나 전쟁으로 인해 차질이 생겼다가 1954년부터 본격적으로 재개하여 1959년에는 전국 7세 아동의 95.3%가 초등학교에 입학하게 됩니다. 뿐만 아니라, 전문적 인재 육성을 위해 한국외국어대학교, 인하대학교 등 여러 대학교를 세우는 데 투자했습니다. 그 결과 80%에 달했던 문맹률은 22%로 떨어졌고, 학교 수와 학생 수는 3~11배 이상으로 크게 늘었습니다. 1960년에는 초등학교가 4,600여개로 늘어났습니다. 대학이나 전문학교 같은 고등교육기관도 광복 당시 19개에서 1960년에는 68개로 대폭 늘어났고 대학생 수는 10만명에 달했습니다. 이는 당시 영국의 대학생 수와 맞먹는 숫자입니다.

1951년 과학교육위원회를 발족

조속한 전후 복구를 위해 과학기술 교육과 진흥을 강력히 추진했습니다. 이를 위해 무엇보다 과학인재 육성에 힘썼습니다. 과학기술교육을 진흥하기 위해 전쟁의 폐허 속에서도 과학교육위원회를 발족시켰고,

1인 1기 교육추진위원회를 조직해 중학교 이상의 학생들에게 1인 1기 술교육을 시행했습니다. 한편 원자력을 생활 에너지화 하는데 전력을 기울였습니다. (출처 : 책 내가 만난 이승만 대통령 남기고 싶은 이야기)

국내산업부지 개설, 생산능력을 향상시킴, 원자력발전소 준공

당시 미국은 한국에 원조금을 지원하면서 필요한 물품은 일본으로부터 수입해서 쓰기를 바랐습니다. 일본에서는 물품을 생산하게 하고, 한

국에는 원조 자금을 지원하여 그 돈으로 일본으로부터 물품들을 사서 쓰게 하는 것이 미국의 동북아 경제 구상이었습니다. 하지만 이승만은 스스로 생산능력을 갖추는게 중요하다고 판단하여 미국의 반대에도 불구하고 사서 쓰는 대신 충주 비료공장과 문경 시멘트공장, 인천 판유리 공장을 지으며 자체 생산을 시작했습니다.

우리나라에 산업의 터를 잡고 사람들을 일하게 하여 자본을 구축하는 생산성을 향상시킨 표본이라고 할 수 있습니다.

이승만은 1956년 문교부에 원자력과를 신설하고 1958년에 원자력법을 제정하면서 원자력 발전소를 향한 연구를 시작했습니다. 1인당 6,000달러가 드는 미국 알곤국립연구소 프로그램에도 150여명의 훈련생을 유학보냈는데 당시 한국의 1인당 국내총생산이 60달러에 불과했으니 얼마나 큰 투자였는지 알 수 있습니다.

저도 훈련생 신분으로 교회의 지원을 받아 수업을 받고 이스라엘 해외탐방 일정에 함께 하였는데 많은 분들이 지원하고 격려와 응원을 아끼지 않은 만큼 이승만 전 대통령과 같이 큰 일을 하는 사람이 되어야겠다고 다짐하게 되었습니다.

1959년에는 한국 최초의 연구용 원자로도 만들었습니다. 1978년에 한국 최초의 원자력 발전소 준공에 성공하게 됩니다.

이승만은 국민이 원하면 대통령직을 사임하겠다는 담화를 발표하였는데 당시 국회에서 이 부분을 놓고 논쟁이 벌어졌습니다. 국회가 대통령의 하야를 확인하고 권한대행 체제로 국정이 운영되어야 한다는 주장도 나오게 됩니다.

국회 시국대책위원회는 미리 준비해 둔 시국수습 대책에 대통령 하야 문제를 포함시켰고, 국회는 담화문이 발표된 그날 오후 3시 시국수습결의안을 만장일치로 가결함에 따라 다음 날 이승만이 국회에 제출한 사임서를 수리하게됩니다.

이후 한달간 이화장에서 거주하면서 지내다가 1960년 5월 29일 하와이로 출국했으며, 이승만은 자신이 과거 오랫동안 활동한 하와이에서 옛 동지들도 만나고 쉬다가 귀국할 예정이었으나 아내의 헌신적 내조로 고령의 나이에 비교적 건강하게 지내던 이승만의 건강은 1964년 6월 말 갑작스런 급성 위장 출혈로 쓰러진 후 1965년 7월 19일 0시 35분 마우날라니 양로병원에서 향년 90세로 일생을 마쳤습니다.

이승만의 마지막 기도

"이제 저의 천명이 다하여감에 아버지께서 저에게 주셨던 사명을 감당치 못하겠나이다. 몸과 마음이 너무 늙어버렸습니다. 바라옵건대 우리 민족의 앞날에 주님의 은총과 축복이 함께 하시옵소서. 우리 민족을 오직 주님께 맡기고 가겠습니다. 우리 민족이 굳게 서서 국방에서나 경제에서나 다시는 종의 멍에를 메지 않게 하여 주시옵소서."

이승만의 마지막 유언

"잃었던 나라의 독립을 다시 찾는 일이 얼마나 어렵고 힘들었는지 우리 국민은 알아야 하며 불행했던 과거사를 거울삼아 다시는 어떤 종류의 것이든 노예의 멍에를 메지 않도록 해야 한다. 이것이 내가 우리 민족에게 주는 유언이다."

맺는 글

우리는 우리나라의 정체성이 매우 강한 시대에 태어나서 건국과 나라를 잃어가는 것을 봤던 사람과 공감대가 매우 떨어질 수 있습니다. 왜 내가 그에대해 알아야하지? 21세기에 내가 도대체 왜?가 처음 질문이었으니까요.

하지만 여러분도 그에 관해 공부를 하다보면, 자연히 알게 될 것입니다.

필자는 매일 그리스도인 가정들과 기도하는 사람입니다. 여러분은 죽기 전에 어떤 유언을 남길 수 있는 사람이 될 건가요? 여러분은 지금 의미 있는 삶을 살고 있나요?

한 번쯤은 생각해볼 만한 글이었다고 생각해주시면 저는 그것으로 만족합니다. 이 글을 통한 저의 바람은 여러분이 대한민국의 전반적인 역사와 흐름에 대해서 끊임없이 고찰하도록 격려하고 싶습니다.

최고의 인생을 살아가십시오. 진정한 자유를 느끼십시오. 그가 그 시대에 잘 만들어 둔 국가에서, 우리는 누리고, 다음 세대에게도 좋은 유산을 물려주어야 할 의무가 있습니다.

"우리 부모님은 정치에 관심이 없으시거나 강요하지 않으시는 분이에요"라고 하시는 젊은이들과 그 부모님들에게도 또 "역사에 관심을 가지고 가치있는 일을 하는 큰 인물이 되어야지"라고 생각하시는 모든 분들에게 제 글을 감히 추천 드립니다.

저는 우파 성향인 아버지에게 3년 전 '이승만의 분노'와 최근에는 '재팬인사이드' 라는 책을 추천받았고, 좌파의 잘못된 점 등을 들어오면서 저는 저 나름대로의 발언권의 자유를 가지고 나의 소신을 말하기도 하였습니다.

좌파와 우파의 이념들을 10년이 넘도록 찾아보기도 하고 생각하고 고민하였습니다.

이번에 100년 정도 앞선 사람들에 대해 알아가면서 이러한 방면들에 대해 새롭게 인식하게 되었고, 그동안 저로서는 거의 이해 불가의 영역이었던 아버지의 발언들 속에서도 궁극적으로는 나라를 사랑하는 마음이었다는걸 읽을 수가 있게 되었습니다.

저는 단지 어떠한 당에 소속되어 있고 어떠한 사상을 가진 누군가를 단순히 거론하거나 선호한다고 말해도, 그 사람이 속한 세력을 지지하는 세력처럼 보일 수 있다는 걸 인지하게 되었습니다. 이러한 부분에서 저의 생각은 좌파든 우파든 역사와 역사 인물들에 대해 올바르게 인식하고 선열들이 얼마나 궁극적으로 나라를 사랑하고 국민들을 사랑하는 관점에서 나라를 이끌어왔는가에 관점을 두고 서로 소통하면 큰 문제가 없을 것 이라고 생각 되어집니다.

이 고찰문을 쓰는 과정에서 결국 저희 가정 내의 세대 대통합까지 실현되는 발전을 가져왔고 오해해왔던 언행에 대해서도 이해를 하게 되었고, 10년이 넘게 소통되지 않았던 언어들이 대화를 계기로 해서 소통하게 되었습니다.

이러한 과정들이 저의 개인적으로도 투표권을 통해 진정한 지도자를 선출하는데 많은 도움이 될거라 믿습니다. 10대 20대 여러분들도 저와 마찬가지로 출신 지역과 나이 성별 직업 그리고 나라를 보는 관점이 다른 사람들과도 서로 이해하며 나라를 사랑하는 진심에 대해 이야기 할 수 있기를 바랍니다. 논술을 통해 같은 나라 안에서의 어려운 정치적인 언어를 소통하게 해 주었을 뿐만 아니라, 국민들은 모두가 한마음 한뜻임을 알게 된 계기가 되었습니다.

여러분이 사는 지역과 출신지 직업 성별 문화에 따라서 표현 방법은 천차 만별일 것 입니다. 같은 내용을 말하더라도 언어 표현방식이 다르고, 억양으로 인해서 아무 일도 아닌 것 가지고 오해를 하고는 하죠.

젊은 여러분들! 기성세대 어른들과 협상이 어려웠거나 내가 바라보는 우리나라의 미래가 밝다고 생각이 안들지라도 여전히 밝습니다.

우리가 바라보는 시선을 어른들은 더 일찍이 느꼈었고, 우리가 몰랐던 것만 안다면 역사는 더 나은 쪽으로 점진적으로 나아질 것입니다.

생각을 바꾸는 것은 쉽지 않습니다. 세대 간의 의견 불일치를 느꼈던 가정이라면, 제 글을 꼭 한번 참고해 보시고, 이 나라의 한 획을 그었던 초대 대통령 이승만이라는 인물에 대해서 알 뿐만 아니라, 여러분의 할아버지와 할머니 혹은 더 가까운 아버지와 어머니 이모, 고모, 삼촌과 같이 6~70년대에 태어나신 세대 분들에 대해 조금 더 잘 이해할 수 있을 것입니다. 우리는 거창하게는 글로벌 사회에 살아가고 있다고 자부하는 교육을 받았으면서도 바로 옆에 있는 사람과 함께 살아가는 공동체 가정에 살아갑니다. 어떠한 주의가 맞다, 어떠한 사상이 맞다, 옳은 교육과 옳지 않은 교육을 판단하기엔 섣불리 제가 어떻게 감히 말씀드릴 수는 없지만, 우리나라의 기본적인 역사를 알기위해 노력하는 다음 세대의 자세와 어떻게든 자신이 살아오며 느껴온 옳은 역사와 국민성을 알려주고자 하는 기성세대와의 타협은 아름다운 것이며 신문물을 알려주어 문화의 기반을 다지고 변화해 가는 세대에 샛별처럼 떠오르는 신선한 다음 세대와 기성세대의 교류는 여전히 계속되고 있습니다.

우리 또한 현 대통령을 후 세대에게 좋은 인물이라고 소개할 수 있을 정도가 될 때 까지 국력을 세우고 국격을 지키며 나라를 사랑하고 이웃과 주변을 사랑하는 사람이 됩시다.

감사합니다. 모든 가정 댁내 두루 안녕과 평안이 함께 하기를 기원합니다.

초등학교 『사회(역사)』 교과서부터 바꿔야 이승만 대통령에 대한 평가를 바로잡고, 우리나라 대한민국을 바로 세울 수 있다.
– 교과서는 국부(國父) 이승만 대통령을 어떻게 그리고 있는가?

박상윤 (39세. 대한민국교원조합 사무총장)

| 요·약·문 |

초등학교 5, 6학년 학생들은 5학년 2학기에 사회 과목을 통해 한 학기 동안 구석기 선사시대부터 6·25까지를 배우고, 6학년 1학기에 사회 과목을 통해 6·25 이후부터 우리나라의 근현대사를 배운다. 그렇게 역사를 배우면서 학생들은 우리나라 역사에 대한 자부심을 가지도록 요구받는다. 그런데 정말 놀랍게도 우리가 살아가고 있는 현재의 우리나라 대한민국의 국부(國父)이자 공산주의의 침략에 맞서 자유대한민국을 지켜낸 이승만 대통령에 관한 역사 교과서(초등학교–사회 교과서)의 서술은 굉장히 빈약한데, 대한민국의 출발점을 만들어낸 인물에 대하여 있을 수 없는, 절대로 있어서는 안 될 일이다. 자유민주주의 국가로 대한민국을 건국한 이승만 대통령에 대해 감사함을 느낄 수 없도록 함으로써 대한민국 국민으로서 그릇된 국가관을 가지게 할 우려가 있다.

이번 원고를 통해 헌법과 교육기본법에서 우리나라 대한민국은 지금껏 어떤 나라를 지향해왔고, 앞으로 지향해 나가고 있는지를 확인해 보고자 하며, 그런 지향점이 제대로 드러나도록 이승만 대통령의 자유민주주의 건국이념 및 그 성취과정과 의미에 대해 초등학교 5, 6학년 사회 교과서에 올바르게 서술되고 있는지 분석해 보고자 한다. 의도적으로 외면하고 있다면 그것은 잘못된 교과서이며, 잘못된 교과서를 통해 학생들에게 자신들이 그려나갈 미래의 국가사회의 모습 즉, 미래 대한민국의 국가사회상이 잘못 심어진다면, 우리의 미래는 어두워질 수밖에 없고, 대한민국의 건국 이래 지금까지 이룩해 놓은 것들이 무너질 수 있으므로 잘못된 것이 있다면 반드시 바로잡아야 하기 때문이다.

헌법과 교육기본법을 확인해 보면, 우리나라는 자유민주적 기본질서 아래, 각 개인이 균등하게 부여받은 기회를 통해 본인의 능력을 키우고 발휘함과 동시에 자유와 권리에 앞서 그에 따르는 책임과 의무를 완수하는 국민이 살아가는 국가를 건설하고자 했음을 확인할 수 있다.

초등학교 아이들이 배우는 여러 교과목 중 특히 '사회' 과목은 우리나라 미래사회의 중추가 되어야 할 다음 세대들이 본인의 가치관이나 신념을 형성하는데 아주 큰 영향을 주는 교과이다.

종합적으로 분석해 본 결과, 5학년 2학기, 6학년 1학기 '사회' 교과서는 국가적 어려움을 극복하는 과정을 담은 역사를 나열하는 것으로 내용을 구성했는데, 외세의 침략과 지배층의 무능함 등에 민중이 저항함으로써 이 나라가 겪어온 수많은 위기를 극복했다는 민중저항사를 큰 줄기로 삼고 있다.

하지만 이러한 의도의 시도와는 상당히 모순되는 점이 눈에 띄는데, 현재 우리나라 대한민국이 존폐 위기까지 겪었던 가장 큰 전쟁인 6·25의 침략 세력으로서 북한과 중공에 대해서는 앞선 시대를 서술하며 시도한 피해의식 심어주기를 시도하지 않으며, 6·25전쟁은 공산주의 세력인 북한이 소련과 중공의 지원을 받으며 불법으로 남침을 자행한 전쟁이다. 이 불법 침략을 격퇴하는데 기여한 국내외의 수많은 군인이 목숨을 바친 희생과 총 61개국의 의료지원 및 전후 복구와 같은 원조를 통해 이겨냈음에도 불구하고, 그런 수많은 희생과 도움을 통해 지켜낸 자유의 나라임을 강조하지 않는다. 지금 우리가 살고 있는 이 나라 대한민국을 굳건히 지켜내기 위해서는 '한미동맹'과 같은 국제 외교·안보가 굉장히 중요하며, 앞으로 우리나라가 외교를 통해 안보를 튼튼히 할 수 있는 역량을 더 갖춘 나라가 되어야 한다는 사실을 그려야 하는데 교과서에서는 6·25전쟁의 비극만을 이야기할 뿐 국제 외교·안보의 중요성을 강조하지 않는다. 이유는 명백하다. 자유민주주의 국가 대한민국을 공산주의로부터 지켜낸 이승만 대통령의 놀라운 업적을 애써 외면하기 위함이다.

또한 당시 지배층의 부정부패나 무능함 등 당시 피지배계층인 일반 백성들의 괴로운 생활을 유발하는 기득권층에 대한 언급과 그 기득권층에 대한 민중저항사(항쟁사)를 집중적으로 부각시키기 위해 일제 시대 무장 독립투쟁을 거쳐 4·19, 5·18, 6월 민주항쟁 등 각종 자칭 '혁명'과 '항쟁'을 마침내 '촛불 혁명'으로 '민주화'를 완성 시켰다는 놀라운 흐름으로 역사를 보여준다는 점이다. 동학 – 무장 독립운동 – 4·19 – 유신반대 – 5·18 – 6월 민주항쟁 등으로 이어지는 흐름을 완성시켜 민중저항사를 부각시키려다 보니 전봉준, 김주열, 전태일, 이한열, 박종철 등을 교과서 전면에 드러나게 하고, 반대로 이승만, 박정희, 전두환 등 우리나라의 발전을 이끈 지도자의 공(功)은 의도적으로 외면하며 과(過)는 오히려 과장하여 서술하는 방식을 취하고 있다.

3·1운동 이후 노령, 한성, 상해 임시정부에서 모두 이승만을 최고지도자로 추대한 사실이나 이승만의 유상몰수 유상분배 농지개혁과 같은 정책이 국민을 평등하게 만들었고, 대한민국 자본주의 발전의 토대가 되었다는 사실 등은 아예 누락시켜 의도적으로 '이승만'을 지운다. 해방 이후 대한민국 정부 수립에 대한 이승만과 김구의 발언을 맥락 없이 악의적으로 단순 비교하여 이승만은 분단의 원흉 vs 김구는 통일 조국

의 건설을 꿈꾸던 민족의 지도자로 만드는 왜곡을 한다. 미·소 공동위원회에서 드러낸 소련의 야심이나 1945년 9월에 있었던 스탈린의 7가지 지령과 12월에 내린 스탈린의 독촉 명령, 김일성의 군중 연설, 1946년 2월 8일 인민위원회를 완성함으로써 사실상 공산주의 국가의 틀을 완성 했다는 사실 등은 언급하지 않는다. 이승만을 분단의 원흉으로 만들어야 하기 때문이다.

이기붕을 부통령에 당선시키기 위해 행해진 3·15 부정선거를 '정·부통령 선거'에서 부정을 저질렀다고 하여(이승만은 당시 대통령 단독후보였으므로 부정선거 자체가 성립될 수 없다.) 이승만에게 그 책임을 전부 다 뒤집어씌우는데 그 의도는 뻔하다. 이승만 대통령이 민중의 격렬한 저항 대상이어야 하기 때문이다.

대한제국의 멸망 이후, 한반도에는 두 갈래의 국가 건립 운동이 있었다. 하나는 독립협회로부터 이어오는 근대민주국가 건설이며, 다른 하나는 1917년 볼셰비키 혁명에 기원하는 소위 공산주의국가 건설인데, 공산국가를 지향했었던 독립운동을 서술하지 않는다.

공산화의 물결 속에서 자유민주주의 국가의 건설을 지향하며 조선이 사라진 상태에서 독립할 수 있는 방법은 외교라고 생각하고, 그 당시 국제정세를 정확하게 파악하여 미국 등 강대국과의 외교를 통한 독립운동을 펼쳐온 이승만의 업적을 함께 서술해야 하기 때문이다. 외교를 통해 독립을 해야한다는 이승만의 생각은 단순한 독립운동을 넘어 독립 후 미국식 자유민주주의와 자본주의체제에 바탕을 둔 국가를 세우겠다는 그의 비전과도 밀접한 관련이 있었는데, 이러한 이승만의 비전에 대해 명확하게 서술하지 않아야 '이승만' 지우기를 성공하기 때문일 것이다.

이렇게 이승만에 대한 서술을 바르게 하고 있지 않은 '사회' 교과서는 결코, 우리나라의 미래를 만들어갈 학생들에게 도움이 되지 않는다. 대한민국은 이승만 대통령이라는 시대를 앞서간 영웅에 의해 자유의 가치를 내세우며 만들어졌고, 공산주의 세력의 무자비한 불법 침략 속에서도 그 자유의 가치를 피로 지켜낸 나라임을 정확하게 서술해야 한다.

현재 우리가 살아가고 있는 대한민국은 제2차 세계대전 이후 민주화와 산업화를 동시에 이룬 나라이며, 이러한 성과 덕분에 우리는 당당히 선진국 대열에 오르게 되었다. 이는 자유민주주의 건국 이념을 바탕으로 대한민국을 건국한 이승만 대통령의 공(功)임을 그 누구도 부정해서는 아니된다.

자랑스러운 우리나라의 역사는 대한민국을 주인공으로하여 시련을 겪고 성장하며 발전해 온 과정을 바탕으로 써 주어야 하고, 대한민국이 주인공이어야 하기에 '건국 대통령 이승만'에 대한 올바른 역사적 평가를 내리는 것부터 시작되어야 할 것이다. 그래야 나라가 바로 설 수 있다.

1. 들어가며

2023년 올해로 교직에 들어선지 14년차인 초등학교 현직 교사로서 그동안 주로 고학년 담임을 맡아 5, 6학년 학생들에게 역사를 - 물론 초등학교 교사이기에 다른 과목들도 가르치지만 - 가르쳐왔다. 현재 교육과정 편제상 5학년 학생들은 2학기에 사회 과목을 통해 한 학기 동안 구석기 선사시대부터 6·25까지를 배우고, 6학년 학생들은 1학기에 사회 과목을 통해 6·25 이후부터 우리나라의 근현대사를 배운다. 그렇게 교과서를 통해 역사를 배우면서 학생들은 우리나라의 역사의 주무대였던 한반도에 존재했던 여러 나라들과 그 나라를 세운 건국 시조, 그리고 각 국가들의 수많은 영웅들의 영웅담에 대해 배운다. 그런 건국 시조와 구국의 영웅들의 비과학적이라고도 할 수 있는 신화적 요소가 가미되기까지 한 훌륭한 모습, 대단한 모습을 보고 배우면서 학생들은 우리의 역사에 대한 자부심을 가지도록 요구 받는다.

그런데 정말 놀랍게도 우리가 살아가고 있는 현재의 우리나라 대한민국의 국부(國父)이자 공산주의의 침략에 맞서 자유대한민국을 지켜낸 이승만 대통령에 대한 역사 교과서(초등학교 - 사회 교과서)의 서술은 우리나라의 역사 속 여타의 건국 시조나 구국의 영웅과는 사뭇 다르다. 고조선을 세운 단군, 고구려를 세운 주몽, 백제를 세운 온조, 신라를 세운 박혁거세와 같이 비현실적이고 초인적인 요소가 가미된 건국 신화까지는 아니어도, 최소한 기존 세력들의 무능함과 부패로 인해 백성들의 삶이 피폐해지고, 나라의 틀이 무너져 가던 과거 왕조의 잘못을 바로잡기 위해 분연히 일어나 새로운 국가를 세운 것으로 서술되어 있는 고려 태조 왕건이나 조선 태조 이성계에 비견할 정도로도 이승만 대통령에 대해 서술되어 있지 않다는 것은 이 나라 대한민국의 출발점을 만들어낸 인물에 대하여 있을 수 없는, 절대로 있어서는 안될 일이다.

이러한 현실은 일제로부터 해방을 맞이한 이후, 공산주의 세력의 위협을 이겨내고 만들어낸 자유민주주의 국가 대한민국에 살면서 자유의 소중함을 만끽하고 있는 학생들로 하여금 그 소중한 자유를 느낄 수 있도록 해야 함에도, 자유민주주의 국가로 대한민국을 건국한 이승만 대통령에 대한 감사함을 느낄 수 없도록 함으로써 대한민국 국민으로서 그릇된 국가관을 가지게 할 우려가 있다.

건국 대통령으로서 이승만 대통령의 업적과 그 업적의 의미는 이미 수 많은 원고, 도서, 칼럼 등을 통해 많은 저자들이 밝혀놓았다. 따라서 이 번 원고를 통해 헌법과 교육기본법에서 우리나라 대한민국은 지금껏 어떤 나라를 지향해왔고, 앞으로 지향해 나가고 있는지를 확인해 보고자 한다.

그리고 그런 지향점이 제대로 드러나도록 이승만 대통령의 자유민주주의 건국이념 및 그 성취과정과 의미에 대해 학생들이 배우는 초등학교 사회(5, 6학년이 배우는 역사단원)교과서에 올바르게 서술되고 있는지 분석해 보고자 한다.

그것이 우리나라 대한민국의 미래를 모습을 그려나갈 학생들이 배우는 교과서에는 어떻게, 얼마나 잘 드러나 있는지, 그것이 아니라면 의도적으로 외면하고 있는지를 살펴보고자 한다. 의도적으로 외면하고 있다면 그것은 잘못된 교과서이기 때문이다.

잘못된 교과서를 통해 학생들에게 자신들이 그려나갈 미래의 국가사회의 모습 즉, 미래 대한민국의 국가사회상이 잘못 심어진다면, 우리의 미래는 어두워질 수밖에 없고, 대한민국의 건국 이래 지금까지 이룩해 놓은 것들이 무너질 수 있으므로 잘못된 것이 있다면 반드시 바로잡아야 하기 때문이다.

분석의 대상은 2015개정교육과정을 토대로 집필되었으며, 2023학년도부터 전국의 초등학교 5, 6학년 학생들이 사용하며 학습하게 될 모두

11종의 초등 검정 사회 교과서이다. 구체적으로 살펴보기에 앞서, 먼저 2023학년도부터 당해 초등학교 5, 6학년 학생들이 배울 사회과 검정교과서 및 2022학년도 현재 3, 4학년 학생들이 배우고 있는 사회과 검정교과서가 학교에서 현재 사용되고 있거나 사용될 점유율(혹은 채택율)을 확인해 보아야 할 필요가 있다. 전국의 초등학생 중 어느 정도 수의 학생들이 어떤 교과서를 이용해 사회 수업에 참여하고 있는지 파악해 보는 것이 중요하기 때문이다.

초등사회과 3~6학년 검정교과서 11종의 채택율을 아래 〈참고〉자료인 초등학교 사회과 검정교과서의 출판사별 채택율을 통해 자세하게 확인할 수 있는데, 3~6학년 전체 채택율을 기준으로 아이스크림미디어 〉천재교육 〉비상교육 〉비상교과서 〉미래엔 〉천재교과서 순으로 6종의 교과서가 전체의 90.86%를 차지하고 있었다. 그런데 이번 발제 원고에서는 초등사회과 검정교과서 5, 6학년 교과서 채택율 6위까지 교과서 중 미래엔을 제외한 5종의 교과서를 집중적으로 분석해 보았다. 사실 미래엔이 4위이지만 미래엔을 제외한 이유가 있다. 처음 교과서 분석을 시작할 당시 미래엔의 자료를 입수하지 못해 그 당시 채택율 상위 5개 출판사인 아이스크림 〉천재교육 〉비상교육 〉비상교과서 〉천재교과서를 분석했고, 결과적으로 같은 출판사의 출원 2종인 천재교육과 천재교과서를 같이 분석했다는 면에서 의미가 있다고 할 수 있겠다.

출판사	3학년		4학년		5학년		6학년		3~4학년	5~6학년	3~6학년
	수량	비율	수량	비율	수량	비율	수량	비율	비율	비율	비율
아이스크림	164,067	35.19%	162,281	34.84%	200,460	38.84%	195,655	38.75%	35.02%	38.79%	36.99%
천재교육	87,211	18.71%	87,400	18.76%	124,298	24.08%	123,674	24.49%	18.74%	24.28%	21.64%
비상교육	37,743	8.10%	36,449	7.82%	48,629	9.42%	48,023	9.51%	7.96%	9.47%	8.75%
비상교과서	48,772	10.46%	49,538	10.63%	38,496	7.46%	37,066	7.34%	10.55%	7.40%	8.90%
미래엔	46,552	9.99%	46,578	10.00%	36198	7.01%	35442	7.02%	9.99%	7.02%	8.44%
천재교과서	30,237	6.49%	31,658	6.80%	29,510	5.72%	28,461	5.64%	6.64%	5.68%	6.14%
동아출판	9,360	2.01%	9,406	2.02%	14,815	2.87%	14,350	2.84%	2.01%	2.86%	2.45%
금성출판사	16,907	3.63%	16,236	3.49%	11,604	2.25%	11,044	2.18%	3.56%	2.21%	2.86%
지학사	17,680	3.79%	17,961	3.85%	6,614	1.28%	6,179	1.22%	3.82%	1.25%	2.47%
교학사	5,523	1.18%	5,761	1.24%	2,872	0.56%	2,428	0.48%	1.21%	0.52%	0.85%
김영사	2,120	0.45%	2,556	0.55%	2,639	0.51%	2,655	0.53%	0.50%	0.52%	0.51%
합계	466,172	100%	465,824	100%	516,135	100%	504,977	100%	100%	100%	100%

2022학년도부터 3, 4학년 학생들이 배웠고, 2023학년도부터 5, 6학년 학생들이 배우게 될 초등학교 사회과 검정교과서의 채택율을 참고자료로 기재한다. 어떤 출판사의 어떤 교과서를 어느 정도의 학생들이 직접 접하고 배우는 것인지 확인해야 할 필요가 있기 때문이다.

그런데 여기에서 중요하게 짚고 넘어가야 할 사실이 있다. 채택율

기준 2위이며, 3~6학년 전체로는 21.64%, 2023학년도 5~6학년 기준 24.28%의 채택율을 기록한 천재교육의 초등사회 검정교과서의 대표 집필자가 현재 온 나라를 떠들썩하게 뒤흔들고 있는 〈2022 개정 고교 한국사 교육과정〉의 개발 연구용역을 맡은 강원도 소재 C교육대학교 소속의 참여연대 출신 김모 교수라는 점이다. 뒤에서 분석하면서 자세하게 서술하겠지만 이 김모 교수의 교과서는 놀라울 정도로 좌편향 되어 있으며, 굉장히 진하다고 느껴질 정도로 'PC(Political Correctness)주의'를 내용 곳곳에 녹여낸 교과서이다. 심각한 것은 당장 내년 2023학년도부터 우리나라 5, 6학년 전체 학생 중 4명 중 1명에 가까운 학생들이 이 문제 투성이 교과서를 이용해 '사회' 교육을 받는다는 점이다.

더군다나 5, 6학년 '사회' 교과서는 일반사회, 역사, 정치, 경제 등의 영역으로 구성되어 있기 때문에 학생들이 우리의 헌법과 교육기본법에서 천명하고 있는 우리나라 대한민국의 국가사회상이 아닌, 좌편향된 신념과 'PC주의'로 점철되어 심하게 왜곡되고, 비틀어진 국가사회상에 대해 배우게 될 가능성이 매우 크다는 것이 심각한 문제가 아닐 수 없다. 교과서의 내용이 자유민주적 질서를 표명한 헌법정신에 위배될 소지가 다분했다면 아예 검정 심사에서 탈락시켜야 했다.

아울러 각 출판사별 대표 집필자를 정리하여 참고자료로 제시해본다. 평소 어떤 가치관과 신념을 가지고 자기 생각을 펼치는 인물이 교과서를 집필했는지 살펴보아야 할 필요성이 있어 보이기 때문이다.

〈참고〉 초등학교 사회과 검정교과서 출판사별 집필진 명단 및 구성

출판사	대표 집필	소속 및 직위
아이스크림 미디어	한춘희	부산 소재 B교육대학교 교수
천재교육	김정인	강원도 소재 C교육대학교 교수
비상교육	설규주	인천 · 경기 소재 G교육대학교 교수
비상교과서	김현섭	수업디자인연구소 소장
미래엔	전종한	인천 · 경기 소재 G교육대학교 교수
천재교과서	박용조	경남 소재 J교육대학교 교수
동아출판	박영석	인천 · 경기 소재 G교육대학교 교수
금성출판사	허종렬	서울 소재 S교육대학교 교수
지학사	박인현	대구 소재 D교육대학교 교수
교학사	김왕근	강원도 소재 C교육대학교 교수
김영사	모경환	서울 소재 S대학교 교수

2. 헌법과 교육기본법에서 알 수 있는 대한민국의 국가사회상

우리나라 대한민국의 헌법과 교육기본법을 살펴보면서, 우리가 지금까지 지향해온, 그리고 앞으로 지향해야 할 국가사회상을 헌법과 교육기본법에 어떻게 반영해왔는지 확인해 보고자 한다. 헌법 전문을 비롯하여 대한민국의 헌법과 교육기본법에서 우리나라가 지향하는 국가사회상

을 확인해 볼 수 있는 부분들을 발췌하여 수록하였다. 그리고 그 부분들을 통해 확인할 수 있는 내용을 풀어서 적어보았다.

대한민국헌법 [시행 1988. 2. 25.] [헌법 제10호, 1987. 10. 29., 전부개정] 전문(前文)

유구한 역사와 전통에 빛나는 우리 대한국민은 3·1운동으로 건립된 대한민국임시정부의 법통과 불의에 항거한 4·19민주이념을 계승하고, 조국의 민주개혁과 평화적 통일의 사명에 입각하여 정의·인도와 동포애로써 민족의 단결을 공고히 하고, 모든 사회적 폐습과 불의를 타파하며, **자율과 조화를 바탕으로 자유민주적 기본질서를 더욱 확고히 하여 정치·경제·사회·문화의 모든 영역에 있어서 각인의 기회를 균등히 하고, 능력을 최고도로 발휘하게 하며, 자유와 권리에 따르는 책임과 의무를 완수하게 하여,** 안으로는 국민생활의 균등한 향상을 기하고 밖으로는 항구적인 세계평화와 인류공영에 이바지함으로써 **우리들과 우리들의 자손의 안전과 자유와 행복을 영원히 확보할 것을 다짐**하면서 1948년 7월 12일에 제정되고 8차에 걸쳐 개정된 헌법을 이제 국회의 의결을 거쳐 국민투표에 의하여 개정한다.

〈자율과 조화를 바탕으로 자유민주적 기본질서를 더욱 확고히 하여 정치·경제·사회·문화의 모든 영역에 있어서 각인의 기회를 균등히 하고, 능력을 최고도로 발휘하게 하며, 자유와 권리에 따르는 책임과 의무를 완수하게 하여〉 이 부분에서 우리는 명확하게 확인할 수 있다. 헌법을 통해 우리나라는 자유민주적 기본질서 아래, 각 개인이 균등하게 부여받은 기회를 통해 본인의 능력을 키우고 발휘함과 동시에 자유와 권리에 앞서 그에 따르는 책임과 의무를 완수하는 국민이 살아가는 국가를 건설하고자 한 것이다.

또한 〈우리들과 우리들의 자손의 안전과 자유와 행복을 영원히 확보할 것을 다짐〉함으로써 자유롭게 생각하고, 자유롭게 행동할 수 있으며, 그 자유의 가치를 통해 행복을 확보할 수 있는 국가사회를 지향해 나갈 것임을 국가의 최고상위법인 헌법을 통해 천명한 것이다.

헌법의 전문에 드러난 우리나라의 국가사회상은 헌법의 각 조항을 통해 더 자세하게 밝히고 있다. 특히 우리나라는 자유민주주의와 자본주의를 바탕으로 운영되는 국가임을 명확하게 밝히고 있는데, 그것을 확인할 수 있는 헌법 조항을 발췌하였다.

제1장 총강

제1조 ①대한민국은 **민주공화국**이다.

②**대한민국의 주권은 국민에게 있고, 모든 권력은 국민으로부터 나온다.**

제2장 국민의 권리와 의무

제10조 모든 국민은 인간으로서의 존엄과 가치를 가지며, 행복을 추구할 권리를 가진다. 국가는 개인이 가지는 불가침의 기본적 인권을 확인하고 이를 보장할 의무를 진다.

제23조 ①**모든 국민의 재산권은 보장된다.** 그 내용과 한계는 법률로 정한다.

제9장 경제

제119조 ①**대한민국의 경제질서는 개인과 기업의 경제상의 자유와 창의를 존중함을 기본으로 한다.**

  헌법 제1조를 보면 우리나라는 민주주의에 입각한 공화주의 형태의 정치체제를 바탕으로 하는 국가 운영의 지향점을 가지고 있는 것을 알 수 있으며, 대한민국의 주권이 국민에게 있고, 모든 권력은 국민으로부터 나온다고 천명함으로써 국민 개개인이 국가의 주인으로서 책임과 의무를 다하고 권리를 행사하는 나라를 만들고자 함을 알 수 있다.

제10조를 통해서는 국민 스스로 자신의 존엄과 가치를 바탕으로 행복을 추구할 수 있는 나라를 지향하고 있다는 것을 알 수 있다. 이를 통해 헌법의 전문에 언급된 내용과 연결하여 국민 개개인이 스스로 자신의 자유의지에 따른 개인의 선택에 바탕을 두는 삶을 영위하며 행복을 추구할 수 있는 나라를 건설하겠다는 지향점이 헌법에 들어가 있음을 확인할 수 있는 것이다.

제23조를 보면 모든 국민의 사유재산권을 보장하는 자본주의 체제를 지향하고 있으며, 제119조를 통해 개인과 기업의 경제상의 자유와 창의를 존중함을 기본으로 하는 자유경쟁을 지향하는 것을 알 수 있다. 이를 하나로 모아보면 우리나라는 자유경쟁을 기반으로 자본주의 체제를 국가사회상으로 설정하고 있음을 알 수 있다.

교육기본법 [시행 2022. 3. 25.] [법률 제18456호, 2021. 9. 24., 일부개정]

제1장 총칙 〈개정 2007. 12. 21.〉

제1조(목적) 이 법은 교육에 관한 국민의 권리·의무 및 국가·지방자치단체의 책임을 정하고 교육제도와 그 운영에 관한 기본적 사항을 규정함을 목적으로 한다.

제2조(교육이념) 교육은 홍익인간(弘益人間)의 이념 아래 <u>모든 국민으로 하여금 인격을 도야(陶冶)하고 자주적 생활능력과 민주시민으로서 필요한 자질을 갖추게 함으로써 인간다운 삶을 영위하게 하고 민주국가의 발전과</u>

인류공영(人類共榮)의 이상을 실현하는 데에 이바지하게 함을 목적으로 한다.

제3조(학습권) 모든 국민은 **평생에 걸쳐 학습하고, 능력과 적성에 따라 교육받을 권리**를 가진다.

제6조(교육의 중립성) ① 교육은 교육 본래의 목적에 따라 그 기능을 다 하도록 운영되어야 하며, **정치적·파당적 또는 개인적 편견을 전파하기 위한 방편으로 이용되어서는 아니 된다.**

제9조(학교교육) ② **학교는 공공성을 가지며,** 학생의 교육 외에 학술 및 문화적 전통의 유지·발전과 주민의 평생교육을 위하여 노력하여야 한다.

③ 학교교육은 **학생의 창의력 계발 및 인성(人性) 함양을 포함한 전인적(全人的) 교육을 중시**하여 이루어져야 한다.

제2장 교육당사자 〈개정 2007. 12. 21.〉

제12조(학습자) ① 학생을 포함한 학습자의 기본적 인권은 학교교육 또는 평생교육의 과정에서 존중되고 보호된다. 〈개정 2021. 9. 24.〉

② 교육내용·교육방법·교재 및 교육시설은 **학습자의 인격을 존중하고 개성을 중시하여 학습자의 능력이 최대한으로 발휘될 수 있도록** 마련되어야 한다.

제17조의6(평화적 통일 지향) 국가 및 지방자치단체는 **학생 또는 교원이 자유민주적 기본질서를 확립하고** 평화적 통일을 지향하는 교육 또는 연수

를 받을 수 있도록 필요한 시책을 수립·실시하여야 한다. [본조신설 2016. 5. 29.]

제14조(교원) ① 학교교육에서 교원(教員)의 전문성은 존중되며, 교원의 경제적·사회적 지위는 우대되고 그 신분은 보장된다.

② 교원은 교육자로서 갖추어야 할 품성과 자질을 향상시키기 위하여 노력하여야 한다.

③ 교원은 교육자로서 지녀야 할 윤리의식을 확립하고, 이를 바탕으로 학생에게 학습윤리를 지도하고 지식을 습득하게 하며, 학생 개개인의 적성을 계발할 수 있도록 노력하여야 한다. 〈개정 2021. 3. 23.〉

④ 교원은 특정한 정당이나 정파를 지지하거나 반대하기 위하여 학생을 지도하거나 선동하여서는 아니 된다.

제19조(영재교육) 국가와 지방자치단체는 학문·예술 또는 체육 등의 분야에서 **재능이 특히 뛰어난 사람의 교육에 필요한 시책을 수립·실시하여야** 한다. 〈개정 2021. 3. 23.〉

제29조(국제교육) ① 국가는 **국민이 국제사회의 일원으로서 갖추어야 할 소양과 능력을 기를 수 있도록** 국제화교육에 노력하여야 한다.

교육기본법은 교육에 관한 국민의 권리·의무 및 국가·지방자치단체의 책임을 정하고 교육제도와 그 운영에 관한 기본적 사항을 규정함을 목적으로 하여 제정된 법이다. 이 교육기본법을 통해서 우리나라는 어떤 국가사회상을 지향점으로 설정하고 있는지 확인할 수 있으며, 그렇게 설정된 국가사회상에 맞는 인재를 양성하기 위해 어떤 목적의 교육을 어떤 방식으로 실시하여 지향하는 국가사회상을 만들어 갈 수 있는 기준을 마련했다는 것을 확인할 수 있다.

발췌하여 기재한 위의 교육기본법 조항들을 종합해 보면 우리나라는 교육을 통해 모든 국민이 인격과 자주적 생활 능력 등의 자질을 갖추게 하고, 그렇게 갖춘 자질을 바탕으로 인간다운 삶을 영위하며 민주국가의 발전에 이바지하도록 하는 교육의 목적을 설정하였다. 모든 국민은 평생, 능력과 적성에 따라 교육을 받을 수 있는 권리를 가지는데, 그러한 권리를 보장해주기 위해 교육은 그 본래의 목적을 잃어서는 아니 되며 정치적이거나 개인적인 편견을 전파하기 위한 수단으로 전락해서는 아니 된다.

또한 교육을 통해 학습자의 개성과 능력이 최대한 발휘될 수 있도록 도움을 주어야 하고, 국민이 자유민주적 기본질서를 확립하여 국제사회의 일원으로서 갖추어야 할 소양과 능력을 기를 수 있도록 해주어야 함을 밝히고 있다. 이러한 내용을 종합해 보면 우리나라가 교육을 통해 어떠한 국가사회상을 정립하고자 하는지 확인해 볼 수 있는데, 헌법을 통해 지향하는 국가사회상과 다르지 않음을 알 수 있다. 자유민주적 기본질서 아래, 각 개인이 균등하게 부여받은 기회를 통해 본인의 능력을 키우고 발휘함과 동시에 자주적 생활 능력과 민주시민으로서 필요한 자질을 갖추게 함으로써 인간다운 삶을 영위하게 하는 민주국가를 건설하고자 했던 것이다.

한편 제14조의 ④항을 적용해 보았을 때, 검정교과서가 특정 신념이나 당파성을 드러내는 교과서라면, 이 교과서를 통해 학생들을 교육하는 교사를 교육기본법에 위배되는 행위를 한 범법자로 만들어 버릴 수도 있는 위험성이 있는 것이다.

3. 교과서에 나타나 있는 대한민국의 국가사회상 확인 (5학년 2학기, 6학년 1학기 '사회' 교과서를 중심으로)

초등학교 아이들이 배우는 여러 교과목이 아이들의 성장을 위해 어느 과목 하나 중요하지 않은 과목이 없겠지만, 그중에 특히 '사회' 과목은 성장하여 우리나라의 미래사회의 중추가 되어야 할 다음 세대들이 본인의 가치관이나 신념을 형성하는데 아주 큰 영향을 주는 교과이다. 그렇게 사회과에서 배우고 익힌 내용을 통해 자신이 형성한 것을 바탕으로 바람직한 국가사회상을 설정하고, 그러한 국가사회의 구성원으로서 본인의 역할을 잘 해낼 수 있는 미래의 인재로 성장할 수 있다. 나아가 그렇게 배운 내용을 토대로 성장한 인재는 우리나라가 지향하는 국가사회상에 맞는 삶을 살아가며 본인의 행복을 찾아 노력하고, 다른 사람들도 본인의 행복을 찾을 수 있도록 도움을 주면서 우리 사회를 건전한 사회로 가꾸어 나갈 수 있는 아주 큰 힘이 된다.

그러므로 개인의 신념과 가치관, 그리고 삶의 목표에 대한 방향성이 형성되기 시작하는 초기 단계인 초등학교 5, 6학년 학생들이 배우는 '사회' 과목의 중요성이 아주 큰 것이며, 다양한 교수·학습 도구 중에 대단히 큰 비중을 차지하고 있는 '교과서'가 어떤 내용을 담고 있느냐가 굉장히 중요한 문제이다. 그렇게 중요한 초등학교 사회과 검정교과서는 어떤 국가사회상을 교과서의 내용으로 담고 있는지, 우리나라의 헌법과 교육기본법에서 추구하고 지향하는 국가와 사회의 모습을 정확하게 그리며 담고 있는지 살펴본 결과는 다음과 같이 이야기할 수 있겠다.

5, 6학년 학생들은 5학년 2학기와 6학년 1학기에 걸쳐 역사를 배운다. 5학년 2학기 사회 교과서는 선사시대부터 6·25까지의 통사를 한 학기 분량의 교과서 한 권에 담고 있고, 6학년 2학기는 대단원 1단원 '우리나라의 정치발전'과 2단원 우리나라의 경제발전 단원으로 구성하여 정치, 경제사의 측면에서 근현대사를 서술하고 있다.

요약하자면 5학년 2학기, 6학년 1학기 '사회' 교과서는 국가적 어려움을 극복하는 과정을 담은 역사를 나열하는 것으로 내용을 구성했는데, 서희, 이순신 등 일부 위인급의 영웅들을 나열하기는 했으나 그 국난 극복 역사의 주인공을 '의병', '백성'이라는 이름의 평범한 민중으로 삼고 있다. 즉, 외세의 침략과 지배층의 무능함 등에 민중이 저항함으로써 이 나라가 겪어온 수많은 위기를 극복했다는 콘셉트인 것이다.

　또한 그러한 민중이 주인공이 되어 국가적 난관을 극복해온 것에 더해 우리 민족의 우수성을 고취시키는 것에 굉장히 공을 들이고 있는데, 우리 문화의 우수성에 관해 기술하고 있는 부분이 많다. 그 예로 삼국시대 석굴암이나 금관, 고려시대의 상감청자나 팔만대장경과 세계 최고(古)의 금속활자와 인쇄술, 훈민정음이나 앙부일구를 비롯한 조선시대 전기의 우수한 문화와 과학기술, 현재의 위성지도와 비교해도 정확도 면에서 손색이 없는 조선시대 후기의 걸작 대동여지도 등에 대해서 그 우수성에 관해 설명하는 것에 교과서의 상당 부분을 할애하고 있다.

　여담이지만, 대동여지도를 만들던 당시 비슷한 시기에 영국 런던에서는 지하철이 개통되었는데, 대동여지도는 김정호가 27년간 직접 전국 곳곳을 답사하며 기존의 지도인 청구선표도를 수정·보완한 끝에 1861년 완성하였고, 런던 지하철은 1863년에 개통되었다.

한편, 그러한 우수성을 부각시키기 위해 전쟁(혹은 전투)의 관점에서 객관적으로 분석했을 때, 우리나라가 다른 나라(혹은 민족)에 패배한 전쟁조차도 우리가 물리쳤다는 식으로 서술하는 등 이른바 '국뽕' 주입 혹은 과거 미화 작업을 교과서를 통해 시도하려는 모습으로까지 보이기도 한다. 그런데 또 앞뒤가 맞지 않는다고 이야기할 수 있는 것은, 이러한 콘셉트와 시도를 통해 우리나라를 침략하여 우리에게 엄청난 고통을 안겨주고, 우리나라에 있는 우리의 우수한 기술과 문화 수준이 녹아들어 있는 훌륭한 유물, 유적 등을 파괴하는 등 우리에게 큰 피해를 준 그 당시의 상대국들에 대한 거부감이나 피해의식을 심어주려는 의도가 있는 것은 아닌지 의심이 들기도 한다는 사실이다.

종합해서 요약해보면 '우리는 세계에 자랑을 할 만한 우수한 문화와 기술을 가진 민족이고 나라인데 다른 나라나 민족으로부터 침략을 자주 받으며 어려움을 당해왔다. 그런데 그러한 침략을 평범한 민중들이 힘으로 극복해낸 경우가 많았으며 끈질기게 저항하여 상대가 물러나게 했으나, 그 과정에서 우리의 우수한 문화와 기술의 결정체인 많은 시설이 파괴되거나 중요한 것들을 약탈당하는 피해를 받은' 역사를 학생들에게 심어주려고 시도를 하는 것이다.

하지만 이러한 의도의 시도와는 상당히 모순되는 점이 눈에 띄는데,

현재 우리나라 대한민국이 존폐 위기까지 겪었던 가장 큰 전쟁인 6·25의 침략 세력인 북한과 중공에 대해서는 앞선 시대를 서술하며 시도한 피해의식 심어주기를 시도하지 않으며, 그 당시 우리나라를 지켜주기 위해 도움을 준 나라들에 대해서도 굳이 언급하지 않고 어물쩍 넘어가는 모습을 보인다는 점이다.

6·25전쟁은 공산주의 세력인 북한이 소련과 중공의 지원을 받으며 불법으로 남침을 자행한 전쟁인데, 이 불법 침략을 격퇴하는데 기여한 국내외의 수많은 군인의 희생과 총 61개국의 의료지원 및 전후 복구와 같은 원조를 통해 이겨냈음에도 불구하고 그런 수많은 희생과 도움을 통해 지켜낸 자유의 나라임을 강조하지 않는다.

공산주의 세력의 불법 침략 앞에 자유민주주의 세력이 뭉쳐서 막아낸 그 전쟁을 그저 '동족상잔의 비극'과 같은 비극이라고 나타낼 뿐이다. 6·25전쟁을 이야기하며 우리와 함께 미국으로 대표되는 자유민주주의 세력이 대한민국을 공산화하려는 세력으로부터 자유를 지키고 대한민국의 정체성을 분명하게 했다는 점보다는 오히려 분단과 남북 양쪽에서의 독재를 고착화시켰다는 점을 강조하고 있는 것이다.

지금 우리가 살고 있는 이 나라 대한민국을 굳건히 지켜내기 위해서는 '한미동맹'과 같은 국제 외교·안보가 굉장히 중요하며, 앞으로 우리나라가 외교를 통해 안보를 튼튼히 할 수 있는 역량을 더 갖춘 나라가 되어야 한다는 사실을 그려야 하는데 교과서에서는 6·25전쟁의 비극만을 이야기할 뿐 국제 외교·안보의 중요성을 강조하지 않는다.

이유는 명백하다. 자유민주주의 국가 대한민국을 공산주의로부터 지켜낸 이승만 대통령의 놀라운 업적을 애써 외면하기 위함이다.

또한 당시 지배층의 부정부패나 무능함 등, 당시 피지배계층인 일반 백성들의 괴로운 생활을 유발하는 기득권층에 대한 언급과 그 기득권층에 대한 민중저항사(항쟁사)를 집중적으로 부각시킴으로써 학생들로 하여금 사회를 이끌어 가는 지도층이나 엘리트 지식인 계층에 대한 반감을 가지도록 하려는 것은 아닌지 하는 생각이 들 정도인데, 더욱 놀라운 것은 그렇게 교과서의 기저에 깔려 있는 민중저항사를 조선 후기에 있었던 '동학 농민 운동'(본인의 사리사욕을 채우기 위해 부정부패를 일삼으면서 민생경제를 파탄 내버린 악덕 벼슬아치에 대해 불만이 쌓여 폭발한 소작인의 봉기 혹은 민란 정도로 볼 수 있는 사건임에도 불구하고 교과서에서는 거창하게 동학 농민 '운동'이라 서술한다.)을 시발점[1]으로 삼는다.

일제 시대 무장 독립투쟁을 거쳐 4·19, 5·18, 6월 민주항쟁 등 각종

---

[1] 몽골의 침략에 맞서 끝까지 저항한 삼별초의 항쟁을 민중 저항사의 시발점으로 볼 수도 있겠으나 삼별초의 항쟁과 동학 농민 봉기까지의 시대적 간격이 크고, 삼별초는 침략국인 몽골(원)에 대한 저항이었으며, 동학 농민 봉기는 침략 세력이 아닌 지배계층에 대한 저항이었던 바, 이 원고에서는 동학 농민 봉기를 그 시발점으로 삼았다. 민중저항사의 흐름이 동학 농민 봉기 – 4·19 – 5·18 – 6월 민주항쟁 – 촛불 시위 등 지배층(혹은 기득권층)에 대한 피지배층 민중의 저항으로 이어지기 때문이다.

자칭 '혁명'과 '항쟁'을 거쳐 마침내 '촛불 혁명'으로 '민주화'를 완성 시켰다는 놀라운 흐름으로 역사를 보여준다는 점이다. 동학 – 무장 독립운동 – 4·19 – 유신반대 – 5·18 – 6월 민주항쟁 등으로 이어지는 흐름을 완성시켜 민중저항사를 부각시키려 하다 보니 전봉준, 김주열, 전태일, 이한열, 박종철 등을 교과서 전면에 드러나게 하고, 반대로 이승만, 박정희, 전두환 등 우리나라의 발전을 이끈 지도자의 공(功)은 의도적으로 축소 시키거나 외면하고 과(過)는 오히려 과장하여 서술하는 방식을 취하고 있다.

3·1운동 이후 노령, 한성, 상해 임시정부에서 모두 이승만을 최고지도자로 추대한 사실이나 이승만의 유상몰수 유상분배를 통한 농지개혁과 같은 정책이 국민을 평등하게 만들었고, 대한민국 자본주의 발전의 토대가 되었다는 사실 등은 아예 누락시켜 의도적으로 '이승만'을 지운다.

해방 이후 대한민국 정부 수립에 대한 이승만과 김구의 발언을 맥락 없이 악의적으로 단순 비교하여 이승만은 분단의 원흉 vs 김구는 통일 조국의 건설을 꿈꾸던 민족의 지도자로 만드는 왜곡을 한다. 미·소 공동위원회에서 드러낸 소련의 야심이나 1945년 9월에 있었던 스탈린의 7가지 지령과 12월에 내린 스탈린의 독촉 명령, 김일성의 군중 연설, 1946년 2월 8일 인민위원회를 완성함으로써 사실상 공산주의 국가의 틀을 완성 했다는 사실 등은 언급하지 않는다. 이승만을 분단의 원흉으로 만들어야 하기 때문이다.

이기붕을 부통령에 당선시키기 위해 행해진 3·15 부정선거를 '정·부통령 선거'에서 부정을 저질렀다고 하여(이승만은 당시 대통령 단독후보였으므로 부정선거 자체가 성립될 수 없다.) 이승만에게 그 책임을 전부 다 뒤집어씌우는데 그 의도는 뻔하다. 이승만 대통령이 민중의 격렬한 저항 대상이어야 하기 때문이다.

지난 문재인 정권에서는 유력 정치인들까지 나서서 죽창을 들자고 사람들을 부추기던 이른바, NO-JAPAN 운동이 있었다. 그러한 반일 프레임이 '사회' 교과서에도 여지없이 드러난다. 반일을 강조하려는 목적으로 일제에 의해 입은 피해와 독립 무장투쟁을 과장되게 부각시키는 측면이 있는데, 어쩐 일인지 독립운동을 하던 세력 중 공산주의 계열이 있었다는 사실은 언급도 하지 않는다.

일제 시기 다양한 독립운동들이 과연 어떤 국가를 지향했는가 하는 문제에 대해서도 제대로 설명하지 않고 있다. 공산주의 등장으로 독립운동은 대한민국을 세우기 위한 운동과 북한을 세우기 위한 운동으로 갈렸다는 사실을 교과서에 서술하지 않음으로써 일본에 대한 적개심만을 키우고, 공산주의 세력으로 인해 지금의 우리나라 대한민국이 건국

조차 되지 못할 수도 있었다는 사실을 은폐하고 있는 것이다.

대한제국의 멸망 이후, 한반도에는 두 갈래의 국가 건립 운동이 있었다. 하나는 독립협회로부터 이어오는 근대민주국가 건설이며, 다른 하나는 1917년 볼셰비키 혁명에 기원하는 소위 공산주의국가 건설이다. 1920년대부터 시작된 공산주의 계열은 일부 지식인과 노동자, 농민들을 중심으로 인민전선을 만들어서 인민공화국을 건설하고자 하였다. 그럼에도 현재의 교과서는 일제 시기에 있었던 다양한 독립운동이 과연 어떤 국가를 지향했는가 하는 문제에 대해서 제대로 설명하지 않고 있다. 그 이유 역시 너무나도 확실하다.

공산국가를 지향했었던 독립운동을 서술한다면, 공산화의 물결 속에서 자유민주주의 국가의 건설을 지향하며 조선이 사라진 상태에서 독립할 수 있는 방법은 외교라고 생각하고, 그 당시 국제정세를 정확하게 파악하여 미국 등 강대국과의 외교를 통한 독립운동을 펼쳐온 이승만의 업적을 함께 서술해야 하기 때문이다. 외교를 통해 독립을 해야한다는 이승만의 생각은 단순한 독립운동을 넘어 독립 후 미국식 자유민주주의와 자본주의체제에 바탕을 둔 국가를 세우겠다는 그의 비전과도 밀접한 관련이 있었는데, 이러한 이승만의 비전에 대해 명확하게 서술하지 않아야 '이승만' 지우기를 성공하기 때문일 것이다.

(1) 5학년 2학기 교과서 살펴보기 (이승만에 대한 언급을 중심으로)

비상교과서

비상교육

아이스크림

천재교과서

천재교육

이승만에 대한 언급을 살펴보기에 앞서 조선시대 실학자의 주장 중 중농학파의 주장을 서술하는 부분을 살펴보았다. 위에 게시한 교과서에는 '토지제도를 개혁해야 한다.'라는 서술과 '토지를 똑같이 나누어 주어야 한다.'라는 서술로 나뉘는데, 후자의 서술은 공산주의의 개념과 연결이 될 수 있으며, 이는 잘못된 사회를 올바르게 바로잡기 위해 공산주의도 하나의 방법이 될 수 있다는 이미지를 심어줄 수 있다.

특히 당대의 천재라 일컬어지며 조선시대 후기 대표적인 학자이자 지식인으로 평가를 받고 있는 정약용이 그런 말을 했다는 모습을 강조하여 삽화로 나타낸 경우가 있는데, 학생들이 정약용이라는 인물에 대해 긍정적인 생각을 가지고 있을 경우 공산주의에 대한 긍정적 이미지가 투영될 수도 있다.

비상교육   천재교과서

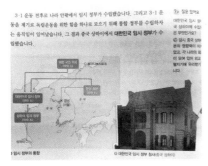
아이스크림

대한민국 임시정부 수립에 대하여 언급하는 부분에서도 이승만에 대한 언급은 거의 없다. 3·1운동 이후 힘을 하나로 모으기 위해 중국 상하이에 임시정부를 수립했다는 내용만 있을 뿐이다. 고종에 의해 투옥된 한성감옥에서 나라를 걱정하며 "자유라는 새로운 이념으로 사람들을 오랜 관습의 굴레에서 벗어나게 하여 좋은 것과 나쁜 것을 구분할 수 있게 해야한다."는 내용으로 시작하는 『독립정신』을 집필했다는 내용을 싣는다거나, 미국으로 건너가 어떠한 방식으로 독립운동을 하고 독립 후에 어떠한 나라를 세우려는 비전을 가지고 있었는지 등의 내용이 실리는 것을 기대하는 것은 어불성설이다. 이승만의 날카로운 국제정세 파악 능력을 전 세계가 인정한 『일본 내막기 : Japan Inside Out』과 같은 책에 대한 소개가 아이들이 배우는 교과서에 실리는 것은 아마도 불가능한 꿈일지도 모른다. 그나마 비상교육은 '이승만을 임시 대통령으로 하는'이라는 문구를 기재하였다.

제2차 세계 대전에서 일본이 질 것을 예상한 독립운동가들은 광복 이후에 나라를 세울 준비를 하였다. 한편, 연합국은 전쟁에서 승리할 것을 예상하여 여러 차례 열린 회의에서 우리 민족의 독립을 약속하였다.
1945년 8월 15일, 일본이 연합국에 항복하면서 우리나라는 마침내 광복을 맞이하였다. 광복은 우리 민족이 끊임없이 독립을 위해 노력한 결과이기도 하였다.

↓ 광복을 맞이하여 만세를 부르는 사람들의 모습(1945년)

비상교육

그리고 미국에서 활동하던 이승만과 중국에서 대한민국 임시 정부를 이끌던 김구 등 독립운동가들도 귀국했습니다.
광복 전부터 우리 민족은 자주적인 정부를 수립하기 위해 노력했습니다. 그러나 사람들의 생각이 서로 다르고 사회가 혼란스러워 어려움을 겪었습니다.

아이스크림

8·15 광복과 대한민국 정부 수립 과정을 알아볼까요?

1945년 8월 15일, 우리 민족은 광복을 맞이합니다. 광복은 독립을 위한 우리 민족의 끊임없는 노력의 결과이자 제2차 세계 대전에서 연합국이 승리한 결과이기도 했습니다.

> 일본의 항복(1945년 9월)

광복 직후 많은 사람이 태극기를 들고 거리로 나와 만세를 불렀습니다. 그리고 광복에 감춰 많은 독립운동가가 풀려났습니다.

아이스크림

8·15 광복과 한반도의 분단 과정을 알아봅시다

8·15 광복

일제 강점기 동안 우리 민족은 나라 안팎에서 일제에 맞서 독립운동을 전개하였다. 한편 일본과 전쟁을 벌이면 *연합국도 우리 민족의 독립 의지를 인정하고 여러 국제 회담에서 우리나라의 독립을 약속하였다.
1945년 8월 15일, 일본이 연합국에 항복하면서 우리 민족은 *광복을 맞이하였다. 광복은 연합국이 승리한 결과이기도 하지만, 우리 민족이 끈질기게 전개한 독립운동의 결실이었다.

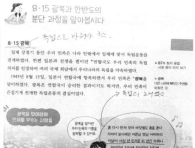

천재교과서

정부의 주요 인물들이 돌아왔다. 이들은 독립된 나라를 만들기 위해 다양한 활동을 펼쳤다.

천재교과서

세계 2차대전에서 일본이 항복하여 해방을 맞이한 이후, 임시정부 인사들이 국내로 들어오는 모습을 서술한 부분에서 이승만에 대한 언급이 없고, 해방 이후 나라를 세우기 위해 노력한 부분에서 공산주의자들도 그들의 사상에 입각한 나라를 세우려고 했다는 언급이 없으며, 심지어 건국준비위원회 여운형의 모습이 실려있기까지 하다. 여운형이 해방 이후 건국을 준비하던 사회 지도층으로 실려있는데, 이승만이 언급도 되지 않는 것은 명백한 잘못이다.

비상교과서

비상교육

아이스크림

천재교과서

천재교육

이승만과 김구의 생각을 단순 대결 구도로 표현하여 이승만은 '분단'이 되더라도 vs 김구는 '통일'이 중요하다는 입장이었다고 이해할 수 있도록 구성하여 서술했는데, 재미있는 것은 이승만과 김구의 표정도 다르다는 것이다. 김구는 굉장히 인자하거나 행복하게 웃고 있는 표정인데 반해, 이승만은 무언가 화나 있는 모습 혹은 욕심이 가득한 모습이다. 한편, 천재교육은 김구의 남북협상을 반페이지에 걸쳐 비중있게 따로 다루었다. 물론 남북협상의 결과는 교과서에 실려있지 않다.

그리고 이승만은 분단이야 되든 말든 어서 빨리 남한만이라도 선거를 실시하자고 주장하는 것처럼 '정읍발언'을 다루고 있다. 이승만의 정읍발언이 1946년 6월에 있었는데, 해방 후 겨우 반년이 지난 시점인 1946년 2월 소련군과 북조선공산당은 북조선임시인민위원회를 설립하고, 얼마 안 가 이름에서 '임시'를 떼고 정식으로 활동하면서 남한보다 훨씬 빨리 헌법 논의를 시작했고, 군대도 창설했다는 점이나 이 위원회는 북조선의 인민, 시회단체, 국가기관이 실행할 임시 법령을 제정하고 발포할 권한을 갖는다고 밝히며 토지개혁까지 강행하여 무상몰수를 해버린 사실상의 정부를 세웠다는 점 등은 교과서에 기술되어 있지 않다.

한편, 그 당시 한반도를 둘러싸고 있던 대부분의 나라가 이미 공산주의의 세력권으로 편입되었다는 사실, 미소공동위원회의 결렬 이후 한반도 문제가 UN으로 이관되었다는 사실 등을 정확하게 기술하고 있지 않다. 또한 제2차 세계대전의 전후에 한반도에서 일어난 일련의 일들은 전 세계적 질서가 냉전으로 치닫는 과정에서 파생된 것이므로, 세계적인 안목을 가지고 남북문제를 들여다봐야 정답이 도출되는데, 국제정세를 함께 기술하지 않음으로써 학생들이 남북 관계라는 울타리 안에서 분단의 원인을 찾아내려는 좁은 시야를 가지도록 만드는 것이다. 이는 이승만의 '남한만의 선거' 발언이 분단을 유발한 유일한 원인이라고 생각하게 만들려는 의도라고 보인다.

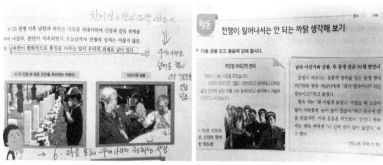

비상교육 · 비상교과서

아이스크림

아이스크림

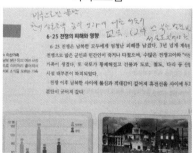

아이스크림 · 천재교과서

6·25의 과정은 전반적으로 요약하여 담아내었으나, 6·25가 군사적으로 어느 정도 대등한 두 나라가 벌인 전쟁이 아니라 공산주의 적화통일을 위한 김일성과 스탈린의 계획적이고 일방적인 불법 '침략'이라는 점, 미국을 중심으로 하는 연합국의 참전과 도움으로 그때서야 비로소 '전쟁'을 벌이며 공산 세력으로부터 우리나라를 지켜낼 수 있었다는 점과 한미상호방위조약 등에 대해서는 별로 언급하지 않았다. 사람을 죽여서 괴롭다는 학도병의 편지까지 기재하고, 전쟁의 피해상만을 보여주며 분단으로 말미암아 벌어진 동족상잔의 '비극'이라는 점만을 강조하였다. 그리고 6·25 전쟁 동안 이승만이 보여주었던 활약상은 어디에도 나오지 않는다. 이승만이 어떻게 개전 초기 전쟁이라고 볼 수도 없을만큼 무자비하게 비대칭적인 침략을 역전시켰는지에 대한 내용이나 무초대사를 직접 부르고 맥아더 사령관에게 직접 전화연결을 하는 등의 노력을 통해 서둘러 미국의 참전을 끌어내고, 6월 27일 새벽 서울 항공에 북한군의 미그기가 나타나 선회비행을 할 때까지 서울에 남아 효율적이고 강경하게 전쟁을 독려한 사실이 훨씬 더 중요하지만 교과서에는 실려있지 않다.

　그나마 아이스크림미디어는 인천상륙작전을 제법 비중 있게 다루었을 뿐이고, 전쟁 중에도 교육을 포기하지 않았다는 내용을 다루어 6·25의 피해상만을 강조하지 않고, 나름대로 객관적인 사실을 전달하려고 노력을 했는데, 그것으로 이승만에 대한 언급은 되지 않는다.

(2) 6학년 1학기 교과서 살펴보기 (이승만에 대한 언급을 중심으로)

이승만 대통령에 대해 언급한 부분을 살펴보기에 앞서 6학년 1학기 교과서의 구성체계를 먼저 언급해 보려고 한다. 대단원 1단원. '우리나라의 정치발전' 단원을 '(1) 민주주의의 발전과 시민 참여' → '(2) 일상생활과 민주주의' → '(3) 민주정치의 원리와 국가기관의 역할' 순으로 구성을 했는데, 개념의 위계를 고려했을 때 '(3) 민주정치의 원리와 국가기관의 역할' → '(1) 민주주의의 발전과 시민 참여' → '(2) 일상생활과 민주주의' 순으로 구성하는 것이 자연스럽지 않은가 하는 생각이다.

왜냐하면 4·19, 5·18, 6월 항쟁, 촛불 시위 등을 통해 민주주의가 발전했다는 프레임을 강조하기 위해 '(1) 민주주의의 발전과 시민 참여' 중단원을 가장 앞으로 배치하지 않았나 하는 의구심이 들기 때문이다. 4·19는 이승만 대통령을 3·15 부정선거의 원흉으로 내몰아 하야하게 만든 그들의 민중저항의 대표적인 상징이기 때문에 그렇게 단원 배치를 하지 않았나 하는 생각이 든다.

아래는 대단원 1단의 표지 비교 삽화 및 사진이다. 대단원 1단원 표지의 바탕에 들어간 삽화나 사진을 보면 누구나 그 의구심을 강하게 가질 수밖에 없을 것이다.

천재교육 (양쪽 통삽화)

비상교과서

촛불시위의 장면을 한 페이지 전체 삽화로 구성한 출판사가 있는데, 그 출판사는 나머지 한 페이지 또한 4·19, 5·18, 6월 민주항쟁을 삽화로 그려서 넣었다. 그 출판사의 다른 교과서는 〈창의융합 사회용어 미리 알아보기〉로 대단원의 표지를 구성했는데 첫 단어가 '독재'이다.

정치발전의 과정을 앞에서 언급한 것처럼 '민중저항사'로 풀어나가다 보니 4·19, 5·18, 6월 민주항쟁의 저항과 투쟁사로 나열했고, 그 시작은 3·15 부정선거이다. 아래는 대단원 1단원의 첫 표지를 넘어가면 나오는

내용으로, 3·15 부정선거와 4·19에 대한 내용인데,

비상교과서

아이스크림

아이스크림

천재교과서

천재교과서

천재교과서

3·15 부정선거를 언급하며 이승만은 단독후보였다는 사실은 전혀 언급하지 않고, 하야하는 이승만 대통령의 모습 사진에 이승만 대통령을 희화화한 삽화를 덮어 버리기도 한다.(천재교육) 4·19를 혁명이라고 하며 참여하는 사람들을 굉장히 비장한 모습으로 그리고 있는데, 초등학생들도 참여했다는 점을 굉장히 자랑스러운 모습으로 그려낸다. 여기에서 짚고 넘어갈 점은 '혁명'은 제도를 다 바꾸고, 국가를 뒤엎어버리며 새로운 제도를 도입했다는 것이므로 4·19는 혁명이 아니라 의거로 표현해야 자유민주주의로 시작한 대한민국의 정체성이 유지되는 것이라고 생각한다. 이후 6월 민주항쟁 등도 같은 맥락으로 볼 수 있을 것이다.

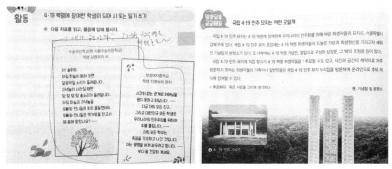

천재교과서   천재교과서

천재교육

천재교육

비상교과서

비상교과서

4·19 직후 이승만 대통령은 결국 국민의 뜻이 그러하다면 물러나겠다는 말을 남기고 하야를 했다. 그런데 이승만 대통령이 4·19가 일어나기 1주일 전인 4월 12일 부정선거 및 마산의 학생시체 발견에 관한 보고를 받고 분노하며 "부정선거를 왜 한 거야? 어린애를 죽여 놓고 뭐라고? 공산당 짓이라? 그걸로 해결될 것 같아? 대통령이 책임져야 해. 내가 그만둬야 도리이니 후속대책을 빨리 마련하시오."라고 말한다. 4·19 일주

일 전 이미 '하야'를 공식 언급한 것이다.[2]

그러나 교과서에서는 이러한 사실은 언급되지 않는다. 그저 부정선거를 저지르고 국민의 저항에 의해 물러나서 외국으로 망명을 가는 초라한 독재자의 모습으로만 그려진다. 이러한 교과서로 배운 학생들에게 이승만에 대한 이미지가 어떠할지는 굳이 따로 설명하지 않아도 될 것이다.

4·19로 인해 대통령직에서 스스로 물러난 이승만 대통령. 위에서 언급한 부분이후 교과서에는 더이상 이승만이 언급되지 않는다. 다만, 이승만 대통령이 자유민주주의 건국이념을 통해 세운 대한민국을 부정하는 세력에 의해 써졌다고 해도 무방할 정도로 엉망인 교과서를 분석한다는 의미에서 간략하게나마 4·19 이후의 근현대사를 교과서에서 어떻게 서술하고 있는지 말해보고자 한다.

5·18에 대해서는 굉장히 많은 공을 들여 설명하고 있다. 그런데 계엄군은 악(惡), 시민군은 악(惡)에 대항한 선(善)의 집단으로 그려지는 모습이다.

그리고 5·18과 6월 민주항쟁이 학생들에게 굉장히 중요하게 인식되도록 하고 있는데, 5·18을 알리는 만화 그리기, 가족끼리 민주적으로 가

---

2   인보길, 이승만은 독재자 아니다! 누명을 벗기자, 김길자 엮음, 건국의 발견, p.192.

족여행 갈 곳을 정하는데 민주적으로 정한 여행 장소가 5·18 민주화 운동이 있었던 광주이고, 5·18을 역할극으로 해보도록 하며, 6월 민주항쟁 발자취를 찾아보자는 활동 페이지를 넣어 놓기도 했다.

이렇게 투쟁을 통해 발전을 이룬 민주주의가 일상생활에서 기능을 잘하려면 시민들의 참여가 매우 중요하다고 이야기하고 있는데, 그러한 시민참여의 완성이 '촛불집회'라고 이야기한다. 그리고 민주주의에서는 표현(의견의 표출)이 자유롭게 이루어질 수 있어야 하는데 그런 자유를 이용하여 표현하는 것이 선거연령 하향, 호주제 폐지, 사교육 금지법 만들기 등이다. 그리고 민주주의를 실현하는 데 도움을 주는 제도가 탄핵제도임을 콕 집어 이야기하고 있고, 공교롭게도 지방자치제가 부활한 것이 민주주의의 발전이라고 이야기하며 투표하는 사진을 두 컷 실었는데 15대, 19대 대선이다. 15대는 김대중이, 19대는 문재인이 당선된 대통령선거인데, 단순한 우연이고, 오비이락(烏飛梨落)이었을 뿐이었으면 한다.

대단원 2단원. '우리나라의 경제 발전' 단원에 실린 교과서의 모습도 간략하게 살펴보겠다. 앞에서 언급한 것처럼 경제발전의 주체인 그 당시 정부와 기업의 노력은 의도적으로 축소하거나 누락시키고, 노동자의 희생과 투쟁을 강조하며, 경제발전의 어두운 면만을 강조하는 모습이 나타난다. 그리고 경제발전을 다루는 단원에도 반일 프레임을 씌운 출판사도 있었다.

다시 한번 반복하여 말하지만, 경제발전의 주체인 그 당시 정부와 기업의 노력은 의도적으로 축소하거나 누락시키고, 노동자의 희생과 투쟁을 강조하며, 경제발전의 어두운 면만을 강조하는 모습이 나타난다. 경제발전을 다루는 단원임에도 불구하고 반일 프레임을 씌운 출판사는 어디였는지 누구나 알 수 있을 것이다. 그리고 그 출판사의 대표 집필자가 누구인지는 본 원고의 초반에 언급한 바 있다.

4. 결론 및 제언

앞에서 살펴본 내용들과 같이 만들어진 '사회' 교과서는 결코, 우리나라의 미래를 만들어갈 학생들에게 도움이 되지 않는다. 우리나라 대한민국은 이승만 대통령이라는 시대를 앞서간 영웅에 의해 자유의 가치를 내세우며 만들어졌고, 공산주의 세력의 무자비한 불법 침략 속에서도 그 자유의 가치를 피로 지켜낸 나라이다. 앞으로도 그러한 대한민국의 모습은 반드시 지켜져야 한다.

그리고 전근대사회였던 조선을 이어받고 계승하여 대한민국을 건국한 것이 아니라 일제로부터 해방이 된 이후, 자유민주주의 체제를 선택함으로써 전근대 국가였던 조선과의 단절을 통해 우리나라 대한민국을 건국했기 때문에(헌법상 우리나라 영토인 한반도와 그 부속 도서의 북쪽 지역을 불법 점유하고 있는 세력은 본인들의 나라를 〈조선'민주주의인민공화국〉이라고 하니 조선을 계승했다고 볼 수 있다.) OECD에 가입하고, G20 의장국을 할 정도에 이르는 선진국 대열에 진입할 수 있었던 것이다.

그렇다면 이러한 대한민국의 '사회' 교과서는 어떤 국가사회상을 그려야 하며, 학생들이 앞으로 본인들이 살아갈 미래의 대한민국을 어떤 나라로 그려가도록 해야 하는지 너무나도 명약관화하다. 요컨대 지금 우리가 살아가고 있는 국가와 사회를 대한민국을 건국하면서 지향했던 모습을 바탕으로 지금보다 더 발전적인 모습으로 그릴 수 있어야 하는 것이다.

전근대와 근현대를 나누는 기준은 바로 근대성을 갖춘 나라가 만들어졌고, 그렇게 만들어진 나라가 그 근대성을 바탕으로 꾸준하게 발전해 왔는지 여부가 될 수 있을 것이다. 개인의 자유와 자유의지에 따른 선택 그리고 선택에 대한 책임, 주권이 국민에게 있으며 주권을 가진 국민이 국가 운영의 주체로서 다양한 분야에서 다양한 방법으로 능력을 발휘할 수 있는 민주정치 체제, 과학기술의 발전, 산업화를 통한 경제

발전과 경제 발전에 따른 문화생활의 영위, 각 개인의 이성과 이성이 서로 조화를 이루는 사회문화, 개인의 이성과 사유에 의해 사회발전이 이루어질 것이라는 사실에 대한 신뢰와 미래에 대한 낙관주의 등이 전근대를 탈피한 근대국가, 나아가 현대국가를 규정할 수 있는 특징이라고 볼 수 있을 것이다.

따라서 대한민국의 '사회' 교과서는 전근대 시대 국가의 모습을 정확하게 보여주어 그 당시의 문제를 분석할 수 있게 하고, 전근대성을 벗어던지고 발전하고 있는 대한민국의 더 나은 미래를 보여주어 학생들이 더 나은 미래의 대한민국을 그릴 수 있고, 그런 나라를 만들기 위해 역량을 키울 수 있도록 해주어야 한다.

그런데 현재의 초등사회과 5, 6학년 검정교과서는 우리나라가 헌법과 교육기본법을 통해 지향하고 있는 국가사회상을 제대로 구현하지 못하고 있다. '사회' 교과서는 국민이 자유민주적 기본질서를 확립하여 국제사회의 일원으로서 갖추어야 할 소양과 능력을 기를 수 있는 토대가 마련되어 있는 국가사회상을 보여주어야 하고, 급변하는 국제 정세나 국제 안보 관계 등을 다각도로 분석하여 미래를 내다보는 국제적 안목을 갖춘 국민이 더욱 튼튼하고 부강한 대한민국을 만들어 갈 수 있도록 마음껏 자신의 역량을 발휘할 수 있는 국가사회상을 보여주어야 한다.

그러한 모습이 앞으로 우리나라가 지향해야 할 모습이어야 하기 때문이다. 하지만 안타깝게도 현재 우리 아이들이 배우고 있는, 혹은 배우게 될 '사회' 교과서는 미래가 아니라 과거에 함몰되어 있다. 특히 '역사' 영역에서는 과거에 국난을 극복한 모습, 과거에 우수했던 문화, 과거에 했었던 민중의 저항과 투쟁의 모습만을 지나치게 강조하며 우리나라가 앞으로 나아가야 할 방향을 전혀 제시하지 못하고 있다.

그리고 무엇보다 현재 우리가 살아가고 있는 자랑스러운 우리의 나라 '대한민국'에 대한 정확한 고찰이 없다. 일제로부터의 해방 후 혼란스러운 국내외의 정세와 그리고 그 혼란한 정세 속에서 이룩한 나라 대한민국이 만들어지는 과정에 대한 내용을 정확하게 서술하지 못하고 있다. 즉, 공산주의의 소용돌이 속에서 자유민주주의를 표방한 정부가 수립되고, 자유민주주의를 토대로 국민, 영토, 주권이 형성되어 국가가 수립된 것을 제대로 서술하지 못하고 있는 것이다. 그 이유는 너무나도 명확하다. 의도적으로 '국부(國父) 이승만'을 지우고 서술하기 때문이다.

한 국가의 건국 대통령치고, 그것도 제2차세계대전 이전 식민지였던 국가 중 해방 이후 그 어떤 나라와의 비교에서도 우위를 점할 수 있을만큼 최고로 손꼽히는 성공한 역사를 자랑하는 한 국가의 건국 대통령임에도 불구하고, 이승만 초대 대통령만큼이나 철저하게 폄하되고 오해받고 있는 대통령은 세계에서도 유례를 찾아보기 힘들 것이다. '민족 분단의 원흉', '친일 청산은커녕 친일파를 중용한 인물' '전쟁 중에 수도와 국민을 버리고 도주한 대통령', '독재를 하기 위해 부정선거로 당선된 대통령'등이 이승만에 따라 붙는 수식어들이다. 건국 대통령으로서 공산주의에 물들어 있던 대한민국을 자유민주주의로 건국한 업적, 소련과 중공 그리고 북한으로 대변되는 공산주의 세력의 한반도 공산화 야욕 침략을 막아낸 업적, 자유와 번영을 이루게 한 자유시장경제와 민주주의의 씨앗을 심은 공로 등은 부정적인 수식어에 의해 완전히 묻혀 버렸다.

현재 우리가 살아가고 있는 대한민국은 제2차 세계대전 이후 민주화와 산업화를 동시에 이룬 나라이며, 이러한 성과 덕분에 우리는 당당히 선진국 대열에 오르게 되었다. 이는 자유민주주의 건국 이념을 바탕으로 대한민국을 건국한 이승만 대통령의 공(功)임을 그 누구도 부정할 수 없고, 부정해서도 아니된다.

그런데 현재의 '사회' 교과서 속의 대한민국 발전사는 왜곡되어 있다. 이승만 대통령을 왜곡하고 부정하려하니, 우리나라 대한민국의 발전사 자체가 왜곡되어 있는 것이다.

자랑스러운 우리나라의 역사는 대한민국을 주인공으로하여 시련을 겪고 성장하며 발전해 온 과정을 바탕으로 써 주어야 하고, 대한민국이 주인공이어야 하기에 '건국대통령 이승만'에 대한 올바른 역사적 평가를 내리는 것부터 시작되어야 할 것이다. 그러므로 세계사 즉, 국제관계사의 보편성 위에서 한국사의 특수성을 살펴야 세계적 시야를 가진 한국인 양성이 가능해질 것이다. 우리는 자유의 확대, 경제발전을 통한 빈곤 탈출, 공정하고 정의로운 사회로의 변화, 보편적 인권의 신장, 문화발전 등의 발전 방향과 함께하고 있음을 교과서를 통해 학생들이 배울 수 있도록 해야할 것이다.

  '사회' 교과서는 사회를 배우는 학생들로 하여금 우리나라 대한민국 국민으로서의 정체성을 확립하고, 국가의 발전에 대한 자긍심을 가지도록 하여 인류발전에 올바른 방향으로 동참하고 있다는 자부심을 바탕으로 지금보다 앞으로의 미래가 더 기대되는 국가사회를 만들 수 있다는 미래에 대한 밝은 전망을 할 수 있도록 해야 한다. 그것이 바로 우리나라 대한민국을 위해 국민통합과 국가사회의 지속가능한 발전에 기여하는 것임을 가슴 깊이 새길 수 있도록 해야 할 것이다. '사회' 교과서의 역할이 바로 그것이다.

대한민국을 대한민국으로

| 요·약·문 |

건국으로부터 고작 100년도 지나지 않은 대한민국이 앞선 수백 년 노예의 역사를 씻고 자유와 민주가 깊게 뿌리내린 현대 국가로 탈바꿈한 근본적 이유가 무엇일까? 대한민국을 대한민국으로 만든 사람이 누구인지 묻는다면 독자께서는 어떤 답을 주시겠는가?

여느 국가가 그러하듯 우리 대한민국도 사람들이 모여 만들어진 나라이고 사람들이 죽고 태어나면서 천천히 변화해 나간다. 그런데 생물학적 선조인 조선이나 대한제국에 비하면 오늘날의 대한민국은 자연스러운 변화의 결과물이라고 보기 어려운 수준이다. 점진적 변화가 아니라, 완전히 새로운 나라다. 그것도 아주 잘 굴러가고 있으니 도대체 그 차이가 어디서 나온 것인지, 과연 어떤 사람이 이런 차이를 시작한 것인가.

학생들은 한국사를 배우며 유구한 민족의 전통과 오랜 역사에 대해 배운다. 우리가 단군 이래 반만년의 찬란한 역사를 자랑한다지만 그 중 기록으로 확인된 것이 반도 못 미치고, 그나마도 그야말로 당대에 한 줌도 되지 않는 왕과 귀족의 삶이 대부분이지 않은가?

어리석은 백성은 말하는 도구에 불과하니 생각을 기록으로 남기기도 어렵다. 게다가 가장 대한민국에 가까운 시기인 조선 시대는 황상의 제일 藩國, 小中華의 자부심을 안고 도대체 내가 누구인지 생각할 겨를 없이 살았다. 事大 우등생의 마지막 주자가 일신 안녕을 위해 나라를 팔아버린 덕에 백성이 주인이 되는 나라로 스스로 변할 기회조차 잃었다.

일본제국의 식민 통치가 제국의 어리석음과 무능으로 종결된 이후 미국과 소비에트의 의지에 따라 한반도가 토막 났다. 남쪽 절반, 그나마도 3년 동안은 타국 군대가 無主地 랍시고 점령하여 다스리다가 마침내 대한민국이 건국된 것이 80여 년 전이다.

중화를 숭상하던 입만 살아있는 선비 나부랭이와 착취와 학대 속에 고통받던 백성들, 그리고 그들을 지배한 유일한 시대의 자유인 왕으로 이뤄진 변화 없는 세계가 무너지고, 수십 년 만에 자유와 민주의 가치가 누구에게나 당연하게 여겨지는 새 나라가 우뚝 섰다.

너무도 놀라운 일이 아닌가? 해방의 당사자는 조선인들이 아니라 미군이었고 미군들은 일본으로부터 무주지인 한반도의 38선 이남을 물려받았다. 말 그대로 주인 없는 땅에 아무것도 아닌 사람들이 살다가 오늘날의 대한민국을 뚝딱 만들어냈다는 거다. 그리고 모든 충격적 변화와 혁신은 이제 그저 당연한 것으로 바뀌었다. 어쩌다 보니 대한민국에 태어났는데 자유와 민주가 당연한 가치라고 교육하니 그런 줄 아는 것이고, 시장경제에 맞춰 기업과 개인이 춤을 추고 나라가 장단을 맞춰 주는 게 당연한 풍경이다.

대한민국이 대한민국인 것이 태어날 때부터 그랬던 것이니 내가 누리는 모든 것이 귀중하다는 사실이 점차 잊히고 있는 게 아닐까?

대한민국은 당연히 대한민국이 된 것이 아니다. 수백 년간 왕의 노예로 수동적 삶을 살던 사람들이 일시에 스위치를 거꾸로 돌려 자주적이고 성실한 대한민국 시민이 된 것도 아니고, 미국을 위시한 우방국의 도움에도 한계가 있었다. 스스로 해내야만 했다.

오랜 시간 피워온 담배를 끊는 것처럼 개인적인 습관을 바꾸는 데도 노력과 시간이 필요한데 수천만 백성을 자유인으로 빚어내려면 새로운 수백 년의 시간이 필요하지 않겠나. 그것이 선진 세계의 자유로운 시민들이 피와 살로 적어 내려온 오랜 변화의 역사다.

그런데 우리는 80여 년 만에 적어도 외형만큼은 이들 선진국처럼 높은 수준을 이뤘다. 게다가 그들로부터 도움을 받다가 도움을 주는 나라로 탈바꿈한 유일한 나라다. 깨어있는 시민들이 독재와 억압에 맞서 몸을 던지고 기어코 권력을 되찾아온 나라다. 세계 어디에든 뛰어가 돈을 벌어오는 악착같은 국민이 있고 정당히 모은 재산은 법이 지켜준다.

이 변화를 누가 처음 시작했는지 사람들에게 묻는다면 −

오늘날 진보를 자처하는 이들은 '민주화 운동'을, 반대 진영에서는 '경제발전'을 주제로 각기 자기네 진영의 신화적 인물들을 거론하곤 한다. 상상을 초월하는 수준의 경제발전을 체감했던 시대가 박정희 대통령 재임 기간이고, 대통령 직선제가 다시금 자리 잡은 때가 1980년대 말엽이니 현재를 살아가는 사람들에게 그나마 과거 정치사의 굵직한 인물과 사건을 꼽는다면 그때 그 인물들이 가장 먼저 떠오르지 않겠느냐는 것이다.

틀렸다.

억압에 길든 백성들을 데려다가 새로운 나라를 만든 사람은 누구인가? 누구나 교육받고 스스로 생각하게 하고 자유와 민주를 외치게 한 사람은 누구인가? 개인과 기업의 자유로운 이익 추구를 보장하고 또 권장한 사람은 누구인가? 그 최초의 사람은 누구인가?

오늘 대한민국이 대한민국인 이유, 대한민국을 대한민국으로 만든 사람이 이승만이다.

'존엄한 국부'로서 이승만 각하를 찬양하는 글이라면 자유당 시절의 신문 몇 부만 찾아봐도 족할 터, 필자는 이미 오래전에 지하로 향한 지도자의 얼굴에 분칠할 생각은 없다. 아부와 거짓으로 그의 눈을 가리고 국민을 탄압한 자들마저 모두 무덤에 가버린 지금에 와서 찬양과 신격화를 한들 얻을 것도 없다. 그저 오늘날 누리는 '당연한 권리'의 시작점이 어디인지를 지금을 살아가는 사람들에게 알리고 싶다는 거다.

① 인간을 바꾸다 압제와 핍박에 스러져 가면서도 그저 그것이 주어진 것이기에 고통 속에서 수백 년간 순응하던 백성들을 이승만은 극히 짧은 시간 동안 어떻게 민

주 시민으로 변모시켰는가. 이승만은 건국 대통령으로서 민주적 지도자 선출 구조를 확립했을뿐더러 다양한 정파를 수용해 정치적 통합을 꾀했다. 자유·민주의 제도적 초석을 닦은 것이다. 더욱더 중요한 것은 수많은 사람의 마음을 바꿔냈다는 점이다.

자유당 정부가 악취를 숨길 수 없도록 부패하자 마침내 학생들이 들고일어났다. 이들은 그저 먹을 것이 없고 수탈에 못 이겨 봉기한 과거의 수많은 민초들과 달랐다. 어린 학생들이 요구한 것은 정의의 실현이었다. 배고픔이 아니라 정신과 사상의 문제인 것이다. 이승만의 과오를 지적하고 하야를 요구한 학생들의 마음속에 자유와 민주를 심어준 사람 또한 이승만이란 점에서, 비록 스스로 말년의 잘못을 시정하지는 못했으나 그 잘못을 인정하고 국민의 목소리에 따라 물러난 그의 발자취는 반드시 다시 짚어봐야 한다.

② 먹거리를 찾다 한국전쟁은 그나마 38선 남쪽에 남은 모든 것을 부숴 버리고 수백만의 목숨을 앗아갔다. 공산 블록의 스폰서들과 육지로 접한 북쪽 괴뢰들이 한동안 대한민국을 경제적으로 앞서는 듯 보였지만, 오늘날 경제와 군사력 모두 그들이 우리에게 압도당하는 형편이다. 그러니 핵에 집착하겠지. 우리는 보편적 자유와 자본주의를 발전의 토대로 경제 성장을 추구했지만, 저들은 세상 모든 것이 수령과 주체의 수단에 불과했기 때문이다.

배고픈 이들이 불의에 맞서 자유와 민주를 외칠 수는 있다. 그러나 사상이 영속적으로 나라에 깃들자면 결국 사람들이 배가 부르고 누울 곳이 있은 다음에서야 가능한 일이다. 대개 경제발전의 공로는 박정희 전 대통령의 몫으로 돌리는 이들이 많다. 물론 과감한 정책 추진 의지와 실행 성과는 인정받아 마땅한 점이나, 수십 년을 아우르는 경제 비전을 그려내고 세부 계획을 도출하는 것이 혁명 후 불과 몇 달 만에 가능한 일은 아닐 것이다.

③ 미래를 그리다 경제 성장이 급하다고 해서 어머니와 누나의 머리카락을 잘라 팔고, 논밭에 가서 괭이질을 종일 한들 어제와 오늘의 본질이 달라질 수 없다. 그저 끼니만 겨우 때울 뿐. 행동과 생각을 바꿔 새로운 목표를 세우고 또 이뤄내는 것이 혁신이다. 후대 정권은 스스로 이뤄냈다고 자랑하지만, 기실 그 기초와 미래 비전은 이승만 시대의 것이다.

건국 대통령 이승만은 전쟁의 잿더미 위에 수십 년 후의 미래를 그렸다. 변변한 경제 기반이 없던 전후 대한민국에서 수천 명이 학생이 유학을 떠났고 수천 명의 군 장교들이 미국에 파견되어 교육받았다. 눈부신 경제발전의 지적 기반은 이미 이때 다져진 것이다.

지금 당연하게 여겨진다 해서 처음부터 당연했던 것은 없다. 누군가는 최초의 혼돈을 넘어 당면한 현재를 경영하고 그 와중에도 먼 미래를 응시하며 사람들을 이끌어야만 했다. 대한민국을 진정 대한민국으로 만든 가장 첫 돌들을 쌓은 이는 건국 대통령 이승만이다.

진보란 변화 없이는 불가능하며,
마음을 바꾸지 못하는 사람들은
아무것도 바꾸지 못한다.
_조지 버나드 쇼

우리의 선조들이 일본제국의 패망에 따라 해방된 후 순전히 외부자들의 의지로 반토막 나버린 남쪽 절반의 땅덩이에서 자유와 민주, 시장경제에 기초한 새로운 나라를 세운 지 80년이 다 되었다. 남의 나라 군대가 먹고 버린 음식을 주워 특식을 조리하던 이들이 세대를 거듭하며 부를 축적하고 기술과 군대의 힘을 자랑하며 과거 받기만 했던 역사가 마치 존재하지도 않았다는 듯 재물과 식량을 어려운 이웃과 나눌 만큼 크게 성장했다.

건국으로부터 몇 세대가 지나다 보니 새로이 태어난 수많은 이들이 국가의 중심 세대가 되었고 으레 그러하듯 좋은 것은 공기나 물처럼 당연히 누려야 할 것이고 과거의 인물들에게 功過가 고루 있다고 한들 잘못된 점이 더 눈에 잘 보이기 마련인 것 같다.

그러나 1948년 8월 15일 건국일을 기점으로 70여 년만 더 과거로 돌아가 본다면, 우리는 마치 바람 한 점 불어오지 않는 잔잔한 호수처럼 수백 년의 세월에도 불구하고 아무런 정신적·물질적 혁신을 이룩하지 못한 中華의 藩國 조선을 마주하게 된다. 유럽에서 산업혁명이 일어나고, 미국이 스스로 독립하여 나라의 기틀을 잡고, 일본이 늦게나마 근대화에 나서며 심지어 이웃 청나라는 서구와 전쟁을 벌이는 와중에도 조선은 변하지 않았다. 백성들이 학정을 못 이겨 일어났을 때도 청나라에 도움을 구걸한 것을 보라.

그러니 변함없는 事大와 小中華로서의 자존심이 대한민국 국민의 먼 생물학적 조상인 조선사람들 대다수가 공기와 물처럼 당연하게 생각했던 가치였다. 비록 명나라는 망하고 없어져 버린 지 오래지만, 그 대체재로 대청국을 떠받들고 심지어 청나라가 간섭하지 않는 내 땅 한구석에서 조선이야말로 진정한 중화의 계승자입네 스스로 만족하면 그뿐이다.

결국은 일본의 식민지가 되어 조선 왕 대신 일본 천황을 섬기게 되었다. 나라를 빼앗기게 된 것은 많은 이들에게 슬픈 일이라 독립을 부르 짖을 용기도 내봤지만 결국 스스로 외적을 몰아낼 실력은 없었다. 일본 제국이 패악을 일삼다 무참히 패배하고 마침내 항복하면서 과거의 식민지들이 해방되었건만 스스로 독립을 쟁취한 것이 아니기에 우리는 곧장 새 나라를 만들 수도 없었고, 수많은 종파가 난립하는 난국을 맞았다. 이 와중에 미국과 소비에트는 한반도를 無主地로 인식하였으므로 38선 위, 아래는 각기 군정 시기를 겪는다.

혼돈의 끝에 마침내 1948년 대한민국이 탄생했다. 곧 이어진 3년간의 전쟁은 그나마 가진 것 하나 없는 대한민국을 완전히 잿더미로 만들어 버렸다. 자유 우방의 맹렬한 폭격을 온몸으로 받아낸 공산 괴뢰들 또한 땅 위에 남은 멀쩡한 건물이라곤 하나도 없었고 엄청난 인명 피해를 보았으나, 스폰서 국가들과 육로로 이어져 있는 데다 유럽까지 이어진 공산 블록 국가들의 온정에 힘입어 경제 규모와 삶의 질에서 오랜 기간 대한민국을 압도했다.

그런데 휴전선 북쪽의 괴뢰들은 정신적으로 점차 기묘한 변화를 겪게 된다. 대한민국에서 세작질하던 자들을 실패자라며 숙청했다. 소련과 친하다며 한 묶음을 또 숙청했다. 일이 없으면 조작을 통해서라도 죽이고 그 사냥개를 또 숙청했다. 오로지 왕의 안위를 위해 신하와 백성을 마구 죽이는 것은 공산주의가 아니지 않은가? 괴뢰의 스폰서 국가들이 벌인 일들을 보면 자국민 학살이 그들 나름 특성인 듯도 하지만 세월이 흐르며 최소한 겉으로는 세련되게 변화한 선배 공산주의 국가들을 보면 북쪽의 편집증은 정말 희귀한 수준이다.

아무튼 처음엔 공산 선배 나라들에 비해 조금 독특한 정도였겠지만, 그 변화의 정도가 점차 심해져 나중에는 공산주의의 聖人이자 始祖라 할 수 있는 이들마저 이단으로 낙인찍고 그들의 책을 금서로 지정하더니 결국 왕조 국가로 회귀하고 말았다.

그러니 현시점에 휴전선 북쪽에 사는 사람들은 공산 괴뢰의 세포들이라기보다는, 새로운 왕정 국가의 신민들이라 할 수 있다. 북쪽 왕국이라는 말이 틀리지 않은 것 같은데, 독자 여러분의 생각은 어떠한가? 인민이 주인 되는 공화국이라거나 옛날에 부르던 괴뢰라는 이름으로 칭하기엔 이제는 공산주의 국가도 아닌 고로 상당히 어색하지 않은가.

그들의 사상은 정말로 대단하다. 왕국 신민들이 자랑스레 떠드는 '쌀밥에 고깃국을 남쪽의 비렁뱅이들보다 더 많이 먹는다' 차원의 이야기가 아니다. 자유민주주의 국가에 사는 우리는 최소한 공산주의가 이론적으로 어떤 것이고 왜 실패했는지 교과서에서 몇 줄 읽어보고 자란다. 정치체제를 불문하고 절대 권력과 독재가 왜 실패했는지는 꼭 세계사 전공자가 아니어도 충분히 알고 있다. 왕국에서는 붉은 기를 걸어 두되 오로지 국왕 전하와 왕실의 위엄, 초능력이 제일 중요한 지식이니 그야말로 보기 드문 최고 사상이다.

시간이 지날수록 더 경직되고 융통성을 발휘하지 못하는 북쪽 왕국과 달리, 대한민국은 누구나 자기 생각을 자유롭게 말하고 실천할 수 있다. 필자가 굳이 고리타분한 이야기를 늘어놓으려는 게 아니라, 사실이 그렇다. 남의 권리를 훼손하지 않는 이상 누구나 제약 없는 자유를 누릴 수 있는 것이 대한민국의 오늘날 모습이 아니던가.

왕국은 자유로운 사고와 발언을 죽음과 수용소로 다스려 왔기에 '변화'를 사전적 정의 그대로 측정해 본다면 정말 빠르고 효율적으로 이뤄 버렸다. 그리고 그 변화를 이룬 후에는 조선 시대처럼 잔잔한 고인 물마냥 외부에서의 변화를 수동적으로 기다릴 뿐이다.

어쩌다 보니 우리 머리 위에 절대 왕정 국가를 짊어지고 살게 되어서, 필자는 우리가 오늘날 누리는 자유를 강조하기 위해 굳이 과거 한반도 백성들이 살아온 굴종과 학대의 역사를 장황하게 끌어낼 필요가 없음을 다행으로 여긴다. 자유의 부재와 경직된 사상은 수백 년 전의 역사가 아니라 서울에서 몇 시간이면 도달할 수 있는 곳에서 확인해 볼 수 있으니 '자유가 없으면 어떻게 될 것이냐?'를 상상해서 설명할 필요가 없다는 것이다.

대한민국에서는 공기나 물처럼 당연한 자유, 민주라는 정신적 공통가치가 부재할 때 사람들이 겪는 일은 북쪽 왕국을 보면 즉시 알게 될 터이니, 이제는 더욱 중요한 질문을 던져 봄 직하다. 이처럼 홀로 자유로우신 군왕께서 다스리던 어린 백성들이 식민지 신민을 거쳐 해방의 혼돈에 무방비하게 노출되었는데, 도대체 누가 무슨 수로 순식간에 이 어린 양들을 불의에 맞서 당당히 일어설 줄 아는 훌륭한 시민으로 빚어내었단 말인가?

변화란 정말 어려운 것일진대, 어떻게 한 두 사람도 아닌 국민의 마음을 바꾼 것인가?

독자들께서도 잘 아시다시피 좋든 나쁘든 어떤 습관이 한번 생기면 쉽게 없어지거나 바뀌지 않는다. 그러다 보면 어느새 당연한 것이 되고, 개인 수준을 넘어서 가족, 마을, 나라로 널리 퍼지다 보면 풍습, 전통이 되어 오랜 시간에 걸쳐 전승되기 마련이다. 이러한 오래된 무언가는 우연히 대한민국 국민으로 태어나 사는 독자 여러분과 필자 모두에게 정도의 차이만 있을 뿐 똑같이 적용된다.

생각이나 행동 등 우리 사회의 누구나 알고 있고, 고민하지 않고 순응하는 어떤 것들을 바꾸려면 먼저 사람을 바꿔야 한다. 결국은 모든 일은 사람이 하는 거니까.

과거 오랜 세월 동안 실내에서 자연스럽게 흡연이 이뤄졌던 것이나, 특정한 업무는 당연히 특정한 성별이 담당하는 등 성별에 따른 차별이 만연해 왔고 결혼하면 누군가 반드시 일을 그만두고 집으로 돌아가 '애나 보고 밥이나 하는' 게 당연한 시절이 있었음을 생각해 보라.

근래에 성균관에서 여러 차례 강조하고 있는 바처럼, 명절마다 상다리가 휘어지게 차리던 제사상이 알고 보면 유교 경전에서도 언급하지 않는 근본이 희박한 가치였음에도 많은 이들이 지켜 온 것도 생각해 보라. 한번 굳게 다져진 관습, 가치는 특정인이나 가문에 머무르는 것이 아니라 나라 전체로 널리 공유될뿐더러 변화가 필요해도 쉬 바뀌지 않는다.

사람들이 직접 볼 수 있고 느낄 수 있는 흡연, 차별, 제사상도 바꾸기 쉽지 않은데 눈에 보이지도 않는 무형의 개념인 '자유'가 어떻게 뿌리를 내리게 되었는지 궁금하지 않은가? 과거 왕의 지배를 받던 시절, 외적의 지배를 받던 시절이 이어졌다면 상상으로만 그칠 수도 있었던 자유시민의 사회를 빚어내는데 과연 그 가장 처음은 언제인지, 어떤 과정으로 우리가 그토록 짧은 시간에 진보하게 되었는지 지금을 사는 사람들은 관심이 없는 것 같다.

이미 당연한 것이 되었으니 갈망할 필요도 없는 것이기도 하고, 과거 역사를 조망해 본다 한들 자신이 겪어보지 않은 일이나 중요하지 않은 일이면 당연히 개인으로서는 깊은 관심을 가질 이유가 없다. 물론 누구나 알아야 하는 중대사에 대해서 국가는 교육이라는 수단을 동원한다. 그렇다고 한들 전쟁으로 수만 명이 죽고, 기근으로 수십만이 죽은들 역사책에 한두 줄 적혀 있을 뿐이고 그마저도 교과서에 실리지도 않는 사건 사고가 당연히 더 잦다.

그러니 과연 변화라는 것이 얼마나 어렵고 시간을 잡아먹는 일인지를 먼저 생각해 보자. 학교에서 간단히 배우는 역사 수업에서는 짧은 텍스트를 읽고 시험을 잘 치르기 위한 기계적 암기가 주요한 활동이다. 고매한 철학적 개념인 '자유'에 대해 매사 바쁘고 급한 한국인 중 전문 연구자가 아닌 이상 깊게 생각해 보거나 배운 사람이 드물 테니, 쉬운 예시부터 살펴서 변화의 어려움을 느껴 보자는 것이다.

먼저 그 해악이 확실하며 상당히 오래전부터 사람들이 변화를 위해 노력해 온 사례로, 흡연이 오늘날 상당수의 실내 공간에서 사라지게 된 과정을 살펴보자. 담배가 한반도 생활사에 등장한 것은 임진왜란 때로 추정된다. 처음에는 남녀노소 불문하고 담배를 즐겼다 하며 수백 년에 걸쳐 사랑받는 기호 식품으로 명맥을 이어왔다. 흡연은 오랜 전통이다!

해방 이후에는 농가 발전 및 품질 개선, 수입 담배 제한까지 담배 산업 전반이 정부의 관심사가 되었다. 적어도 1980년대까지 주된 정책은 산업 진흥이라고 볼 수 있다. 그러니 17세기부터 20세기까지는 아무튼 담배가 생활 어디에나 함께했다고 볼 수 있다. 생활 수준이 어느 정도 개선된 1990년대에 이르러서야 국민 건강을 위해 미성년자 담배 판매 금지(1995년), 옥외광고 제한(1997년) 등 서서히 흡연이 제한되기 시작했다.

마침내 2004년 헌법재판소 판결(2003헌마457)에 따라 '혐연권'의 '흡연권'에 대한 우세가 확인되기 이르나, 실내 공간에서의 흡연 전면 금지 조치는 2015년에서야 시작되었다. 대한민국의 법령만 따져 보면 여기까지 오는 데 이미 20년이 걸렸고, 여전히 담배 연기로 인한 갈등과 소음이 끊이지 않으니 정말 뭔가 바꾸는 게 쉽지 않다. 집이나 베란다에서 담배를 피운들 제재할 방법이 없다. 결국은 흡연자가 스스로 '아, 남에게 피해를 줄 수 있으니 나가서 피워야겠다'라고 마음먹는 수밖에 없는 것이다. 그나마 법과 제도가 선행하고 국민의 의식이 이만큼 바뀐 것이 대단한 것이다.

사회의 절대다수가 자신도 모르는 사이에 당연시하고 복종하며 심지어 수호하기까지 하는 공통가치가 극적으로 변화하는 시점과 원인은 무엇일까? 우리 조상들이 살아온 시간은 그다지 평탄하고 평화롭지 않았으므로 굳이 한반도 밖의 역사를 바라볼 필요도 없을 것이다. 반만년의 역사는 매우 긴 시간인데다, 과거로 점점 나가면 나갈수록 기록의 빈도와 양이 적어지고 따라서 신빙성마저 떨어질 수 있다. 생각을 쉽게 정리해 보기 위해 여기서는 시간 범주를 지난 100여 년으로 좁혀 봐도 충분하지 않겠는가?

100여 년은 상당히 짧은 기간에 불과하지만, 그동안 朝鮮, 大韓帝國, 식민지, 대한민국으로의 변화와 크고 작은 전쟁의 흉터, 만성적 빈곤에서의 급격한 탈피, 사상과 이념의 새로운 흐름은 당대에 살던 이들에게도 충격의 연속이었을 것이며 역사로서 수많은 사건과 인명을 익히는 현재의 사람들에게도 복잡하고 이해하기 어려운 일들의 연속이어서 과거 고등학교에서는 국사와 근현대사를 따로 배웠고 수학능력시험에서도 별개의 선택과목으로 취급되었다(근래에는 통합 과목 '한국사 영역'을 필수로 배우고 시험 치른다).

각자 역사에 대한 이해나 학습 정도는 다르겠지만, 아무튼 우리는 모두 비슷한 수준의 의무교육을 받았을 것이다. 지팡이 짚은 어르신부터 올해 고등학교를 졸업하는 젊은이들에 이르기까지 역사 수업 시간 내내 졸기만 한 것이 아니라면 누구든 어떤 내용이든 우리나라 역사에 대해 수년간 배웠을 것이고 나아가 자신만의 역사관을 가지고 있지 않겠는가?

대한민국 헌법은 개인의 자유를 여러 조문에 걸쳐 다양한 맥락에서 강조하고 있다. 그런데 앞서 짧게 이야기한 바와 같이 단지 기호 식품에 불과한 담배에 대한 인식과 행동의 변화도 수십 년에 걸쳐 이루어진바, 추상적이고 손에 잡히지 않는 가치인 '자유'가 진정 뿌리내리게 된 것은 단지 법전에 기재되었다고 해서 가능하지는 않았을 것이다.

이 글이 쓰이고 있는 현시점에서 우리 사회의 각 개인이 향유하는 자유는 진정 높은 수준의 것이라 할 수 있다. 법전에 적힌 말 그대로의 자유를 누구나 누릴 수 있는 것이다. 물론 서구에 비하면 상황에 따라 개인의 자유가 제한되는 빈도가 높다고 할 수는 있겠으나 건국 이래로 개인의 자유는 지속해서 신장했고 문민·군부를 굳이 구별할 필요 없이 억압과 통제의 시련을 겪으면서도 결코 후퇴한 적은 없었다.

다만 필자가 확인하고 싶은 것은, 그 모든 과정이 처음으로 시작된 지점이다. 앞선 물음에 대해 어떤 이들은 스스로 누리는 자유의 시작점으로 1980년대 군부에 맞서 시민들이 떨쳐 일어난 전국적 민주화 운동을, 그 이전에 초고도 성장을 직접 보고 겪었던 세대라면 1960년대 이후의 산업화를 말할지도 모르겠다.

더 과거로 내려가면 학생들이 피 흘리며 부패 정권 타도를 외친 4·19 혁명을 말하는 이도 있겠다. 심지어는 일본으로부터의 해방이나, 일제 강점기의 독립운동, 동학이나 민란 등을 떠올리는 사람도 있을 것 같다! 모두 어느 정도는 타당한 부분이 있을 것이기에 완전히 틀린 답이라고 할 수는 없겠지만 필자는 그 어느 것도 시작점이라 보진 않는다.

처음부터 다시 살펴보자. 조선 말기와 대한제국 시대는 우리의 조상들이 살았다 한들 이념에 있어서는 현재와 완벽히 단절되어 있다. 자유의 의미를 어떻게 정의하든 왕정 체제에서는 고관대작부터 천민에 이르기까지 모두가 왕 아래에 있는 언제든지 교체할 수 있는 소모품에 불과하다. 왕국에서 자유를 논한다는 것은 불필요한 일인 것이 분명해졌다.

설령 조선 말 소년 왕 시대와 같이 國基가 문란해져 외척 등의 일부 권력자들이 왕을 조종한다 한들 과두정 같은 것으로 체제가 바뀐 것은 아니고 그저 문란해진 것일 뿐이다. 아울러 여러 식민지를 거느렸던 일본제국 또한 다른 아시아 국가들에 비해 비교적 빠르게 근대화되었을 뿐 본질적으로는 군주국이며, 전쟁을 일으키는 시점에는 천황을 내세워 철권을 휘둘렀으니 內地인 운운하던 일본인들 또한 그저 臣民에 불과했다.

극소수 특권층의 지배를 받은 수백 년 세월은 그러므로 어떤 관점에서 바라보더라도 노예 된 백성 수천만의 삶으로 이루어진 것이었으니 자유의 암흑기였을 뿐이다.

대한제국을 포함한 조선의 역사는 식민 통치를 거쳐 한국전쟁으로 그 맥이 완전히 끊겼다. 식민지 시절에는 세계 각지에 흩어진 독립운동가들이 독립을 꿈꾸며 다양한 활동을 펼쳐보았으나 절대다수의 국민은 일본의 신민으로 살다 미국에 일본이 패배하면서 해방된 것이 전부다. 워낙 오래전 일이니, 사람마다 다양한 관점에서 해석을 덧붙일 수 있겠지만 확실한 것은 일본이 체급에 맞지 않는 광범위한 식민지를 점령하고 전쟁을 일으켜 아시아를 도탄에 빠뜨렸다가, 미국의 힘에 패배하며 식민지와 점령지가 해방되었다는 것이다.

해방 이후의 한반도는 민주공화국과 공산 괴뢰 집단으로 양분되었는데 둘 중 어느 쪽도 멸망한 왕조의 이념을 계승하지 않았다. 두 집단 중 우리가 사는 대한민국은 민주공화국이 되었고, 북쪽에 자리한 공산 괴뢰 집단은 일단은 공산주의를 표방하며 과거의 것을 말 그대로 쓰레기통에 처넣었다. 일본의 비호 아래 단잠을 자던 이왕가를 반기는 곳은 없었다.

과거의 망령인 왕실이 사라졌다 해도 스스로 힘으로 쟁취한 독립이 아니기에 해방 이후 약 3년 동안 38도선 이남의 한반도를 통치한 주체는 미군이었다. 미군은 조선인 중 누군가로부터가 아닌 일본제국 조선총독부로부터 권력을 이양받았고, 조선의 해방은 한일 합병조약의 파기에 의해 일어나지 않았으며 연합국의 승리에 따른 것임을 명확히 했다.

자유를 그저 남의 간섭을 받지 않고 내 것을 지킬 수 있는 소극적 수준으로 볼 것이냐, 내가 하고 싶은 것이나 하고 싶은 말을 마음껏 할 수 있는 적극적 수준으로 볼 것인가? 소극적 수준의 자유 또한 내가 내 것을 지킬 능력이 있을 때라야 주장할 수 있는 가치이다. 그다음부터는 더 많은 여유와 자원이 있을 때라야 자유의 수준이 한층 더 높아진다.

해방 후의 38선 이남은 땅과 사람들을 미군들이 지키고 관리하게 되었으니 소극적 자유마저도 없었다고 봐야 하겠다. 설령 일본으로부터의 해방이 자유라고 폭넓게 인정한들, 고작 소극적 자유도 내 힘에 의하지 않고 공짜로 받은 것이니 민족의 자유, 나 개인의 자유가 그리 중요한 것이 아니다. 공통의 가치는 없고, 독립운동가와 불순분자를 고발하며 살아남던 훌륭한 제국 신민의 자세로 남을 깎아내리며, 조선의 우수한 유학자들을 계승하여 당파를 만들고 싸울 뿐이니 일본이 물러나고 나서도 한반도는 혼란의 도가니 자체였다.

해방 이후의 혼란이 어느 정도 가라앉고 새로 수립된 나라가 힘겹게 발걸음을 딛어가는 와중에 3년에 걸친 격렬한 전쟁이 벌어졌다. 수백만이 죽고 국토는 파괴되었다. 시시각각 총포를 내세워 달려오는 공산 괴뢰의 학살을 피하는 와중에 자유네 평등이니 말로만 떠들어 대는 것은 필부라 할지라도 삶의 올바른 자세가 아닐지어다. 무엇보다도 당장 나와 가족을 죽이러 내려오는 적군을 앞에 두고 혼자만 살겠다고 도망가는 것도 실질적으로 섬나라에 해당하는 대한민국에서는 불가능한 일이다. 힘을 합쳐 싸우는 데 집중할 수밖에 없다.

이렇다 보니 한국전쟁은 누군가의 도움을 받았을지언정 우리가 진정 우리 손으로 자유를 쟁취한 첫 사건이다. 우리가 싸우는 이유가 곧 우리의 정체성이 되어 사람들의 마음과 몸을 움직이게 했다. 남들이 그어준 38선 북쪽으로 소비에트와 新 中華 선배들 덕에 고생 없이 자리 잡게 된 공산 괴뢰들은 조금이라도 가진 사람은 약탈하고 말을 듣지 않으면 인민의 이름으로 재판한 후 죽창과 총으로 처형했다. 괴뢰들의 압제하에 있던 수많은 인민이 전쟁 전후로, 또 전쟁 중에도 대한민국 국민이 되고자 탈출해 왔다.

당시 대한민국은 소련 치하에서 일사불란하게 '정리'된 북조선에 비하면 불리한 점이 많았을 것이다. 그런데도 수많은 이들이 38선 이남으로 내려온 것은 전쟁으로 혼란에 빠진 가운데서도 대한민국은 최소한 개인의 재산과 권리에 대한 보호를 천명했기 때문이다.

비록 소극적인 수준에 그친다고 할지라도 '당연히 내 것인 것'을 빼앗기지 않겠다는 의지와 법으로 보호되는 개인의 자유는 이제 당연한 것이 되었다. 해방은 우리에게 주어졌지만, 한국전쟁에서는 두 손 놓고 도움만 기다리지 않았다. 남들의 도움만큼이나 스스로 싸워 이길 의지도 컸기에 괴뢰와 중공군을 밀어내고 국토를 회복했다. 우리 국민과 군, 정부가 비로소 하나의 나라·민주공화국으로서 국체를 확립하고 크게는 자유민주 사상을, 적게는 나와 내 고장을 지키기 위해 공통의 가치를 진정으로 다지게 된 계기가 바로 한국전쟁이다.

휴전협정이 체결되며 죽음의 그림자가 물러났지만 남은 것도 없고 먹고살 것도 없었다. 여전히 미국이 보내주는 돈과 먹거리에 의지했다. 내 나라를 피땀 흘려 지켜낸 것은 고무적인 일이나, 손에 쥔 자유는 여전히 남에게 강압적인 지배를 받지 않고 내 것을 겨우 빼앗기지 않는 수준의 소극적인 수준에 머물러 있었다. 먹을 것이 없고 누울 자리도 없는 내 목숨마저 빼앗으려는 강도를 물리친 것에 불과한 것이었다.

굶주리고 헐벗은 국민을 위해 이승만은 무엇을 했는가. 어쩌면 그저 밀가루를 먹다 남은 음식을 구걸하고 자립을 마음먹는다 한들 예전처럼 하늘에 의지하며 농민들을 독려해 산미 증산을 꾀하는 것이 최선일지 모른다. 옛 식민지 시절에 그나마 기술을 갖고 활용하던 일본인들은 떠난 지 오래고 그나마 남은 시설도 멀쩡한 것이 없으니 재정을 낭비해 산업을 일으킬 필요도 없고 임기 중에 원조금으로 쌈짓돈이나 실컷 챙겨 떠나면 되지 않겠는가?

전쟁 후에도 대한민국을 부숴버리고 자신의 노예 장부에 새롭게 수천만을 추가하고 싶었을 누군가에게는 참으로 아쉬운 소식이지만 아무튼 이승만은 일신의 안녕 보다는 나라와 국민을 먹고살게 만드는 것이 더 가치 있다고 생각했던 것 같다. 선민의식이라고 해도 좋고, 책임감이라고 해도 좋다. 후대의 평가 따위가 아무래도 좋은 이유는 결국 이승만이 뭔가 해낼 의지와 실행력이 있었던 것 만큼은 사실이기 때문이다.

이승만은 이미 오래전인 1914년, 하와이에서 학교를 세워 사람들을 가르쳐 봤다. 그 이전에 스스로가 우리 민족 최초로 서구식 고급 교육을 끝까지 경험해본 고학력 인재이기도 했으니 교육이 얼마나 중요한지 누구보다도 잘 알고 있었을 것이다. 이처럼 교육에 일가견이 있는 그가 전쟁으로 박살이 난 국토 위에 원조금으로 마구 지어댄 것이 학교다.

전국에 재건되거나 새롭게 새워진 수천 곳의 학교에서 아이들이 공부하기 시작했다. 학교가 늘어나니 까막눈 수백만 명이 순식간에 교육받은 인재로 재탄생했다. 해방 당시 2,800여 곳의 초등학교에 136만 명이 재학했는데, 1960년에는 4,600여 곳에서 360만 명이 공부하고 있었다. 전후의 베이비 붐을 고려한다손 쳐도 인구 증가에 맞춰 학교를 늘린 것만으로도 대단한 일이 아닌가? 이와 같은 노력으로 이승만은 1959년까지 학령아동의 취학률을 해방 당시의 53.4%에서 95.3%로 높이는 한편 문맹률은 80%에서 22%로 낮췄다.

대학과 전문학교 학생의 폭발적인 증가, 지식과 기술을 찾아 해외로 떠난 유학생들의 등장은 더욱 의미심장하다. 당장 학교 수와 재학 인원 수가 해방 당시의 19개교 8,000명에서 68개교 10만 명으로 늘어났다. 외화를 벌어올 창구도 마땅치 않았던 빈곤의 시대였지만 전쟁 이후 1960년까지 해외로 나간 유학생이 7,000명이 넘는다. 거기에 더해 9,000명 이상의 군 장교들이 미국의 각종 군사학교에 파견되어 교육받았다.

어마어마한 숫자로 표현된 통계에 더해 우리를 놀라게 하는 일이 또 있다. 이승만이 시작한 의무교육은 남자와 여자의 구분이 없었다. 먹고 살기 어려웠던 그 시절이고 애초에 가르칠 사람마저도 너무 부족해 의무교육이 초등학교 수준으로 정해진 한계는 있지만, 아무튼 여성도 무조건 교육받게끔 못 박아 버린 것이다. 게다가 뭐든 한번 맛을 보면 멈출 수 없게 마련이다. 당시의 가부장적 사회 분위기 속에서도 중학교, 고등학교, 심지어 대학교로 진학하는 여성이 몇 배씩 증가했는데 대학생은 심지어 8.5배나 늘었다.

물론, 여전히 남성에 비하면 교육 수준이 높아질수록 재학생과 졸업생 비중이 낮은 모습을 보이긴 했지만 놀랍게도 이미 1950년대에 여성 법조인과 장교, 공학사, 정치인이 등장했다. 유교가 다스리는 원시적 농경 사회에서 그저 아이를 낳고 집안일을 하는 가구 수준의 지위를 가졌던 여성이 이제는 어엿한 '사람'으로 취급되기 시작한 것이다. 나아가 여성의 학력 신장에 따른 사회 진출이 시작되면서 한국 경제는 남자만 일하는 반쪽짜리가 아니라, 잠재된 모든 능력이 발휘되는 발전된 형태로 조금씩이나마 변모하게 되었다.

그러니까 불과 10여 년 동안 이뤄낸 변화가 이 정도이다. 그처럼 짧은 시간 동안 온 나라의 사람들이 그 부모·조상과 완전히 다른 새로운 족속으로 내면부터 빚어지게 된 것이다. 꼭 수천이니 수만이니 하는 통계 수치를 볼 필요도 없이, 전국의 열혈 학생들이 불의를 참지 못하고 한목소리로 떨쳐 일어난 4·19 혁명이 1960년에 일어난 걸 보라. 온 국토가 잿더미가 되고도 10년도 되지 않아 이 나라 백성들은 더 이상 억압과 강제를 조건 없이 받아들이지 않는 진정 자유로운 시민으로 거듭나기 시작한 것이다.

이것이 진정으로 자유로운 대한민국 시민의 탄생 순간이라고 한다면 너무 과한 평가일까? 이승만은 말년의 실정으로 물러났지만, 총이나 낫에 의해 권력을 빼앗긴 것이 아니다. 깨어있는 시민과 학생들의 요구에 늦게나마 응답하여 스스로 권좌에서 내려왔다. 그 말년의 정치적 잘못은 두둔할 수 없지만 부당함을 참지 않고 낫과 몽둥이가 아닌 목소리와 붓을 들고 평화적으로 일어난 시민을 양성해 낸 점은 분명 인정해야 한다.

놀랍지 않은가? 여전히 우리 주변에는 명절 제사상과 같이 길게는 수백 년을 이어져 오는 관습이 유지되고 있고, 양성평등을 위해 모두가 노력한다고 하지만 아직도 사회의 다양한 영역에서 차별이 계속되고 있으며, 기호 식품인 담배를 완벽히 금지하는 것도 아니고 아무 데서나 피울 수 없도록 제한하는 것도 수십 년 만에 이룬 성취이다.

수백 년 역사를 물려받은 이왕가는 매국과 외적에 의해 붕괴한 지 오래이지만, 현재의 대한민국에도 조선의 인습이 여전히 남아있고 그걸 바꾸기도 여전히 어렵다는 데서 건국과 전쟁을 온몸으로 겪으며 살아남은 선배들의 자유와 민주에 대한 열망은 놀랍기만 하다.

사소한 습관도 쉽게 바뀌기 어려운 것이 자명한데, 왕과 외적들에게 억압받고 죽임당하는 것이 당연하던 백성과 신민, 인민이 어떻게 자유와 공정을 부르짖으며 권력에 맞서 싸우게 되었을까? 그것도 나라라고 부를만한 무언가가 세워진 지 불과 10여 년 만에 말이다.

암흑천지의 조선에서도 바깥 세계에 관심을 가진 사람은 있었다. 그러므로 선진 유럽과 미국을 둘러본 사람은 이미 이승만 이전에도 많이 있었지만, 정작 선진 교육을 몸소 경험하고 최초로 박사까지 되었던 사람은 조선에서 보낸 사절단의 누구도 아닌 이승만이다. 본인 잘난 맛에 취해 박사님 소리 들으며 편하게 살아도 뭐나 나무랄 사람도 없건만 그는 어찌 된 연유에선지 독립운동이든 대한민국 건국이든 민족의 일이라면 다 나서고 봤다.

미국이 보내오는 달콤한 원조를 받아 우매한 백성에게 배급이나 뿌리며 권세를 누리고 살면 그뿐이지만 이승만은 사람들이 배우고 또 배워오게 힘을 썼다.

그러니 사람의 정신을 바꾸다 못해 새롭게 빚어내 버린 것이 이승만의 첫 번째 공적이다.

자신의 임기 내에 성과를 확인했다는 점에서도 첫 번째 공적으로 꼽기 충분하다 본다.

> **배고프면 요리에 흠을 못 잡는다.**
> _네덜란드 속담

근대화 이전의 세계는 한반도, 아시아, 서구 세계 할 것 없이 빈곤과 기아의 연속이었다. 과학기술의 발전으로 농업 생산량이 급격히 증가하게 된 것도 그리 먼 일이 아니고, 촘촘한 무역 망이 각지로 식량을 날라다 주게 된 것은 더욱 가까운 일인 고로, 굶주림은 사람이 처음 세상에 등장하고부터 거의 항상 함께한 이웃이라고 봐도 무리가 아니다.

해방 후 38선 이남 땅에는 발전 설비도 없고, 이렇다 할 물류 시스템도 없었다. 오랜 시간 유통업에 종사한 경험이 있는 정만규 전 사천시장이 인터뷰에서 밝힌 바에 의하면 1960년대 얼음 공장을 지으면서 일본에서 제빙 기계를 수입했는데, 당시까지 해방 전에 일본에서 들어온 제빙 기계는 있어도 해방 후에는 자신이 전국 최초였다 한다.

오늘날에야 콜드체인이 당연한 개념이고 언제든 차갑게 유지된 식품을 살 수 있지만 당시에는 식품 보존에 얼음만 한 것이 없었을 터인데, 1960년대의 상황도 이랬다. 심지어 이보다도 앞선 이승만 대통령 집권기의 부족함은 지금으로서는 상상하기 어려운 수준이다.

해방이 되었다 해서 잘살게 된 것이 아니다. 일본제국의 가렴주구가 천황의 연설과 함께 일순간 끝나는 동시에 기술자와 자본도 떠나버렸다. 미군정 기간 중 생산성이 딱히 오른 것도 아닌데 화폐 발행이 급증해 인플레이션도 발생했다. 이러다 보니 가만히 있어도 배가 고프다. 겨우 우리 손으로 나라를 세웠더니 이번에는 괴뢰와 스폰서들이 쳐들어와 전쟁이 일어났다. 3년간 수백만이 죽고 사회 기반 시설이 몽땅 파괴되어 버렸다. 대한민국과 괴뢰 전체 인구 중 최소 20% 이상이 기아 위기에 처했고 우리 대한민국의 경우 미국을 필두로 한 자유 진영이 제공한 막대한 원조로 겨우 굶주림을 면했다.

1950년대의 1인당 소득은 오래전의 데이터인 탓인지 출처마다 약간씩

차이를 보이긴 하지만 어떻게 보아도 채 100달러를 넘지 못한 것은 확실하다. 1955년 발표된 '한국경제 부흥계획서(1954-58년)'에 따르면 1954년 1인당 국민 소득은 65달러였으며, 향후 목표로서 1958년 88달러, 1960년 101달러가 제시되어 있다.

이때의 경제는 새로운 성장 동력을 확보한다든가 수출을 장려한다든가 하는 거창한 수준이 아니라, 전쟁 이전의 수준을 목표로 건설과 복구를 통한 재건에 초점이 맞춰져 있었다. 국가가 추구하는 장기 경제정책은 전쟁 이전 수준을 목표로 한 것이었다.

그런 황망한 여건에서도 수천 개의 학교를 지어 사람들을 교육한 것은 대단하지만, 힘들게 키워낸 우수 인재들도 먹어야 실력을 발휘할 것이고, 또 지식을 현실로 바꿔낼 기반이 갖춰져야 제 몫을 할 수 있다.

미국은 한국의 부흥보다는 당장 먹고사는 문제를 막대한 물자 공여로 해결해 주고자 했다. 일단 미국이 우리나라의 발전을 예견하고 미리 견제(?)한 게 아니란 건 확신할 수 있다. 수많은 이들이 일할 힘도 없이 굶주림으로 고통받고 있으니 인도적 관점에서 먹여야 했고, 공산주의자들이 언제 한반도를 집어삼킬지 모르니 또 상당 부분 대한민국을 무장시키는 데 돈을 썼다. 밥을 넘기게 되어 참으로 다행이나, 이래서야 장기적 발전이 어렵다.

해방 이후 1960년 4월 19일까지 미국의 원조 금액이 무려 28억 달러에 달한다고 하나 이승만 대통령 집권 시기에 뚜렷한 기술적 혁신이나 성장이 보이지 않았던 이유는 이처럼 어마어마한 규모의 원조가 단기·소비적으로 사용되었기 때문이다. 아울러 아무리 미래를 위해 잘해보려 용쓰는 사람들이 있었다고 한들 사회 전반의 교육 수준, 도덕 수준이 그야말로 후진국의 그것이었으니 근면 성실히 나라를 위해 일하는 사람들이 있는 한편 부패와 비효율로 인해 허공으로 사라진 돈도 적지 않았을 것이라 본다.

이렇게 보면 도대체 경제발전을 위해 이승만 대통령과 자유당 정권이 뭘 한 것인지 의문만 든다. 그나마 돈과 물자를 퍼주는 미국은 지금 당장만을 바라보고 국내에서는 과연 원조물자와 달러가 제대로 가야 할 곳에 가는지 확신하기 어렵다. 게다가 전쟁으로 모든 게 붕괴하였으니 그나마 예전 수준으로 돌아가는 게 경제정책의 목표라는 것이다.

괄목할 만한 점은 그 모든 난관에도 불구하고 1950년대 후반이면 정부와 사회 전반에서 현재에만 머물러서는 안 되겠다는 위기의식과 스스로 발전해야 한다는 생각이 공통의 관심사로 떠오르기 시작했다는 것이다. 아무튼 교육 문제도 그렇더니 정말 다 급하다.

먼저 이야기한 내부의 비효율과 부정부패·자원 부족 등 여러모로 발전에 불리한 여건이 있었음은 부정할 수 없는 사실이다. 그러나 수백만 국민이 아래로는 초등학교부터 위로는 대학교까지 다니게 되면서, 배우고 익히며 불과 몇 년 만에 '배운 사람'들로 변모하다 보니 신문과 방송의 질도 높아졌고 내가 사는 나라와 사회에 관한 관심도 높아지지 않았을까?

게다가 미국의 원조도 점차 줄어들었다. 미국은 2차 세계대전으로 파괴된 유럽을 재건하고 한국전쟁 이후엔 대한민국의 재건에도 힘을 쏟았으나 무상 원조에는 한계가 있었다. 물론 미국은 계속 도움을 주고자 한 것으로 보이지만 점차 개발 차관 등 유상으로 지원의 흐름은 바뀌게 되었다. 국가기록원에 따르면 원조 규모는 1957년을 정점으로 점차 감소하기 시작했다고 한다. 결국 스스로 힘으로 일어나야 할 때가 된 것이다.

후대의 우리는 대한민국의 산업화와 경제발전이 모두가 느낄 수 있을 정도로 이뤄진 시기가 언제인지 알고 있다. 박정희 대통령은 20여 년에 걸친 통치 기간 우리가 잘 알고 있는 굵직한 업적들을 쌓아 올렸다. 아예 박정희 대통령의 존재 자체를 부정하지 않는 이상 어떤 정치 성향을 지닌 사람도 그의 업적을 인정하거나 최소한 무시할 수는 없을 것이다.

이승만 대통령이 통치한 10년 이상의 시간 중 대한민국 경제는 아쉽게도 급격한 성장이 아니라 원조에 의한 현상 유지에 가까워 보인다. 원조자금을 아끼고 아낀들 애초에 원조는 안정과 복구를 위한 것이지 새로운 산업 투자를 위해 쓰기엔 부족했다. 그런데도 필자가 이승만의 업적으로 '미래 먹거리'를 꼽은 것은 크게 세 가지 이유다.

첫째는 농지개혁을 통해 경자유전의 원칙을 실현해낸 것이고 둘째는 비료, 시멘트, 판유리 등 중화학공업 투자를 추진한 것이다. 나머지 하나가 미래 경제 자립을 위한 청사진 '경제개발 3개년 계획'의 수립이다.

이승만 정부는 원조에만 의지해 아무것도 하지 않았던 것이 아니다. 특히 집권 초에 성과를 거둔 정책이 토지개혁이다. 해방 직후의 한반도는 일본제국이 세운 일부 발전소와 공업 시설을 제외하고는 본질적으로 농업 사회라고 할 수 있었다.

해방 직후에 농민들이 자신의 땅을 경작하는 비율을 경작지 면적으로 따져 보면 전체의 35% 수준이었다고 한다. 오늘날 발전한 대한민국에서는 농업 종사자의 수와 비중이 극도로 줄어들었으나, 이때는 농사 외에 선택할만한 일거리가 그다지 많지 않았다. 그런데 농부가 열심히 일한들 소작농인 경우가 대부분이니 풍흉과 관계없이 일에 보람이 없다.

소비에트식 토지개혁을 재빨리 마무리한 공산 괴뢰는 무상몰수·무상분배를 원칙으로 집단농장을 운영했는데, 소작으로 연명해오던 대다수 농부는 혹할만한 일이었을 것이다. 처음에는 괴뢰의 토지개혁이 어떤 부작용을 불러왔는지 알기 어려웠을 것이니 더 그렇다.

이승만은 과감히 유상매입·유상분배 방식의 농지개혁법을 추진했다. 수확량의 30%를 5년간 내면 내 땅이 된다니 농민들 처지에서는 파격적인 조건이었다. 어차피 소작료가 30% 정도인 시대에, 같은 돈을 5년만 내면 아예 땅이 내 것이 된다는 것이니 자작농 비중이 금세 96%까지 치솟았다. 전쟁 와중에도 내 땅을 가진 농민들은 공산 괴뢰의 사탕발림에 넘어가지 않았다. 내 땅, 내 재산, 그리고 내 나라를 지킬 이유를 가지게 된 것이다.

농지개혁의 의의는 괴뢰의 집단농장과 비교할 때 더욱 빛난다. 아마 공산주의 원조인 소비에트에서도 그렇고, 수많은 파생 공산당들도 그렇지만 그들은 사람의 본성을 무시하고 오로지 상상 속의 효율을 그럴싸하게 포장한 후 뒷 일은 생각하지 않고 일단 저지른다.

집단농장은 대지주뿐만 아니라 누구나 개인적으로 소유한 농지가 있다면 빼앗아 간 후 만들어진다. 내 것도 아닌데, 심지어 지주 것도 아니다! 열심히 농사를 지어 본들 여전히 세금이랍시고 뜯어가는 비율은 예전과 비교해 큰 차이도 없다. 독자께서 괴뢰 땅의 농군이 되었다면 열심히 하고 싶은 마음이 들겠는가? 게다가 괴뢰가 만난 대한민국 땅의 농부들은 이미 소작농이 아니었다. 이들에게서 다시 땅을 빼앗으려 하니 그게 가능한 일일까?

이승만의 농지개혁은 인간의 본성에 근거한 자연스러운 정책 의도와 시대상을 고려했을 때 매우 신속하게 이뤄졌다. 농업 생산성을 높이는 한편 자작농 스스로가 작게나마 자본을 소유하게 됨으로써 가까운 미래 대학으로 향한 수많은 농가의 자식들이 소 팔고 논 판 돈으로 학업을 수행할 수 있는 지식 사회의 밑거름이 되었다. 말 그대로 먹거리를 일궜다.

농촌에서는 사람 손 하나가 귀하니 자손을 많이 낳게 마련인데 이 많은 사람 중에서도 특히 총명한 사람들이 가족의 기대를 어깨 가득 짊어지고 도시의 학교와 새로운 일터로 향하게 되었다. 이 중 일부가 1956년부터 본격화된 수입대체산업 – 비료, 시멘트, 판유리 등 – 에 종사하게 되었을 것이다. 게다가 발전소도 우리 손으로 지어 올리기 시작했다.

농업 생산성 향상과 건설자재 국산화는 대한민국이 전후 재건을 넘어 지속가능한 경제로 진화하는 데 필수 요건으로, 여전히 미국의 원조가 경제의 핵심이던 시기에도 그 필요성에 모두가 공감했고 1950년대 중 이들 공장이 차례로 '준공'되었다. 부패와 비효율은 여전히 존재했지만 대한민국은 분명 먹고 사는 문제에 있어서 매일 조금씩 전진하고 있었다.

그런데 이때 가동된 공장들은 그저 그런 작은 가내수공업이 아니었다.

충주비료공장의 경우, 무려 22만 평의 대지 위에 건설된 최신식 공장으로, 1960년도 기준 직원 862명 중 686명이 대졸 사원이었다고 한다. 이는 단순 기능공 위주의 저부가가치 산업이 아니라는 의미로 이해된다. 필자는 이 대목에서 신선한 충격을 받았다. 이미 이때 뭔가를 해냈다는 것이다. 충주비료공장은 약 20년간 대한민국의 기간산업체로 기능했고 전국에서 시찰단이 끊임없이 찾았다고 한다.

문경의 시멘트 공장, 인천 판유리 공장 또한 비교공장과 마찬가지로 해당 분야의 산업 상징이었을뿐더러, 수학여행과 시설 견학의 코스로 학생·일반인 할 것 없이 인기가 높았다고 한다. 독자 여러분, 이런 사실을 잘 알고 계셨는지?

1980년대에 태어나 자란 필자로서는 이 글을 쓰면서 처음 알게 된 사실들이다. 공장, 발전소, 도로, 중화학 등 모든 산업화는 박정희 대통령이 시작해 이룬 것으로만 생각했다. 그러나 글을 쓰기 위해서 공부를 계속 진행하면서 알면 알수록 더욱 놀라게 되었는데 이승만은 경제 자립을 문서와 말로만 꿈꾼 것이 아니라 상당 부분 이미 실체를 만들어냈다.

아마도 지금의 젊은 세대가 이런 놀라운 사실들을 잘 모르는 이유는 그 당시의 기간 산업들이 이제는 주목받지 못하기 때문이기도 하고, 당시의 웅대한 시설과 장비들이 세월의 흐름 속에 대부분 사라져 버렸기 때문일 것이다. 아울러 연세가 있는 분들이 박정희 대통령을 산업화의 기수로 꼽는 이유는 그의 놀라운 추진력과 천재성을 비교적 오랜 기간 지켜봐 왔고, 여전히 본인들이 사회 각계에서 활동하고 있기 때문이기도 할 것이다.

박정희 대통령의 위대한 성취는 그러나 이승만이 남긴 거대한 자취 위에서 이루어졌다. 이승만 대통령은 몇 가지 분야에서 산업화를 시작해 소기의 성과를 거뒀다. 농지개혁 완수해 생산성을 높이고 자본주의 고도화의 기틀을 마련하기도 했다. 해보고 싶은 것을 이미 여러 분야에서 다 해 봤으니, 이제 이승만의 욕심은 더 먼 미래를 향하게 된다.

경제개발 3개년 계획(1960-1962)은 대한민국 경제 자립을 위한 야심 찬 마스터 플랜이었다. 산업개발위원회가 설치된 1958년 3월부터 1년 8개월의 시간 동안 만들어진 3개년 계획의 주요한 내용은 대외의존도를 경감하고 기반 시설을 확충해 기업 성장을 촉진하며 수출을 늘리자는 것이었다.

이승만의 경제개발 3개년 계획은 아쉽게도 국가 정책으로 승인되지는 못했다. 겨우 국무회의에 상정된 것이 1960년 4월이었던 것. 그러나 폭넓은 데이터와 수많은 인원의 의견을 담은 3개년 계획은 곧이어 수립된 박정희 정부 경제개발계획의 기초로써 대한민국 발전의 밑거름이 되었다.

이 계획은 그런데 1950년대 말에 뚝딱하고 갑자기 無에서 만들어진 것이 아니다. 1948년 정부 수립 직후부터 다양한 형태의 경제계획이 생산되었다. 심지어는 전쟁 중에도 경제부흥계획을 만들었고, 전쟁 후에는 재건하겠다며 계획을 만들었다.

앞서 이야기한 비료, 시멘트, 판유리 산업과 발전소 건설이 바로 1953년 8월 제정된 '원조자금에 의한 경제재건계획의 기본방침'에 따라 이뤄진 것이다. 이승만 정부는 이후에도 계속해서 다양한 계획을 쏟아냈고, 미국의 대외원조 기조의 변화와 자립에 대한 열망 속에서 전력을 다해 만들어낸 마지막 계획이 '경제개발 3개년 계획'이었다.

이승만의 노력은 다양한 분야에서 동시다발적으로 진행되었기에, 대한민국 먹거리 찾기 사업은 교육을 통한 새로운 인간 만들기와도 상호 간 영향을 주고받으며 긍정적 시너지를 일으켰다. 글이란 위에서 아래로 읽을 수밖에 없으니 부득불 순서를 정해 적을 수밖에 없으나, 현실에서 이승만이 여러 갈래로 펼친 노력은 서로 교차하면서 더욱 선이 굵어졌다.

농지개혁을 통한 생산성 향상은 중화학공업의 등장으로 한층 가속화되었고, 농촌 잉여 노동력의 탄생은 고등교육 수혜자의 증가와 새로운 일자리에 걸맞은 인적 자원의 공급으로 이어졌으며, 스스로 생산한 시멘트와 유리가 도시를 날로 변모시켰다. 나아가 대한민국 정부와 기업에 최고 수준의 인재들이 모여 자립경제의 꿈을 담은 미래 계획을 펴냈다.

여기까지가 건국 대통령 이승만의 두 번째 공적에 대한 설명이다.
상당 부분은 임기 중 실현되었고, 못다 한 부분 또한 후대가 이뤄냈다.

우리는 앞으로 여러 세대에 걸쳐
이 조약으로 인해 많은 혜택을 받게 될 것이며,
이 조약은 앞으로 우리를 번영케 할 것입니다.
_이승만

사람을 교육으로 변화시키고, 국민의 배고픔을 원조가 아닌 스스로 해결하는 시스템을 갖춘 것이 이승만이 집권 중에 이뤄낸 성과라고 한다면, 생전 어떤 과실도 따지 못했지만, 미래만을 바라보고 과감히 내린 결단이 마침내 후대에 와서야 그 진가가 드러내기도 했다.

해방 후 대한민국(국제사회의 시각으로는 무주지였으나 편의상 이렇게 부른다) 땅에는 모든 것이 부족했다. 특히 발전시설, 광업, 공업의 경우 일본제국의 대륙진출 전략상 38선 이북에 집중하여 분포했고 발전시설의 경우 한반도 전체 시설 중 14%만이 대한민국 땅에 남았다. 괴뢰가 1948년 남쪽으로의 송전을 끊어버리자 대한민국은 극심한 전력난에 빠졌는데, 이때 미군의 발전함 두 대가 각기 인천과 부산에서 전력을 공급했다.

이런 사정이니 한국전쟁 이후 자립을 위한 노력에 전력 확충이 빠질 수 없어서, 화력이든 수력이든 일단 자금을 확보할 수 있다면 발전소를 지어야만 했다. 다행히 화력 발전소는 어떻게든 연료를 태우면 전기를 생산해 낼 수 있고, 수력은 짓기는 까다롭지만 일단 완공되면 연료 없이 전기를 만들 수 있으니 어떻게든 당장 호구지책은 마련할 수 있다.

이런 와중에 나라 밖에서는 공산 진영의 핵무기 개발이 성공적으로 이뤄지고 있었다. 핵확산을 우려하게 된 미국이 움직이게 된 계기다. 미국은 평화적 원자력 사용을 모토로 핵무기의 확산을 제한하는 한편 우방국가를 대상으로 기술을 제공하겠다고 밝혔다.

원자력 발전의 연료는 우라늄으로, 우라늄으로 에너지를 얻는 방법은 아직은 핵분열이 유일하다. 원자폭탄과 원자력 발전의 기본 원리는 같다. 다만 폭탄은 우라늄핵분열을 극도로 짧은 시간에 집중시켜 최대의 에너지를 사방에 발산하는 것이고, 반면에 핵분열 시간을 매우 길게 늘이고 에너지를 오로지 (폭탄에 비해) 미적지근한 열을 만드는 데만 집중해 그 열로 만든 증기를 발전기와 연결하면 전기를 만들어 낸다는 것이 차이다.

우라늄(6·25235)는 핵분열 시 같은 무게의 석탄, 석유보다 비교할 수 없이 많은 에너지를 발생시키는데, 가장 보편적인 열량 비교 자료를 살펴 보자면 우라늄 1g이 석탄 3톤, 석유 9드럼의 열량과 비슷하다고 한다. 워낙 발전 효율이 높다 보니 2023년 현재에도 한전이 각 발전사로부터 전력을 사들이는 단가를 비교해 보아도 원자력보다 저렴한 발전원이 없고, 많은 양의 전력을 장시간 안정적으로 생산할 수 있어 24시간 기저 전력으로 활용하기에 안성맞춤이다(참고 : 한전은 발전회사에서 전력을 구매해 기업과 개인에게 판매하는 임무를 수행하고 있다. 송전·배전·판매 외의 영역은 따로 발전회사가 담당하는 것).

아울러 원자력 발전소는 여러 발전 방법 중 같은 양의 전기 생산을 위해 가장 적은 공간을 차지하며, 발전 과정에서 해로운 온실가스도 거의 내뿜지 않는다. 물론 사용 후 핵연료의 영구적 처리나, 우라늄 채굴이나 농축 과정에서 발생하는 문제들은 여전히 기술적 해결책이 필요하지만 적어도 현시점에서 가장 깨끗하고 효율적인 에너지임은 분명하다.

원자력 에너지는 특히 대한민국과 같은 좁은 나라, 또한 부존자원이 없는 나라에서는 구원과 같은 존재다. 오늘날 우리가 사용하는 전기의 30% 이상이 동해안과 서해안의 극히 좁은 부지에 있는 20여 기의 원자로에서 만들어지고 있다.

오늘날 우리나라는 평화적 원자력 사용, 즉 발전 분야에 있어서 세계적인 수준에 이르렀다. 비록 기술 중 많은 부분이 미국을 비롯한 원자력 선진국에서 도입된 탓에 우리만의 고유 기술을 갖추기 위해 여전히 노력하고 있기도 하지만 발전소 설계와 건설, 부품과 연료 가공에 이르는 산업 생태계 대부분에서 국산화를 이루었다. 2009년 UAE로의 수출이 성사된 배경에는 우리가 남에게 배운 기술을 효율적으로 사용하는 것을 넘어 우리 손으로 발전소를 짓고 운영할 수준에 이르렀기 때문이다.

그렇다면 대한민국 원자력 발전 역사의 시작은 언제일까? 상업용 원전 중 가장 먼저 가동된 고리1호기의 첫 운전이 1978년 4월 29일이었고, 시간을 거슬러 올라가면 1971년 11월 첫 삽을 떴다. 이제는 독자 여러분도 예상하시다시피 최초로 뭔가를 해 보자면 오랜 계획과 준비가 필요한 것이다. 우리나라 첫 원자력 발전소 건설과 운영의 근거가 되는 장기전원개발계획은 1967년 10월에 수립되었다고 한다.

여기서 역사를 한 페이지만 더 앞으로 넘기면 또 이승만이 등장한다.

우리나라 과학·공학 역사에 원자력이 상상이 아닌 진짜 정책과 실물로 등장한 시기는 전원개발계획이 수립된 1967년보다도 한참 이전이다. 애초에 일본의 항복이 원자탄에 의한 고로 공학에 관한 관심이 높아진 전국의 인재들이 해방 후 서울대 공과대학으로 몰리기 시작했다. 1955년에는 잡지 '새벽'에 50여 페이지에 달하는 원자력 특집이 등장했다고 하니 좀 배운 사람들은 이미 원자력에 많은 관심이 있었을 것으로 보인다.

그러나 당장은 재건을 위해 시멘트와 유리를, 배를 곯지 않기 위해 비료를 생산하는 데만도 국가적 노력이 필요한 시기였다. 내 임기는 물론 까마득한 미래에 이르러서도 과연 실현할 수 있을지 미지수인 거대 사업을 시작하자면 대통령의 결심은 필수적이었다.

이승만은 앞서 단전 사태와 한국전쟁 시 전력 공급에 도움을 준 미국 출신의 에너지 전문가 워커 시슬러(Walker Lee Cisler)를 초빙했다. 한국의 사정을 잘 아는 시슬러는 '머리에서 캐내는 에너지' 원자력을 권했고, 이승만은 결심을 한층 더 굳히게 되었다.

여전히 미국의 원조에 절대적으로 의존하던 시기였지만 1956년부터는 원자력 전문가 양성을 위한 국비 유학생 제도가 도입되어 영국과 미국으로 200여 명의 인재가 떠났다. 최초로 도입한 연구용 원자로도 외화가 없어 미국이 상당 금액을 부담한 다음에서야 온전히 구매했고, 다음으로는 일본 사례를 참고해 법제 정비와 전담 기관을 설치했다.

원자력 발전은 물리, 화학, 재료 등 폭넓은 분야에서 쌓아 올린 높은 수준의 지식과 경험이 토대가 되어야 실체를 이룰 수 있다. 워커 시슬러는 이승만에게 '발전소를 갖게 되는 것은 20년 후'라고 말했고 고리1호기 첫 운전이 1978년이니 대한민국이 백지에서 시작해 발전소를 가지기까지 대략 걸린 시간이 실제로 20여 년이다. 기술 도입국은 전수 국가의 텃새에 마음 편히 배울 수도 없고 배운다 한들 직접 해 보기도 어렵다. 어떻게든 보고 듣고 베껴 가며 이뤄낸 것이 지금 원자력 산업의 시초다.

그 첫 삽을 뜨고, 첫 인재를 기르고, 처음으로 제도를 정비한 이가 바로 이승만이다

앞선 글에서 우리는 이승만 대통령이 뜨거운 의지로 수백만 국민을 배운 사람으로 만드는 과정을 살펴보았다. 아울러 원자력 전문인력 양성을 위해 200명도 넘는 인재를 연수라는 명목으로 영국과 미국에 보냈음을 알게 되었다. 그런데 이 교육과 연수라는 것을 못 먹고 못 살던 그 시절에 과감히 추진한 것도 대단하지만, 굳이 다시 한번 이야기를 꺼내는 이유가 있다.

이승만은 전후 복구 과정에서 수천 개의 학교를 세워 배움을 장려했는데 기실 전쟁 중에도 학교는 계속 운영되었다. 이렇게 강한 의지를 다지고 실천하려면 애초에 경험과 사상이 확고히 서 있어야 하는데, 이미 1946년 공표한 '과도정부 당면과제 33항' 중 17항에서 "강제 교육령을 발

하고… (중략)… 교육경비는 정부에 담보로 할 것"을 밝혔으며 그보다 한참 이전에는 하와이에서 학교를 열어 운영했던바, 그는 임기 중에만 잘 돌아가면 그만인 임시방편의 정책으로 교육을 선택한 것이 아니라, 처음부터 일관적으로 미래를 향한 교육 혁신을 말하고 실천했다.

해외로 인재를 보내는 데는 보다 큰 결단이 필요했다. 해방 시점의 미국 유학생은 (필자의 어림짐작보다는 많은) 500명가량이었다고 한다. 그런데 이승만이 미국으로 보낸 인원이 집권 기간 중 2만여 명에 달한다고 하니 일단 규모 면에서 엄청나게 증가했다. 선별된 인재를 장기간 해외로 보낸다는 것은 국내에서도 없어서 못 구하는 고급 일손을 빼앗긴다는 문제도 있지만, 가장 큰 문제는 역시 돈이다.

당시의 국민 소득이 한 사람당 약 100달러에 못 미쳤다고 했는데, 1명당 해외 유학 비용은 6,000달러에 달했다고 한다. 게다가 수출로 흑자를 내서 사람을 보내는 것도 아니고 여전히 미국의 원조로 먹고살던 1950년대의 이야기다.

오늘날까지 이어지고 있는 정부의 경쟁 입찰제의 시행을 명한 것이 바로 이승만 대통령이라고 한다. 정부 지출을 조금이라도 줄이고자 한 것이다. 경무대는 꼭 필요한 방 외에는 모두 폐쇄해 버렸고, 옷은 물론이고 속옷에 양말까지 기워 신었다고 한다.

그 와중에도 미래의 발전과 번영을 꿈꾸며 막대한 돈을 인력 양성에 쏟아붓겠다는 결정을 내린 것이다. 이것은 교육으로 국민을 계몽하고 바꿔내는 것과는 다르다. 당장 가르치고 써먹을 수 있는 지식과 기술이 아니라, 20년, 30년 후의 비전을 실현하기 위해 기약 없는 투자를 단행했다. 보통의 믿음과 확신으로는 결코 할 수 없는 일일 것이다.

문자 그대로 이승만은 Visionary였다. 미래를 읽고 나아갈 방향을 제시했다.

자신이 제시한 미래 비전을 과감히 실행한 대한민국 최초의 지도자이기도 했다.

이제, 대한민국이 스스로 먹고 사는 문제를 해결하고 원대한 미래를 위한 비전을 향해 첫 발을 내딛게 된 것은 건국 대통령 이승만의 위대한 공로임이 확실해졌다.

여기에 더해 이승만이 후손을 남긴 거대한 발자취가 하나 더 있다.

잘 먹고 잘 자며 좋은 교육을 받은 국민이 나라를 살리고자 백방으로 뛰어다닌다 한들, 외적으로부터 내가 가진 자유와 재산을 지키지 못하면 노력은 물거품이 될 뿐이다. 이승만의 업적들은 대개 지금 살펴봐도 기상천외한 것들이 많지만, 이 글에서 마지막으로 다룰 분야는 안보다.

필자는 '한미상호방위조약'에 대해 달리 표현할 방법이 없다. 이 조약은 그야말로 대한민국의 만능 카드다. 밥 먹고 사는 문제는 적당히 양심적인 다른 리더가 대통령 자리에 앉았어도 원조와 차관으로 대충 해결할 수 있었을지 모르고, 경제발전과 산업화 또한 재수가 좋아 똑똑한 사람이 다음 대통령이 돼서 원점에서 다시 시작할 수 있었을 지도 모른다. 그러나 양심과 똑똑한 머리, 성실함만으로서는 이 조약을 만들 수가 없다.

한국전쟁에서 대한민국은 수백만의 땀과 피로 나라를 지켜냈지만 전쟁의 주체는 아니었다. 제1세계와 제2세계의 충돌의 장이 우리의 국토였고 죽고 다친 사람이 우리의 국민이었을 뿐이지 의사결정과 협상 권한은 사실상 미국의 몫이었다. 북쪽 괴뢰도 전황 악화에 따라 스폰서 국가들의 도움을 받다 보니 온전히 자신이 전쟁을 주도하지 못하게 되었다. 아무튼 한반도 밖에서 바라보는 한국전쟁은 일종의 대리전이었다.

전쟁이 길어지면서 각 진영의 수장들은 일단 전장의 수렁에서 발을 빼고자 했다. 수만의 젊은이가 들어본 적도 없는 나라에서 목숨을 잃었으니 세계 최강의 미국이라 한들 지지부진한 전황을 타개하고 국민을 설득할 동력이 부족해졌다.

냉전의 최전선에 선 대한민국을 지켜낸 것도 미국이지만, 미국도 자신의 안위와 이익이 가장 중요한 가치이지 않은가. 북진통일을 주장하던 맥아더 원수는 이미 1951년에 경질되었고, 현재의 휴전선 인근으로 전선도 고착된 지 오래였다.

대한민국이나 북쪽 괴뢰나 전쟁으로 아무것도 남은 게 없다는 점은 같았지만, 이대로 전쟁이 끝나면 괴뢰는 육로로 이어진 끈끈한 스폰서의 정으로 부활할 수 있을 터였다. 대한민국은 휴전선 이남의 외딴섬이니 공산 세력이 힘을 추스르면 언제든 우리 국민은 도망도 못 가보고 죽창에 찔려 죽거나 수용소에 가둬져도 이상한 것이 없었다.

오랜 시간이 지난 지금 우리는 베트남, 중동에서 벌어진 미국의 개입과 실패를 잘 알고 있다. 여기에 더해 구소련과 아프가니스탄의 분쟁도 그 결과를 알고 있고 프랑스가 어떻게 베트남에서 쫓겨났는지도 관심만 있다면 얼마든 찾아볼 수 있을 것이다.

일단 국민 스스로가 싸울 의지가 없다면 남이 도와준들 외적을 물리칠 도리가 없다. 이것이 베트남에서 우리가 목도한 교훈이다. 또한 상대방이 받아들일 준비가 되어 있지 않다면 보편적이고 합리적인 사상과 시스템도 결코 확산될 수 없다는 게 이라크와 아프가니스탄의 교훈이다. 압도적인 소련의 군사력은 아프가니스탄을 굴복시키지 못했고, 프랑스는 결국 식민 지배를 포기하고 떠났다.

대한민국은 무엇이 달랐을까. 우선 내 것의 소중함을 아는 사람들이 내 나라를 지키고자 애썼다. 그러니 싸울 의지가 있었다. 못 배운 사람들은 학교에 불러 모아 반강제로 교육했다. 그러니 사리 분별이 가능해졌다. 하지만 북쪽의 괴뢰가 버티고 있는 이상 잘 먹고 잘사는 데 온전히 집중할 수가 없다. 그렇다고 무기를 사고 병사를 기르는 데 무턱대고 돈을 써 대다간 도저히 발전에 쓸 여력이 없는 것이다.

게다가 괴뢰만 쳐내려온다면 모를까, 그 뒤에는 수억의 동지들이 진격할 준비를 하고 있다. 아무리 노력해 본들 바다에 총을 쏜다고 파도를 막을 수는 없는 노릇이다.

휴전 분위기가 고조되면서 이승만 대통령을 괴롭힌 걱정이 이런 것이지 않았을까. 그는 계속해서 미국의 지원을 확실하게 받아내려고 했다.

미국은 불필요한 출혈을 우려해 이승만을 떨쳐내려 했는데, 휴전협정 과정에 대한민국의 존재감은 없었다. 이대로 휴전이 이뤄지면 북진통일은 그렇다 쳐도 또 전쟁이 일어났을 때 살아남을 것이란 보장이 없었다.

'한미상호방위조약'을 맺기 위한 노력은 필사적이었다. 미국으로서는 휴전을 맺고 나서 논의해 보자는 태도이었지만 전후 국내외 역사의 흐름을 알고 있는 오늘날의 우리는 남베트남의 마지막에 미국이 개입하지 않았음을 알고 있다. 파리 평화 회의에서 헨리 키신저가 말한 유사시의 군사 지원은 그저 말뿐이었고 남베트남은 멸망했다.

물론 그가 미래의 역사를 그렇게까지 멀리 예측하진 못했겠지만, 건국 대통령 이승만은 오랜 세월 미국에서 머물며 상대방에 대한 이해를 쌓아온 사람이다. 게다가 학교에서 공부만 한 사람이 아니다. 일본의 미국 침략을 예견해 책으로 펴낸 사람이고 독립운동과 건국 과정에서 미국과 가장 많은 교류를 한 사람 중 하나다. 그러니 어느 정도까지가 용납될만한 도박이고 어느 선을 넘으면 완전히 버림받을지를 알고 있었던 듯하다.

북진통일을 강력히 주장했던 이승만에게 힘을 실어주던 맥아더도 더이상 없고, 모두가 전쟁에 지쳐 휴전을 서두르던 때, 이승만은 아무도 상상하지 못했던 승부수를 던진다.

1953년 6월 18일, 이승만은 국토 곳곳에 수용되어 있던 반공 포로 27,000여 명을 석방했다. 극도의 혼란 속에서 수만 명의 포로가 풀려나자 미국은 강한 불쾌감을 표했지만, 동시에 더 이상 이승만의 주장을 무시하고만 있을 수 없게 되었다. 말을 뱉으면 반드시 행동에 옮긴다는 것을 깨달은 것이리라. 이승만은 여기서 멈추지 않고 독자적 북진, 전작권 환수를 주장하며 미국을 자극했다.

미국은 결국 이승만의 주장을 수용했다. 원조도 받고 병력도 받는 받기만 하는 처지에도 도리어 상대방과 대등한 입장에서 싸우며 입장을 관철한 것이다. 상황은 급물살을 타게 되었다. 반공 포로 석방사건이 발생한 날로부터 한 달도 지나기 전인 1953년 7월 12일, 한미상호방위조약을 맺을 것이라는 공동성명이 발표되었고, 10월 1일 조약이 맺어졌다.

어느 정도로 성공에 대해 확신하고 도박에 가까운 승부수를 던졌을 지는 알 수 없다. 필자가 조심스럽게 추정해 본다면 아마도 이승만 대통령은 조약을 맺는 데 반드시 성공할 것으로 생각했을 것 같다. 또한 자신의 임기 내에 제2의 한국전쟁이 일어나지 않는 수준의 단기적 혜택이 아니라, 영속적인 번영과 발전의 기반으로서 조약이 어떻게 기능할지 미리 그려본 것으로 보인다. 이는 그의 발언에서도 잘 나타난다.

우리는 앞으로 여러 세대에 걸쳐 이 조약으로 인해 많은 혜택을 받게 될 것이며, 이 조약은 앞으로 우리를 번영케 할 것입니다.

그렇다. 이것은 정확한 예언이었다.

이렇듯 후대를 위한 거대한 비전들을 주창한 것이 바로 이승만의 마지막 공적이다.

독자 여러분, 건국 대통령 이승만은 헐벗고 굶주린 시대에 홀로 군림한 무능한 독재자가 아니었다. 그의 위대한 정신과 추진력, 미래를 향한 웅대한 비전이 충분히 알려지고 공감받지 못한 것이 안타까울 따름이다. 자유로운 시민, 번영하는 나라, 미래를 향한 꿈을 최초의 공간에 처음으로 세웠던 이승만의 업적이 다시 평가되길 기원하며 拙稿를 마친다.

탈조선, 한반도의 세계화를 이끈 우남의 리더십

김규태 (42세, 현직 기자)

| 요·약·문 |

사농공상, 관존민비, 관혼상제, 양반 사대부 집안, 족보, 선비, 지연, 신토불이, 주자학과 명분론, 노비제. 이념으로는 민족주의, 사회주의, 계급주의까지. 아직도 한반도 이남에 자리 잡고 사라지지 않은 조선의 유산, 망령이다.

오죽하면 1948년 건국되어 올해 75년을 맞은 대한민국 수도 서울의 한복판 광화문 광장에 600년 전 왕조국가의 네 번째 왕이 자리 잡고 있을까. 430년 전 임진왜란에서 활약했던 조선수군 장수가 그 앞에 눈을 부릅뜨고 서 있는 장면도 인상적이다. 대한민국의 모든 지폐에 새겨진 인물이 조선왕조 성균관과 직접 관련 있다는 우스갯소리도 지나치기 힘든 실정이다.

대한민국은 아직 반(半)조선에 가깝다. 건국 당시 정치로는 자유민주주의, 경제로는 시장경제 자본주의를 들여왔지만 완벽하게 탈(脫)조선하지 못한 상황이다. 조선의 망령과도 같은 나쁜 유산들 일부를 답습하고 있는 것도 안타까울 지경이다.

대한민국 건국 대통령 우남 이승만(雩南 李承晚, 1875∼1965)은 19세기 후반 조선 왕조에 태어났지만, 당대인들과는 전혀 다른 삶의 궤적을 보였다. '아주 다른 특별한 인생을 살았다'는 평가가 있지만 우남은 '신의 사자'와도 같은 삶을 살았다는 평도 부족하지 않다. 본고는 탈조선과 세계화를 키워드로 삼아, 이 땅에 자유민주주의를 세운 우남의 리더십을 조명했다.

우남의 인생 역정이 첫 전환점을 맞이한 것은 20세 때인 1895년 4월 2일 헨리 아펜젤러의 배재학당에 입학했던 순간이다. 우남은 이 때 한반도 밖의 세계를 처음으로 접하게 됐다. 세계화 관문과의 첫 접촉이다. 우남은 배재학당에서 모든 인간에게 자유와 평등, 국민에게 정부를 선택할 권리가 있다는 선교사들의 설명을 듣고 넋을 잃는다. 조선왕정 치하에 이런 사상은 없었다. 배재학당을 다니면서 우남은 상투를 잘랐다. 조선이라는 인습과 결별했다.

우남에게 있어 세계로 뻗어나가는 가장 큰 계기가 되었던 사건은 1899년 1월 9일 발생한 박영효 일파의 대한제국 고종 폐위 음모에 가담하였다는 혐의로 체포되어, 1904년 8월 9일 석방될 때까지 5년 7개월간 한성감옥에 투옥된 것이었다. 우남은 옥중에서 동료 죄수들은 물론, 간수들도 기독교로 개종시키고 한글과 영어를 가르치면서 개화인사들을 길러냈다. 선교사들이 보내준 책으로 감방 도서관도 열었다. 바야흐로 탈조선, 세계화의 물결을 탔다. 모든 자유가 속박되었던 감옥에서 말이다. 자유가 거세된 환경이었지만 우남은 그 안에서 개인의 자유, 나라의 자유에 대한 개념을 정립했다.

우남의『독립정신』은 총 52편으로 이뤄졌다. 서양문명을 배워 부국강병을 이룩하자고 호소하는 내용이다. 정확히는 미국을 모델로 한 문명개화를 통해 이를 이루자는 것이다. 우남의 『독립정신』은 지금 2023년에 대입해 봐도 손색이 없다. 곳곳에서 세계사에 대한 깊은 이해와 통찰력이 담겨 있다. 『독립정신』은 우남 정신의 완성, 종신형이라는 절망의 끝에서 꽃이 핀 순간이나 다름없다. 『독립정신』은 궁극적으로 대한민국을 낳은 '건국정신'으로 승화했다. 향후 우리 미래세대에게 반드시 가르치고 짚어봐야 할 대한민국의 성서(Bible)라고도 말할 수 있다.

미국으로 건너간 우남은 학부–석사–박사 과정을 밟으면서 세계 최고 수준의 석학과 동등한 차원으로 지적 성장을 이룬다. 또한 미국 활동에서 여러 인사들을 만나 세계정세를 목격했다. 우남은 2차세계대전 속에서 급변하는 국제정세가 한반도의 독립을 유도할 수 있도록 최대한의 외교 운동을 펼쳤다. 우남은 국제정치를 이해하고 있었다. 다만 냉혹한 국제정치 현실에 우남은 여러차례 숱한 좌절을 맛보기도 했다.

우남의 최대 업적은 '자유민주주의 체제' 민주공화국인 대한민국을 건국했다는 점이다. 그것도 명실공히 주역 중의 주역이었다. 혼자 외로이 외교로 한반도의 독립 투쟁을 벌이던 끝에 맺은 결실이었다. 대한민국 건국의 결정적인 순간으로 1943년 카이로선언이 꼽힌다. 그 주역은 우남이었다. 당시 미국이 한국의 독립을 약속한 것은 외교적 독립운동의 값진 성과였다.

이뿐 아니다. 우남은 대한민국 건국 과정에서 탈조선의 첫 단추를 미국을 모델로 이루었다. 바로 1인 1표 민주주의의 전면 도입을 비롯해, 정치적 자유 등 모든 영역에서 최대한의 자유를 보장하는 자유민주주의 체제 구축이다. 우남은 이 과정에서 세계 초강대국으로 거듭난 미국의 국력을 대한민국의 건국에 이용하려 했고 미국이라는 제국의 장점들(대통령제, 삼권분립, 형사사법 등 법치, 자유시장경제)을 신생 대한민국에 도입하려 애썼다. 우남의 판단으로 '미국'은 한반도의 독립에 가장 중요한 고려 항목이자 변수였다.

신생독립국 대한민국이 지향해야 하는 바가 무엇인지, 우남은 숙고하고 치열하게 경주한 끝에 그 꿈을 이룬다. 제헌의회를 통해 만들어진 헌법 제1조에는 "대한민국은 민주공화국이다"라고 나온다. 헌법 제2조에는 "대한민국의 주권은 국민에게 있고 모든 권력은 국민으로부터 나온다"고 선언한다. 이를 통해 대한민국은 민주공화국으로써 국민주권시대를 연다. 이 선언을 통해 우남은 앞서 500년 넘게 존속되어온 조선왕정체제를 깨고 왕이나 사대부가 아닌, 국민을 주권자로 삼는다. 한반도 근대적 정치체제의 시작점이다. 조선왕정을 회복하거나 구체제로 돌아간 것이 아니다. 우남은 아시아에서 손꼽힐만한 정치혁명 그 자체를 이끌었다.

자유민주주의는 20세기부터 21세기에 걸친 진정한 시대정신이다. 우남은 이를 1940년대 한반도에 이식하고 실행에 옮겼다. 우남의 선택과 의지는 옳았다. 서로 다른 체제를 이식한 남과 북이 지금에 와서 완전히 다른 정반대의 결과를 낸 것 자체가 이를 입증한다. 대한민국 국민이라면 누구나 자기 자신에게 이러한 질문을 던져야 한다. "내가 만약 남쪽이 아니라 북쪽에서 태어났다면 오늘날과 같은 내가 존재할 수 있었을까?"

100년 전, 우남의 혜안은 현재를 살아가는 우리의 삶을 규정했다. 우남은 조선 왕족이었지만 조선을 고집하지 않았다. 우직하고 묵묵하게 걸어갔던 길은 오로지 자유로의 투쟁이었다. 탈조선과 세계화로 향하는 길이었다. 좁고 험한 길이지만 우남은 끝까지 걸어갔고 끝내 '신의 사자'로 쓰임 받았다. 한반도 이남에 시작부터 완벽한 자유민주주의 국가를 세웠다.

"나라를 한 번 잃으면 다시 찾기가 얼마나 어려운지를 우리 국민들은 잘 알아야 하며, 경제에서나 국방에서나 굳건히 서서 두 번 다시 종의 멍에를 메지 말아야 한다. 이것이 내가 우리 국민들에게 주는 유언이다."

우남의 유언이다. 대한민국을 향한 애정과 헌신이 담겨 있다. 이를 되 뇌일수록 먹먹해진다. 우남은 이역만리 떨어진 땅 하와이 섬에서 고국을 그리다 쓸쓸한 최후를 맞이했다. 우남을 생각하면 생각할수록, 과연 현재를 살아가는 대한민국 국민인 우리가 '종의 멍에'를 쓰지 않기 위해 얼마나 노력해 왔는지, 무엇을 추구하고 살아왔는지 고심하게 된다.

우남은 평생 자유민주주의와 시장경제 체제라는 이상을 추구했고 결국은 그 꿈을 이루었다. 오늘날 대한민국은 우남이 그토록 부러워했던 세계 선진국들과 어깨를 나란히 하고 있다. 남겨진 우리의 과제는 우남의 독립정신을 실현하고 발현할 새 방법을 찾는 것이다. 이 땅에서 무엇을 누리든 그 모든 게 다 우남의 공이다. 이를 부정할 길을 찾기 어렵다.

들어가며

사농공상, 관존민비, 관혼상제, 양반 사대부 집안, 족보, 선비, 지연, 신토불이, 주자학과 명분론, 노비제. 이념으로는 민족주의, 사회주의, 계급주의까지. 아직도 한반도 이남에 자리 잡고 사라지지 않은 조선의 유산, 망령이다.

오죽하면 1948년 건국되어 올해 75년을 맞은 대한민국 수도 서울의 한복판 광화문 광장에 600년 전 왕조국가의 네 번째 왕이 자리 잡고 있을까. 430년 전 임진왜란에서 활약했던 조선수군 장수가 그 앞에 눈을 부릅뜨고 서 있는 장면도 인상적이다. 대한민국의 모든 지폐에 새겨진 인물이 조선왕조 성균관과 직접 관련 있다는 우스갯소리도 지나치기 힘든 실정이다.

---

1   요약문 : 논술문 마친 후 최하단에 별도로 나옴.

대한민국은 아직 반(半)조선에 가깝다. 건국 당시 정치로는 자유민주주의, 경제로는 시장경제 자본주의를 들여왔지만 완벽하게 탈(脫)조선하지 못한 상황이다. 조선의 망령과도 같은 나쁜 유산들 일부를 답습하고 있는 것도 안타까울 지경이다.

대한민국 건국 대통령 우남 이승만(雩南 李承晚, 1875~1965)은 19세기 후반 조선왕조에 태어났지만, 당대인들과는 전혀 다른 삶의 궤적을 보였다. '아주 다른 특별한 인생을 살았다'[2]는 평가가 있지만 우남은 '신의 사자'와도 같은 삶을 살았다는 평도 부족하지 않다. 본고는 탈조선과 세계화를 키워드로 삼아, 이 땅에 자유민주주의를 세운 우남의 리더십을 조명하고자 한다.

출신은 조선 왕족, 인생 역정의 시작은 개화파로

우남은 태종의 장남이자 세종대왕의 맏형인 양녕대군의 방계 16대손이다. 우남은 신분상 왕족이었으나 왕족으로서의 대우는 13대조인 이윤인에서 끝났다. 이후 벼슬길이 끊기고 가세가 기울어 어렵게 살았다. 우남에겐 두 명의 형들이 있었지만 우남이 태어나기 전 홍역에 걸려 모두 죽었다. 우남은 형들 사후, 6대 독자로 자라며 집안에서 장남 역할을 대신했다.

---

2   이주영, 『이승만 평전』, 살림, 2014.

우남은 "아버지(이경선)는 한때 부자였지만 젊은 시절에 모두 탕진해 버렸다. 어머니 말로는 내가 태어날 무렵에는 집에 재산이 없었다"고 회고했을 정도다. 가난하게 자랐던 우남은 조선왕조에 비판적이었고 왕족인 자신의 가계를 밝히기 꺼려 했다.

당시 우남 부모의 희망은 아들이 과거에 합격해 집안을 일으키는 것이었지만, 과거제도는 너무나 부패했기 때문에 우남은 실력이 있어도 합격 가능성이 없었다. 그것도 1894년 갑오경장으로 폐지되면서 19세의 이승만은 삶의 목표를 잃어버렸다.[3]

우남의 인생 역정이 첫 전환점을 맞이한 것은 20세 때인 1895년 4월 2일 헨리 아펜젤러의 배재학당에 입학했던 순간이다. 우남은 이 때 한반도 밖의 세계를 처음으로 접하게 됐다. 세계화 관문과의 첫 접촉이다.

우남은 1년 뒤인 1896년 5월 귀국한 서재필의 강의를 듣고 서양에 호기심을 갖게 되었다.[4] 이후 1898년 만민공동회에서 서재필, 이상재, 윤치호 등을 만나 자주 교류했고 서재필은 우남에게 미국 유학을 적극 권하기도 했다.

3　이주영, 『이승만 평전』, 살림, 2014.
4　이정식, 『대한민국의 기원』, 일조각, 2006.

우남은 배재학당을 중심으로 활동한 서양 선교사들로부터 서양문명의 핵심인 '정치적 자유'를 배운다. 모든 사람은 자유롭고 평등하다는 자유주의와 국민은 정부를 선택할 권리를 갖는다는 민주주의 사상을 결합한 자유민주주의는 우남에게 큰 충격이었다. 조선인이었던 우남은 왕조국가의 모순을 겪고서도 조선의 내부 밖에 몰랐다. 밖의 훨씬 더 큰 세계에 어떤 사상이 있는지 그제서야 깨닫게 된 것이다. 우남은 배재학당에서 모든 인간에게 자유와 평등, 국민에게 정부를 선택할 권리가 있다는 선교사들의 설명을 듣고 넋을 잃는다. 조선왕정 치하에서 이런 사상은 없었다. 배재학당을 다니면서 우남은 자신의 상투를 잘랐다. 조선이라는 인습과 결별한다는 결의였다.

우남에게 있어 세계로 뻗어나가는 가장 큰 계기가 되었던 사건은 1899년 1월 9일 발생한 박영효 일파의 대한제국 고종 폐위 음모에 가담하였다는 혐의로 체포되어, 1904년 8월 9일 석방될 때까지 5년 7개월간 한성감옥에 투옥된 것이었다. 내내 갇혀있었지만 밖으로 시선을 돌리는 일종의 '역설'이다. 우남은 원래 사형을 받았다가 종신형으로 바뀐다. 그 와중에 매일 혹독한 고문을 당했다. 우남에게 남은건 죽음뿐이었다.

하지만 우남은 절망하지 않았다. 절망 속에 있던 우남은 어느 날 불현 듯 "하나님, 내 나라와 내 영혼을 구하옵소서"라고 외치며 간절히 기도하는 체험을 갖게 된다. 우남은 그날 회심하여 하나님을 주인으로 삼는 기독교 신자가 되었다. 사형을 면하고 종신형으로 바뀌는 것은 그 이후의 일이다.

우남은 이후 감옥에서 성경책을 통해 영어공부를 틈틈이 했다. 우남은 당시 영어공부에 재미를 느끼면서 심심풀이로 혼자 한영사전 등을 정리하기도 했다. 즐겨 읽은 것은 윌리엄 스윈튼의 '세계사 개요', 로버트 매켄지의 '19세기 역사'였다. 우남은 동료 죄수들은 물론, 간수들도 기독교로 개종시키고 한글과 영어를 가르치면서 많은 개화인사들을 길러냈다. 선교사들이 보내준 책으로 감방 도서관도 열었다. 바야흐로 탈조선, 세계화의 물결을 타기 시작한 것이다. 모든 자유가 속박되었던 감옥에서 말이다. 자유가 거세된 환경이었지만 우남은 그 안에서 개인의 자유, 나라의 자유에 대한 자신의 개념을 정립했다.

이윽고 우남은 1904년 6월 29일 국민계몽서인 『독립정신』의 원고를 완성했다. 갑작스레 석방되기 6주 전이었다. 우남의 『독립정신』은 총 52편으로 이뤄졌다. 서양문명을 배워 부국강병을 이룩하자고 호소하는 내용이다. 정확히는 미국을 모델로 한 문명개화를 통해 이를 이루자는 것이다. 우남은 옥중이라 자료를 구할 수 없어 과거에 자신이 썼던 글들을 토대로 본인의 생각을 새로이 정리했다. 우남의 『독립정신』은 지금 2023년에 대입해 봐도 손색이 없다. 곳곳에서 세계사에 대한 깊은 이해와 통찰력이 담겨 있다. 『독립정신』은 우남 정신의 완성, 종신형이라는 절망의 끝에서 꽃이 핀 순간이나 다름없다.

탈조선-세계화-자유민주주의 담긴 『독립정신』

우남의 『독립정신』에는 탈조선, 세계화 개념이 나온다. 바로 유교 때문에 조선이 망했다는 유교망국론, 서양문명을 수용하기 위해서는 서양 선진국가들의 종교인 기독교를 받아들여야 한다는 문명충돌론에 맞닿아 있다. 학계는 1970년대에 들어서야 세계화 개념을 정립한다. 우남은 그보다 60년 이상 앞서 있던 셈이다.

『독립정신』에서 우남은 조선의 새로운 동맹국이 될 강대국은 미국 밖에 없다는 결론을 내린다. 우남이 옥중에 있던 1900년대 초반은 대영제국이 패권국가로 군림하던 시대다. 그런데 우남은 미 합중국에 대해 당시 전세계를 호령하던 강대국 중 유일하게 한반도에 대해 영토적 야심이 없는 나라로 보았고, 자유민주주의 국가인 미국과 동맹을 맺어야 한다고 생각했다. 가히 끝을 알 수 없는 통찰력이다.

특히 우남은 탈조선과 관련해 『독립정신』에서 수백 년 전제정치에 찌들어 자기가 노예라는 사실조차 망각한 조선 백성들을 기독교 정신으로 개화시키자고 주장한다. 이와 맞물려 서양의 정치제도와 법률을 받아들여 내정 개혁을 단행하면서 만국공법을 준행하고, 중립 외교를 펼쳐 한반도의 독립을 보장받자고 역설한다. 대한제국 시대로 멀쩡히 왕이 살아 있는 당시로서는 혁명적인 생각이었다.

우남은 시장경제 질서에 대한 깊은 이해 등 경제적 통찰력도 드러낸다. 『독립정신』에서 우남은 경제적 풍요가 인간에 대한 존중을 만들어내고 상업과 무역이 나라간 살림을 증진시키며 공업화 및 기계화는 사람의 일감을 덜어주고 그 결과 교육이 확대되는 원리를 설명하고 나섰다. 우남은 이 지점에서 자유민주주의의 근간인 법치도 언급한다. "순리가 통하고 약한 사람이라도 두려울 것 없다"는 명분을 들며 말이다.

원래 조선에도 법은 있었지만 이 법은 양반만을 위한 법이었다. 양반의 법은 만인에게 평등하지 않았다. 신분이 낮은 경우, 양반의 법을 적용하지 않고 관아 아전들의 해석에 따라 그때 그때 달랐다. 조선왕조는 실질적인 법치가 부재했던 시대였다. 부임한 관리는 백성을 못살게 굴고 재물을 빼앗아 갔다. 양반이 아닌 자에게 재산권은 존재하지 않았다. 잡아다 매우 친 후 '네 죄를 네가 알렸다'며 없는 죄를 만들어 재산을 빼앗는 시대였다.

이러한 당시 상황 속에서 우남은 『독립정신』에서 국가를 만들려면 국민이 어떻게 해야 하는지 이야기를 풀어나간다. 『독립정신』에서 우남은 "먼저 나라가 무엇인지를 알아야 한다. 나라라 하는 것은 여러 사람이 모여 사는 조직된 사회로 여러 사람이 모여 의논하는 회의체에 비유할 수 있다. 그들은 큰 건물에 모여 몇 사람씩 짝을 지어 자유롭게 웃으며 이야기하고 토론도 한다. 토론만 하는 것이 아니라 때로는 난장판이 되어 싸우다가 사람까지 죽이는 위태로운 지경에 이르기도 한다. 이 같은 분쟁을 평화적으로 해결하기 위해 공정한 법과 규정이 필요하다"고 밝힌다. 바로 법치의 필요성이다.

또한 "적절한 사람을 선발하여 그로 하여금 법과 질서를 유지하도록 할 필요가 있다. 이 같은 일을 하기 위해서는 예산도 있어야 하고 사무원들이 업무에 전념할 수 있도록 보수도 주어야 한다. 그러기 위해서는 그 조직의 회원들이 얼마씩 거두어 필요한 예산을 마련하여 사무원들이 관리하도록 한다"며 "나라의 관리들은 단체의 사무원에 그리고 백성은 회원에 비유될 수 있다. 백성의 뒷받침 없이 관리들의 권력이 어디서 나올 수 있으며 백성이 관리들을 잘 감독한다면 그들이 어떻게 권한을 남용할 수 있겠는가. 근본적으로 백성이 백성 된 책임을 다하지 못했으므로 그 같은 결과가 온 것이다. 백성이 책임을 다하지 않는 것은 나라가 자기들의 나라라는 것을 이해하지 못하기 때문이다"라고 설명한다.

우남은 법과 질서의 유지, 정부 예산의 필요성, 권력의 근원, 권한 남용 방지, 국민의 책임과 지력에 대해 하나하나 언급하고 나선다. 자유민주주의에 대한 온전한 설파다. 1900년대 초반 당시, 현대 행정학과 정치학을 넘나드는 우남의 통찰력이다.

이러한 우남의 독립정신은 조선왕조 및 지배층 사대부 입장에서 보면 혁명적이며 불온한 선언이었다.

우남이 이 땅에 뿌리내리게 한 자유민주주의에서 핵심은 '자유'다. 민주주의는 1인 1표 대의민주제를 뜻하는 것으로 인권의 평등함 측면이라면, 자유는 인권 그 자체를 말한다. 인간의 존엄함, 마땅히 천부인권으로서 보장 받아야 할 개인의 권리, 자유를 말한다. 다만 이는 무조건적인 방종이 아니라 책임있는 자유를 뜻한다.

우남은 『독립정신』에서 이와 관련해 "국민의 마음이 먼저 자유로워야 한다"고 강하게 주창한다. 여기서 흥미로운 지점은 "국민이 깨어서 (자유민주주의와 같은 사상 등) 무언가를 배워야 한다"가 아니라 "자유로워야 한다"고 설파한 것이다.

이 자유라는 개념에 대해 우남은 『독립정신』에서 "헌법을 만들어 사용하는 것이 그렇게 어렵지도 않고 헌법에 의한 정치가 시급하지만 우리 나라 사람들의 수준을 고려할 때 결코 쉽지 않다"며 "동양 사람들은 수천 년에 걸쳐 나쁜 습관이 깊이 뿌리박혀 학문이나 교육의 힘으로 그 같은 폐습을 쉽게 뿌리 뽑기 어렵기 때문이다. 그러므로 자유라는 새로운 이념으로 사람들을 오랜 관습의 굴레에서 벗어나게 하여 좋은 것과 나쁜 것을 구분할 수 있게 해야 할 것"이라고 강조한다.

결국 우남은 『독립정신』에서 '자유'라는 새로운 이념으로 조선 백성의 머릿속을 채우고 가치관을 재무장하자는 근대적 제안을 내놓는다. 조선왕조와 같은 전근대적 국가에서 진정한 의미의 근대국가로 거듭나자는 혁명적 제안이다.

이 자유라는 개념은 본고의 키워드인 '탈조선'으로까지 확대된다. 우남은 『독립정신』에서 "양반과 상민의 개념을 허물라"며 "전국을 통틀어 양반은 전 국민의 1000분의 1도 안 되고 나머지 999는 양반들을 위해 존재하는 꼴이니 나라에서는 999의 백성을 잃어버린 것이며 이처럼 우수한 백성을 잃어버린 나라가 쇠퇴한 것은 당연하다"고 통렬히 비판한다. 조선왕조가 쇠퇴할 수밖에 없는 이유를 낱낱이 지적한 것이다.

이 개념은 "사람의 마음을 결박하여 자주권을 귀하게 여길 줄 모르는 풍토를 자유로 깨고 신학문으로 돌파하자"며 교육이라는 영역으로도 확장된다. 우남은 『독립정신』에서 "동포들에게 가장 시급한 일은 신학문을 배우는 것"이라며 "그러나 신학문에 힘입어 자유의 권리만 알고 자유의 한계가 있는 것을 알지 못한다면 우리는 그러한 권리를 얻지 못할 것이다. 그러므로 권리의 한계에 대해 설명하고자 한다. 모든 사람은 책임에 따라 권리가 있고 또한 권리를 행사하는 데 책임이 따른다"고 역설한다.

우남의 『독립정신』은 궁극적으로 대한민국을 낳은 '건국정신'으로 승화했다. 향후 우리 미래세대에게 반드시 가르치고 짚어봐야 할 대한민국의 성서(Bible)라고도 말할 수 있다.

외로운 외교 투쟁 벌인 독립운동가

미국으로 건너간 우남은 학부―석사―박사 과정을 밟으면서 세계 최고 수준의 석학과 동등한 차원으로 지적 성장을 이룬다. 또한 미국 활동을 통해 여러 인사들을 만나면서 세계정세를 목격할 수 있었다. 우남은 2차세계대전 속에서 급변하는 국제정세가 한반도의 독립을 유도할 수 있도록 최대한의 외교 운동을 펼쳤다. 한반도의 독립이 가까워 지기 전, 일본의 만행을 예측하고 폭로했을 정도다.

구체적으로 들어가면, 우남은 조선이 사라진 상태에서 독립할 수 있는 방법은 외교라고 생각했다. 미국과 같은 초강대국에게 한일합병의 부당성을 설명하고 강대국이 한반도 독립의 필요성을 인정하도록 만드는 것이 현실적이라고 파악한 것이다. 우남은 국제정치를 이해하고 있었다. 다만 냉혹한 국제정치 현실에 우남은 여러차례 숱한 좌절을 맛보았다.

1921년 10월부터 1922년 1월까지 열린 워싱턴 군축회의에 우남은 임시정부의 전권대사 자격으로 회의장에 나타나 독립청원서를 제출했지만, 회의에 참석조차 못했다. 임시정부가 국제 승인을 받은 기구가 아니라는 이유 때문이었다.

1933년 일본의 만주 침략을 규탄하기 위해 스위스 제네바에서 국제연맹 총회가 열렸을 때, 우남은 임시정부 대표로 대한독립을 호소하기 위해 제네바를 방문하게 된다. 제네바에서 우남은 각국 대표들과 기자들에게 회의 의제 채택을 호소하고, 국제연맹 사무총장에게는 독립청원서까지 보냈으나 일본의 방해로 끝내 의제에 올리지 못했다.

그러다가 우남에게 응답한 것은 1941년 미국의 교포사회다. 하와이에서 해외한족대회를 개최해 재미한족연합위원회를 결성했고, 우남을 위원장에 선출했다. 중국 임시정부도 당시 이 결의를 존중했고, 우남을 임시정부의 주미외교위원장으로 임명했다. 우남이 미국 정계에 대한독립의 필요성을 각인시킬 수 있는 계기였다.

같은 해 6월 우남은 'Japan Inside Out'라는 저서를 출간한다. 우남은 책에서 일본의 야욕을 지적하며 일본이 조만간 미국을 공격할 것이라고 예견했다. 책 출간 6개월 후 일본은 미국 하와이 해군기지를 공격했다. 식민지가 아닌 미 본토가 침공당한 첫 사례였다. 바로 진주만 공격이다. 우남의 예측이 맞아떨어진 것이다. 저서는 미국에서 베스트셀러가 됐고, 우남은 더 유명해졌다. 기세를 몰아 우남은 당시 임시정부 주미외교위원장 자격으로 미국 국무부에 임시정부에 대한 승인을 요구했지만 또 거절당했다.

1942년 3월 우남은 프랭클린 루스벨트 미국 대통령에게 임시정부 승인을 위한 호소문을 보냈지만 불발에 그쳤다.

일본과 미국 간 태평양전쟁 말기, 우남은 미 육군 전략정보처가 한국인 청년들에게 특수훈련을 시켜 국내에 침투시키는 계획을 성사시켰다. 이 계획에 따라 1945년 초 20여 명의 한국 청년들이 특수 훈련을 받았다. 하지만 미국의 원폭과 그에 따른 일본의 갑작스런 항복으로, 중국 서안에서 훈련 중이던 임시정부의 광복군과 마찬가지로 국내에 진공할 기회를 갖지 못했다.

하지만 우남은 1945년 6월부터 미국의 소리(Voice of America) 단파방송을 통해 한반도 동포들에게 '독립에 대해 희망을 갖으라'는 메시지를 여러 차례 보냈다. 일본이 패망하는 순간까지 외교적 노력을 다한 우남이었다.

우남, 대한민국 건국의 아버지로

우남의 최대 업적은 '자유민주주의 체제' 민주공화국인 대한민국을 건국했다는 점이다. 그것도 명실공히 주역 중의 주역이었다. 혼자 외로이 외교로 한반도의 독립 투쟁을 벌이던 끝에 맺은 결실이었다.

우남의 건국 업적을 밝히려면, 건국 전후의 사정을 자세히 살펴볼 필요가 있다. 앞서 1945년 10월부터 1948년 8월까지 한국은 미군정의 지배를 받았다. 1946년 8월 15일은 제1회 해방기념일이었다. 1947년 8월 15일에는 역시 해방2주년을 기념하는 대회가 열렸고, 당일 서울운동장에서 열린 기념식에서 미군정 하지 사령관은 한국의 '자유독립'을 보장한다고 말했다.

1948년 8월 15일 대한민국 정부가 수립되었다. 대한민국이 건국되는 순간이었다. 앞서 국민총선거를 통해 제헌의회가 결성됐고, 제헌의원들이 모여 대한민국 헌법을 작성했다. 1948년 7월 17일 제헌한 후, 한달간 준비를 거친 끝에 정부를 수립하게 된다. 바로 건국의 순간이다. 초대 건국대통령은 이승만이었다. 1948년 8월 15일 자정을 기해 대한민국 정부는 미군정으로부터 북위 38도 이남 지역의 통치권을 인수하였다. 넉 달 뒤인 12월 12일 제3차 유엔총회는 48대 6의 압도적 다수로 대한민국을 승인했다.

대한민국이라는 나라가 국제 공인을 받은 내용은 다음과 같았다. 유엔총회는 유엔이 선거를 감시할 수 있었으며 한국인의 압도적 다수가 살고 있는 한국(한반도)의 그 부분에 대해 효과적인 통제권과 관할권을 갖는 대한민국이라는 국호의 합법적 정부가 수립되었다고 결의했다. 또한 한국(한반도)에서 그러한 합법적 정부는 대한민국 정부가 유일하다고 밝혔다. 이러한 유엔 결의에 따라 1950년까지 자유진영 26개 국가들이 대한민국 정부를 승인하고 양국 간 국교를 수립했다. 이러한 외교적 배경을 토대로 같은해 6·25 전쟁이 발발했을 때 즉각적으로 자유진영 국가들이 UN 연합군을 결성해 한반도로 파병할 수 있었다.

현 2023년을 살아가는 국민들은 잘 모르지만, 원래 대한민국 4대 국경일은 3·1절, 헌법공포기념일(제헌절), 독립기념일(건국절), 개천절이다.

이는 정부가 1949년 6월 국회에 회부한 '국경일 제정에 관한 법률안'에 따른 것이다. 이러한 방침에 따라 1949년 8월 15일 정부는 제1회 독립기념일을 성대하게 경축하였다.

제 1회 독립기념일을 경축한 지 한 달 뒤 9월, '국경일 제정에 관한 법률안'이 국회를 통과할 때 독립기념일이 광복절로 바뀌었다. 이듬해 정부는 1950년 8월 15일을 제2회 광복절로 경축하였다. 당시 이승만 대통령은 6·25 전쟁 발발 두 달이 지나 임시수도 대구에서 개최된 8·15 기념식에서 "제2회 광복절을 맞이하여"라는 제목의 기념사를 행하였다. 마찬가지로 1951년은 제3회 광복절이었다.

1958년의 광복절은 특별히 건국10주년의 기념을 위한 각종 행사로 떠들썩하게 경축되었고, 박정희 정권 시절의 1968년 광복절은 건국20주년이었다. 영국의 엘리자베스 여왕은 박정희 대통령에게 건국20주년을 축하한다는 축전을 보냈다. 국내 신문들도 건국20주년을 맞아 건국사를 회고하는 특집을 연일 게재하였다.

문제는 1987년 10월 제9차 헌법개정에서 일어났다. 대한민국 헌법 전문의 관련된 해당 부분이 바뀐 것이다. 이전까지 헌법전문 "우리 대한민국은 3·1운동의 숭고한 독립정신을 계승"이 "우리 대한민국은 3·1운동으로 건립된 대한민국 임시정부의 법통을 계승한다"는 것으로 바뀌었다. 이는 임시정부 출신 모 인사가 벌인 개인적 로비에 따른 것이었다. 대한민국 건국사는 이 순간부터 심각하게 왜곡되기 시작했다. 사실과 다른 역사가 버젓이 만들어졌다. 민족주의 사관의 침투가 이 순간부터 이루어졌다.

사실 대한민국 건국의 결정적 순간은 1943년 카이로선언이다. 그 주역은 우남이었다. 당시 미국이 한국의 독립을 약속한 것은 우남을 비롯한 미주 독립운동의 값진 성과였다. 1948년 대한민국이라는 나라의 성립은 미주에서의 독립운동과 가장 밀접한 연관을 이루었던 것이다. 이는 당연하고 명백한 사실이다. 1948년 5월 자유총선거 이후 6~7월 제헌의회에 포진한 임시정부 출신 인사 20여 명 중 신생 대한민국이 임시정부 법통을 잇는다고 주장한 사람은 아무도 없었다.

실제로 1943년 11월 카이로선언 전후의 배경을 살펴보면, 자유민주주의 실현에 대한 우남의 의지를 엿볼 수 있다. 1942년 11월 미 국무부가 우남에게 '임시정부 목표가 무엇인지 문서로 알려달라'고 하자, 우남은 "1940년 미국 루스벨트 대통령과 영국 처칠 수상이 발표한 '대서양 헌장'에 제시된 자유주의 이념을 실현한 독립국가를 건설하는 것"이라고 답했다.

특히 우남은 "자유선거를 통해 세워진 한국인들의 자유주의 국가는 극동에서 침략국을 견제할 완충국이 되어 평화 유지에 기여할 것"이라며 "대한민국 임시정부가 승인되지 않는다면 (일본과의) 전쟁이 끝나고서 한반도에 공산당 정권이 들어서는 불행한 결과가 올 것"이라고 강조했다.

루스벨트 미국 대통령은 1943년 2월 23일 우남의 이러한 생각을 받아 한 라디오 방송에서 '한국인의 노예 상태'에 대해 언급하게 된다. 우남의 외교적 노력이 강대국 리더의 관심을 끈 것이다.

실제로 1943년 11월 열린 카이로회담에서 "미국, 영국, 중국이 한국인들의 노예 상태를 유념하여 '적당한 시기와 절차에 따라' (한반도의) 독립을 허용할 것"이라고 발표하게 된다. 우남은 몇십년 간의 실패와 좌절 끝에 눈으로 보이는 외교 성과를 처음으로 거둔 것이다.

분명히 하자. 3·1운동으로 건립된 대한민국임시정부의 법통을 계승한다는 대한민국 헌법 전문은 선언적 서술에 불과하다. 1919년 당시 국가의 3요소인 주권과 국민, 영토 중 최소 주권과 영토는 존재하지 않았다. 더욱이 임시정부 요인들은 자신들이 건국했다고 명시한 적이 없다.

임시정부가 남긴 각종 문헌자료에서 김구를 포함한 모든 임시정부 요인들은 '우리는 앞으로 건국해야 한다'고 밝힌 바 있다. 1945년에는 일제의 패망으로 인한 해방이 일어났고, 3년간의 미군정 기간을 지나 1948년에는 우리 스스로의 힘으로 대한민국이라는 나라를 건국했다. 그리고 그 중심에는 항상 우남이 있었다. 사상적으로는 자유민주주의를 고수했다. 대한민국이라는 신생 독립국이 자유민주주의 체제로 시작한 것은 전적으로 우남의 공이다.

'탈조선' 세계로의 첫 단추, 민주공화국 대한민국을 통해 이루다

우남은 대한민국 건국 과정에서 탈조선의 첫 단추는 미국을 모델로 이루었다. 바로 1인 1표 민주주의의 전면 도입을 비롯해, 정치적 자유 등 모든 영역에서 최대한의 자유를 보장하는 자유민주주의 체제 구축이다.

우남은 이 과정에서 세계 초강대국으로 거듭난 미국의 국력을 대한민국의 건국에 이용하려 했고 미국이라는 대국의 장점들(대통령제, 삼권분립, 형사사법 등 법치, 자유시장경제)을 신생 대한민국에 도입하려 애썼다. 우남의 판단으로 '미국'은 한반도의 독립에 가장 중요한 고려 항목이자 변수였다.

제헌의회 구성은 나라의 근간인 헌법을 제정하기 위해 필수적인 절차였다. 이 제헌의회가 내놓은 대한민국 헌법이 우남의 사상을 담은 대표적 사례다.

지금으로부터 75년 전인 1948년 5월 10일, 한반도 남쪽에서 제1대 제헌의회 의원을 뽑는 총선거가 전국적으로 실시됐다. 인구 15만 미만은 1개 구, 인구 15만 이상 25만 미만은 2개 구, 인구 25만 이상 35만 미만은 3개 구, 인구 35만 이상 45만 미만은 4개 구로 하여 총 200개 선거구를 확정했고 이 총선에 948명이 입후보하여 평균 4.7대 1의 경쟁률을 나타냈다. 이 총선거에서 문제가 일어난 제주도의 2개 구를 제외하고, 198개 선거구에서 198명의 국회의원이 선출됐다. 총선거가 실시된지 3주 후인 5월 31일 헌정사상 최초로 제헌의회가 열린다. 국회의장에 우남 이승만 박사를, 부의장에 신익희를 선출한다. 이 제헌의회가 대한민국 헌법을 제정하게 된다.

당초 제헌의회 발족 후 내부적으로 헌법을 만드는 과정 속에서 우남을 향해 '대만 장개석과 같이 총통제를 하자', '기독교를 국교로 삼자'는 제안도 있었지만 우남의 의지는 확고부동했다. 인간이 누릴 수 있는 자유와 그에 따른 책임을 완전히 보장하는 '자유민주주의의 실현' 외에는 우남의 머리 속에 없었다.

이윽고 7월 17일 완성된 제헌헌법에 따라 대통령을 선출하고 정부를 구성하게 된다. 우남 이승만 박사를 대통령으로 삼고, 대한민국은 1948년 8월 15일 첫 발을 내딛는다. 자유민주주의 정부 수립 및 건국의 순간이다.

2023년 현재의 관점에서 본다면, 1948년 있었던 이 사건들은 최근 경험한 여러 차례의 선거 중 하나로 여길 수도 있다. 하지만 대한민국의 국체, 주권을 확립한 국민 총선거–제헌의회–헌법–정부 수립–건국 선포의 과정 하나하나는 대한민국이라는 나라의 기초를 닦고 기둥을 세우는 의미였다.

신생독립국 대한민국이 지향해야 하는 바가 무엇인지, 우남은 숙고하고 치열하게 경주한 끝에 그 꿈을 이룬다. 제헌의회를 통해 만들어진 헌법 제1조에는 "대한민국은 민주공화국이다"라고 나온다. 헌법 제2조에는 "대한민국의 주권은 국민에게 있고 모든 권력은 국민으로부터 나온다"고 선언한다. 이를 통해 대한민국은 민주공화국으로써 국민주권시대를 연다. 이 선언을 통해 우남은 앞서 500년 넘게 존속되어온 조선왕정체제를 깨고 왕이나 사대부가 아닌, 국민을 주권자로 삼는다. 한반도 근대적 정치체제의 시작점이다. 조선왕정을 회복하거나 구체제로 돌아간 것이 아니다. 우남은 아시아에서 손꼽힐만한 정치혁명 그 자체를 이끈 것이다.

원래 당시 한반도 사회의 지배적인 여론은 우남에게 절대 유리하지 않았다. 해방 이듬해인 1946년 미 군정청 여론국이 실시한 여론조사 결과에 따르면, '어느 사상을 찬성하느냐'는 질문에 응답자 71%가 사회주의라고 답했다. 자본주의는 14%, 공산주의는 7%, 잘 모름 답변 비중은 8%였다. 자본주의를 찬성한다는 응답은 14%에 불과했지만, 사회주의와 공산주의를 더한 응답자 비중은 78%에 달했다.

당시 여론은 이랬지만, 제헌의회는 경제적으로 사유재산권 보장과 시장의 자유경쟁, 시장경제 질서를 기반으로 하는 자유를 분명히 했다. 여론을 뒤집은 우남의 위대한 선택이었다.

건국의 순간으로 돌아와 보자. 이승만 대통령은 1948년 8월 15일 대한민국 정부 수립 당시 "이 새로운 국가는 개인의 근본적인 자유를 보호하는 민주정체다"라고 선언한다.

우남의 이러한 선언은 근대의 가치가 민족이 아닌 민주공화국에 있다는 '탈조선 세계화'라는 글로벌 질서에 편입했음을 말한다.

또한 이는 집단주의가 아니라 '개인'이라는 위대한 발견을 통해 자유라는 가치를 가장 중요시하겠다는 선언이기도 하다. 근대 시민은 개인의 자유를 지키기 위해 공화국이라는 국가 형태를 채택했기 때문이다. 그래서 공화국은 민주주의 원리를 수용해 개인의 신체 자유와 행복의 추구, 사유재산권을 보호한다. 이것이 다 개인의 자유를 보호하기 위해서다. 대한민국은 우남의 리더십을 통해 이러한 근대적 가치를 품고 공화국으로서 출발했다.

1948년 총선거의 의미, 전체주의에 대한 자유민주주의의 승리

우남의 건국 업적과 별개로 1948년 5월 10일 펼쳐졌던 총선거를 살펴볼 필요가 있다. 한반도 역사상 처음으로 치러진 자유민주 선거였기 때문이다.

이 총선거는 보통선거, 평등선거, 비밀선거, 직접선거라는 자유민주 선거의 4대 원칙 모두가 적용된 최초의 선거였다. 조선왕조에선 있을 수 없는 일이다. 동시대 다른 나라들의 건국 과정이나 선진국의 대의제 역사를 복기해 봐도 예외적인 상황이었다. 우남의 고집 때문이었다.

5·10 총선거에서 한반도 이남에 살던 만 21세 이상의 모든 남녀 국민에게 선거권이 부여되었다. 피선거권은 만 25세 이상 모든 남녀에게 주

어졌다. 평등선거 원칙도 적용해 누구나 똑같이 1표씩의 투표권을 행사했다. 재산, 신분, 성별, 교육 정도, 종교 등은 총선거에서 아무런 의미가 없었다. 선거인이 직접 후보자에게 투표하는 직접선거도 시행됐다. 마지막으로 유권자가 어떤 후보자에게 투표했는지 타인이 절대 알 수 없는 비밀선거 원칙 또한 적용됐다.

대한민국은 건국 전 최초의 선거부터 이 4대 원칙 모두를 적용했다. 우남이 총통제와 같은 '권력'이라는 유혹을 뿌리치고 자유민주주의 체제의 확립을 고집해서다.

1948년 당시의 국제 정치 상황은 엄혹했다. 신생독립국이라고 해서 모두 4대 원칙을 적용해 선거를 치르는 경우는 많지 않았다. 2023년의 상식과 달리 당시 4대 원칙은 당연한 것이 아니었다. 미국은 1920년 21세 이상 여성에게 남성과 동등한 참정권을 부여했고, 영국은 1928년, 프랑스는 1946년에야 비로소 법률상 여성의 참정권이 보장되었다.

탈아(脫亞)입구를 이끌고 당시 아시아에서 유일하게 선진국 대열에 들어갔던 일본조차 1947년 여성에게 참정권을 부여한다. 대한민국은 건국했던 1948년 바로 부여하면서 시작했다. 2023년인 현재 아직도 세계의 무수히 많은 국가에서 여전히 이 4대 원칙이 적용되지 않고 있다.

5·10 총선거를 돌이켜 보면 공산당으로 대표되는 전체주의 세력과 우남이 이끈 자유민주주의 세력 간의 처절한 싸움에 종지부를 찍는 사건이었다. 그리고 그 결과는 75년 뒤인 현재 5천만 대한민국 국민이 누리는 자유민주주의 체제의 번영을 담보했다. 이 총선거는 자유민주주의의 승리를 선언하는 의미로 읽힌다.

세계사를 통해 바라본 우남의 '자유를 향한' 투쟁

세계 역사를 살펴 보면 한마디로 요약된다. 바로 자유를 얻기 위한 투쟁의 역사다. 한 세대를 30년으로 본다 해도, 세계 역사를 통틀어 전쟁 없는 세대는 한 번도 없었다. 세계사는 이토록 오랜 투쟁의 과정을 거쳐 지금 이 순간처럼 세계 곳곳에서 개인의 자유가 넘쳐흐르는 시대에 이르렀다.

개인의 자유는 그 무엇보다 중요한, 근본적 가치다. 개인의 자유는 인류 발전을 가져온 원동력이자, 기업가정신 그 자체이기 때문이다. 개인은 자유라는 토양 속에서만 자신이 갖고 있는 에너지를 마음껏 발휘할 수 있다. 자유를 누려야 경제, 정치, 학문, 종교 영역에서 인류는 더 발전할 수 있다. 우남은 이를 직시했다. 정치적 자유와 경제적 자유라는 두 날개를 모두 달고서 말이다.

크게 보면 경제적 자유의 확대로 세계 거의 모든 곳에서 경제력 분산과 정치력 분산이 일어났다. 대한민국을 비롯해 일반적인 자유민주주의 국가라면, 보통 사람들도 대통령이나 총리가 될 수 있다. 기업가로 성공하는 기회도 누구나 포착할 수 있다. 자유민주주의는 20세기부터 21세기에 걸친 진정한 시대정신인 것이다. 우남은 이를 1940년대 한반도에 이식하고 실행에 옮겼다. 우남의 선택과 의지는 옳았다. 서로 다른 체제를 이식한 남과 북이 지금에 와서 완전히 다른 정반대의 결과를 낸 것 자체가 이를 입증한다.

대한민국 국민이라면 누구나 자기 자신에게 이러한 질문을 던져야 한다. "내가 만약 남쪽이 아니라 북쪽에서 태어났다면 오늘날과 같은 내가 존재할 수 있었을까?"

100년 전, 우남의 혜안은 현재를 살아가는 우리의 삶을 규정했다. 우남은 조선 왕족이었지만 조선을 고집하지 않았다. 우직하고 묵묵하게 걸어갔던 길은 오로지 자유로의 투쟁이었다. 탈조선과 세계화로 향하는 길이었다. 좁고 험한 길이지만 우남은 끝까지 걸어갔고 끝내 '신의 사자'로 쓰임 받았다. 한반도 이남에 시작부터 완벽한 자유민주주의 국가를 세웠다.

우남의 명언으로 엿보는 속마음

우남이 후세에 남긴 명언은 한두가지가 아니다. 본고는 이 중 몇 가지를 발췌해 그 의미를 조명하고자 한다.

우남은 "자유를 즐기는 사람은 많아도 자유를 지키는 사람은 드물다"고 말했다.

우남은 배재학당에서 처음 '자유'를 배웠다. 이후 서양문물을 접할수록 우남은 미국식 자유민주주의를 이 땅에 정착시켜야 한다는 생각에 확신을 갖게 된다. 동시에 우남은 자유를 지키기 위한 노력 역시 중요하다는 것을 인식하고 있었다. 이 때문에 그는 조선왕조로부터의 독립을 원했다. 또한 일본로부터의 해방을 위해 고군분투했다. 마지막으로 공산주의 세력으로부터 이 땅의 '자유'를 지키기 위해 자신의 삶을 바쳤다. 우남은 평생 '자유'를 지키기 위해 싸웠다. 특히 1945년 해방 이후 대다수의 국민이 공산주의 및 사회주의 이념에 매료됐지만 우남은 전혀 흔들리지 않았다. '공산주의는 틀렸다'는 확신을 평생 고수했던 우남은 결국 자유민주주의 국가를 이 땅에 세웠다. 우남으로 인해, 왕이나 사대부가 아닌 개인의 자유를 존중하는 체제가 대한민국에서 열렸다.

두 번째 명언, 우남은 "열심히 일한 자나 일을 하지 않은 자나 공평하게 나눠 갖게 되면 모든 사람이 일을 하지 않고 거저 얻어먹으려는 자가 가득하게 된다"고 말했다.

우남은 1923년 '공산당의 당부당'에서 재산을 나누어 갖자는 공산주의 주장이 실현될 경우 이와 같은 현상이 벌어질 것으로 내다봤다. 또한 우남은 "자본가를 타도할 경우 경쟁이 없어지고 상공업 발달이 어려워지는 등 물질적 개명이 중단될 것"이라고 우려를 표했다.

세 번째 명언, 우남은 일찍이 "공산주의와의 타협이 불가능하다"고 이야기했다.

우남은 1945년 일본으로부터의 해방 후, 공산주의 국가인 소련의 지령을 받으면서 건국 과정에 함께하려는 박헌영 등 남로당 세력을 철저히 경계했다. 우남은 자신들의 최후 목적인 '공산주의 실현을 내세운 권력 쟁취'를 달성하기 위해서라면 거짓말을 아무렇지도 않게 내뱉는 그들을 믿을 수 없었기 때문이다.

우남의 한미상호방위조약, 대한민국 존속시킨 '신의 한수'
공산주의와의 타협이 불가능하다고 이야기했던 우남의 통찰력과 연결되는 지점이다. 바로 우남이 6·25 전쟁 휴전을 인정하면서 미국과의 치열한 수싸움 끝에 체결한 한미상호방위조약 말이다. 이는 자유민주주의로 시작한 신생독립국 대한민국의 생명을 존속시킨 '신의 한수'였다.

"한미상호방위조약이 성립됨으로써 우리는 앞으로 여러 세대에 걸쳐 많은 혜택을 보게 될 것이다. 이 조약이 있기 때문에 우리는 앞으로 번영을 누릴 것이다. 한국과 미국의 이번 공동조치는 외부 침략으로부터 우리를 보호함으로써 우리의 안보를 확보해줄 것이다."

이는 미국과의 한미상호방위조약 체결을 앞두고 발표했던 우남 이승만 대통령의 성명서 내용 중 일부다.

만약 우남이 대한민국 건국 이후 아무런 공이 없었고 이 한미상호방위조약을 체결하지 않았다면, 대한민국이라는 나라는 1970년대쯤 북한의 침공을 받아 멸국했을 수도 있다. 미군이 참전했지만 끝내 북베트남과의 전쟁에서 지고 패망한 남베트남처럼 말이다.

우남의 성명서 내용은 한미상호방위조약의 의미와 가치를 정확히 담고 있다. 우남의 예측대로 북한은 세대를 거듭해 핵을 개발했고 탄도미사일을 쏴올리며 대한민국을 오늘도 위협하고 있다. 적국의 겁박이 계속되지만 그에 아랑곳하지 않고 대한민국이 탄탄하게 유지되고 있는 이유는 전적으로 주한미군, 한미상호방위조약의 위력에 의한 것이다.

우남은 6·25 전쟁 휴전 협상에 들어갔을 당시, 대한민국의 번영은 튼튼한 안보 위에서만 가능하다고 보았다. 그 안보의 핵심은 세계 최강대국 미국과 함께 가는 것이었다. 그래서 전격적인 반공포로 석방 등 벼랑 끝 전술을 쓴 끝에 미국과 상호방위조약을 체결했다. 우남의 처절한 노력이 오늘날 대한민국의 번영과 자유를 이룩한 초석이 된 것이다.

구체적으로 우남은 휴전 협상 당시 서둘러 휴전을 하고 싶은 미국과 사사건건 충돌했다. 미국 언론은 우남을 두고 '칼을 품고 춤추는 늙은 고집쟁이'라며 힐난했을 정도다. 우남을 제외한 모든 관련 당사국들은 휴전을 원했다. 사정이 이러했기 때문에 우남은 당시 미국 등 우방국의 지지를 얻지 못한 것은 물론이거니와 전 세계로부터 비난의 화살을 받아야만 했다.

월터 로버트슨 미 국무부 차관보와의 2주간에 걸친 치열한 협상 끝에 우남과 미국은 다음과 같은 안건들을 논의하고 동의했다. ▶정전 후 한미 양국은 상호방위조약을 체결한다. ▶미국은 한국에 장기적인 경제 원조를 제공하며 1단계로 2억 달러를 제공한다. ▶미국은 한국군의 20개 사단과 해-공군력을 증강시킨다. ▶양국은 휴전회담에 있어 90일이

경과되어도 정치회담에 성과가 없을 경우 이 회담에서 탈퇴하여 별도의 대책을 강구한다. ▶한미 양국은 정치회담을 개최하기 이전에 공동목적에 관하여 양국의 고위회담을 개최한다.

휴전을 간절히 바랬던 미국으로서는 우남의 이런 조건을 수락하지 않을 수 없었다. 휴전협정 조인 후 유엔군사령관 클라크는 이에 대해 "싸워서 이기기보다 평화를 얻는 게 더 어려웠고, 적군보다 이승만 대통령이 더 힘들었다"고 평가했을 정도다. 우남의 고집을 인정 받은 끝에 1953년 7월 27일 3년 넘게 이어졌던 전쟁이 끝나고 휴전이 이루어졌다.

이윽고 1953년 8월 3일 한미상호방위조약을 구체적으로 협의하기 위해 덜레스 미 국무장관이 서울로 왔고, 8월 8일 한미상호방위조약 가조인을 했다. 덜레스 장관은 가조인 후 "이 조약은 우리 청년들의 피로 봉인되었다"고 선언했다. 우남은 이 한미상호방위조약 체결을 통해 한반도에서 전쟁이 재발하면 미국의 자동개입을 보장받고, 70만 대군을 보유하는 아시아의 군사강국으로 부상하는 기반을 마련하는데 성공했다. 이후 1953년 10월 1일 변영태 장관과 덜레스 장관이 미 수도 워싱턴 D.C에서 한미상호방위조약에 공식 조인했고 1954년 1월 15일 한국 국회가, 1월 26일 미국 상원이 비준함으로써 정식으로 발효되었다. 이 한미상호방위조약은 70년째 한반도를 포함한 동북아 지역의 '세력 균형'을 유지하는데 절대적인 영향력을 끼치고 있다.

나가며

"나라를 한 번 잃으면 다시 찾기가 얼마나 어려운지를 우리 국민들은 잘 알아야 하며, 경제에서나 국방에서나 굳건히 서서 두 번 다시 종의 멍에를 메지 말아야 한다. 이것이 내가 우리 국민들에게 주는 유언이다."

우남의 유언에는 대한민국을 향한 애정과 헌신이 담겨 있다. 이를 되뇌일수록 먹먹해진다. 우남은 이역만리 떨어진 땅 하와이 섬에서 고국을 그리다 쓸쓸한 최후를 맞이했다. 우남을 생각하면 생각할수록, 과연 현재를 살아가는 대한민국 국민인 우리가 '종의 멍에'를 쓰지 않기 위해 얼마나 노력해 왔는지, 무엇을 추구하고 살아왔는지 고심하게 된다.

2차세계대전과 냉전이라는 소용돌이 시대 속에 이 땅에는 근대화와 부국강병이라는 소명의식으로 돌파한 지도자가 있었다. 그게 우남이다.

우남은 평생 자유민주주의와 시장경제 체제라는 이상을 추구했고 결국은 그 꿈을 이루었다. 오늘날 대한민국은 우남이 그토록 부러워했던 세계 선진국들과 어깨를 나란히 하고 있다.

남겨진 우리의 과제는 우남의 독립정신을 실현하고 발현할 새 방법을 찾는 것이다. 이 땅에서 무엇을 누리든 그 모든 게 다 우남의 공이다. 이를 부정할 길을 찾기 어렵다.

넥스트 이승만이 온다

– 이승만의 비전과 리더십을 중심으로

설총명 (37세. 전직 기자)

| 요·약·문 |

"붉은 대륙에 달랑 붙은 내장의 맹장 같은" 대한민국의 지도가 있다. 한반도 해방 시대의 세계 공산화 지도다. 온통 붉은색으로 덮여있는 지도에 유독 선명하게 그 푸른빛을 발하는 대한민국을 설계하고 구현해 낸 위대한 지도자가 있었다. 국부 이승만.

이승만은 어떠한 악마적 기획도 그 뿌리를 뽑을 수 없도록 대한민국에 자유의 이념을 심고 뿌리를 박은 신뢰할 만한 선각자이자 대한민국 건국의 아버지였다. 국부의 헌신과 식견, 통찰과 집념을 기틀로 다진 대한민국은 풍우표령한 시대를 뚫고 마침내 세계 문명사적 불모지에서 선진국으로 발돋움할 수 있었다.

그러나 현금(現今)의 대한민국은 정말 이대로 괜찮은가. 대한민국은 평안하며 미래가 선명하고 탄탄한가. 강대국간의 대립과 긴장을 넘어 다변화된 정치, 경제, 문화적 갈등과 위기가 전 지구적으로 시시각각 몰려오고 있는 때다. 생명윤리에 대한 도전과 4차 산업 혁명 및 기술의 진보는 인류에게 새로운 과제로 다가오고 있다. 총체적이며 전방위적인 위기가 몰려오는 오늘은 또 다른 의미에서 70년 전의 지도보다 좋은 형국이라 할 수 있는가. 현재의 위기는 이전의 그것보다 더 음흉하고 음습하며 집요하다.

이러한 때에 70년 전 붉은색 천지였던 그 '위대한 지도'를 떠올리며 어려운 시대를 돌파한 '위대한 지도자'를 떠올리는 것은 자연스러운 일이다. 이는 분명 난마와도 같은 현실을 풀고 무궁한 영광의 빛을 발할 오늘의 단초가 될 것이기 때문이다. 당시의 위기를 타개한 이승만의 주요한 리더십과 비전을 통해 넥스트 이승만들과 대한민국의 새로운 빛을 그려본다.

1. 역사적 비전과 통찰

정의正義를 문자 그대로 진리에 맞는 올바른 도리로 본다면 이승만이 공산주의에 반대한 것은 정의로운 일이었다. 이승만은 반공의 기치를 들고 끝없이 공산 세력의 팽창을 저지(沮止)하고 나아가 그것을 멸하려고 했다.

그러나 오늘날의 공산주의는 여기에 그치지 않는다. 네오-마르크시즘(neo-marxism), 문화 마르크스주의(cultural marxism) 등 새로운 모습으로 새로운 궤계를 세우고 도발하고 있다. 데카당스로 치닫게 하는 이러한 사조의 폐해는 공산주의 그것 이상일 것이다.

이승만은 자신의 유언에서 "다시 나라를 잃고 침략을 당하지 않는다 하더라도 경제적, 문화적 침략에 대비해 정체성을 해칠 노예의 멍에를 메지 말 것"을 요청했다. 다음 세대도 역시 이승만과 같이 정의를 세우고 공산주의와 또 다른 공산주의를 경계하며 역사 앞에 서서 세계 시민들에게 새로운 비전을 제시해야 한다.

2. 통일시대의 리더십

이승만의 간절한 통일 메시지는 북한 동포는 물론이거니와 대한민국, 그리고 세계 시민들에게도 소망을 주는 메시아적 선포였다. 이승만은 자신의 저서에서 "우리의 혀끝을 2천만 조각으로 내어, 2천만 동포들의 귀에 크게 소리질러 어두운 잠에서 깨우는 것이 나의 소원"(독립정신, 46편)이라고 하였다.

만약 오늘날 이승만이 다시 온다면 그는 "우리의 혀끝을 7천만 조각으로 내어, 7천만 동포들의 귀에 크게 통일을 소리 질러 통일을 이루는 것이 나의 소원"이라 할 것이다. 통일은 이승만에게 절실한 꿈과 비전이었다. 분단된 이 땅에 서있는 우리의 소원 역시 다르지 않을 것이다.

3. 글로벌 리더

이승만과 같이 대미 관계에서 맹미(盲美)가 아닌 지미(知美), 친미(親美), 용미(用美)를 전략적으로 지혜롭게 해야 한다. 미국과는 동맹을 넘어 더욱 신뢰하며 상생하는 관계가 되어야 하며 미국을 이끌어주고 비전을 심어주어야 한다.

국가들이 혼성상황(hybrid situation)에 처해있는 현대 세계에서 정보가 폭발하고 사람들의 왕래가 빨라짐에 따라 세계는 갈수록 좁아질 것이다. 지구화된 국제질서(globalized international order)에 대한 대비와 세계 속에서 한국의 독보적 역할 선점이 필요하다. 혼돈스러웠던 1900년대 초중반, 이승만은 당시에 기독교와 자유의 네트워크를 통한 창조적 국제전략과 세계를 움직이는 글로벌 리더십을 이미 보여주었다. 오늘 우리는 세계의 피스메이커로 서야 한다. 전지구적인 안목과 리더십으로 모든 나라 모든 민족의 형편을 살피며 그들의 눈물을 닦아주고 위로하면서 함께 기뻐할 수 있어야 한다. 글로벌리즘과 민족주의의 변증법적 종합으로 글로벌리즘(globalism)의 한국적 모델을 창출하고 글로컬(glocal)의 새로운 패러다임을 창조적으로 만들어야 한다.

4. 일민주의 _ 하나됨

이승만은 '일민주의 개술(一民主義 槪述)'에서 "'일민'이라는 두 글자는 나의 50년 운동의 출발이요 또 귀추"라고 했다. 화합하고 통합하고 상생하며 하나가 되어야 한다는 선언적 명제를 던지는 것은 어려운 일이 아니다. 하지만 실제로 하나가 되고 하나 되게 하는 것은 녹록한 일이 아니다. 이승만의 눈에는 상하귀천이 없었다. 한국인 모두가 똑같이 '한(韓)'이라는 성을 가진 한 가족이며 형제였다. 여감(餘憾)을 풀고 손에 손으로 가슴과 가슴으로 일심을 이뤄 함께 나갈 이 나라의 한 몸이며 자체였다. 그는 한성감옥에서 동료를 가족 돌보듯 한 것과 같이 자신을 희생하며 이 나라 모든 국민을 가족과 같이 섬기고 사랑했다. 그는 이렇게 삶으로 대한민국의 진정한 하나됨을 이뤄갔다.

5. 희생과 헌신

1902년 콜레라가 조선을 강타하여 23,000여명이 죽어가고 한성감옥 안에서도 하루에 17명 씩 목숨을 잃었었다. 이승만 자신 역시 밀폐된 공간에서 매일 고문을 받으며 20파운드(약 10kg)짜리 칼을 차고 있는 영어(囹圄)의 몸이었다. 그러나 그는 동료의 배변과 토사물을 치우고 정성으로 그들을 간호하며 복음을 전했다. 고된 상황과 환경도 그의 사랑을 전달하는데 전혀 장애가 되지 못했던 것이다. 이승만의 탁월한 지식, 열정, 통찰력 때문에 그의 희생과 헌신의 덕목이 다소 빛을 발하지 못하는 (?) 부분이 있다. 그러나 이것은 이승만의 리더십의 근원이자 정수라고 할 것이다. 그는 자신을 희생하고 헌신하면서 한성감옥에서 동료를 보살피듯 일평생 밤낮으로 이 나라와 조국을 보살피고 섬겼다.

6. 절제

이승만은 일평생 자신을 극기하며 절제하였다. 가난했지만 웃음을 잃지 않았고 질투나 허욕, 분노의 감정을 갖지 않았다. 풍부한 유머로 늘 주변을 즐겁게 하였으며 모함하고 중상하는 자들에게도 늘 관대했다. 그는 프란체스카 여사에게 "우리가 북한 동포들을 위해 근검절약하는 모습을 보이면 아무리 강대국들이라 해도 우리를 함부로 업신여기지 못한다"면서 그 정신의 깊은 뜻을 헤아려 주었다. 넥스트 이승만들은 자신의 모습과 환경을 두고 국부 앞에서 핑계대기는 어려울 것이다.

7. 애국자愛國者

이승만은 처음부터 마지막 호흡을 다할 때까지 나라 사랑뿐이었다. 그는 실로 이 나라를 사랑하고 사랑한 자애롭고 자랑스러운 아버지, 국부의 표상이었다.

사랑한다는 것은 그것에 우선 순위가 있다는 것이다. 국부는 자신의 몸도 마음도 가족도 돈도 명예도 삶도 결코 나라보다 먼저두지 않았다. 나라를 위해 다른 것을 초개(草芥)와 같이 버리고 모든 것을 희생하고 모든 것을 헌신하는 삶이었다. 다음세대 지도자의 나라 사랑은 국부의 그것에 미치지 못해서는 안 된다. 오히려 그것을 넘을 준비와 각오와 삶이 있어야 할 것이다. 다음세대 지도자들을 떠올릴 때 대한민국이 생각나야 한다. 그를 기억하는 모든 자의 가슴 가슴마다 나라 사랑하는 마음을 불일 듯이 일어야 할 것이다. 넥스트 이승만들은 여러 가지 리더십의 덕목들에 앞서 나라 사랑하는 마음을 꼭 잊지 말아야 한다.

결어. 누가 할 것인가, 힌네니(הִנֵּנִי)

이 글을 읽는 혹자는 이승만의 삶, 능력 및 리더십과 자신의 그것의 괴리감 때문에 답답해할지도 모른다. 혹은 막연한 두려움으로 시대와 나라를 향한 위대한 한 걸음을 내딛는 것을 주저할지도 모르겠다. 아니면 권력을 향한 무한경쟁의 제로섬게임과 약육강식적 사투의 장에 뛰어드는 것에 환멸을 느끼거나 낙담할지도 모른다. 그러나 이승만이 걸었던 길은 잔혹한 경쟁의 길이 아니었다. 이승만은 세상의 인정을 구하지 않고 오직 겸손하게 자신의 사명에 매진하며 자기 부인의 길, 좁고 험한 길, 그러나 영광스러운 길을 걸었다. 이스라엘 말에 힌네니(הנני) 라는 말이 있다. 성경에서 하나님의 부름에 '제가 여기 있다'라며 신실한 사람들이 응답할 때 하는 말이다. 우리 민족은 역사상 전무후무한 새로운 도전 앞에 민족의 명운을 감당할 사람을 찾고 있다. 그는 누구인가. 힌네니—내가 여기 있습니다—라고 응답하는 이다. 누구라도 힌네니를 외치며 일어서는 자에게 그가 사명을 감당하고도 남을 힘과 지혜와 능력과 권세가 부어질 것을 믿는다. 이 나라 대한민국을 사랑하고 허다한 세계의 자유시민들에게 비전을 심어주며 그들을 더 나은 길로 이끄는 모든 넥스트 이승만들에게 강권적인 보호가 있을 줄 믿으며, 바란다.

I. 서론

1. 위대한 지도

지도는 많다. 유구한 역사 속 수많은 나라들과 제국들이 흥망성쇠 가운데 피고 져왔으며 그에 따라 수없이 많은 지도가 만들어지고 없어져 왔다. 그렇게 역사 속 그 많은 지도 가운데 단연 잊히지 않는 독보적인 지도가 하나 있다. 위로는 북극에 닿아있는 러시아의 최북단부터 아래로는 중국, 동남아시아에 걸쳐있고, 서쪽으로는 동유럽에 이르기까지, 온통 붉은색으로 덮여있는 지도. 바로 한반도 해방 시대의 세계 공산화 지도이다. 유라시아 전역을 덮고 있는 붉은 물결 지도의 동쪽끝에는 고고히 푸른빛을 내는 대한민국이 있다. "붉은 대륙에 달랑 붙은 내장의 맹장 같은"[1] 대한민국은, 그러나 유독 선명하게 그 푸른빛을 지키고 있다. 한없이 작지만 숱한 위기와 역경 속에 끝내 거대한 붉은 파도를 온

---

1   문창극. (2015). 문창극의 역사 읽기. 기파랑.

몸으로 막아내며 위용을 갖춘 그 모습은 실로 위대하기까지 하다. 그렇다. 이는 실로 위대한 지도다. 끝내 붉은 물결을 막아내고 자유대한민국을 지켜냈음을 상징하는 이 위대한 지도는 이제 이 땅끝에서 시작될 새로운 대반전과 역전의 시대를 기다리고 있다.

2. 위대한 지도자

이 위대한 지도에는 이를 설계하고 결국 구현해 낸 위대한 지도자가 있었다. 국부 이승만. 로버트 올리버[2]는 "이승만이 없었다면 대한민국은 없다"[3]라고 단연코 못을 박았다. 이승만은 우리가 쉽게 쓰는 존경이라는 단어 너머에 있으며[4] 지옥의 열화(烈火) 같은 고난을 극복하고 놀라운 업적을 이룬 인물[5]이다. 이승만은 본인이 표현했던 표현한 것처럼 '풍우표령한 시대[6]'를 뚫고 분별과 혜안을 가지고 소망으로 비전을 전하는 지도자였다. 어떠한 악마적 기획도 그 뿌리를 뽑을 수 없도록 대한민국

---

2 이승만의 식견, 지성, 혜안, 집념, 그리고 비전에 매료되었던 로버트 올리버는 미국과 유엔, 그리고 이승만 사이에서 대한민국 건국 과정에 중추적인 역할을 수행했다.

3 로버트올리버. (2008). 이승만이 없었다면 대한민국 없다(박일영 역). 동서문화사.

4 박원철. (2020). 선지자 이승만 대통령. 킹덤북스. 10에서 정규재 축사 인용

5 미국에서도 국내의 3·1운동에 호응하기 위해 이승만은 서재필, 정한경과 함께 1919년 4월 14일부터 16일까지 필라 델피아 리틀 시어터(Little Theater)에서 제1차 한인의회(The First Korean Congress. 대내적인 명칭은 대한인총대표회의) 를 개최했다. 제1차 한인의회 의장을 맡았던 서재필은 배재학당 제자 이승만이 한국 독립운동의 지도자임을 부각시키는 소개를 했다." / 김용삼. (2020). 이승만 외교독립운동의 생생한 현장. RHEE SYNGMMAN Post 제22호에서 김낙환, 『아펜젤러 행전 1885~1902』, 청미디어, 2014, 262쪽 재인용

6 비바람 휘몰아치듯 혼란한 시대

에 자유의 이념을 심고 뿌리를 박은[7] 신뢰할 만한 선각자이자 대한민국 건국의 아버지였다. 누군가 미국의 건국의 아버지들이 위대하다고 하던가. 여기 이 땅에 저 미국 건국의 아버지들에 절대 뒤지지 않는, 어쩌면 그들을 뛰어넘는 위대한 지도자가 있었다. 그는 오랜 어두움의 한 시대를 마감 짓고 빛이 비치어 어두움이 물러가 새로운 시대를 열도록 하늘이 이 땅에 내어준 진정한 복된 선물이었다.

3. 대한민국이 어떤 나라인가

이 위대한 지도, 그리고 위대한 지도자를 배출해낸 나라가 형성되어가는 과정은 실로 순탄치 않았다. 숱하게 많은 위기들과 조마조마하게 가슴 졸일 수밖에 없는 순간들의 연속이었다. 위태로웠으며 때론 처참하기까지 했다. 전 세계적 관점에서 대한민국 이전 시대까지의 한반도는 객관적으로 수천 년간 거의 변경지였다. 찬란하고 주목할 만한 순간들도 있어왔지만 전 지구적 문명에 대한 영향력의 관점에서 한반도는 오랜 시간 불모지요, 격오지에 가까웠다. 서구사회 제국주의 경쟁이 폭발적으로 팽창하며 전 대륙을 강타하던 때조차 한반도의 조선이라는 나라는 그들에게 상대적으로 매력적인 선택지가 아니었다. 이것엔 당시 조선 권력층의 쇄국정책도 분명 큰 영향을 미쳤을 것이다. 관점에 따라 제국주의 팽창의 일환으로 볼 수 있는 두 차례의 양요를 겪기도 했다. 하지만

---

7   이영훈. (2020). 독립·자유의 이념을 자각하고 실천하는 이승만학당원이 됩시다. 이승만포스트 제18호.

제국주의 식민지 무한 개척 시대의 광적 집착과 그로 인해 파생된 타 국가들의 역사적 상황들에 비교해 보면, 한반도는 서구 제국주의 팽창 광풍의 직접적 경로에서 상당히 벗어나 있었다. 당시 한반도는 세계열강의 식민 각축전에서 우선순위가 떨어졌으며 그저 작고 조용한 나라로 인식되기까지 했다. 이는 당시 조선을 방문했던 많은 이들의 기록에서도 나타나고 있다. 사람이 지나는 도로에 배변이 가득하고 '눅눅한 빵'(떡)을 먹는 미개하고 가난한 나라. 그것이 당시 조선과 한반도에 대한 많은 서구인의 인식이었고 냉혹한 현실이었다.

이러한 흑암의 시대를 돌파하고 세계사적으로 비견할만한 유례가 거의 없는 대한민국 건국 과정이라는 위대한 여정을 써나가며 새로운 나라를 잉태해 내기 위해서는 지난한 산고가 필요했다. 대한민국의 태동에는 순국선열의 장엄한 애국과 숭고한 헌신, 대한민국을 향한 하늘의 섭리와 소명, 새로운 나라와 독립을 향한 국민들의 간절한 염원, 그리고 국부 이승만이 있었다[8]. 헤겔의 표현에 따라 모든 시대를 관통해서 지배하는 절대정신이 그 목적과 의지에 따라 마침내 대한민국이라는 나라를 역사의 전면에 필연적으로 등장시키고 만 것[9]이다.

---

8 (사)이승만건국대통령기념사업회 회장 인사말
   / http://www.syngmanrhee.or.kr/bbs/content.php?co_id=1010
9 대한민국이라는 나라가 역사의 전면에 등장해야만 했던 필연성은 무엇일까. 붉은 파도가 유라
   시아 전체를 집어삼키던 시대에 대한민국 등장의 필연성은 무엇이었어야 할까. 이는 이승만의
   유언에 함축적으로 나타나 있다. "다시는 종의 멍에를 메지 말라." 사람을 위한다는 인본주의

이승만 서거 57주년이 되는 오늘, 미약하게만 보였던 건국 태동기와 건국시기에 비교해 보았을 때 대한민국의 국가적 위상은 객관적으로 수직상승했다. 세계 10대 경제 대국이 되었으며 명실상부하게 '선진국'이라고 국제적으로 공인받았다. 반도체, 조선, IT 기술 등 수많은 기술집약 분야에서도 세계를 선도하고 있다. 그뿐만 아니라 대한민국의 국가적 위상은 여권파워로도 확인할 수 있다.[10] 2023년 1월의 오늘, 대한민국 여권파워는 192개국으로 공동 2위이다. 대한민국 여권을 소지한 것만으로 192개의 국가에서 대한민국 국민을 사전 비자 없이 받아준다. 불과 수십 년 전만 해도 평범한 국민들이 여권이라는 것을 보기조차 어려운 나라, 그 대한민국이 오늘에 이르게 된 것이다.

건국의 아버지들이 일생을 바쳐 피와 땀과 눈물로 세운 이 나라의 오늘은 눈이 부시다. 지표로 보면 세계 어디에 내놓아도 부끄러울 것이 없는 나라인 것처럼 보인다. 오히려 이제는 남들이 부러워하는 앞서가는 선진 나라가 되었다.

의 정수가 곧 마르크스주의, 레닌주의, 공산주의, 사회주의로 구현되었으나 이는 역설적으로 지난 100년 동안 무수히 많은 노예를 양산했고 수많은 사람을 죽음으로 몰아왔다. 해방이라는 아름다운 탈을 뒤집어쓴 참살극의 쓰나미를 막아서는 것을 넘어서, 진정한 자유를 서진(西進) 시키도록 하는 것. 이것이 대한민국이 필연적으로 등장하게 된 존재 의의이다. 한 생명이 천하보다 귀하다는 천부인권, 사회 구성원의 보편적 합의에 따른 법의 지배, 권력의 평화적 이양 등. 이는 실로 헤아릴 수 없이 막대한 희생을 치르고 인류가 이루어 낸 진정 소중한 가치들이다. 이 가치들이 정면으로 도전받고 시험받는 무대에서 비록 여러 부침과 부족한 점이 있었을 지언정 대한민국은 존재 의의를 여태까지 지켜왔다. 시대의 시련을 견디고 돌파해온 것이다.

10 이해준. (2023). 한국 '여권 파워' 세계 2위…북한은 199개국 중 191위, 1위는. 중앙일보. https://www.joongang.co.kr/article/25132753#home

4. 위기의 비명. 그러나 대한민국은 정말 이대로 괜찮은가

그런데 현금(現今)의 대한민국은 정말 이대로 괜찮은가. 정말 대한민국은 평안하며 미래가 선명하고 탄탄한가. 이러한 질문에 대해 일순간에 긍정의 답을 내놓을 국민은 얼마나 될까. 최근 뉴스마다 초비상, 위기, 쇼크, 공황이라는 단어들이 즐비하다. 뉴스의 제목들만 봐도 긴장이 될 정도다. 이를 단순 수식어로만 치부할 일은 아니다. 이러한 위기의 비명은 비단 대한민국에 국한되지 않고 전 세계적인 현상이기도 하기 때문이다. 또한 특정 분야에 제한되지 않고 총체적이며 전방위적이기도 하다. 강대국과의 긴장을 넘어 다변화된 정치, 경제, 문화적 갈등과 위기가 전 지구적으로 시시각각 몰려오고 있다. 위태한 휴전선 하나에 매달려 있는 북쪽의 위협도 갈수록 긴장감을 더한다. 생명윤리에 대한 도전과 4차 산업 혁명 및 기술의 진보는 인류에게 새로운 과제로 다가오고 있다. 끊임없이 들려오는 불가피한 자연재해와 세계 곳곳의 전쟁과 난리의 뉴스들은 불안함과 비관론에 곁눈질하게 한다. 2020년부터 전 세계를 휩쓴 코로나 등 전염병은 이에 무게를 더했다.

대한민국 역시 마찬가지다. 지금 대한민국은 한 꺼풀만 벗겨내면 곳곳에 상흔이 가득하다. 정치, 경제, 문화, 사회 어느 곳 하나 성한 곳이 없다. 미래는 불투명하고 흑암 속에 갈 길을 잃은 형편이다. 청년들은 공허와 외로움과 절망 속에 신음하고 있다. 물어도 대답하는 이가 없어 메아리치는 것 같고, 울어도 알아주는 이가 없는 고초(苦楚) 속의 아이와 같다. 내부적으론 남과 북, 동과 서, 세대 간, 성별 간, 경제 격차 간 갈등이 경쟁하듯 충돌하고 있는 형국이다. 우리는 지금 어디에 서 있는가? 가히 시대의 분기점에 서 있다고 평가할 만하다. 앞으로 수년간의 한 걸음 한걸음에 민족의 생존이 달려 있다. 리더가 절실한 때다. 누군가, 나라와 민족을 향한 충성과 지혜로 무장되어 진실한 길을 제시하고 많은 사람들이 그 길을 걷도록 격려해 줄 지도자들이 각계각층에 일어나야 할 때가 도래한 것이다.

5. 넥스트 이승만이 온다

이러한 때에 70년 전 붉은색 천지였던 그 '위대한 지도'를 떠올리며 기시감을 느끼는 것은 과장이 아니다. 어려운 시대에 대해 위기감을 느낀다면 과거에 그러한 어려움을 돌파해낸 지도자를 복기해 봐야 한다. 어려움을 겪던 탕자가 아비의 집을 떠올리는 것과 같다. '위대한 지도자' 이승만을 떠올리며 그를 재조명하고 그로부터 배우는 것은 당연한 일이다. 왜 지금 이때 특별히 이승만을 다시 떠올리는가. 크게 4가지로 생각해 볼 수 있다. 첫째, 이승만과 우리는 3대, 4대 안에서 당대사(Contemporary History)를 공유하고 있다. 둘째, 한반도의 통일이라는 역사적 민족적 사명과 비전을 가지고 있다. 셋째, 이승만은 '대한민국'이라는 나라의 역사의 시작이자 국부이다. 넷째, 이승만은 세계사에서도 주목할 만한 위인이자 리더이다.

어쩌면 오늘의 현실은 70년의 지도보다 더 악화된 형국일 수도 있다. 붉은색보다 더 어두운색이 넓게 퍼져있고 파고는 훨씬 높기만 하다. 현재의 위기는 이전의 그것보다 더 음흉하고 음습하며 집요하다. 이러한 아포리아 시대 가운데서 이와 유사했던 형국을 타개하고 돌파한 이승만에 대해 관심과 열심을 보여야 한다. 이는 분명 난마와도 같은 현실을 풀고 무궁한 영광의 빛을 발할 오늘의 단초가 될 것이기 때문이다. 이승만을 알아야 하고 찾아야 하며 배워야 하는 이유이다.

이승만을, 이승만의 리더십을 작은 종이에 모두 나열하기는 어려운 일이다. 후술에서 당시의 위기를 타개한 이승만의 주요한 리더십과 비전을 통해 넥스트 이승만들과 대한민국의 새로운 빛을 그려본다.

Ⅱ. 본론

1. 역사적 비전과 통찰

1-1. 반공

정의(正義)를 문자 그대로 진리에 맞는 올바른 도리로 본다면 이승만이 공산주의에 반대한 것은 정의로운 일이었다. 이승만은 일찍이 공산주의가 1. 재산을 나누어 가지자 하고 2. 자본가를 없이 하자 하며, 3. 지식 계급을 없애고 4. 종교단체를 혁파하려 하며 5. 정부도 없고 군사도 없으며 국가 사상도 없이 한다는 이유로[11] 이를 반대해왔다.

마르크스주의에서 역사는 원시공동사회-고대노예사회-중세봉건-근대자본주의-공산사회의 발전 과정을 거친다. 각 단계의 변화에서 생산수단의 발전에 따른 잉여물과 계급투쟁은 중요한 변수이다. 무신론의 교조주의적 마르크스주의자들은 노동자 등 프롤레타리아를 혁명의 도구로 사용하여 근대자본주의를 넘어 공산사회를 앞당기려 했었다. 그 과정에서 문화, 교육, 경제, 사회, 인류문명사 전반에 끼친 폐해는 이루 말할 수 없을 정도이다.[12] 결과론적으로도 이미 그 실패가 확인되었으며 앞으로도 성공하지 못할 것이다. 왜냐하면 이것은 과정도 결과도 거짓이기 때문이다. 공산사회의 유토피아적 미혹은 노멘클라투라라는 또 다른 특권적 지배계층과 전체주의 독재정치로 소련의 담장처럼 산산이 붕괴됐다.

북한은 공산주의에서 변질된 주체사상이 지배하고 있다. 공산주의에는 문명적인 요소가 다소 있다. 이념의 본질이 어떠하든 루카치나 알

---

11   이승만. (1923). 공산당의 당부당. 태평양잡지. 1923년 3월호. 16-18.
12   9평편집부. (2020). 공산주의 유령은 어떻게 우리 세계를 지배하는가?. 에포크미디어코리아.

튀세르는 고전예술이나 헤겔 철학, 서구 합리주의 철학의 전통과 과학들을 마르크스 텍스트에 풀어냈다. 그러나 주체사상은 서구 맑시즘에 남아있던 일말의 문명적인 연결마저 씨를 말려 버린 '노골적인 권력 지향의 독백적인 뼈대'만 남겼다. 주체사상은 주의주의(主意主義)의 극치이자 수령절대주의, 기술 숭배와 사회적 생명론의 특징을 두드러지게 나타낸다.[13]

1-2. 공산주의는 종말을 맞이했는가

그렇다면 대한민국에서 공산주의는 끝이 났을까.

'공산주의', '종북', '친북'이라는 단어가 등장할 때마다 '시대가 어느 때인데 아직도 이념타령이냐'고 면박하는 소리가 있다. 문자 그대로 거짓이고 속이는 말이며 프로파간다이다. "마르크스의 유령은 인간의 증오와 분노, 다양성과 관용을 앞세운 민주주의의 치명적 자만에 기대어"[14] 여전히 대한민국에도 살아남고 있다. 북한이 대한민국과 38선을 맞대고 버젓이 존재하고 있다는 것도 명명백백한 현실이다. 대한민국에서는 체제전복을 기화로 정당이 해산되고, 국회의원이 내란음모를 시도하다 체포되는 일이 여전히 공공연하게 벌어지고 있다.

---

13   도태우. (2019). 도전(법치와 자유민주주의를 향한 치열한 가치 전쟁). 세이지.
14   김은구. (2020). 세미나 토론문 : '공산주의 유령은 어떻게 우리 세계를 지배하는가?' 출판기념
      세미나_공산주의 유령과의 전쟁. https://www.truthforum.kr/0303/81

이승만은 반공의 기치를 들고 끝없이 공산 세력의 팽창을 저지(沮止)하고 나아가 그것을 멸하려고 했다. 그는 자신의 담화에서 현실을 직시하고 계속 경계해야 한다고 강조했다. 1948~59년 동안 이승만은 담화문 834건 중 반공을 182번으로 가장 많이 주제로 삼았다.[15]

1-3. 새로운 공산주의

공산주의는 여기에 그치지 않는다. 넥스트 이승만들은 공산주의가 새로운 모습으로 새로운 궤계(詭計)를 세우고 도발하고 있다는 것도 알고 이를 준비해야 한다.

네오-마르크시즘(neo-marxism)은 프롤레타리아 혁명 실패 후 문화혁명으로 공산사회를 이루는 것을 목표로 하는 이데올로기다. 1930년대에 독일의 프랑크푸르트학파에서 마르크스 사상과 프로이트 이론을 연결하여 네오마르크시즘을 만들었다. 뒤르켐의 아노미이론은 네오막시즘에 아이디어를 제공했다.

문화 마르크스주의(cultural marxism)는 신마르크스주의(네오마르크시즘, neomarxism)의 다른 얼굴(문화적 얼굴)로서 일반적으로 "다문화주

---

15 주익종. (2019). 3·1운동과 대한민국 임시정부의 기억- 대한민국은 무엇을/누구를 계승했는가. 이승만 포스트 10호에서 김혜진 2017 : 31-4 김혜진(2017), 「제1공화국의 대한민국 임시정부 계승인식과 정책」, 이화여대 석사 논문 재인용

의"(multiculturalism) 내지 비공식적으로는 "정치적 올바름"(PC, political correctness)으로 불린다.[16, 17]

　정통 막시즘은 정치적 지지를 받기 쉽지 않다. 그러나 마르크스주의의 위기에서 출발한 네오, 포스트 막시즘은 그렇지 않은 것을 주의해야 한다. 이 둘은 휴머니즘을 표면적으로 내세운다. 인권, 평등, 평화, 나눔, 정의, 여성, 소수자 인권보호 등 그럴싸한 구호를 내세운다. 새로운 희생자 이데올로기(victim ideology, victimology)로 희생자 옹호 자체를 절대화, 신성화, 권력화 시키고 희생자 정체성 정치와 약자에 대한 변호와 보호를 혼동시킨다.[18] 특별히 이러한 흐름이 전통적 규범과 성(性)가치관에 균열을 가한다는 것이 큰 문제이다. 데카당스로 치닫게 하는 이러한 사조의 폐해는 공산주의 그것 이상일 것이다.

　시대가 흐를수록 다시 본류로 돌아가 물질주의 극치를 이룬 바벨론으로, 그리고 인간성의 투쟁 - 곧 가인과 아벨의 투쟁으로 전개되는 모양새다. 이승만은 자신의 유언에서 "다시 나라를 잃고 침략을 당하지 않는다 하더라도 경제적, 문화적 침략에 대비해 정체성을 해칠 노예의 멍

16　김영한. (2020). [김영한 칼럼] 문화 마르크스주의: 비판적 성찰 (I). 크리스천투데이.
　　https://www.christiantoday.co.kr/news/329917
17　제30회 기독교학술원 영성포럼 자료집. (2018). 젠더리즘, 네오마르크시즘, 트랜스 페미니즘과 기독교
18　정일권. (2020). 문화막시즘의 황혼. CLC(기독교문서선교회). 227-228

에를 메지 말 것"[19]을 요청했다. 과연 그의 통찰에 감복할 따름이다. 다음 세대 이승만 역시 이승만과 같이 정의를 세워야 한다. 나아가 공산주의와 또 다른 공산주의를 경계하며 역사 앞에 서서 세계 시민들에게 새로운 비전을 제시해야 한다.

2. 통일시대의 리더십

이승만의 간절한 통일 메시지는 북한 동포는 물론이거니와 대한민국, 그리고 세계 시민들에게도 소망을 주는 메시아적 선포였다. "우리는 하로(하루)바삐 북진해서 사경에 빠진 우리 이북 동포들을 구원해서 생사를 같이 하자는 것이 우리의 원이오, 결심이다... 이북 동포들은 아모조록(아무쪼록) 좀 더 참아 주기를 바라며 어떻게 하든지 좀 더 연명만 해서 참아 주기를 부탁하는 바입니다."[20]

우방의 지도층 인사에게도 이승만은 "통일병자"이며 'Sickman Rhee'였다. 그러나 이승만에게는 통일만 된다면 하등의 상관이 없는 '좋은 욕'일 뿐이었다.[21] 그는 앉으나 서나 시종토록 통일을 부르짖었다. 청년 이승만

---

19   "그리스도께서 우리를 자유케 하려고 자유를 주셨으니 그러므로 굳세게 서서 다시는 종의 멍에를 메지 말라는 신약성경 갈라디아서 5장 1절 말씀을 자주 하시면서 국민들께 남기는 유언이라고 하셨어요. 다시 나라를 잃고 침략을 당하지 않는다 하더라도 경제적, 문화적 침략에 대비해 정체성을 해칠 노예의 멍에를 메지 말라고 하셨습니다" (2022). 이승만포스트 제49호.

20   "하루바삐 북진하여 사경에 빠진 이북 동포들을 구원하자". (2022). 이승만포스트 49호에서 『대통령 이승만 박사 담화집』, 공보처, 1953 재인용

21   프란체스카 도너 리. (2010). 6.25와 이승만. 기파랑. 207, 424

은 기독교로 개종하면서 "주여, 내 조국을 구하소서. 그리고 제 영혼을 구하소서(My God!, Save My Country, and Save My Soul)"라고 민족 구원을 위해 기도했다. 노년의 그는 죽음을 목전에 둔 마지막까지도 "남북통일이 이루어지기 전에는 눈을 감을 수 없다"며 북한의 구원과 통일을 그렸다. 제일 긴급하고 절박한 문제를 통일로 여기고 한국이 분열된 것을 그냥 두는 것은 세계평화를 위협하는 것이라고 했다. 한국을 통일시키는 것은 유엔의 큰 영예라고 세계를 독려하기도 했다.[22]

가만히 살펴보면 통일은 이승만 메시지의 당연한 귀결이다. 이 나라를 서로 사랑하여 일심으로 하나 되자고 한다면 한반도의 남북은 당연히 나누어질 수 없는 것이다.

이승만은 자신의 저서에서 "우리의 혀끝을 2천만 조각으로 내어, 2천만 동포들의 귀에 크게 소리 질러 어두운 잠에서 깨우는 것이 나의 소원"(독립정신, 46편)이라고 했다. 만약 오늘날 이승만이 다시 온다면 그는 "우리의 혀끝을 7천만 조각으로 내어, 7천만 동포들의 귀에 크게 통일을 소리 질러 통일을 이루는 것이 나의 소원"이라 할 것이다. 이승만이 그의 아들 이인수씨에게 "지금 우리나라에서 누가 남북통일을 하려는 이가 있나? 이승만이가 한바탕했으면 또 누가 나서서 해야 할 게 아

---

22   제3대 대통령 당선의 뒤안길. (2022). 이승만포스트 제49호

니야. 내 소원은 백두산까지 걸어가는 게야"라고 한 적이 있다고 한다.[23] 실상은 이인수 박사가 아니라 오늘의 모든 대한민국의 아들, 딸들에게 한 당부일 것이다.

통일은 이승만에게 절실한 꿈과 비전이었다. 분단된 이 땅에 서있는 우리의 소원 역시 다르지 않을 것이다.

3. 글로벌 리더

3-1. 선지자적 안목

몇 해 전 미국의 도널드 트럼프 전 대통령이 방한하여 대한민국 국회 본당에서 연설한 적이 있다. 미국 등 초강대국의 원수가 아니라면 그 자리에서 연설할 수 있었을까. 아니 설 수나 있었을까. 다른 나라의 국가나 국가원수를 비교하거나 폄훼하려는 것이 아니다. 현실은 그만큼 엄중하다는 것이다.

이승만은 70여 년 전 대한민국의 대통령으로 미국 의회에 서서 연설했다. 당시 대한민국은 어떤 나라였는가. 포화의 잿더미만 가득한 나라였다. 미국의 입장에서는 아무것도 없는 아무것도 아닌 나라였다. 그러나 이승만은 비참하지 않았다. 당시 약소국의 리더였으나 그의 당당함과

---

23 이동욱. 우리의 건국 대통령은 이렇게 죽어갔다. 이승만포스트 제25호.

기백은 약소국의 그것이 아니었다. 그것은 강국의 패기를 압도했다. 잠자는 미국 시민은 물론 세계시민들을 깨우는 일성이었다. 미국이 나아갈 길과 전 세계인들이 가져야 할 마음가짐에 대해 포괄적으로 교설했다.

이것은 그가 국제정세의 내러티브를 적확하고 객관적으로 읽는 한편 선지자적인 안목과 감각을 지녔기에 가능한 일이었다. 그는 1941년 12월 7일 진주만 공습이 있기 넉 달 전에 '일본의 가면을 벗기다'(JAPAN INSIDE OUT)이라는 책을 통해 일본의 공격을 예견하며 미국에 경고한 바 있다. 안타깝게도 미국은 사후적으로 이를 두고 이승만을 예언자라 칭송했다. 〈대지〉의 작가 펄벅은 "이 책은 무서운 책이다"라고 서평을 남긴 바 있다.[24]

3-2. 한미상호방위조약

이승만의 이러한 능력을 바탕으로 대외관계에 극치를 이룬 것이 '한미상호방위조약'이다. 국가 간 조약에서 '전무후무한 불평등 조약'으로 일컫는 한미방위조약이 대한민국의 자유민주주의와 시장경제의 든든한 방파제가 될 것을 이승만은 믿어 의심치 않았다.

6.25 당시 그는 미국이 휴전을 갈망하고 있다는 사실을 미리 꿰뚫어

---

24   이승만. (2015). 일본의 가면을 벗기다. 류광현 역. 비봉출판사.

보고 있었다. 조약에 굴종적으로 끌려가는 것이 아니라 그것을 주도적으로 이끌기 위해 반공포로 석방이라는 묘안도 구상하고 실행했다. 결국 조약은 1953년 10월 1일 워싱턴에서 정식으로 조인되고, 1954년 11월 18일 발효됐다. 이로 인해 한반도에서 위기 상황이 발생할 경우 미국 대통령이 의회의 승인 없이 미군을 즉각적이고 자동적으로 참전하게 하는 이른바 인계철선(trip wire)을 구축할 수 있었다.

한미상호방위조약의 효과는 괄목할만했다. ①동북아 데탕트의 진전과 장기적인 평화 및 안정을 가져왔으며 ② 미국의 확고한 대한(對韓) 방위보장에 힘입어 한국은 1970년대 전반기까지 GNP의 4%라는 적은 국방비를 쓰면서 경제성장에 집중할 수 있었다. 또 ③국군의 비약적 팽창은 물론 미국을 통한 외교 망의 확대도 이룰 수 있었다.[25]

3-3. 한미상호방위조약을 넘어

곡해가 없기를 바란다. 결코 한미동맹을 부정하거나 반대하는 것이 아니다. 그러나 이승만은 만약 동맹이 없다는 것도 가정했다. 미국이 대한민국 내정을 간섭해서도 안된다고 강조했다. 우리가 주장하는 것은 굳건한 한미동맹이지 완전한 한미동맹이 아니다. 애당초 완전하다는 것은 불가능하다. 완전한 미국, 완전한 동맹이라는 전제가 불가능하기 때문이

---

25 이승만의 '神의 한 수' 한미상호방위조약. (2022). 이승만포스트 제53호

다. 넥스트 이승만들은 이런 점도 염두에 두어야 한다. 그래야 맹미(盲美)가 아닌 지미(知美), 친미(親美), 용미(用美)를 전략적으로 지혜롭게[26] 할 수 있다. 한국이 주도적으로 관계를 이끌 때에야 비로소 이승만이 초석을 다진 한미동맹이 더욱 공고하게 될 수 있을 것이다. 미국과는 동맹을 넘어 더욱 신뢰하며 상생하는 관계가 되어야 한다. 이승만의 때와 지금의 전략도 크게 다르지 않다. 이승만은 단순히 미국과 동맹을 맺은 것이 아니다. 오히려 미국을 이끌어주고 비전을 심어주었다. 지금의 우리도 그렇게 해야 한다.

미국은 지난해 백악관 국가안전보장회의(NSC)에서 향후 미국의 대외전략 방침을 천명했다. 미국은 "향후 10년을 탈냉전 시대 이후 세계 질서가 재편될 '결정적 시기'로 규정하면서 중국과 러시아 등 자유 질서를 위협하는 패권 국가들과의 경쟁에서 반드시 승리하겠다"고 입장을 밝혔다.[27]

여기서 주지해야 할 것은 탈냉전 시대에서 향후 10년 동안 유일한 경쟁자를 꼽았다는 것이다. 그렇다면 그 10년이 지나면 어떻게 될 것인가. 우리는 그 후를 내다보아야 한다. 현존하는 세계 초강대국은 미국이지

---

26 인보길. (2020). 이승만 현대사 위대한 3년. 기파랑
27 윤홍우. (2022). 美 "탈냉전 시대 끝나, 향후 10년 중국이 유일한 경쟁자". 서울경제.
    https://www.sedaily.com/NewsView/26CC1E4ZL4

만 어떤 나라도 영원하지 않기 때문이다. 이것은 역사가 증명해 준 교훈이다. 물론 미국이 패권적 지위를 쉽게 놓을지, 또 만약 그 지위가 위태롭게 된다고 해도 그것이 언제가 될지는 쉽게 장담할 수는 없다. 그러나 탈냉전 시대에 미국이 기존의 소련이라는 상징적인 경쟁상대를 잃어버림으로써 그 지위가 상대적으로 약화될 수 있을 것이라는 주장을 눈여겨볼 필요가 있다. 이러한 주장에 따르면 미국이 얻은 새로운 상대는 지구화 현상인데, 미국이 지구화의 과제를 모두 지배할 수는 없고 오히려 지구화의 촉진에 일조할 것이라고 한다.[28] 모델스키의 패권 경쟁 장 주기 이론 역시 이러한 내용을 뒷받침 한다. 미국이 팍스 아메리카의 질서를 주도했지만 도덕적 헤게모니를 잡지 못한 것도 주목해 볼 문제이다.

동맹의 한계도 인지해야 한다. 동맹은 매우 유용한 전략이지만 1)동맹 비용 부담과 2)국력 비대칭에서 오는 버려지기(abandonment)와 끌려들어가기(entrapment)의 위험이 있다. 또 3)호전적 국가를 더 호전적으로 만들고 4)반동맹(counter-aliance)을 형성하게 하는 면도 있다.[29]

3-4. 피스메이커

국가들이 혼성상황(hybrid situation)에 처해있는 현대 세계에서 이들

---

28 존 베일리스, 스티브 스미스. (2003). 세계정치론. 하영선 외 옮김. 을유문화사. 664-667
29 유현석. 국제정세의 이해. 한울. 158-159

은 초국가적 행위자의 책임을 지고 있다.[30] 아직까지 국가는 지구화 현상의 주체보다는 객체의 입장에 서있지만 변화는 빠르게 올 것이다. 정보가 폭발하고 사람들의 왕래가 빨라짐에 따라 세계는 갈수록 좁아질 것이다. 지구적으로 합의된 규범이나 국제레짐(international regime), 제도규칙은 이러한 가속도에 일조할 것이다. 결국 탈주권적 거버넌스와 지구자본주의, 문화의 전진을 막기는 어려울 것이다. 지구화된 국제질서(globalized international order)에 대한 대비와 세계 속에서 한국의 독보적 역할 선점이 필요하다.

혼돈스러웠던 1900년대 초중반, 이승만은 당시에 기독교와 자유의 네트워크를 통한 창조적 국제전략과 세계를 움직이는 글로벌 리더십을 이미 보여주었다.[31] 오늘 우리는 세계의 피스메이커로 서야 한다. 이것은 이 나라를 시작하면서 우리 민생의 복락과 세계평화를 간구한 우리의 다짐이기도 하다.[32]

어군의 유사성을 지닌 알타이 어족 민족국가를 교두보로 하여 전 세

---

30 존 베일리스, 스티브 스미스. (2003). 세계정치론. 하영선 외 옮김. 을유문화사. 668
31 [LIVE] 우리공화당 정치아카데미(Politics Academy) 제1기 1주차 강의(강사진: 조원진 우리공화당 대표, 인보길 이승만포럼 대표) / https://www.youtube.com/watch?v=tguHdVctgzA
32 우리 민생의 복락과 아울러 세계평화를 허락하야 주시옵소서. 1948년 5월 31일 제헌국회 이윤영 목사 기도문. 기독일보 https://www.christiandaily.co.kr/news/86173#share). 출처 국회

계 모든 나라, 모든 민족과 세세하고 조심스럽게[33] 관계해야 한다. 전지 구적인 안목과 리더십이 필요하다. 모든 나라 모든 민족의 형편을 살피며 그들의 눈물을 닦아주고 위로하면서 함께 기뻐할 수 있는 리더십이 필요하다.

G7 중심의 글로벌 노스(global north)와 긴밀한 연대를 강화하면서 한편으로는 글로벌 사우스(global south)와 지속적인 경제협력을 확대하며 적극적인 리더십을 발휘해야 한다. 다른 방면으로 글로벌리즘과 민족주의의 변증법적 종합도 필요하다. 우리나라의 정체성을 강화하며 애국교육을 이어가야 한다. 글로벌리즘(globlaism)의 한국적 모델을 창출하고 글로컬(glocal) 내지는 지세화(localbalisation: 지방의 세계화)의 새로운 패러다임을 창조적으로 만들어야 한다.[34]

한국이 전 세계의 피스메이커로 서면, 부(富)도 대한민국으로 몰려올 것이다. 돈은 사람이 모이는 곳에 모일 수밖에 없다. 사람들은 진정한 리더를 따른다. 대한민국이 세계를 선도하고 이끌어 간다면 부도 함께 따라올 것이다.

---

33   신석호. (2023). 핵을 든 김정은에 맞서려는 尹대통령에게…처칠이 주는 교훈 [한반도 가라사대]. 동아일보.
     https://www.donga.com/news/article/all/20230106/117322523/1?utm_source=kakao&utm_medium=share&utm_campaign=article_share_kt
34   최한우. (2023). '청년과 함께하는 대한민국 정치 미래와 청년의 역할' 세미나 강연

4. 일민주의 _ 하나됨

이승만은 '일민주의 개술(一民主義 槪述)'에서 "'일민'이라는 두 글자는 나의 50년 운동의 출발이요 또 귀추"라고 했다. 20대에 매일신문을 창간하는 한편 고종 퇴위 음모에 가담한 혐의로 체포되어 한성감옥에서 옥고를 치른 이후 숱한 역경을 뚫고 대한민국 초대 대통령이 된 이승만이 종심(從心)의 나이를 넘어 전한 말이다. 지난 50년간 나라와 민족을 위해 헌신했는데 그것을 스스로 요약하니 '일민'이 시작과 끝이요, 알파와 오메가라는 것이다. 이승만은 일민주의를 대한민국의 국시로 명시하기도 했다. 일민주의의 근원은 "1919년 기미 삼일운동으로 우리의 자주독립을 일본과 세계에 부르짖어 민족의 기개를 천하에 떨치던 3·1정신"이라고도 할 수 있다. 일민주의는 "국제연합(유엔) 헌장이나 국제인권선언과 흡사"[35](헌법 7조)하기도 하다.

일민주의 개술에서 이승만은 ▲정치상으로는 대다수 민중의 지위를 높여 누구나 상등 계급의 대우를 받게 할 것, ▲경제상으로는 빈곤한 인민의 생활 정도를 높여 누구나 동일한 복리를 누리게 할 것, ▲남녀동등주의를 실천하여 우리의 화복안위의 책임을 삼천만이 동일하게 분담할 것, ▲지역의 도별을 타파해서 동서남북을 물론하고 대한국민은 다 한민족임을 표명할 것을 제시했다.

---

35 일민정신은 유엔헌장이나 국제인권선언과 동일. (2021). 이승만포스트 제41호.

정치이념으로의 일민주의 개술은 당위성을 갖고 있었으나 다소 포괄적이며 이론적, 사상적 설명이 미진한 부분이 있었다. 일민주의를 보급하기 위해 일민주의보급회가 조직되고 일민주의를 체계화, 구체화하려는 시도가 있었으나 이승만이 언급한 본질이 더욱 선명해졌는지에 대해서는 의구심이 드는 부분도 있다.

그는 수없이 화합하고 상생하며 하나되는 것을 강조해왔다. 이승만의 외침은 오늘날 일부 정치인들이 계층과 계급을 나누면서도 '통합'을 외치는 천박하고 왜곡된 메시지와는 차원이 다르다. 그는 "대한이 왜 분열해야 하는가... 우리 민국이 건설된 후에는 2천만민이 다 동등한 국민이라. 양반도 없고 상놈도 없이 한 법률 밑에 다 같은 백성이니 무슨 구별이 있으며 무슨 학대가 있으리요. 기호 사람으로는 다시 이런 구별과 이전 등분을 생각할 겨를도 없고 또한 원치도 않는 바이다..."라며 "슬프다. 우리가 이 20세기 경쟁 마당에서 이 노름을 해서는 결단코 못될지라. 나라 찾기는 고사하고 민족이 세상에 서지 못할지며, 민족이 서지 못하는 중에서 지방열을 고취하는 자를 먼저 용납할 곳이 없게 되리니, 어떤 사람이든지 지방 구별로나 혹 다른 관계로 인연하여 한족의 분열을 일삼는 자는 우리 민족의 죄인으로 알지라. 우리의 성은 다 한(韓)가요 이름은 다 인(人)이며, 우리의 본향은 조선이고 우리의 조상은 한인이요 우리의 자손은 한인이라. 우리 2천만은 전에도 한인이요 지금도 한인이요 일

후에도 한인일뿐이니, 다른 것은 다 물론하고 우리는 한인인 줄만 잊지 말지어다"라고 일갈했다.[36]

더불어 "모든 당파를 협동해 가지고 한 개의 덩어리를 만들어 우리 한국의 완전무결한 독립을 찾는다는 것만이 나의 유일한 희망"[37]이라고 소회를 밝히거나 "우리 겨레는 형제로서 서로 사랑하고 서로 존경하고 서로 아끼며 서로 도와 삼천만이 한마음 한뜻 한 힘이 되어 지금 우리들의 남북통일과 완전 자주독립을 이룩하고 앞으로도 항상 위협받고 있는 이 반도의 정신적 독립과 물질적 자립을 성취하고 지키어... 세계의 평화와 복리증진에 이바지하여 가자"[38]고 호소하기도 했다.

화합하고 통합하고 상생하며 하나가 되어야 한다는 선언적 명제를 던지는 것은 어려운 일이 아니다. 하지만 실제로 하나가 되고, 하나 되게 하는 것은 녹록한 일이 아니다. 이승만이 믿는 예수는 십자가에서 죽음을 맞이했다. 십자가에서의 죽음은 그의 가장 위대한 업적이며 가장 드라마틱한 사건이었다. 그는 특정인, 특정 세력을 위해 죽은 것이 아니었다. 그는 모두를 위해 죽었고 모두를 위해 희생했다. 그래서 종이나 자

---

36 지역감정 선동자는 민족의 죄인이다. (2022) 이승만포스트 제44호에서 『태평양잡지』 1923년 3월호. 재인용

37 이승만포스트 제40호

38 일민정신은 유엔헌장이나 국제인권선언과 동일. (2021). 이승만포스트 제41호

유인이나 남자나 여자나 부자나 가난한 자나 배운 자나 그러지 못한 자나 모두가 살아났고, 모두가 하나 될 수 있었다(갈라디아서 3:28). 이승만 역시 그러했다. 그의 눈에는 상하귀천이 없었다. 한국인 모두가 똑같이 '한(韓)'이라는 성을 가진 한 가족이며 형제였다. 여감(餘憾)을 풀고 손에 손으로 가슴과 가슴으로 일심을 이뤄 함께 나갈 이 나라의 한 몸이며 지체였다. 그는 한성감옥에서 동료를 가족 돌보듯 한 것과 같이 자신을 희생하며 이 나라 모든 국민을 가족과 같이 섬기고 사랑했다. 그는 이렇게 삶으로 대한민국의 진정한 하나 됨을 이뤄갔다.

5. 희생과 헌신

이승만은 자기를 희생하며 헌신적으로 이 나라를 섬겼다. 이러한 불굴의 열정에는 여러 이유가 있겠으나 그의 기독교 신앙에서 그 동력을 쉽게 확인할 수 있다.

그는 신실한 기독교 신자로 널리 알려져 있다. 또한 우리나라에 온 벽안(碧眼)의 선교사들과 교제하며 도움을 얻고 그들의 공로를 상찬했다.[39] 이승만은 '한국교회핍박'에서 "기독교 선교사들은 환경이 좋은 자기 나라와 집을 버리고 자기 나랏돈을 가지고 와 위험을 무릅쓰고 우리나라에 왔다. 자기들이 제일 좋아하는 것을 우리에게 주고자 하니 어찌

---

39 김용삼. (2022). 우리는 미국 선교사들에게 양방으로 빚을 지고 있다. 이승만포스트 제44호

우리의 친구가 아니겠는가?... 그들은 한국에 힘이 된다"고 했다.

이승만 역시 한성감옥에서 신자가 되면서 "완전히 다른 사람이 되었다"고 고백한다. "침략의 앞잡이로 보였던 미국 선교사들에 대한 미움도 사라졌"[40]을 뿐 아니라 이제 이승만도 선교사들과 같이 자신의 좋은 것을 버리고 위험을 무릅쓰며 나라를 위한 삶을 살기 시작한 것이다. 그것은 자신의 목숨까지 포기했으나 그의 삶이 영원한 생명력의 초월적인 성취로 거듭난 시작이었다.[41] 이것은 순교자적 경지에 이른 정신이라 할 수 있다. 이승만은 독립정신에서 "다만 예수의 뒤를 따라 나의 목숨을 버리기까지 세상 사람들을 위하여 일하는 것 뿐이다. 천하에 의롭고 사랑하고 어진 것이 이보다 더 한 것이 어디 있겠는가"라고 확신한다.

이러한 그의 정신은 삶으로 고스란히 전달되었다. 1902년엔 콜레라가 조선을 강타하여 23,000여 명이 죽어가는 일이 있었다. 이승만이 갇혔던 한성감옥 안에서도 하루에 17명씩 목숨을 잃었다.[42] 이승만 자신 역시 밀폐된 공간에서 매일 고문을 받으며 20파운드(약 10kg)짜리 칼을 차고 있는 영어(囹圄)의 몸이었다. 그러나 그는 그러한 상황 가운데서도 동료의

---

40 인보길. (2020). 이승만 현대사 위대한 3년. 기파랑. 372
41 인보길. (2020). 이승만 현대사 위대한 3년. 기파랑. 371
42 이호. (2019). 히즈코리아 TV_이호 목사_2강 "한성감옥, 우리민족의 골고다".
    https://www.youtube.com/watch?v=NmZTtLIG2cE&list=PLEMtTjT9GX8ocSagkGRAXg_
    wiDu85bNfy&index=2

배변과 토사물을 치우고 정성으로 그들을 간호하며 복음을 전했다. 고된 상황과 환경도 그의 사랑을 전달하는데 전혀 장애가 되지 못했던 것이다.

이승만의 탁월한 지식, 열정, 통찰력 때문에 그의 희생과 헌신의 덕목이 다소 빛을 발하지 못하는(?!) 부분이 있다. 그러나 이것은 이승만의 리더십의 근원이자 정수라고 할 수 있다. 그는 자신을 희생하고 헌신하면서 한성감옥에서 동료를 보살피듯 일평생 밤낮으로 이 나라와 조국을 보살피고 섬겼다.

6. 절제

이승만은 일평생 자신을 극기하며 절제하였다. 그의 근검절약 정신은 타의 추종을 불허했다.

타지에서 가난한 유학생으로 졸업모를 대여할 돈이 없어도 그는 늘 감사를 잊지 않았다. 끼니를 거르고 미국전역을 돌며 독립운동을 할 때에도 정성스럽게 버스표를 간직하며 고국과 국민들을 생각했다. 가난했지만 웃음을 잃지 않았고 질투나 허욕, 분노의 감정을 갖지 않았다. 풍부한 유머로 늘 주변을 즐겁게 하였으며 모함하고 중상하는 자들에게도 늘 관대했다.[43]

---

43   프란체스카 도너 리. (2006). 이승만 대통령의 건강. 조혜자 옮김. 촛불.

그의 근검절약 정신은 대통령이 된 후에도 달라지지 않았다. 이화여대 김활란 박사가 경무대(대통령실)를 방문해 "연세도 있으시니 난로 정도는 피우고 일하시라"고 권할 때에도 국부는 "다리 밑에서 떨고 있는 수많은 피난민 동포들을 생각하면 이것도 과분하다" 손사래를 쳤다고 한다. 그는 경무대에 커튼하나도 바꾸지 않았다. '안빈낙업(安貧樂業)'이라는 글씨를 쓰며 "어려운 나라 실정과 자기 분수에 맞게 생활하라"고 교훈했다. 6.25 피난길 당시 경무대 금고에 있던 돈은 5만원(현재 2만원 정도) 남짓이었다.[44]

이승만의 절약정신은 단지 물건을 '아끼는 것'에 있지 않았다. 그는 프란체스카 여사에게 "우리가 북한 동포들을 위해 근검절약하는 모습을 보이면 아무리 강대국들이라 해도 우리를 함부로 업신여기지 못한다"면서 그 정신의 깊은 뜻을 헤아려 주었다.

그를 닮은 평생의 동지이자 반려자인 프란체스카 여사 역시 1958년에 최초로 생산된 국산 모직으로 만든 옷을 34년 동안이나 입고 1904년에 산 타자기는 죽을 때까지 사용했다. 손자들이 창피하다며 학교를 가기 싫어했을 정도로 속옷, 스타킹, 체육복 등 거의 모든 옷을 기워 입었다.

---

44 이근미. (2020). 내 남편 이승만은 이런 사람이었다. RHEE SYNGMMAN Post 제20호에서 시사월간지 2001년 3월호 재인용

영구 귀국 후에는 이발비를 절약하려고 22년 간 한 번도 미장원에 가지
않았다. 기름값을 아끼려고 한 겨울에 며느리(조혜란 여사)와 끌어안고
자서 고부 사이가 돈독해졌다는 일화는 가슴이 먹먹해질 정도이다. 프
란체스카 여사는 그것을 '72도 작전'(둘이 껴안으면 72도가 된다고 하여)
이라고 했다고 한다. 부창부수이다.

이승만은 미국에서 석사와 박사를 하고 미국인의 심금을 울릴 정도
로 영어 연설문을 작성했던 인물이다. 하지만 그는 대통령이 되고 80을
넘어서도 손바닥에 영단어를 써 다니며 외웠다. 그는 평생을 자기 절제
와 극기의 극치를 이루며 살았다. 넥스트 이승만들이 자신의 모습과 환
경을 두고 국부 앞에서 핑계대기는 어려울 것이다.

7. 애국자愛國者

4.19 이후 하와이에 머물던 노부는 오매불망 고국을 그리워했다. 어
떠한 지위도 가진 것 없지만 조국을 사랑하는 마음만은 여전히 충만
하고 애절했다. 아버지, 어머니의 나라로 다시 돌아갈 여비가 없어 먹을
것을 줄이고 이발비 5달러를 아끼면서도 그는 그 땅을 다시 한번 밟아
볼 날을 그리며 즐거워했다. "한국 땅을 밟고 죽기가 소원"이라며 눈시
울을 붉힌 적도, "걸어서라도 가겠다"며 신발을 신고 현관을 나선적도

있었다.[45] 끝끝내 떠나지 못한 하와이의 한 병상에서 마지막 거친 숨을 몰아쉴 때 그의 입에 마지막까지 맴 돈 말은 "나라... 나라..."였다.

이승만에게 붙는 수식어가 많다. 임시정부와 건국 대통령, 지도자, 시인, 언론인, 교육자, 국제외교가, 계몽운동가, 독립투사, 동양학자, 미국전문가, 서예가, 저술가, 웅변가, 자유혁명가, 건국운동가, 정치사상가 등. 그러나 우리가 국부를 생각하며 절대 잊어서는 안 될 한 가지는 그가 누구보다 대한민국을 사랑한 한국인이었다는 것이다.

이승만은 한반도의 선조들로부터 전승되어 온 많은 유산을 향유하고 수용하면서도 이 나라의 국민과 미래세대에 대한 책임으로 가득 차 있었다.[46] 이것은 그의 모든 업적과 언행으로 여실히 드러난다. 그의 삶의 모든 동기와 행위의 지향점이 '나라 사랑'이었다고 해도 지나친 말은 아닐 것이다. 처음부터 마지막 호흡을 다할 때까지 국부는 나라 사랑뿐이었다. 그는 실로 이 나라를 사랑하고 사랑한 자애롭고 자랑스러운 아버지, 국부의 표상[47]이었다.

---

45 이한수. (2015). "한국땅 밟고 죽는게 소원"… 歸國 여비 모으려 5달러 이발비도 아껴. 조선일보.
    https://www.chosun.com/site/data/html_dir/2015/07/18/2015071800253.html
46 폴 슈메이커. (2010). 진보와 보수의 12가지 이념(조효제 역). 후마니타스. 411.
47 (사)이승만건국대통령기념사업회 회장 인사말
    /http://www.syngmanrhee.or.kr/bbs/content.php?co_id=1010

사랑한다는 것은 그것에 우선순위가 있다는 것이다. 국부는 자신의 몸도 마음도 가족도 돈도 명예도 삶도 결코 나라보다 먼저두지 않았다. 나라를 위해 다른 것을 초개(草芥)와 같이 버리고 모든 것을 희생하고 모든 것을 헌신하는 삶이었다. 다음세대 지도자의 나라 사랑은 국부의 그것에 미치지 못해서는 안 된다. 오히려 그것을 넘을 준비와 각오와 삶이 있어야 할 것이다. 다음세대 지도자들을 떠올릴 때 대한민국이 생각 나야 한다. 그를 기억하는 모든 자의 가슴 가슴마다 나라 사랑하는 마음이 불일 듯 일어야 할 것이다. 넥스트 이승만들은 여러 가지 리더십의 덕목들에 앞서 나라 사랑하는 마음을 꼭 잊지 말아야 한다.

Ⅲ. 결론 _ 맺으며

1. 누가 할 것인가, 힌네니(הנני)

상기 나열한 이승만의 리더십은 우선 순위가 아니라 무작위로 나열한 것이다. 모든 것이 다 중요하다는 것이다. 다 기록하지 못한 리더십도 많다. 감사, 겸손, 온유, 경영집중, 체력, 참모의 충원과 조직력, 수용력, 식견과 결단력[48] 등의 덕목도 필요하다. 넥스트 이승만들은 이승만의 이런 모든 덕목을 그 이상으로 함양해야 한다.

그렇다면 누가 이러한 넥스트 이승만의 일을 감당할 수 있는가.

이스라엘 언어에 힌네니(הנני)라는 말이 있다. 성경에서 하나님의 부름에 '제가 여기 있습니다'라고 신실한 사람들이 응답하는 말이다. 우리 민족은 역사상 전무후무한 새로운 도전 앞에 민족의 명운을 감당할 사람을 찾고 있다. 그는 누구인가. 시대와 역사의 부름에 힌네니-제가 여기 있습니다-라고 응답하는 이다.

이 글을 읽는 혹자는 이승만의 삶, 능력 및 리더십과 자신의 그것의 괴리감 때문에 답답해할지도 모른다. 혹은 막연한 두려움으로 시대와 나라를 향한 위대한 한 걸음을 내딛는 것을 주저할지도 모르겠다. 아니면 권력을 향한 무한경쟁의 제로섬게임과 약육강식적 사투의 장에 뛰어드는 것에 환멸을 느끼거나 좌절하고 낙담할지도 모른다.

그러나 이승만이 걸었던 길은 잔혹한 경쟁의 길이 아니었다. 이승만은 세상의 인정을 구하지 않고 오직 겸손하게 자신의 사명에 매진했다. 이승만은 표를 의식해 소심하게 일하거나 인기에 영합하지 않았다. 나라를 위한 것이라면 욕먹는 것쯤은 괘념한 일로 두지 않았다. 그는 당리당략적 이해를 추구하는 정략가(politician)가 아니라 나라와 국민을 위하고 민족과 다음세대에 미칠 영향을 먼저 생각하며 부분의 합을 전체보다 크게 하는 정치가(stateman)였다.[49] 언제나 나라를 사랑했고 때에 따라 나라를 위해 필요한 것을 선택하며 행동했다. 그러한 과정에서 권력은 자연스럽게 주어졌을 뿐이다. 그에게 권력이 주어졌을 때조차 그는 자신의 이익이 아닌 국가의 이익을 우선시했다. 권력을 소유했더라도 자신의 욕망을 소유하진 않았다.[50]

이승만은 자기 부인의 길, 좁고 험한 길을 걸었다. 넥스트 이승만이 걸어야 할 길도 다르지 않다. 그러나 기뻐하고 즐거워할 것은 그 길에 반드시 상급이 있기 때문이다. 그 길은 영광스러운 길이다. 한량없이 감사하며 더없이 복된 길이다. 그 길을 걷는 이들은 영원히 기념될 것이다. 영원히 궁창의 빛과 같이 빛날 것이다.

넥스트 이승만에게 자신을 객관적으로 볼 수 있는 메타인지적(Meta-cognition) 능력도 분명 필요하다. 그러나 진정한 능력과 힘은 '그럼에도 불구하고', '그렇지 않더라도' 빛을 발하며 일어서는 것이다. 누구라도 힌네니를 외치며 일어서는 자에게 그가 사명을 감당하고도 남을 힘과 지혜와 능력과 권세가 부어질 것을 믿는다.

---

49 독일의 연방 대통령을 지낸 리하르트 폰 바이체커의 정치가와 정략가를 구분했다./고경민. (2005). 현대 정치과정의 동학. 인간사랑. 441–443.

50 고경민. (2005). 현대 정치과정의 동학. 인간사랑. 441–443에서 플라톤. 국가론 재인용

2. 기도

바라건대, 다음 세대 이승만들에게 좋은 동역자들이 있기를 빈다. 이승만 자신의 기라성 같은 역량을 부인할 수는 없겠지만 그의 곁에는 좋은 동역자들도 많이 있었다. 선교사들, 프란체스카, 미국대통령, 맥아더, 서재필, 임병직 등. 물론 좋은 만남만 있었던 것은 아니다. 자신의 지위를 이용하여 농권(弄權)하거나 부정부패를 저지르는 비서와 관료들도 있었다. 이승만의 부덕함이라기보다는 현실 정치에서 발생한 비극이었다. 역사상 완벽한 사람들로만 구성된 완벽한 조직은 없었다. 이전에도 없었고 앞으로도 없을 것이다. 그러나 넥스트 이승만들에게 신실하고 로열티 있는 동역자들이 있어야 한다. 단지 '넥스트 이승만'이 아니라 넥스트 이승만'들'을 기대한다. 지금은 상황은 이승만의 당시의 그것과 같지 않아 영웅 혼자서 감당할 수 있는 성질의 것이 아니기 때문이다. 정치뿐 아니라 사회, 경제, 문화, 사회 각 모든 영역과 지경마다 연부역강한 이승만'들'이 필요하다. 서로가 서로에게 충직한 동역자들이 되어 주어야 한다. 좋은 팀이 되어서 함께 이 나라를 섬겨야 한다.

특별히 넥스트 이승만들에게 보호하심 있기를 바란다. 이승만에게는 숱한 죽음의 고비가 있었다. 미국이 그를 적으로 여겨 제거하려고도 한 적[51]이 있다. 불과 삼 미터 되는 거리에서 권총으로 암살 시도를 당한 적

---

51 에버레디 계획(Plan Everready)

도 있었다. 두 차례 당긴 총은 모두 불발[52]되었다. 일반적으로 권총 사격 연습을 십여 미터 지점에서 한다는 것을 감안한다면, 이것이 예삿일이 아님은 금방 알 수 있다. 이 나라 대한민국을 사랑하고 허다한 세계의 자유시민들에게 비전을 심어주며 그들을 더 나은 길로 이끄는 모든 넥스트 이승만들에게 강권적인 보호가 있을 줄 믿으며 바란다.

---

52 윤석오. (2021). 평화선 선언으로 일본을 강타한 이승만 대통령. RHEE SYNGMMAN Post 제 40호. 윤석오 회고담에서 재인용

내 조국을 구원하소서

이하은 (22세, 숭실대 의생명시스템학부 재학)

| 요·약·문 |

1. 사형수의 기도

2. 21세기 대한민국이 기억하는 이승만 대통령, 모순적인 우리의 상황

3. 청년 이승만

나는 우리나라의 건국 대통령 이승만에 대해서 이해하려면 건국 이전의 모습, 청년 이승만부터 살펴봐야 한다고 생각한다. 청년 시절부터 그의 머릿속에는 온통 조국을 위한 생각뿐이었다. 이렇게 나라를 향한 뜨거운 사랑은 그가 수많은 절망적인 상황에서도 포기하지 않고 대한민국을 위해 도전할 수 있게 한 원동력이 되었다. 일제강점기, 우리나라는 식민지였기 때문에 조선의 국적을 가질 수 없었다. 따라서 대부분의 독립 운동가들이 중국, 미국 국적을 가진 채 해외를 다녔지만, 이승만 대통령은 우리나라는 곧 독립할 것이라면서 거절했었다. 이처럼 주변 사람에 아랑곳하지 않고 조선의 독립을 외쳤던 청년 이승만의 태도는, 도전하기보다 사람들의 흐름에 따라가기 바쁜 나와 같은 우리 21세기 대한민국 청년들에게 시사하는 바가 큰 것 같다.

4. 미국을 움직였던 가난한 나라의 대통령

최극빈국이었던 우리나라는 어떻게 최강대국 미국의 관심과 보호를 받을 수 있었을까. '원조'가 아니라 '상호방위'의 대등한 위치에서 말이다. 이러한 우리나라와 미국과의 교류의 시발점에는 이승만 대통령이 있었다. 가난한 조선에서 무슨 일이 일어나도 관심 없을 당시, 그는 JAPAN INSIDE OUT 이라는 책을 쓰면서, 일본의 미국침공을 예견했다. 책이 출간된 해 12월, 일본이 미국 하와이의 진주만 기지를 습격하면서, 이승만 대통령은 한국인으로서 미국 최초의 베스트 셀러 작가가 되었고, 미국의 주요 인사들도 그의 안목에 주목하며 신뢰하기 시작했다.

20세기 초반 미국이라는 나라에서 '한국'이라는 나라를 아는 집단은 기독교, 선교사들 뿐이었는데, 이속에서 미국 전역에 한국을 알리기 위해 이승만 대통령은 'The Christian Friends of Korea'를 만들고 함께 활동했다.

한반도의 운명을 바꿔놓았던 사건, 인천상륙작전을 지시했던 맥아더 장군을 한국에 오도록 만들었던 뒷배경에는 40년 지기 친구 이승만 대통령이 있었다. 맥아더 장군은 대한민국 정부 수립 당시 "나는 나의 조국 미국, 캘리포니아를 지키듯 한국을 지켜낼 것이다." 해외 언론들에 인터뷰했는데 얼마 지나지 않아, 한국전쟁 발발 후, 이승만 대통령의 전화에 한달음에 와서, 5000분의 1의 확률을 뚫고 인천상륙작전을 성공시키며 대한민국을 지켜낸 영웅이 되었다.

5. 자유 민주주의를 한반도에 세우려 노력했던 외로운 시간

지금은 민주주의가 너무 당연한 사회를 살아가고 있지만 70년 전에는 현 민주주의의 대표주자 미국 또한 공산주의의 위험성을 인지하지 못했다. 전 세계의 공산화 흐름 속, 우리나라는 민주주의를 바로 알던 대통령 덕분에 휩쓸리지 않을 수 있었다. 통일 정부를 만든다면서 우리나라를 공산주의 국가로 세우려는 주변국의 의도를 간파한 이승만 대통령은 서둘러 남한단독정부를 세웠다. 또한 남한이 아직 공산주의 국가로부터 안전하지 않은 상태임에도, 오랜 전쟁으로 지친 미국이 마음대로 휴전협정을 진행하려고 하자 반공포로 석방을 통해 우리의 적은 북한 동포가 아닌 공산주의임을 세계에 분명히 알렸었다. 그는 협상을 진행시키는 동시에 한국을 향한 미국의 동정여론을 조성하며 엄청난 원조자금을 받아내, 전쟁 이후 우리나라의 발전을 위한 기반을 만들었다.

6. 미래가 없던 조선 백성들이 양반처럼 꿈을 꾸는 대한민국이 되기까지

5000년의 역사와 함께 온 신분제를 없앤 것 또한 이승만 대통령의 위대한 업적이었다. 우리나라는 갑오개혁 이후 법적으로 신분제는 없었지만, 현재 인도의 모습처럼 보이지 않는 신분제가 남아 있었다. 이런 상황에서 사람들의 생각을 바꾸기 위해 모든 사람이 평등하다는 기독교를 장려하고, 먹고사는 현실적인 과제를 해결하기 위해 토지개혁을 실시해 건국과 함께 모든 사람이 같은 출발선에서 시작할 수 있도록 만들었다. 이렇듯 이승만 대통령의 빠른 판단력으로 진행된 토지개혁 덕분에, 6.25 전쟁이 당시, 3일 만에 수도가 함락되었음에도 자기 땅을 지키기 위해서 모든 국민들이 끝까지 싸울 수 있었다는 후대의 평가도 있다.

7. 최초의 건국 대통령, 최고의 우리 대통령

이승만 대통령은 대한민국 역사상 가장 어려운 시기에 보직에 올랐음에도 불구하고 역대 대통령 중 가장 위대한 업적을 남기며, 국민들에게 민주주의 대통령의 표본이 되었다. 휴전협정 이후 언제든지 전쟁의 위협이 있던 우리나라가 언제까지나 미군만 의지할 수는 없다고 생각한 이승만 대통령은 국군발전의 필요성을 느꼈다. 이후, 휴전 협상에서 뛰어난 외교술을 발휘해 미국으로부터 약 2억 달러에 해당하는 부흥 원조를 받고, 지원받은 병력과 물자들을 통해 한국 지상군 20개 사단 증강 등 놀라운 변화를 이끌어 냈다. 또한 한미상호방위조약을 통해, 한반도의 전쟁이 곧 미국과의 전쟁으로 연결되게 만들어, 어떤 나라들도 함부로 남한을 넘볼 수 없도록 군사적 안전보장을 받아냈다. 이승만 대통령은 중공업 발전이 나라의 경제적 독립을 위해 매우 중요하다고 생각해 충주 비료 공장과 문경 시멘트 공장, 인천 판유리 공장 등을 준공했는데, 실제로 그의 이러한 노력들은 박정희 대통령 집권 당시 중화학공업 토대가 되어 급진적인 산업화 성공으로 꽃 피울 수 있었다.

또한 그는 나라를 세우는 과정에서 부족한 부분을 바로 보고 미래를 위해 투자하는 능력이 뛰어났다. 1950년대 우리나라의 에너지 상황은 매우 열악했는데, 이 때 이승만 대통령은 원자력의 가치를 알아보고 국내의 우수한 인재들을 뽑아 국비유학을 보내는 등 아낌없는 지원을 시작했다. 덕분에 현재 우리나라의 원자력은 세계 6위를 차지할 만큼 성장할 수 있었다.

이승만 대통령은 우리나라의 산업화를 위해 끊임없이 고민했다. 1950년대, 과거 조선의 영향으로 문과를 강조하는 구습이 남아있을 때, 새로운 국가를 위해서는 정신혁명과 실용주의가 필요함을 강조하면서 인하공과대학을 세우고 사회기반시설과 생산재 산업에 직접 투자했다. 우리나라 최초의 경제개발계획도 그의 놀라운 업적이다. 이후 박정희 대통령 때에 와서 실현되어 세계를 놀라게 했던 그 토대를 이승만 대통령이 마련했었다.

8. 작은 대한민국이 매운 나라가 될 수 있었던 이유

1948년만 해도 우리나라는 문맹률이 80%였다. 일찍이 교육의 중요성을 깨달은 이승만 대통령은 전체예산의 20%를 교육예산으로 편성하면서 교육 인프라를 대대적으로 확충에 노력을 기울였다. 그 결과 80%가 넘던 문맹률은 15–20%까지 낮아지고, 절반 정도밖에 되지 않던 초등학교 취학률은 10년만에 95.2%로 거의 완전 취학에 근접한 초등교육 의무화가 이루어졌다. 이승만 대통령 정권 말에는 제2의 경제 대국이었던 영국보다 높은 대학진학률을 보이는 기적을 보여주는 등 빠른 시간 내 교육강국으로 성장할 수 있었다.

그의 교육에 대한 열정은 국내에만 한정되지 않았다. 절대적으로 외화가 부족했던 시대였음에도 불구하고, 유학의 기회를 아낌없이 지원하며 인재를 키워 빠른 속도로 우리나라가 발전할 수 있도록 도왔다. 적은 인구의 우리나라가 세계의 강대국과 어깨를 나란히 할 수 있는 이유는 수많은 인재들을 만들어 낸 이승만 대통령의 교육 시스템 덕분이다.

9. 이승만 대통령이 21세기의 대한민국 청년들에게 남긴 과제

10. 대한민국 과수원 속 우리

1. 사형수의 기도

"내 조국을 구원하소서"

사형집행을 앞둔 죄수가 처음으로 하늘을 향해 간절히 올려드린 기도다.

당시 그 사형수는 한성감옥에서 사람대접도 받지 못하며 죽지 못해 살아야 했다. 한 평도 되지 않는 좁은 공간에서 칼을 찬 채 누울 수도 없었고, 모래 섞인 밥을 먹으며 죽을 때까지 후유증에 시달리게 하는 비인간적인 고문을 매일 당해야만 했다. 그러한 지옥과 같은 고통 속 그가 간절히 바란 것은, 감옥을 나가게 해달라는 것도, 고문을 그만 받게 해달라는 것도 아닌, 그의 조국, 조선의 구원이었다.

그가 감옥에 온 이유 또한 나라를 향한 유별난 마음 때문이었다. 그는 우리나라를 민주주의 국가로 만들고자 사람들을 일깨우기 위해 신문을 만들고 사람들을 열심히 가르쳤다. 나중에 이것이 반역으로 몰려 스물 세 살이란 나이에 사형선고를 받고 꽃다운 나이에 감옥에 오게 된 것이었다. 이렇듯 누가 알아주지도 않고, 지켜줄 힘도 없는 나라였음에도 불구하고 그는 끝까지 외쳤다.

내 조국, 조선을 구원하소서.

20세기 초반, 세상에서 가장 가난한 나라, 조선을 그토록 사랑했던 사형수는 우리나라 초대 대통령 이승만이다. 그 한 사람의 간절한 기도를 통해 보잘 것 없던 조선, 모두가 희망이 없다던 그 나라는 지금 세계가 주목하는 대한민국이 되었다.

스물 셋 이승만이 했던 기도를 보며, 스물 셋의 나를 돌아보았다. 나는 과연 그런 상황에서 이런 기도를 할 수 있었을까. 아니, 단 한 번이라도 나라를 위해 기도해본 적은 있었을까.

2. 21세기 대한민국이 기억하는 이승만 대통령, 모순적인 우리의 상황
독재, 부정선거, 분단의 원인, 이기적인 대통령

위 열거된 단어들은 누구보다 성실히 학교생활을 했던 학생으로서 내가 우리나라 초대 대통령에 대해 떠올릴 때 생각나는 단어들이었다. 그러던 어느날 한국으로 유학 온 외국인들을 만나게 되었는데, 그 친구들과 대화할 때마다 내가 그 친구들보다 우리나라에 대해 무지한 모순적인 상황을 마주하게 되었다. 반대로 나는 먼 나라 역사들에 대해서는 술술 외우면서 우리나라는 언제 시작되었는지 조차 확실하게 대답하지 못했었다. 이렇게 우리나라의 역사에 대해서는 문외한인 내 모습을 깨닫고, 그동안 부정적인 시선으로 관심조차 없던 대한민국의 건국과정부터 찾아보기 시작했다. 그러던 중 우리나라 건국 대통령 이승만에 대해 공부하며, 내가 얼마나 우물 안 개구리였고 우리 사회가 얼마나 위대한 위인을 등한시했는지 깨닫게 되었다.

3. 청년 이승만

이승만 대통령에 대해 알아볼수록 그가 보여준 놀라운 외교술과 나라 발전 등 정말 위대한 업적들을 많이 발견하게 된다. 사실 지금은 건국 대통령이라는 단어만으로 그를 담아내기에는 부족하다고 느낀다. 나는 우리나라의 건국과 초대 대통령 이승만에 대해서 이해하려면 그가 우리나라를 세우기 전의 청년 이승만부터 살펴봐야 한다고 생각한다. 이승만 대통령은 그가 대통령이었기에, 나라를 위해 애써야 하는 자리에 있었기에 대한민국의 발전을 위해 노력한 것이 아니었다. 그의 청년 시절부터 머릿속에는 온통 조국을 위한 생각뿐이었다. 이런 나라를 향한 끈질긴 사랑은 그가 수많은 절망적인 상황에서도 포기하지 않고 대한민국을 위해 도전할 수 있게 한 원동력이 되었다.

일신범범수천간(一身泛泛水天間)

만리태양기왕환(萬里太洋幾往還)

도처심상형승지(到處尋常形勝地)

몽혼장재한남산(夢魂長在漢南山)

하늘과 물 사이를 이 한 몸이 흘러서/ 그 끝없는 바다를 얼마나 여러 번 오갔나/ 닿는 곳곳에는 명승지도 많다만/ 내 꿈의 보금자리는 서울 남산뿐

위 시는 청년 이승만이 미국 망명 시절에 쓴 한시다. 그때 당시 그는 세계에서 가장 잘사는 나라, 미국 명문대에서 동양인 최초 박사학위를 땄다. 온갖 좋은 것이 넘쳐나는 미국에서도 천재로 인정받으면서 살아가는 사람에게 과연 아쉬운 것이 있을까.

아이러니하게도 그 남부러울 것 없어 보이는 사람이 전기도, 제대로 된 건물도 없고, 교육도 받을 수 없는, 세계에서 제일 가난한 나라 서울을 그리워했다.

일제강점기, 주요 독립운동가들은 대부분 편의상 중국 국적이나 미국 국적을 지니고 해외에서 활동했다. 대표적으로 김구는 중국 국적을, 안창호와 서재필은 미국 국적을 가지고 있었다. 우리나라는 일본의 식

민지였기에, 이처럼 다른 나라 국적을 갖지 않으면 망명자 무국적상태로, 나라를 이동할 때마다 번거로운 절차를 거쳐야만 했다. 이승만 대통령 또한 미국에서 공부를 하고, 독립운동 활동을 위해 외국과 우리나라를 자주 오가면서 그들과 동일한 어려움을 겪어야 했는데, 그때마다 그의 주변 지인들은 미국 국적 취득을 권유했다. 그러나 그는 한국이 곧 독립할 것이기에 다른 국적은 필요없다며 거절했다. 하지만 당시 한국의 실상은 스스로 독립할 수 있는 힘이 없는 상태였다. 독립운동가들 조차도 곧 독립할 것이라고 기대하는 사람들이 많지 않았다. 아마 이승만 대통령의 주변에 있는 사람들도 마찬가지였을 것이다. 그러나 지독히도 한국을 사랑했던 이승만 대통령은 주변 사람이 뭐라건, 현재 한국이 어떤 상태건 곧 독립할 것이라며 굳게 믿었다. 모두가 0%로 볼 때, 0.0001%의 가능성을 알려주며 자랑스럽게 독립을 말했던 그를 지금의 우리는 대단하다고 쉽게 말할 수 있겠지만, 그 당시 미국에서 홀로 정말 외로운 시간이지 않았을까.

그는 프린스턴대학에서 한국인 최초로 박사학위 논문을 출간했다. 미국의 명문대학에서 박사학위를 따기란 지금의 미국 현지인들에게도 쉽지 않은 일이다. 그렇다면 망명자 신분임에도 불구하고 프린스턴대학에서 국제법 박사학위를 받은 사람이라면 당시 주요 국제정치학자들의 많은 주목을 받았을 것이 분명하다. 그렇게 해당 분야의 전문가들인 그들조차 전혀 희망이 없다며 조롱했음에도 불구하고, 아랑곳하지 않고 홀로 조선의 독립을 자랑스럽게 외쳤던 청년 이승만의 태도는 지금 나와 같은 대한민국 청년들에게도 주는 의미가 크다.

몇 년 전, 오바마가 미국 대통령을 지낼 때, 한국 기자를 지목해서 질문권을 줬지만 결국 우리나라 기자가 마땅한 질문을 생각하지 못해서 기회를 놓친 일이 보도가 된 적 있었다. 나는 성인이 된 후, 그때 만약 내가 그 기자라면 어땠을까 상상한 적이 있는데, 아마 나도 주변 사람들이 나에 대해 어떻게 생각할까 걱정하며 그 기자와 별반 다르지 않았을 것 같았다. 그만큼 우리나라에서는 다른 사람이 나를 어떻게 보는지, 평가하는지가 내 생각보다 더 중요하다. 이러한 분위기에 위축되었다면 나도 그 상황에선 입을 다물지 않았을까. 그러나 대학에 와서 나의 침묵이 내가 원치 않는 편에 동조하는 행위가 되는 것을 몇 번 경험한 후 내가 무언가 잘못되었음을 인지하고 바꾸기 위해 노력했다.

지금 내 삶이 평온한 이유는, 아무것도 시도하지 않았기 때문이라고 생각했는데 그게 아니었다. 내가 가만히 있었기 때문이 아니라, 이전에 있던 누군가가 끊임없이 내게 거저 주어진 이 평화를 지키기 위해 소리를 냈기 때문이었다.

스스로를 믿고 끊임없이 이 사회에 외쳤던 청년 이승만의 정신이 나와 같은 우리나라의 청년들에게 다시 부활했으면 좋겠다. 끊임없이 도전하고 깨지고 다시 일어나고. 제2의 이승만이 계속해서 일어날 때, 21세기 위대한 대한민국이 시작된 것과 같은 위대한 일이 다시 일어나지 않을까 싶다.

4. 미국을 움직였던 가난한 나라의 대통령

이승만 대통령에 대해 잘 몰라도 쉽게 아는 사실. 이승만 대통령은 미국의 주요 인사들과 친한 사이였다. 현지 미국 사람들도 만나기 어려운 유명 인사들과, 먼 나라 외국에서 온 그가 어떻게 그런 돈독한 사이가 될 수 있었을까. 단순히 가난한 나라에서 온 공부 잘하는 유학생이 신기해서 미국의 주요 정치인들이나 군인들이 주목한다고 설명하기에는 부족한 감이 있는 것 같다.

또한 요즘 같은 정보화 시대에도 다른 나라의 정치에 관심을 두기가 어려운데 정보전달도 원활하지 않았던 당시에, 초강대국이었던 미국이 어떻게 한국전쟁에 관심을 갖고 파병하며 이승만의 요구대로 움직일 수 있었을까.

미국이 우리나라만을 위해 움직인 놀라운 기적은 탁월한 선견지명을 담은 책으로부터 시작한다. 이승만 대통령은 JAPAN INSIDE OUT 이라는 책을 쓰며 일본의 미국침공을 사건 발생 3년 전에 예견했다.

사실 아무리 이승만 대통령이 주요 인사들이랑 친하다고 하더라도 정치는 친분이랑 다른 문제다. 미국에 있어도 온통 한국 생각뿐이었던 이승만 대통령은 미국 주요 인사들과 만나게 될 때마다, 우리나라 상황을 소개하며 병력배치 지원을 요구했으나 당시 우리나라는 미국의 관심 밖이었다. 이러한 절망적인 상황에도 포기하지 않던 이승만 대통령이 일본의 역사와 함께 제국주의의 군사적 야망을 책을 통해 설명했다. 그 책에서 현재 한국을 포함한 이웃나라에 피해를 주고 있는 일본이 머지않아 미국을 공격할 것이라고 예견했다. 따라서 미국은 사전에 일본을 힘으로 제압해야 한다고 주장했다. 그러나 사실 처음 책이 발간된 초기에는 혹평이 쏟아지며 별로 주목받지 못했다. 강대국이었던 미국을 일본이 공격한다는 말이 너무 터무니 없는 말이었기 때문이다. 그런데 그 해 12월, 일본이 미국 하와이의 진주만 기지를 습격하면서, 이 책은 예언서로 불리며 불타나게 팔리기 시작했다. 그 이후 이승만 대통령은 한국인으로서 미국 최초의 베스트 셀러 작가가 되었고, 그를 가까이 두는 것이 미국에도 이득이라는 여론이 모아지면서 미국의 주요 인사들도 그의 식견에 주목하며 신뢰하기 시작했다.

　하지만 사실 여기서도 의문이 들 수 있다. 전쟁에 대해 한번 예측한 베스트 셀러 작가라는 이유만으로, 미국 전체가 해당 작가의 나라에 관심을 가질 뿐 아니라, 군사력까지 써가면서 움직인다는 것은 쉽게 설명되지 않는 부분이 많다. 아무리 정계 인사들과의 친분이 있다 하더라도 미국의 공식적인 병력이 움직이려면 미국 국민들의 여론도 있고, 그들을 설득시킬만한 합리적인 이유가 있어야 할 텐데, 미국 국민들은 이웃나라도 아닌 저 먼 동양의 우리나라를 어떻게 알았을까? 나아가, 한국을 위한 미국의 공식적인 결정에 순순히 동의를 할 수 있었을까?

사실 여기에도 이승만 대통령의 숨겨진 업적이 있다. 20세기 초반 미국이라는 나라에서 '한국'이라는 나라를 아는 집단은 기독교, 선교사들뿐이었다. 그는 한국에서 처음 자신에게 영어를 알려주었던 에비슨 선교사를 찾아갔고, 그와 함께 기독교인친한회를 만들었다. 영어로는 'The Christian Friends of Korea'로 불렀는데 '친구(friend)'라는 표현을 쓰면서 미국 사회에서도 한국을 향한 좋은 여론을 만들기 위해서 노력했다. (사실 이 단체의 본래 목적은 미국 의회를 상대로 임시정부 승인을 받기 위해서 만들어졌는데, 기독교를 매개로 미국 의회를 포함한 여러 기구에 임정을 승인 받으면서 한국과 한국인에 대한 동정과 지지를 확보하게 만드는 데에 이바지했다).

이 단체를 통해 에비슨 선교사는 미국 선교사들이 전쟁 이후 한국에서 활동하기 원한다면 이승만과 함께 한국의 독립을 위해서 애써야 한다고 설득하는데 힘썼다. 이렇게 에비슨 선교사가 선교사들을 대상으로 얘기했다면, 이승만은 대통령을 비롯해서 미국 내의 기독교인들을 대상으로 '아시아에서의 기독교 문명 전파는 일본의 지배에서 벗어난 자유한 국에 의해서만 가능하다'고 호소했다. 그 외의 미국인들을 향해서는 일본을 일찍이 이긴 나라는 한국밖에 없다고 홍보하며 한국에 대해 여론을 집중시키고 긍정적인 여론을 만들기 위해서 부단히 노력했다.

한반도의 운명을 바꿔놓았던 사건, 인천상륙작전도 이승만 대통령이 없었다면 불가능했다. 이 작전을 지시했던 맥아더 장군을 한국에 오도록 만들었던 뒷배경에는 이승만 대통령이 있었다. 6·25 전쟁 발발 후 대한민국이 위기에 처하자, 이승만 대통령은 친구 맥아더 장군에게 곧바로 연락해서 도와달라고 요청했다. 이 전화 한통으로 맥아더 장군은 자신 혼자만 오지 않았다. 수십만의 미군들과 함께 왔는데, 맥아더 장군은 이렇게 한국전쟁을 지원해주기 위해 미국 대통령까지 설득했다. 왜 미국 국방부 소속 장군은 한국에 대해 이렇게 각별히 생각했을까. 어떻게 한국 대통령이 미국 장군과 이런 사이가 될 수 있었을까.

맥아더 장군과 이승만 대통령의 친교는 하루아침에 만들어진 것이 아니다. 이승만 대통령이 조지 워싱턴 대학과 프린스턴 대학에서 학사, 박사 과정을 밟을 당시 맥아더 장군은 백악관과 국방성에서 일했다. 이승만 대통령이 다른 미국인들보다도 맥아더 장군과 유독 더 끈끈한 관계가 될 수 있었던 이유는 가치관, 신념이 너무 비슷했기 때문이다. 둘 다 독실한 기독교인으로서 잠들기 전 아내와 함께 성경을 읽고 기도하는 독특한 습관까지 같았다.

맥아더 장군은 이승만 대통령을 정말 특별하게 생각했다. 그는 태평양 연합총사령관으로 일본 군대를 함락시킨 이후 본국의 귀국 요청도 거절한 채 일본에 계속 주둔하던 상태였는데, 1948년 8월 15일 대한민국 정부수립 당시에는 한국에 들어와 초대 대통령 이승만에게 축하 인사를 건냈었다.

마찬가지로 이승만 대통령도 또한 맥아더 장군을 소중히 생각했었다. 이승만 대통령은 축하 인사를 왔던 맥아더 장군에게 감사의 표시로 3개의 향로를 선물했었다. 이 향로는 의미있는 선물로 이승만 대통령이 아마 맥아더 장군의 마음을 정말 깊이 감동시켰을 것으로 생각된다. 그 사연은 다음과 같다. 맥아더 장군의 아버지, 아서 2세 또한 군인 장교였는데, 아서가 군 복무 할 당시, 조선의 고종황제는 그에게 향로 한 점을 선물했다. 아버지 아서 에게 이것을 물려받은 후부터 이 향로는 맥아더 장군의 보물 1호가 되었다. 너무 귀중한 보물이라 맥아더 장군은 어딜 가든 가져가며 늘 곁에 두었는데, 어느날은 향로를 운반하던 중 태평양에서 분실하게 되었다. 당시 맥아더 장군은 이를 듣고 너무 슬퍼하며 아쉬워했다. 이때, 이 소식을 들은 이승만 대통령은 그 향로를 만든 장인을 전국에 수소문해서 찾아냈고, 잃어버린 것과 같은 종류의 향로를 선물로 준비했던 것이었다. 이렇게 서로에 대한 깊은 우정은, 그날 수많은 해외 언론들 앞에서 맥아더 장군이 한 발언으로 세상에 알려진다. 그는 이승만 대통령의 손을 잡고 앞에 있는 외신 기자들을 바라보며 약속했다.

"나는 나의 조국 미국, 캘리포니아를 지키듯 한국을 지켜낼 것이다."

그리고 훗날, 우리나라가 가장 어려운 그 때, 맥아더 장군은 이승만 대통령의 전화 한통에 한달음에 와줬고, 5000분의 1의 확률을 뚫고 인천상륙작전을 성공시키며 대한민국을 지켜낸 영웅으로 남았다.

5. 자유 민주주의를 한반도에 세우려 노력했던 외로운 시간

1948년 8월 15일, 대한민국 정부수립 선포식이 있었다. 알려진 바로는, 다른 독립운동가들과 미국과 소련은 통합정부를 세우려고 할 때 이승만 대통령 혼자 강력하게 남한단독정부 수립을 추진했다고 해서, 개인적으로는 이승만 대통령을 부정적으로 보게 된 사건 중 하나였다. 그러나 이와 달리 실제 이 사건은 우리나라를 공산주의로부터 지켜낸 이승만 대통령의 엄청난 통찰력을 보여주는 사건이었다. 왜냐하면 소련의 극동문서들에서 발견된 자료로 추가로 밝혀진 바에 의하면, 소련은 애초에 통합정부가 아닌 북한에 독자적인 정치기구를 만들 의도를 가지고 있었기 때문이다. 그것은 1945년 10월초부터 노골화되면서 1946년에는 실질적인 구축을 앞두고 있었다. 공식적인 기록에서는, 1946년 3월 20일에 열린 제 1차 미소공동위원회는 한반도에 통일정부를 세우기 위해 모였다고 했다. 그러나 사실 당시 소련군 대표 스티코프는 한반도에 자신들에게 적대적인 정부가 세워지는 것을 용납할 수 없었다. 즉 그들이 원하는 공산주의 정부만을 세우려고 했었다. 그럼에도 불구하고 소련이 미소공동위원회 개최에 찬성한 이유는 한반도 분단의 원흉이 이승만 대통령임을 국민들에게 각인시키고 그 책임을 떠넘겨 소련에 대한 우호적인 여론을 형성하려는 숨은 의도가 있었다. 실제로 유럽의 역사를 봤을 때도, 소련의 지도자 스탈린은 협상에서 동유럽의 정치적 자율권, 민중의 선택을 허용한다고 했지만, 제 2차 세계대전 이후 동유럽의 민주주의자들을 숙청하며 약속을 지키지 않았다. 당시 소련의 신뢰를 받던 김일성과 공산주의를 긍정적으로 보는 국제 흐름 속에서 홀로 남한의 단독정부수립을 주장했던 이승만 대통령은, JAPAN INSIDE OUT을 통해 미국의 미래를 보았던 것처럼 우리나라의 미래를 예측했던 것이다.

그는 철저한 반공주의자였다. 지금이야 세계 대부분의 국가가 민주주의 체제로 살아가기 때문에 공산주의의 부정적인 모습들을 익히 알고 있지만, 1950년대 당시에는 전세계를 공산화 시키려는 소련의 세력이 너무나도 컸다. 또 민주주의 국가였던 미국 또한 소련에 우호적인 태세를 보였기 때문에, 자칫하면 우리나라도 공산화될 위기에 있었다. 다시 말하면, 전세계가 공산주의를 바로 보지 못했던 상황에서, 이승만 대통령은 이러한 이념 전쟁에서 공산주의의 위험성을 꿰뚫어 보고 강경하게 반대하며 우리나라의 민주주의를 지켜냈던 것이다.

이승만 대통령의 남한 단독정부 수립은 공산주의로부터 우리나라를 지키기 위한 최선의 행동이었다. 나는 그가 누구보다 대한민국 우리 동포를 사랑했던 대통령이었다고 생각하는데 이를 뒷받침 해주는 일례로 반공포로 석방 사건을 들 수 있다. 나는 이 사건을 처음 접했을 때, 이 위대한 업적을 학교에서 제대로 배우지 못해, 이승만 대통령의 훌륭한 지혜가 우리나라 다음세대, 우리같은 청년들에게 전달될 수 없다는 사실이 너무 안타까웠다.

1950년에 시작된 전쟁이 1년 넘게 이어지자, 1951년 6월부터 자유진영과 공산진영에서는 정전협정에 대한 논의가 시작되었다. 오랜 전쟁으로 지친 미국은 당시 남한의 대표인 이승만 대통령에게 휴전협정에 찬성하라는 메시지를 강력하게 전했다. 미국 사정도 그럴 수밖에 없던 이유가 있었다. 미국은 한국전쟁 참전 이후, 1년 동안 5만명의 젊은 미군들이 죽었을 뿐 아니라 국가에서 전쟁을 위한 특별예산을 편성해 국민들의 복지혜택이 줄어드는 등 전쟁으로 인한 미국의 손해가 상당했기 때문이다. 이런 어려운 상황을 극복하고자 한국전쟁의 휴전협정을 공약으로 세웠던 아이젠하워가 대통령으로 당선된 후, 우리나라에 휴전협정을 동의하도록 하는 압박은 더해질 수밖에 없었다. 그러나 당시 우리나라의 이승만 대통령은 미국이 요구하는 휴전협정에 반대했다. 이 단편적인 모습만 볼 때 수많은 젊은이들이 죽어가는 것을 보면서도 전쟁을 이어나가려고 했다고 부정적으로 볼 수도 있다. 하지만 그의 이런 행동은 단순히 휴전협정 자체를 반대해서가 아니라, 휴전협정 이후 우리나라를 발전시킬 방법까지 고려하며 미국을 상대로 뛰어난 외교술을 펼친 것이었다. 이승만 대통령은 미국이 휴전협정을 너무나도 원한다는 것을 간파하고 이를 이용해, 미국에게 한미상호방위조약과 병력증강을 요구하면서 휴전협정을 체결하려고 했었다. 만약 위의 두 조건 없이 휴전협정을 그냥 체결해버릴 경우, 미군은 우리나라에서 철수할 수 있는 정당한 명분을 갖게 되었다. 즉, 미국은 그들이 원하는 대로 우리나라에서 떠날 수 있고, 한국은 그들의 보호를 받을 수 없게 되는 것이다. 결국 다시 북한군이 남침을 하게 된다면 남한은 미군없이 혼자서 공산진영에 싸워야했다. 소련이 도와주는 북한과 달리, 홀로 남은 남한은 순식간에 정복당할 것이 뻔한 상황이었다. 그래서 한국에 미군을 배치해주고 한국이 미국의 도움을 받는 명분이 되는 조약을 체결하자고 요구한 것이었다. 당시 우리나라는 건국된 후 여러가지 변화로 혼란스러운 과도기 중에 한국전쟁을 마주했던 상황이었다. 따라서 당시 강대국이었던 미국으로부터 우리나라는 '원조'를 받는다고 하는 것이 상식인데, 이승만 대통령이 요구한 한미상호방위조약은 미국을 우리와 대등한 위치에 놓았던 조약이었다. 미국입장에선 빈민국인 한국을 상대로 '상호' 대등 관계라는 것이 말이 안되는 상황인데, 이보다 '방위' 조약이 체결될 경우 전세가 불리해졌을 때 국제법이나 국제여론 상 군대철수는 쉽지 않았다. 따라서 휴전협정을 체결해 한국과의 빨리 관계를 정리하고 싶었던 미국에게 한미상호방위조약은 또다시 한반도에 발목 잡히는 일이었다. 그러나 이승만 대통령은 위 조건이 수용되지 않으면 휴전협정에 찬성하지 않겠다는 강경한 태도로 일관했다. 그러자 미국은 그를 제거해 권좌에서 끌어내리려는 시도와 함께, 그를 제외한 채 휴전협정을 추진하기 시작했다. 이렇듯 제멋대로 나가는 강대국을 상대로 이승만 대통령이 꺼내든 결정타가 바로 '반공 포로 석방'이다. 휴전협정을 하게 되면 두 나라는 상대의 포로를 서로 교환해야한다. 이승만이 쉽게 휴전협정을 결정하지 못한 또 다른 이유가 남한에 있는 반공 인민포로 때문이었다. 잘못된 세뇌 교육을 받았던 북한의 인민군들이 실제 남한에서 민주주의의 진실에 대해 알게 된 후 반공, 즉 공산주의를 반대하는 편으로 돌아선 포로라고 해서 반공포로라고 불린다. 휴전협정 후 반공포로들이 북한으로 돌아가게 되면, 그들은 이미 공산주의 사상을 부정했기 때문에 총살당할 가능성이 높았다. 그러나 협정이 이뤄지면, 그들의 의사와 상관없이 강제 북송해야 하는 것이 원칙이었다. 이승만 대통령은 반공포로 그들 또한 같은 한 민족이라고 생각했다. 그래서 같은 동포가 공산주의 북한에 돌아가 목숨을 잃는 것을 보고만 있을 수 없었다. 당시 남한사람들 대부분도 이승만 대통령과 같은 이유로 휴전협정을 반대했었는데, 휴전협정을 빨리 체결하고자 하는 미국에게 이러한 한국의 상황은 관심 밖이었다. 미국과 유엔이 우리나라 대신 휴전협정을 추진하려던 이때, 이승만 대통령은 우리나라 군인들에게 반공포로 석방을 지시했다. 국군들은 포로수용소를 지키고 있는 미군들을 상대로 총을 쓰지 않은 채 다양한 방법으로 제압해 반공포로들의 석방을 도왔다. 지금껏 도와준 아군 미국을 대통령이 공격하라는 명령은 정말 황당한 일이지만, 그 결과 27,000명의 포로들은 남한의 국민이 되었다. 대통령인 자신이 책임질테니 반공포로들을 석방하라고 했던 이승만 대통령의 행동은 그가 우리 민족을 얼마나 사랑했는지와 더불어 강대국을 상대로 발휘한 그의 뛰어난 외교술을 세계에 보여준 사건이었다. 또한 이 사건 이후 휴전을 목마르게 기다리던 유엔 연합국 측이나 스탈린의 죽음으로 혼란스러운 공산 측 모두 오랫동안 준비해온 휴전 협상을 물거품으로 만들 수 있었기 때문에, 미국은 결국 이승만 대통령의 청을 들어줄 수 밖에 없었다. 표면적으로 이승만 대통령은 유엔군 총사령관에게 '미국이 한국을 떠나겠다면 떠나도 좋다'고 말했지만, '한국을 공산주의자들에게 넘겨주는 일은 삼가라'고 덧붙이며 반공포로의 석방책임을 역으로 미국에 떠넘겼기 때문이다. 이승만 대통령은 협상이 진행되는 동안, 한미동맹에서 멈추지 않고 경제원조와 무기지원등 미국에게 추가적으로 계속 요구했다. 이를 위해 한국을 향한 미국의 동정여론을 조성하며, 한국전쟁 이후 이승만 대통령에 부정적인 인식을 갖고 있던 미국 정치인들을 압박했다. 이승만 대통령은 어린 시절 미국에서 공부했기 때문에, 미국 역사에 대해서도 많이 알고 있었다. 그러한 역사적 지식에 기반해 언론에 미국의 독립기념일, 미국의 독립투쟁이 현재 한국인들의 반공 투쟁과 같았을 것이라는 등의 성명서를 미국 현지에 여러차례 발표했는데, 이를 듣고 수천명의 미국인들이 감동하며 이승만에게 격려 편지를 보내거나 한미동맹 결성 지지 결의안을 채택하는 의회가 생기는 등 미국 내에도 많은 변화가 일어났다.

교과서 속 '휴전협정'이라는 그 한 줄은 생각처럼 그냥 써질 수 있던 것이 아니었다. 반공포로석방 이후 거대한 미국을 상대로 홀로 투쟁해야 함에도 불구하고, 끝까지 우리나라를 사랑했던 초대 대통령의 외로운 한 달이 있었다. 내가 이 사건을 중요하게 생각하는 이유 중 하나가 이 사건이야말로 이승만 대통령, 그를 가장 잘 보여주는 사건이라고 생각하기 때문이다. 민족에 대한 사랑에 비해 그의 '친미'성향에 대해서만 많이 기억되는 지금, 그가 얼마나 우리 민족을 사랑했는지 이 사건을 통해 분명히 느낄 수 있을 것 같다. 또한 벼랑 끝에 있던 우리나라가 열강 사이에서도 우위를 차지하게 만들었던 이승만 대통령의 뛰어난 외교술은 물론 미국인들의 마음을 움직였던 그의 진정성을 함께 엿볼 수 있게 해준다. 이 사건을 정확하게 알게되는 누구라도 이와 같은 위대한 대통령이 우리나라에 있었다는 것에 대해 큰 자부심을 가지지 않을까. 인종차별이나 언어의 장벽없이 미국인들의 마음을 감동시킬 정도의 연설을 했다는 것은 지금 생각해도 참 대단한 실력인데, 그런 능력을 개인이 아닌 온전히 나라를 위해 쓰고자 했던 헌신은 지금의 우리 사회가 배워야 할 모습이고 감사하기에 충분한 이유인 것 같다.

6. 미래가 없던 조선 백성들이 양반처럼 꿈을 꾸는 대한민국이 되기까지

우리나라는 5,000년간 신분제가 있던 나라였다. 모든 사람은 평등하다는 말이 너무나도 당연한 시대를 살고 있는 21세기 우리에게는 이 사실이 크게 와닿지 않는다. 그러나 신분제가 남아있는 가까운 나라 인도를 보면, 보이지 않는 사상을 바꾸기는 정말 쉽지 않다는 것을 깨닫게 된다. 인도의 신분제, 카스트제도에서 가장 최하층 계급은 불가촉 천민이라 불리는 달리트다. 1947년 인도가 독립하면서 법적으로는 신분제가 철폐되었지만, 지금도 인도에서 신분제의 차별은 여전히 남아있다. 나렌드라 자다브라는 달리트 출신의 국제적 명성을 지닌 인도 경제학자이다. 그는 대통령감으로도 평가 받았지만 그의 저서 '신도 버린 사람들 (untouchable)'에서 자리와 상관없이 그는 여전히 신분 때문에 차별을 받고 있음을 밝혔다. 그의 약혼녀가 그보다 조금 높은 계급의 달리트였는데, 그녀의 가족들이 그의 회사에 찾아와서 어떻게 천한 그가 그녀와 결혼하려고 하냐며 그를 곤란하게 만들었다고 한다. 이처럼 아무리 높은 학식과 능력을 갖춘다고 하더라도 쉽게 바꿀 수 없는 것이 바로 '사상'이다. 우리나라 또한 이승만 대통령 이전에는 과거의 역사와 함께 신분제 사상이 깊게 뿌리내렸기 때문에 인도와 다를 바가 없었다. 갑오개혁을 통해 신분제 폐지를 외치고 수많은 천민들이 높은 공을 세웠다고 하더라도, 여전히 보이지 않는 신분제는 존재했다. 신분제가 아니더라도, 농민의 자식은 농사를 지어야 한다는 등 당시 스스로 한계를 지어버리는 사람들의 생각을 바꾸는 것은 쉬운 일이 아니었다. 그래서 이승만이 적극적으로 지원해주었던 것이 기독교였다. 그는 기독교 신앙중 하나님 앞에서 모두가 평등하다는 관점은 신분제에 대한 사람들의 뿌리 깊은 생각을 변화시키기에 아주 효과적이라고 생각했다. 그러나 오랫동안 유교를 믿던 국민들에게 새로운 종교를 알려주고 교회에 나오도록 설득하는 것은 여간 쉬운 일이 아니었다. 그렇다고 사람들을 강제적으로 교회로 불러들이는 것은 민주주의 원칙에 어긋나는 방법이었다. 그래서 그가 선택한 방법이 사회의 각 영역마다 목사를 둔 것이었다. 학교에는 교목을, 병원에는 원목을, 군대에는 군목을 두는 등 각 영역에 목사를 배치해 기독교의 '평등' 개념을 사회 전체가 자연스럽게 받아들이도록 만들었다.

처음 우리나라가 건국될 때 기독교는 우리나라 전체인구의 1%도 되지 않았다. 그러나 지금의 우리나라가 기독교를 전해준 미국보다 교회를 더 쉽게 접할 수 있는데, 이는 신분제를 없애기 위한 이승만의 피나는 노력의 결과라고 해도 과언이 아니다. 개인적으로 나는 이러한 사실들을 알게 된 후 전보다 이승만 대통령에 대해 더 많이 생각하고 감사하는 마음을 갖게 되었다. 현재 주변에서 십자가를 보거나, 지하철에서 전도지를 받는 등 우리나라에서의 다양한 기독교 관련 활동들을 접할 때마다, 이 모든 것들이 우리나라를 신분제에서 자유케 해주려는 이승만 대통령의 땀방울들의 결실처럼 느껴졌다.

그러나 신분제라는 것은 단순히 신앙을 통한 생각의 변화만으로 쉽게 해결될 문제는 아니었다. 토지라는 현실적인 과제가 남아있었다. 농경 중심 사회였던 당시 우리나라는, 토지를 가진 지주는 여전히 부자로, 소작농은 여전히 지주에게 매여 가난하게 살아야 했다. 땅의 소유권 유무에 따라서도 사람의 귀천이, 직업이, 재산이 자연스럽게 결정되었다. 따라서 새로운 민주주의 국가의 시작과 함께 모든 사람이 같은 출발선상에서 출발하기 위해 토지개혁은 시급해보였다. 그러나 토지개혁도 방법에 따라 결과가 천차만별이었기에 신중했어야 했다. 예를 들어, 국가가 지주들의 땅을 강제로 몰수해서 관리한다는 것은 민주주의 원칙에 어긋났다. 주인이 바뀌었을 뿐이지 여전히 농민들은 어딘가에 매여있는 상태였다. 실제로 위와 같은 방법으로 토지개혁을 했었던 북한의 경우 나라 전체가 식량이 부족한 상황에 이르렀기 때문이다.

오랜 고민 끝에 이승만 대통령은 유상매입 유상분배 방법을 통해 지주들의 토지를 소작농들이 돈을 주고 사게 만들었다. 그러나 실제로는 이를 진행하는 과정에서 예상치 못한 문제들도 많이 있었다. 위 방법이 땅을 얻는 소작농 입장에서는 이득이지만, 땅을 가진 지주들에게는 손해였기 때문에 쉽게 땅을 내놓으려 하지 않았다. 또한 그들이 땅을 내놓는다고 하더라도 소작농에게 너무 높은 가격을 책정해서 팔려고 했기에, 토지개혁의 의미가 없었다. 설상가상으로 국회의원들 대부분이 지주였기 때문에 이들을 설득해 법을 통과시키기도 어려운 상황이었다. 일례로

20세기 후반 필리핀도 민주적인 방법으로 토지개혁을 시도했었다. 당시의 토지개혁은 의회의 대부분을 차지한 부유한 지배층에게 유리한 조건으로 법을 만들어 시행되었고, 그 결과 당시 우리나라보다 훨씬 부유했던 필리핀은 가진자는 더 부유하게, 없는 자는 있던 것마저도 빼앗긴 가난한 나라가 될 수밖에 없었다.

건국 당시 우리나라는 토지개혁을 법으로 만들면서 지체하기엔 시간이 부족했다. 우리나라를 제외한 이웃 국가가 다 공산화되는 상황에서 농민과 자본주의를 살리는 토지개혁이 빨리 시행되어야 했다. 그래서 이때 법이 통과되기 전, 이승만 대통령은 토지개혁을 특별지시하며 강행했다. 그는 시행령이 완비되기 전 1950년 4월까지 농지분배 예정 통지서를 직접 발부하며, 농민들은 5월부터 최소한 자신의 땅이 어디 있는지 확인할 수 있게 만들었다.

한 달 뒤 6월 25일, 한국전쟁이 발발했을 때 농민들이 끝까지 포기하지 않고 싸웠던 이유로 이 토지 개혁이 한몫했다고 전문가들은 평가한다. 사실 6·25 전쟁은 개전 3일만에 수도 서울이 함락되었기 때문에, 눈앞의 현실은 패배가 거의 확정되었었다. 그럼에도 불구하고 우리나라는 단 한개의 부대도 항복을 하지 않고 끝까지 죽기 살기로 싸웠었다. 군인들 뿐 아니라, 국민 전체가 내 나라, 내 땅을 지켰었다. 어떻게 그랬을까. 이는 아마도 국민 모두가 한마음으로 우리 땅, 내 땅을 지켜내고자 하는 목표가 있었기에 포기하지 않았기 때문일 것이다. 사실 기록에 따르면 이승만 대통령이 6·25 전쟁을 예상하고 토지개혁을 서두른 것은 아니다. 그러나 그때의 그의 빠른 판단과 진행력은 나라를 향한 그의 절실한 기도에 대해 하늘의 응답이지 않았을까 싶다.

이승만 대통령은 신분제 개혁을 시도한 대통령이 되기 전부터, 남성 중심사회에서 여성에게도 동일한 교육기회를 주며 변화를 이끌어 내기 위해 노력했다. 1914년부터 하와이에서 여학생들에게 한국어를 가르치다가, 1916년 한인여자성경학원을 세웠는데, 이는 우리나라 최초의 남녀공학제 학교였다. 이 사실이 놀라운 이유는, 우리 엄마 시대까지도 사회적으로 여자가 공부하는 것이 잘 받아들여지지 않았다고 들었기 때문이다. 형제도 많고 경제적으로 부담이 되셨던 할아버지는 아들들만 대학가도록 권유하셨다고 한다. 나의 바로 윗세대만 보아도 여성교육이 잘 받아들여지지 않았는데, 100년 전 이승만 대통령은 이것이 잘못되었음을 깨닫고, 여기서 더 나아가 학교까지 만들어 사회를 변화시키려고 했던 점이 정말 존경스러운 것 같다.

이승만 대통령은 그 당시 누구보다 편하게 살 수 있으면서 모든 사회적 지위를 다 누릴 수 있는 사람이었다. 양녕대군의 16대손으로 남 부러울 것 없는 양반 집안에서 6대 독자로 태어났고, 여섯 살 때 천자문을 다 외울 정도의 비상한 머리를 가진 수재 중에 수재였다. 그러나 그는 그에게 주어진 모든 것, 그가 앞으로 가질 수 있는 명예들을 스스로 포기하면서, 청년 시절부터 죽는 그 순간까지 조국을 위해 살았다.

7. 최초의 건국 대통령, 최고의 우리 대통령

이승만 대통령은 대한민국 역사상 가장 어려운 시기에 대통령직에
올랐음에도 불구하고 역대 대통령 중 가장 위대한 업적을 남기며, 국민
들에게 민주주의 대통령의 표본이 되었다. 그는 가난한 한국이 단순히
빈민국에서 벗어나 기본적인 생활을 영위할 수 있는 나라 정도 성장하
고 그치기를 바라지 않았다. 나아가 한국이 열강 사이에서도 뒤쳐지지
않는 뛰어난 나라로 서길 원했다. 당시 대한민국은 세워진 지 얼마 안되
었을 때 발발한 전쟁으로 국토 전체가 황폐화 상태였다. 휴전협정 이후
에도, 종전이 아닌 휴전이기에 우리나라는 언제든지 전쟁의 위협이 도
사리고 있었다. 우리나라가 언제까지나 미군만 의지할 수는 없다고 생각
한 이승만 대통령은 국군발전의 필요성을 느꼈다. 그리고 휴전협상에서
미국으로부터 얻어낸 물자들로 국군을 크게 발전시켰다. 우리나라 군대
는 약 2억 달러에 해당하는 부흥 원조를 받고, 지원받은 병력과 물자들
을 통해 휴전협정 기준 한국 지상군 20개 사단 증강 등 놀라운 변화들
을 이끌어냈다. 이 뿐 아니라 한미상호방위조약을 통해 미국으로부터 보
호를 받아 북한을 포함한 다른 어떤 나라들도 함부로 남한을 넘볼 수
없도록 군사적 안전 보장을 받아냈다. 이러한 국가안보는 우리나라의 기
반을 다지는 과정에서 꼭 필요한 과정이었다. 왜냐하면 이승만 대통령을

통해 얻어낸 군사적 안정과 경제적 지원이 뒷받침 되지 않았다면 이후 박정희 대통령을 통한 급격한 경제성장은 어려웠을 것이기 때문이다.

  6·25 전쟁 당시 우리나라의 중공업 대부분은 북한에 배치되어 있었다. 남한은 주로 방직이 발달했는데, 이승만 대통령은 장기적으로 봤을 때, 중공업 발전이 나라의 발전을 위해 매우 중요하다고 생각했다. 따라서 전쟁 직후 충주 비료 공장과 문경 시멘트 공장, 인천 판유리 공장 등을 준공했는데, 실제로 그의 이러한 노력들은 박정희 대통령 집권 당시 핵심사업이었던 중화학공업의 발전에 토대가 되었다. 사실 당장의 현실적 필요를 채우기 위해서는 이웃나라 일본과의 국교를 하는 것이 가장 빠르고 쉬운 방법이었다. 그러나 이승만 대통령은 경제 격차가 큰 일본과의 국교를 초기부터 반대하면서, 우리나라가 자립성을 유지할 수 있도록 했다. 이를 통해 장기적으로 사회간접자본 건설에 밑거름이 되면서 국가발전에 큰 도움이 되었다. 좀 더 시간이 지나 박정희 대통령 정권에서는 일본과의 교류를 진행했었는데, 이는 우리나라가 어느 정도 구축되어 있는 상태였기 때문에 일본에 종속되지 않을 수 있었다. 이처럼 이승만 대통령은 1956년부터 수입대체산업 정책을 본격화시키면서 국내 산업시설의 기반, 즉 박정희 대통령 집권 당시의 산업화 발전을 시킬 수 있는 토대를 쌓아나갔다. 거의 이승만 대통령 혼자만의 능력으로 얻어낸 자금이었음에도 불구하고 자신의 호주머니를 채우는 대신 효율적으

로 국가의 토대를 건설하는 데에 이바지했다. 그 결과 훗날 우리나라는 세계 어느 나라에서도 유례 없는 급진적인 산업화의 성공을 보여줄 수 있었다.

나라가 세워질 당시 1950년대 우리나라의 에너지 상황은 매우 열악했다. 1948년 5월 14일 북한이 대한민국의 송전을 중단했는데, 한국에는 발전시설이 없어 미국의 발전 군함을 통해 전기를 공급해야 했었다. 이승만 대통령의 통찰력은 외교에만 한정되어 있지 않았다. 원자력 기술이 거의 초기 단계였음에도 불구하고, 원자력의 가치를 알아보며 과감한 투자를 시도했다.

1956년 미국 전기기술 전문가 시슬리 박사는 방한 당시 원자력의 중요성을 이승만 대통령에게 처음 알려주었다. "그거 지금부터 시작하면 몇 년 뒤에 써먹을 수 있는 거요?"라는 물음에 20년쯤 걸릴 거라는 답변에 81세의 노(老)대통령은 원자력이 우리나라의 에너지 산업의 미래라고 판단하며 아낌없는 지원을 시작했다. 국내의 우수한 인재들을 뽑아 원자력 선진국으로 유학을 보내고, 그들이 돌아올 때 즈음 본격적인 원자력 연구를 지시했다. 1958년 원자력법 제정을 시작으로 1959년 원자력원, 원자력연구소를 세울 뿐 아니라, 미국에서 연구용 원자로를 설치할 기공식을 연달아 가지면서 우리나라 원자력 발전 역사의 토대를 세워갔다.

현재 우리나라의 원자력은 세계 6위인데, 이때 주목해야 할 것은 이승만 대통령이 원자력 발전에 적극적인 지원을 할 당시 우리나라의 국민소득은 겨우 60불이었다. 100년이 지난 지금도 선진국으로 유학을 간다는 것이 쉽게 결정할 수 있는 일이 아닌데, 당시 정말 수많은 학생들을 국비장학생으로 외국에서 배울 기회를 마련해주었다. 그리고 그들이 그 배운 것들을 우리나라에 성공적으로 실현시키도록 기반을 만든 것이 정말 놀라운 일이 아닐 수가 없다. 당시에는 20달러의 외화를 지출할 때에는 대통령이 직접 사인할 정도로 우리나라에는 절대적으로 외화가 부족했던 시기였다. 그럼에도 불구하고 그는 백지상태의 원자력 연구 인재를 키우기 위해 1인당 6000달러의 장학금을 지원했다. 4년간 8차례, 총 150여명을 보냈는데, 외국으로 나가는 유학생들을 직접 만나 미화가 든 봉투를 쥐어주며 "나라의 장래가 너희에게 달려있다. 열심히 공부하라"고 격려했다고 한다.

이승만 대통령은 우리나라의 산업화를 위해 끊임없이 고민했다. 1950년대, 우리나라는 과거 조선의 영향으로 문과를 강조하는 구습이 남아있었다. 이승만 대통령은 이것이 시대의 흐름에 따라가지 못한다고 생각하며, 새로운 국가를 위해서는 이러한 옛 습관을 버리는 정신혁명과 실용주의가 필요함을 강조하면서 실제 구현하고자 애썼다. 이에 관련된 사업들이 1952년 기념사업으로 출범했는데, 이 당시가 6·25 전쟁이 한

창이었던 것을 고려하면 그가 얼마나 대한민국의 발전을 위해 쉬지 않고 애썼는지 알 수 있다. 이후 1954년에는 인천의 하와이라는 뜻의 인하공과대학을 설립하게 된다. 이에 필요한 재원은 자신이 설립, 운영했던 한인기독학원을 처분한 후, 하와이교포들의 성금과 국고보조 등으로 충당했다.

이처럼 전쟁이 끝나자마자 이승만 대통령이 산업화를 위해 빠르게 움직일 수 있던 이유는 국제적인 정세를 읽어냈던 그의 뛰어난 안목이 한몫했다. 1957년을 전후하여 미국의 대외정책은 군사우선에서 경제중시로 전환되기 시작했다. 소련과 중국, 북한 등 공산주의 국가들이 급속한 산업화에 성공하면서 미국이 우방국들에 경제적인 지원을 하고자 했고 여기에 우리나라도 포함되었었다. 이때 미국은 우리나라가 독립적인 발전을 꾀하기보다 일본에서 수입한 물자들을 쓰기 원했다. 그러나 단순한 경제안정이 아니라 경제재건과 부흥을 최우선과제로 삼은 이승만 대통령은 이를 거절하고 미국에서 받은 원조 재원을 국내의 사회기반시설과 생산재 산업에 직접 투자했다. 이를 통해 빠른 시일 내 한국 경제가 재건되고 자립할 수 있기를 기대했다.

우리나라 최초의 경제개발계획은 1953년 3월 전쟁 중에 발표된 네이산 보고서(한국경제재건 5개년 계획)이다. 처음 이 보고서가 발표되었을 당시에는 반대하는 의견도 많고 내용 자체도 지침서 정도에 불과해 현실에서 구현되기는 어려웠다. 그러나 전시상황임에도 불구하고 발표되었다는 점을 고려했을 때, 당시의 이승만 정부가 눈앞의 현실뿐 아니라, 전쟁 이후의 대한민국 경제를 앞서보고 계속 준비한 것을 보여준다는 점에 의의가 있다. 우리나라는 1958년 부흥부 산하에 산업개발위원회를 설치하면서부터 외국 유학을 마치고 돌아온 수많은 인재들을 대거 등용하면서 경제개발계획을 준비하기 시작한다. 초기 산업계획모델을 작성하기 위해서는 수많은 통계와 자료들이 필요했다. 그러나 전쟁이 끝난 지 5년도 채 되지 않은 우리나라에 그런 자료들은 턱없이 부족할 수밖에 없었다. 이 때문에 많은 조사를 필요로 했는데, 이에 이승만 대통령은 산업개발위원회 위원들의 월급을 장관보다 4배나 많이 주는 등의 파격적인 대우를 하며 각고의 노력을 기울였다. 이러한 수많은 노력 끝에 1960년 4월 15일 경제개발 3개년 계획이 발표되고 의회를 통과하게 되면서 우리나라 경제개발의 시작을 알리게 된다. 그러나 이렇게 어렵사리 통과된 계획은 4일 뒤 4·19혁명이 일어나면서 물거품이 되는 듯 보였다. 그러나 다행인 것은 이승만 대통령은 없지만, 그가 키워놓은 부흥부 관리들은 이후 정권에서도 계속해서 추진해나가 박정희 대통령의 1차 경제개발 5개년 계획으로 발전 계승되어 나갔다. 박정희 대통령의 업적은 대부분 이승만 대통령과의 합작이라고 봐도 과언이 아니다. 이승만 대통령이 실시한 수입 대체 공업화는 박정희 대통령의 수출주도 경제의 토대가되었다. 박정희 대통령은 집권 이후 진행된 국가재건최고회의에서 불과 2개월 만에 경제개발 5개년 계획을 발표했었다. 이 경제개발 5개년 계획으로 우리나라는 순식간에 성장하며 세계를 놀라게 만들었다. 그러나 사실 이 계획은 이승만 대통령이 1년 8개월에 걸쳐 완성시킨 경제개발 3개년계획을 수정한 것으로, 박정희 대통령을 통해 이승만 대통령의 한국 경제성장에 대한 꿈이 실현되었다고 볼 수 있다.

8. 작은 대한민국이 매운 나라가 될 수 있었던 이유

우리나라는 고등학교 졸업 이상의 학력을 지닌 성인이 80% 이상인 국가로 세계적으로 교육 수준이 높다고 평가받고 있다. 그러나 불과 1948년만 해도 우리나라는 문맹률이 80%였다. 이런 열악한 환경에도 불구하고 상당한 고학력 지식인층에 속한 이승만 대통령은 일찍이 교육의 중요성을 깨달았다. 1950년대 우리나라 예산은 상당 부분이 국방비로 지출되어 국가 운영을 위한 예산은 턱없이 부족했다. 따라서 정말 필요한 곳에 쓰일 수 있도록 신중하게 예산을 결정하는 것이 중요했다. 이때 이승만 대통령은 전체예산의 20%를 교육예산으로 편성하면서 교육인프라의 대대적인 확충에 노력을 기울였는데, 이를 통해 그가 얼마나 교육을 중요하게 생각했는지 알 수 있다. 그 결과, 해방 당시 2,800개였던 초등학교가 10년 만에 4,600개로, 19개의 대학에서 68개까지 신설되면서 대학생이 8천 명에서 10만 명까지 늘어나는 놀라운 변화가 일어났다. 이에 따라 1945년 80%가 넘던 문맹률은 1959년에는 15-20%까지 낮아지고, 1946년 절반 정도 밖에 되지 않던 초등학교 취학률은 1958년에

95.2%로 거의 완전 취학에 근접한 초등교육 의무화가 이루어졌다. 더 놀라운 것은 1948년에서 1960년까지 고등학교와 대학교 진학률이 4배 이상 오르고, 이승만 대통령 정권 말에는 제2의 경제대국이었던 영국보다 높은 대학진학률을 보이는 기적을 보여주었다. 인구 5천만 영국의 대학생과 맞먹는 규모의 대학생 수를 자랑했던 당시, 우리나라는 전쟁이 끝난 지 얼마 되지 않은 세계 최극빈국이었다. 이를 통해 교육에 대해 깨어있는 한 사람이 다져놓은 교육 시스템의 체계와 기초가 우리나라에 얼마나 놀라운 변화를 가져왔는지 알 수 있다.

이승만 대통령이 대한민국에 다져놓은 교육 시스템은 국내에만 한정되지 않았다. 이처럼 국내에서 학생들의 교육 수준을 끌어올린 뒤 많은 학생들에게 유학의 기회를 아낌없이 지원하며 인재를 양성하기 위해 노력했다. 국내 대학과 해외의 명문 대학을 연결해 학생들이 더 넓은 세계에서 공부할 수 있는 발판을 마련했는데, 현재 한국 과학기술계를 이끄는 해외 박사의 대부분이 미네소타대학 출신이 많은 이유도 이 때 700만 달러를 투자해 서울대와 미네소타 대학과 맺은 자매결연 덕분이다. 이 외에도 우리 학생들이 교육뿐 아니라 각 기업과 산업체의 많은 기술자들을 해외로 장기간 연수를 보내 발달된 외국의 기술을 빠르게 배우도록 장려했다. 이렇게 훌륭한 인재가 되어 돌아온 이들은 한국을 더 빠른 속도로 성장하도록 도왔다. 이때 교육에 대한 투자가 정말 우리나라의 빠른 발전에 정말 큰 도움을 주었다는 실제 사례로 파키스탄과 우리나라를 비교할 수 있다. 미국에서 파키스탄과 우리나라에 동시에 10kW의 최신식 화력발전소를 지어줬는데, 파키스탄은 훈련된 인원이 부족해 1,500명의 인원을 투입했다. 이에 반해, 우리나라는 완공 직후 180명의 기술력있는 엔지니어를 투입해 효율적으로 운영할 수 있었다. 아마 지금도 적은 인구의 우리나라가 세계의 강대국과 어깨를 나란히 할 수 있는 이유 또한, 이승만 대통령이 일찍이 교육의 중요성을 깨닫고 다져놓은 교육 시스템 덕분이지 않을까 싶다. 나아가, 이러한 인재 육성 정책과 교육 정책이 없었다면 박정희 대통령이 보여준 대한민국의 눈부신 경제 성장은 매우 어려웠을 것이다. 이승만 대통령이 인재들을 양성하고 배출하는데 힘썼다면 박정희 대통령은 그 인재들을 적재적소에 활용했다. 실제로 박정희 대통령 또한 이승만 대통령이 지원한 국비유학을 다녀온 장학생이라는 기록도 있다. 이승만 대통령은 먼 훗날 자신의 뒤를 이어 대한민국을 이끌어갈 대통령 인재를 준비한 셈이다.

9. 이승만 대통령이 21세기의 대한민국 청년들에게 남긴 과제

이 글을 쓰고 준비하면서 역사에 너무 무지했던 내 자신을 볼 수 있었다. 또한 나의 알량한 지식으로 이승만 대통령을 판단했던 과거를 반성하는 시간이었다. 이승만 대통령에 나를 비추어봤을 때, 아니 대통령 이전 스물 네살의 청년 이승만과 지금 스물 네살의 나를 비교해본다고 하더라도, 나는 그의 삶에 대해 감히 왈가왈부 할 수 없었다. 나라를 지키기 위해 젊음도, 목숨도, 명예도 아끼지 않았던 그에 비해, 내 모습은 너무 이기적이었다. 그는 모든 것을 버리고 피땀 흘려 나라의 독립과 건국을 얻어냈는데, 나는 거저 받은 그 나라에 대해 감사함은 커녕 조국을 사랑하는 마음도 없던 것 같다.

물론 그가 걸어온 모든 발자취가 무조건 옳았다고 신봉하듯 말할 수는 없다. 이승만 대통령 또한 대통령이란 자리가 처음이었고, 사람이었기에 실수한 부분도, 부족한 부분도 있었을 것이라고 생각한다. 그러나 청년 이승만부터 건국 대통령 이승만까지의 일대기를 살펴본 후, 내가 내린 결론은 내게는 판단할 자격이 없다는 것이다. 대신 그가 나라를 사랑한 마음의 10분의 1도 없었던 스스로를 반성하며, 우리를 위해 이 나라를 끝까지 사랑하고 지켜주신 대통령께 감사하는 마음만 남을 뿐이다. 그래서 누군가 이승만 대통령에 대해 논하려고 한다면, 청년 이승만부터 공부하며 그가 어떤 마음으로 그의 삶을 살아갔는지 모든 발자취를 본 후, 자신을 먼저 비춰보라고 하고 싶다.

이승만 대통령.

2023년의 대한민국을 사는 우리는 과연 그와 같은 수준의 열정으로 무언가를 간절히 원한 적이 있었을까. 이승만 대통령은 계속해서 얻고자 하는 무언가가 있었기에 지치지 않고 계속 도전했고 대한민국 건국의 아버지가 되었다. 그렇다면 이승만 대통령이 궁극적으로 진짜 바랐던 것은 무엇이었을까.

"목숨을 바칠 각오로 대한제국의 자유와 독립을 나 혼자라도 지키며, 우리 2천만 동포 중 1천 9백 9십 9만 9천 9백 9십 9명이 모두 머리를 숙이거나 모두 살해된 후에라도 나 한사람이라도 태극기를 받들어 머리를 높이 들고 앞으로 전진하며, 한 걸음도 뒤로 물러나지 않을 것을 각자 마음속에 맹세하고 다시 맹세하고 천만번 맹세합시다."

1904년 그가 한성감옥에서 했던 고백처럼 우리나라의 자유와 독립뿐이었을까.

아니다. 우리나라가 독립한 이후에도 그는 멈추지 않고 무언가를 계속 원했다.

"나는 공산주의와 민주주의 간의 투쟁에 있어서는 중립이라는 것이 존재하지 않는다고 봅니다. 어느 쪽이든 한쪽이 이겨야 합니다. 그리고 우리가 자유 문화의 숭고한 표현방법들을 신봉한다면, 우리가 가진 모든 것과 우리 전부를 자유와 정의를 위해 바쳐야 합니다."

우리나라를 공산주의로부터 지켜 대한민국의 대통령이 되는 것, 그

것이었을까?

아니다. 그는 단 한번도 대통령의 지위를 자신을 위해 사용하지 않았다.

"나는 대통령의 지위나 영광을 중히 여기는 것이 아니오, 우리 민국과 우리 민족을 보호하여 우리나라로 하여금 민주주의의 보루가 되게 하자는 것만이 나의 유일한 목적이니, 일반민중과 환난질고(患難疾苦)를 같이하며, 사생맹서(死生盟誓)하고, 끝까지 투쟁하여 내 목숨을 공헌하려는 것이 나의 원하는 바입니다."

그렇다면, 그의 조국, 대한민국에 민주주의를 지키는 것, 민주주의 대한민국을 세운다면, 과연 그는 웃으면서 편히 쉴 수 있었을까

"허리띠를 졸라매고 희생을 하자. 장래를 위해 일하자."

"우리 모두가 더 많이 일하고, 더 적게 먹으며, 정말로 긴요한 생활필수품 이외에는 가진 것이 없더라도 참고 살아야 합니다. 우리는 지금 우리 후손들에게 더 나은 삶을 마련하기 위해 나라의 미래를 건설하고 있습니다."

이승만 대통령은 그의 조국, 대한민국을 정말 사랑했다. 후손에게 물려줄 더 멋진 대한민국을 원했기에 만족할 수 없었다. 나라를 사랑하는 마음 하나로, 아무것도 없는 척박한 한반도에 한걸음씩 내딛으면서 꿈을 현실에 그려냈다.

지금의 대한민국은 그의 생전에 꿈꿨던 모든 것들이 이뤄지지 않았을까. 세계가 인정하는 지금의 대한민국을 보신다면 과연 이승만 대통령은 뿌듯해하시며 만족해하셨을까.

"한국은 반드시 통일 되어야하고 반드시 자유가 보장되어야 한다. 그것이 아니라면 결코 만족할 수 없다."

"절망하지 마시오. 우리는 결코 당신들을 잊지 않을 것이며 져버리지 않을 것입니다. 우리의 잃어버린 이북 5도와 북한의 우리 동포들을 다시 찾고 구출하려는 한국 국민의 근본 목표는 과거와 같이 장차에도 그대로 남아 있습니다."

아마 아닐 것 같다. 이승만 대통령께서 지금 살아계셨다면 70년 전 북한 땅에 남긴 그의 약속을 지키는 그 날까지, 청년시절의 열정 그대로 통일을 위해 애쓰셨을 것 같다.

사실 지금의 우리 청년 세대 대부분은 북한은커녕, 나라에도 크게 관심을 갖지 않는다. 우리의 선조들이 자유 대한민국을 우리에게 주기 위해 목숨 걸고 투쟁한 것은 까맣게 잊어버렸다. 나라에 어려움이 있을 때에도 내 앞길만 걱정하며 오히려 다른 나라로 떠나려는 생각을 너무 쉽게 하는 세대이다.

하지만, 우리는 거저 받은 이 축복에 대한 감사함을 결코 잊어서는 안된다. 이승만 대통령이 우리에게 자유로운 대한민국을 주시기 위해 노력했듯, 그가 북한 땅에 약속한 자유, 통일을 위해서 노력해야 하는 것, 그것이 남겨진 우리가 그에게 보답하는 도리일 것이다. 그러나 그 통일은, 우리나라 건국 대통령, 그가 목숨걸고 지켰던 자유 민주주의가 세워진 한반도여야 하는 것은 분명하다.

10. 대한민국 과수원 속 우리

대륙의 동쪽 끝에 위치한 한반도라는 땅이 있었다. 그곳에서 태어나는 아이들은 세상에 나오자마자 축복 대신 식구가 늘었다는 근심을 먼저 들어야했다. 자신이 무엇을 좋아하는지 알아보기도 전에 직업이 정해졌고, 오늘 하루 살아가는 것도 버거워 꿈꾸는 것조차 사치가 되는 땅이었다. 이 땅에는 미래가 없다며 모두가 등 돌려 떠난 버려진 곳이었다. 그때 이 땅을 진심으로 사랑했던 청년이 있었다. 주변에서 좋은 열매를 발견할 때마다 자신이 사랑하는 이 땅에서도 그 열매가 열리기를 바라며 버려진 그 땅을 일구기 시작했다. 주변에서 좋은 땅을 준다는 제안도 거절하고 날마다 땅을 지극정성으로 돌봤다. 비가 오나 눈이 오나, 건강할 때나 몸이 아플 때나 날마다 땅에 와서 씨앗을 심고 물을 주며 축복해주었다. 그러나 사람들이 볼 땐 그가 아무리 노력해도 그곳에서는 생명이 살아날 기미가 보이지 않은 저주받은 땅이었다. 나쁜 땅에 계속해서 좋은 씨앗을 소모하는 그를 보면서 지나가는 사람들은 손가락질했지만, 그럴 때마다 그는 이 땅이 얼마나 멋진지 계속해서 자랑했다.

"머지않아 좋은 열매들이 주렁주렁 가득 맺힌 과수원을 보게 될 겁니다."

2023년, 우리는 대한민국이라는 과수원 속에서 이승만 대통령이 심은 수많은 좋은 열매를 아주 당연하게 먹고 있다.

전쟁이 끝난 지 채 70년도 되지 않는 기간 동안 이 작은 땅에서 나온 수많은 인재들이 전 세계 각지에 흩어져 있다. 그래서 나는 대한민국이라는 이 땅에서 태어났다는 이유만으로 세계 어딜가든 주목받는 사람이 되었다.

오히려 너무 많은 선택지가 주어져서 어떤 열매를 선택할지도 고민을 하는 행복한 시대에 살게 되었다.

100년 전 우리 선조들과 우리가 다른 삶을 사는 이유는 딱 하나다. 우리에게는 민주주의로 바로 세워진 나라가 있기 때문이다. 그리고 그 나라에 우리를 지켜줄 수 있는 힘이 있기 때문이다. 그 힘이 있기에, 주어지는 것을 운명으로 받아들였던 사람들은 스스로 얼마나 귀한 존재인지 깨닫게 되고, 내가 교육받을 수 있는 권리, 원하는 대로 살아갈 수 있는 '권리'를 누리게 되었다.

이승만 대통령은 힘이 있는 대한민국을 건국하기 위해 끊임없이 노력했다.

훌륭한 지도자가 되기 위해 부지런히 자신의 실력을 키웠고, 개개인이 스스로 지킬 수 있는 힘을 갖도록 국민들에게 민주주의를 가르쳤다. 후손들에게 경제적, 군사적 모든 방면에서 힘 있는 나라를 물려주기 위해 눈을 감는 그 순간까지 그의 심장은 대한민국을 향해 뛰고 있었다.

나는 이승만 대통령이 세우고자 했던 나라, 그가 세운 우리나라의 건국이념을 '민주주의'로만 한정하기에는 부족하다고 생각한다. 나는 '나라 사랑'이라는 다소 단순하지만 진정성이 담긴 단어로 표현하고 싶다. 청년 이승만은 이 땅, 한반도를 사랑했고, 우리 민족을 사랑했고, 이후에 살게 될 후손을 사랑했다. 자유, 민주주의라는 이상적인 가치를 사랑하는 후손들이 누릴 수 있는 세상을 머리속으로 상상하며 나라의 기틀을 세워나갔다. 이렇듯 자신이 생각하는 가장 좋은 가치들을 사랑하는 대한민국에 채워 넣으면서 우리나라만의 민주주의를 창조해냈다. 대한민국을 향한 사랑이 그가 힘 있는 나라를 만들기 위해 달릴 수 있던 열정의 원천이었고 지치지 않을 수 있던 이유였다.

이승만 대통령은 아마 지금도 우리 또한 나라를 사랑하며 대한민국만의 자유 민주주의를 만들어 세계에 보여주기를 원하지 않을까.

제2부

박정희 부국강병 대통령
청년 논술문 수상작

최우수상	김은구
우수상	이다헌
장려상	최 진
가작	조주형
	박현정
	김민정

유신,
대한민국 세 번째 보수주의 혁명

김은구 (45세. 트루스포럼 대표/서울법대 국제법 박사수료)

| 요·약·문 |

최근 몇 년 사이에 자유주의와 구별되는 보수주의에 대한 관심이 제고된 것은 감사한 일이다. 특히 대한민국 건국의 성경적 토대와 이승만 대통령에 대한 세간의 관심이 커지고 있는 것은 고무적이다. 하지만 대한민국을 부강하게 한 박정희 대통령에 관해서는 보수주의의 관점에서 아직 제대로 정리가 되지 않은 느낌이다. 나아가 대한민국의 건국과 산업화를 긍정하는 사람들 안에서도 박정희 대통령에 대한 이해가 정리되지 않고 있다. 스스로를 보수우파라 자청하는 사람들 중에서도 '박정희는 사실 좌파'라는 사람도 있고, '나는 꼴통 보수지만 박정희는 진짜 진보'라는 사람도 있다. 좌파 진영에서 활동해 오다가 문재인 정권을 거치며 보수우파적인 목소리를 내고 있는 논객 중에서도 '박정희 대통령은 사회주의자'라는 영상을 자신의 채널에 올려두고 있는 사람도 있다. 박정희 대통령은 소위 대한민국 보수 진영의 희망이고 자랑이다. 그럼에도 불구하고 그에 대한 시각이 보수 진영 안에서도 제대로 정리되지 않고 있는 것은 안타까운 일이다. 유신에 관해서는 보다 절망적인 상황이다. 한강의 기적을 가능하게 한 유신에 대한 교육과 평가는 민주화 도그마에 완전히 잠식당했다. 유신에 대한 긍정적 소신 발언이 집단적인 조리돌림의 대상이 되기도 한다. 더욱 안타까운 것은 '박정희가 경제발전 시킨 건 맞는데 유신은 잘못한 것'이라는 자기모순적 발언에 대해 박정희 대통령을 긍정적으로 평가하는 사람들마저도 제대로 대응하지 못하고 있는 현실이다. 이러한 모습을 두고 소위 진보좌파 진영에서는 '대한민국엔 보수 세력은 있어도 보수 이념은 없다'고 비하기도 한다.

이 글은 이런 문제의식을 바탕으로 박정희 대통령과 유신을 보수주의자의 관점에서 살펴본다.

보수주의는 본질적 가치를 수호하는 것이다. 프랑스혁명에 대한 반성적 고찰에서 출발한 보수주의는 인간의 한계를 겸손하게 인정하면서 인간이 이해할 수 없는 하나님의 섭리를 긍정하는 토대 위에 형성되어 왔다. 그리고 인간의 존엄, 책임 있는 자유, 진실과 같은 보편적 가치를 전제한다. 보수주의가 보편적인 가치를 수호하는 것이라는 관점에서 볼 때, 우리는 박정희 대통령에게 보수주의자의 면모를 발견할 수 있다.

에드먼드 버크는 종교개혁과 명예혁명, 미국의 독립혁명을 지지하며 보수주의 혁명의 가능성을 긍정했다. 보수주의 혁명은 본질적인 가치를 수호하기 위한 것이다. 언뜻 보면 유신은 민주주의를 파괴한 사건이다. 그러나 국가존립 자체를 위협하던 유신 전후의 국제정세와 북한의 도발을 고려하고 경제개발의 국가적 과제를 완수하기 위한 맥락에서 해석한다면 유신은 오히려 실질적 민주주의를 수호한 조치로 평가할 수 있다. 나아가 공산주의라는 거짓의 폭압으로부터 국민의 생존과 존엄, 안위를 지켜내고, 책임 있는 자유의 원칙을 시장에 충실히 적용해 경제발전을 이룩하고, 수정마르크스주의인 사민주의가 품고 있는 달콤한 거짓에 대항해 자조정신의 진리를 드러냈다는 점에서, 우리는 유신을 대한민국의 자랑스러운 보수주의 혁명이라 부를 수 있다.

2차 대전이 끝날 무렵, 이승만 대통령은 전후처리과정에서 한국의 적극적인 독립의지를 세계만방에 호소하여 우리 민족의 독립을 이루려 했다. 3.1운동은 이러한 맥락에서 추진됐다. 하지만 윌슨의 민족자결주의에 기대를 걸었던 우리 민족의 희망은 강대국들의 이해관계에 막혀 결실을 보지 못했다. 3·1운동은 기독교정신에 입각한 보편적 가치인 인간의 존엄과 자유, 진실을 세계에 들이밀며 한민족 독립의 정당성을 강변하고, 한반도에서 자행된 일제의 폭압과 거짓을 만천하에 드러내어 대항한 혁명이었다. 보수주의 혁명은 인간의 존엄과 책임 있는 자유, 진실의 가치를 세우기 위한 것이기에, 3.1운동은 대한민국 최초의 보수주의 혁명이다.

3.1운동으로 시작된 대한민국 보수주의 혁명의 정신은 대한민국 두 번째 보수주의 혁명인 이승만 대통령의 건국혁명을 통해 첫 열매를 맺는다. 이승만은 국회개원식에서 '이 국회는 3·1운동 때 13도 대표들이 서울에 모여 진행한 국민대회를 계승한 것'이라고 확인했다. 대한민국 첫 번째 보수주의 혁명인 3·1운동이 대한민국 건국혁명으로 이어진 것이다. 그리고 대한민국 세 번째 보수주의 혁명인 박정희혁명, 곧 유신을 통해 우리는 굳건한 안보와 찬란한 경제적 기반을 확보했다.

독립정신을 바탕으로 3.1운동에서 태동한 대한민국 보수주의 혁명은 이승만혁명과 박정희혁명으로 열매를 맺었지만 아직 그 사명을 다 완수하지는 못했다. 국회개원식 축사에서 이승만 의장은 이북동포들이 우리와 함께 이 자리에 합석하지 못한 것을 슬퍼했다. 또 휴전협정으로 북한 해방이 좌절되자 북한 동포들에게 여러분을 해방하는 우리 민족의 사명은 성취되고야 말 것임을 약속했다.

박정희 대통령의 유신도 궁극적으로는 평화 통일이라는 민족의 염원을 구현하기 위한 것이었다. 북한의 극심한 도발과 격동하는 국제질서 속에서 국민의 생존과 발전을 지켜내고, 마침내는 자유의 파도가 되어 북한을 해방하기 위한 것이었다. 이 자유의 파도가 북한을 덮는 날, 3·1운동으로 시작되고 이승만·박정희 혁명으로 열매를 맺은 대한민국 보수주의 혁명은 마침내 올곧이 완수될 것이다.

I. 들어가며

보수주의는 본질적 가치를 수호하는 것이다. 무엇이 본질적인 가치인지는 기준에 따라 달라질 수 있다. 하지만 보수주의가 수호하는 본질적 가치의 근본적 뿌리는 인류 사회에 보편적 가치기준을 제시한 성경적 세계관에 기반을 두고 있다. 보수주의 정치철학은 인간 이성을 맹신하고 폭주한 프랑스혁명에 대한 반성적 고찰에서 태동했다. 그렇기 때문에 인간의 한계를 겸손하게 인정하면서 인간이 이해할 수 없는 하나님의 섭리를 긍정하는 토대 위에 형성되어 왔다. 보수주의 정치철학의 시초로 평가되는 에드먼드 버크의 '프랑스혁명에 대한 성찰'은 프랑스혁명을 지지한 프라이스 목사의 설교가 기독교적 사랑의 정신을 결여하고 있다는 비판에서 출발한다. 버크의 편지는 영국 사회를 지배하고 있는 기독교 정신이 유한한 인간의 이성을 뛰어넘는 심오하고 광대한 지혜를 내포하고 있다는 견지에서 프랑스혁명을 비판하고 있다.[1] 영국에서 시작된 보수주의 정치철학은 미국의 건국과 성장을 통해 발전해 왔다. 보수주의의 기반인 성경적 세계관은 미국의 독립혁명과 레이건혁명을 비롯한 오늘날 보수주의 운동의 견고한 뿌리로 작용하고 있다. 뿐만 아니라 기독교 입국론을 제시한 이승만 대통령을 통해 대한민국의 건국에도 영향을 미쳤다. 보수주의란 결국 소용돌이치는 정치적 역사적 환경 속에서 하나님의 형상대로 창조된 인간의 존엄과 천부인권을 어떻게 보호하고 실현할 것인가를 고민하며 싸워 온 몸부림이다. 그리고 성경적 세계관이 제시한 본질적 가치는 이미 기독교라는 종교를 뛰어 넘어 인류 사회의 보편적 가치기준으로 자리매김하고 있다.

최근 몇 년 사이에 자유주의와 구별되는 보수주의에 대한 관심이 제고된 것은 감사한 일이다. 특히 대한민국 건국의 성경적 토대와 이승만 대통령에 대한 세간의 관심이 커지고 있는 것은 고무적이다. 하지만 대한민국을 부강하게 한 박정희 대통령에 관해서는 보수주의의 관점에서 아직 제대로 정리가 되지 않은 느낌이다. 나아가 대한민국의 건국과 산업화를 긍정하는 사람들 안에서도 박정희 대통령에 대한 이해가 정리되지 않고 있다. 스스로를 보수우파라 자청하는 사람들 중에서도 '박정희

---

1   보수주의의 경전으로 평가되는 에드먼드 버크의 "프랑스혁명에 대한 성찰"은 프랑스의 한 신사에게 보낸 편지이다.

는 사실 좌파'라는 사람도 있고, '나는 꼴통 보수지만 박정희는 진짜 진보'라는 사람도 있다. 좌파진영에서 활동해 오다가 문재인 정권을 거치며 보수우파적인 목소리를 내고 있는 논객 중에서도 '박정희 대통령은 사회주의자'라는 영상을 자신의 채널에 올려두고 있는 사람도 있다. 박정희 대통령은 소위 대한민국 보수 진영의 희망이고 자랑이다. 그럼에도 불구하고 그에 대한 시각이 보수 진영 안에서도 제대로 정리되지 않고 있는 것은 안타까운 일이다. 유신에 관해서는 보다 절망적인 상황이다. 한강의 기적을 가능하게 한 유신에 대한 교육과 평가는 민주화 도그마에 완전히 잠식당했다. 유신에 대한 긍정적 소신 발언이 집단적인 조리돌림의 대상이 되기도 한다.[2] 더욱 안타까운 것은 '박정희가 경제발전 시킨 건 맞는데 유신은 잘못한 것'이라는 자기모순적 발언에 대해 박정희 대통령을 긍정적으로 평가하는 사람들마저도 제대로 대응하지 못하고 있는 현실이다. 이러한 모습을 두고 소위 진보좌파 진영에서는 '대한민국엔 보수 세력은 있어도 보수 이념은 없다'고 비하하기도 한다.

위와 같은 문제의식을 바탕으로 이 글은 박정희 대통령과 유신에 대해 보수주의자의 관점에서 살펴보려 한다. 즉, 박정희 대통령과 유신에

---

2 고발뉴스, 손병두 유신찬양 발언, 학생들 "창피, 부끄럽다" 네티즌 "이런 자가 교육자라니 창피하고 한심" 2013.10.29. http://www.gobalnews.com/news/articleView.html?idxno=5151 ; 트루스포럼은 작년 10월 17일, 서울대에 유신에 대한 긍정적인 평가와 재고를 촉구하는 대자보를 게시하였는데 이 대자보를 철회하지 않으면 그동안의 지지를 철회하겠다는 분을 만나기도 했다. https://www.newdaily.co.kr/site/data/html/2022/10/18/2022101800099.html

대한 보수주의자의 성찰이다. 필자는 보수주의자의 시각에서도 박정희 대통령과 유신은 충분히 긍정적으로 평가될 수 있다는 생각을 가지고 있다. 아래에서는 이런 생각들을 나누고자 한다. 다만 이 글은 논문이 아니다. 필요한 곳에는 각주를 달고 출처를 적어두겠지만, 이 글은 자유로운 형식의 논술문으로 보수주의를 정리하면서 박정희 대통령과 그가 단행한 유신을 보수주의의 관점에서 살펴보려 한다.

II. 보수주의에 대한 고찰 - 박정희는 보수주의자인가?

보수주의에 대한 오해

'보수'라는 말처럼 왜곡되고 있는 말도 많지 않다. 어떤 이들은 보수를 과거에 집착하는 고리타분하고 수구적인 성향 정도로 이해한다. 하지만 보수주의는 그런 뜻이 아니다. 사회적인 사람이라고 해서 사회주의자는 아니듯, 보수적인 사람이 보수주의자는 아니다. 중국에서는 등소평이 개혁개방을 진행할 때 이에 반대하는 사람들을 보수파라 불렀는데 그들 또한 보수주의자는 아니다. 하지만 대부분의 사람들이 보수적인 사람과 보수주의자를 구별하지 못한다.

위에서 간단히 설명한 것처럼 트루스포럼이 표방하는 보수주의는 프랑스혁명에 대한 반성적 고찰에서 출발하고 다듬어진 사상이다. 그리고 그 근본적인 뿌리는 인류 사회에 보편적 가치를 제시한 성경적 세계관에 기반하고 있다. 그렇다면 이러한 관점에서 볼 때 박정희 대통령을 보수주의자라 할 수 있을까? 이에 대한 답을 찾기 위해 우선 보수주의를 좀 더 깊이 살펴보아야 한다.

보수와 진보는 대립하는 개념인가?

보수, 진보 구분을 탈피하고 좌우로 접근하는 것이 바람직하다는 지적도 있다.[3] 사실 이 지적은 타당한 면이 있다. 왜냐하면 보수, 진보라는 구분은 좌익세력의 용어전술을 통해 굳어진 것이기 때문이다.[4] 대부분의 국민들, 특히 청년층의 압도적 다수는 현재 사회상황을 긍정적으로 평가하기 보다는 무언가 개선해야할 것이 많다고 여기는 경향이 있는데 이런 상황에서 보수, 진보라는 구분을 사용하면 좌익세력이 긍정적인 평가를 받게 된다. 그리고 좌익세력이 생각하는 진보는 결국 마르크스의 역사발전론인데 이를 '진보'라는 아름다운 이름으로 포장하게 된다. 남로당 출신의 아버지와 조총련 강사들에게 공산주의 밀봉교육을 받고 자란 표병관씨는 이러한 언어전술이 사실이었다고 증언한다.[5]

---

3   양동안, 정치사상용어 바로알기, 대추나무, 2020, p.139; 유광호, 사회학도의 역사 읽기 〈5〉 '보수 대(對) 진보'가 아니라 '우익 대 좌익'이다 : 월간조선, 2017.03
      http://monthly.chosun.com/client/news/viw.asp?ctcd=&nNewsNumb=201703100066
4   양동안, 정치사상용어 바로알기, 대추나무, 2020, p.139
5   표병관, 나는 공산주의자의 아들이었다, https://www.youtube.com/watch?v=Qn_yaBv1Kwg

그런데 좌우파 구분도 문제가 없는 것은 아니다. 극우라고 불리는 나치는 국가사회주의 독일 노동자당을 말한다. 히틀러는 독일의 국가사회주의를 소련의 국제사회주의와 구별하기 위해 스스로를 진보 우파라 칭했고 스탈린도 히틀러를 비난하면서 극우라 불렀다. 그런데 재미있는 것은 소련의 국제사회주의, 독일의 국가사회주의는 모두가 사회주의 사상의 다른 모습일 뿐이라는 점이다. 그럼에도 불구하고 극좌와 극우로 분류되고 있다. 이처럼 좌우는 편리한 구분이지만 상대적인 개념이기 때문에 특정한 가치를 담아내기에는 적절하지 않은 면이 있다.

보수와 진보는 대립하는 개념이 아니다. 역사상 의미 있는 진보는 인류사회의 보편적인 가치들이 제대로 '보수' 되었을 때에만 이루어져 온 것이 사실이다. 보수는 소중한 가치를 지키는 것이기 때문에 보수의 반대는 진보가 아니라 파괴이며, 진보는 앞으로 나아가는 것이기 때문에 진보의 반대는 보수가 아니라 퇴보다. 보수주의는 결코 퇴보를 지향하는 개념이 아니다. 우리 사회의 본질적인 가치를 수호하면서 어떻게 발전해 나갈 것인지를 고민하는 개념이 바로 보수주의다.

필자는 보수, 진보 구분에 대한 문제제기에 공감한다. 하지만 단순히 '보수'라는 표현을 사용하지 않은 방향으로 대응하기보다는 보다 근원적으로 보수주의의 본질적 가치를 명확하게 제시하고 교육하는 방향으로 이 문제를 극복해 나가는 것이 바람직할 것으로 생각한다. 그리고 대한민국의 정치지형을 굳이 둘로 나눈다면, 결국 자유민주주의와 자유시장 경제 체제를 바탕으로 건국하고 성장한 대한민국의 정체성을 수호하려는 보수주의자들과, 건국 당시부터 대한민국을 부정하고 체제전복을 꾀하는 파괴세력이 존재할 뿐이라는 것이 냉엄한 현실이다.

보수진영의 현실, 박정희는 보수주의의 적인가?

'대한민국엔 보수 세력은 있어도 보수 이념은 없다'는 비판이 무색하게도 보수주의에 대한 깊이 있는 검토가 보수진영 안에서 일천했던 것이 사실이다. 정치철학으로서 보수주의는 에드먼드 버크에서 출발했다. 그는 프랑스 혁명의 참상을 목도하면서 그에 대한 반성적 고찰을 바탕으로 '프랑스 혁명에 대한 성찰'이라는 보수주의 고전을 남겼다. 이 책은 1789년 프랑스혁명이 발발한 다음 해인 1790년에 쓰여졌는데, 이러한 보수주의의 고전이 2008년에 와서야 진보성향의 서양사학자인 경희대 이태숙 교수에 의해 마침내 한글로 번역됐다. 불교 승려가 성경을 번역해 준 격이다. 일본어 번역이 1881년에 나온 것과는 대조적이다.

에드먼드 버크에 관해서는 최근 국내에서 몇 권의 번역서들이 출간되었지만 2000년 이전의 연구들을 살펴보면 버크에 대한 논의마저도 일찌감치 진보진영이 주도해 왔음을 확인할 수 있다.[6] 에드먼드 버크에 관한

---

6   서울대학교 중앙도서관 자료검색에 따르면 모두 세 건이 검색되는데

최초의 국내 자료는 1974년 이태숙 교수의 석사학위 논문으로 보인다. 1993년엔 서강대 강정인 교수가 '보수와 진보: 그 의미에 관한 분석적 소고'라는 논문을 사회과학연구 제2집에 게재하면서 버크에 관해 다루었고, 97년엔 이 논문을 버크에 관한 두편의 영문자료 번역과 함께 '에드먼드 버크와 보수주의'라는 제목으로 출판했다.[7]

서강대 강정인 교수는 해당 글에서 에드먼드 버크를 인용하면서 박정희 대통령을 사실상 '보수주의의 적'으로 지칭했다.[8] 박정희 대통령은 '헌정질서를 폭력에 의해 전복한 반도'이고 '그에 대항하는 세력은 기존의 헌정질서를 회복하고자 하는 보수적이며 방어적인 세력'으로 해석할 수 있다고 평가했다.[9] 강정인 교수의 글은 1991년 12월, 소련이 붕괴된 이후 작성된 것인데, 사실은 사회주의를 추구해 온 진보진영의 정신적 공황상태를 잘 보여주는 글이다.[10] 소련의 붕괴로 진보진영이 사실상 와해되고 보수진영의 정치적 주도권이 형성되는 상황 속에서 진보진영의 방향성을 모색하며 보수와 진보의 의미를 검토하였는데 아무튼 에드먼드 버크를 적극적으로 살폈다는 점에 의의가 있다. 하지만 필자는 박정희를 보수주

---

7   R. 니스벳 지음 외 지음, 강정인 김상우 옮김, 에드먼드 버크와 보수주의, 문학과지성사, 1997
8   강정인 교수가 직접적으로 그런 표현을 사용하지는 않았지만 박상익 교수는 강정인 교수의 분석을 그대로 수용하면서 박정희는 '보수주의의 적'이라고 표현했다. ; 박상익, 박정희는 보수주의의 적이다 - 사이비 보수주의자들에 대한 고찰, 오마이뉴스, 2016.01.20.
     http://www.ohmynews.com/NWS_Web/View/at_pg.aspx?CNTN_CD=A0002176438
9   강정인, 보수와 진보: 그 의미에 대한 분석적 소고, 사회과학연구 제2집, 서강대학교 사회과학연구소, 1993, p.42
10   강정인, pp.50~55

의의 적으로 보는 그의 평가를 수긍하기 어렵다. 오히려 박정희는 보수주의자로서의 면모가 두드러진다. 이를 논박하기 위해서라도 우리는 보수주의를 자세히 이해해야 한다.

무엇을 보수할 것인가?

보수주의의 가장 본질적인 질문은 과연 무엇을 보수할 것인가, 무엇을 보전하고 지킬 것인가이다. 단순히 프랑스혁명에 반대하고 왕정을 수호하거나 덩샤오핑의 개혁개방에 반대하는 것이 보수주의는 아니다. 보수파, 보수적인 사람과 보수주의자를 구별하는 기준은 바로 지키고자 하는 본질적인 가치가 무엇인가에 달려있다.

보수주의가 수호하는 본질적 가치가 무엇인지 살피는 과정에서 보수주의가 태동한 서구문명의 근간인 성경적 세계관을 애써 외면한다면 이는 공허한 논의가 되고 만다. 기준은 항상 필요하기 마련이다. 사실 보편적 가치라는 것도 이미 가치판단을 전제한 개념이다. 상대주의의 늪에 빠지면 인간이 왜 존엄한지에 대해서도 도무지 답을 찾을 수 없게 된다. 보수주의의 기독교적 뿌리를 애써 외면하는 태도는 보수주의에 대한 이해를 매우 어렵게 한다. 왜냐하면 프랑스혁명에 대한 반성적 고찰에서 출발한 보수주의 철학은 인간이성을 절대적으로 신뢰하고 이성을 신으로 만들어버린 혁명가들과는 달리, 인간의 한계를 겸손히 인정하고 이성을 초월하는 하나님의 섭리와 인간의 영성을 인정하는 토대 위에 세워진 것이기 때문이다. 보수주의의 기독교적 배경을 부정한다면 보수주의는 그저 점진적 개혁 정도로 치부되기 쉽고, 보수주의가 수호하려는 본질적 가치를 이해하는 것은 요원해진다.

프랑스혁명과 보수주의 그리고 마르크스주의

보수주의를 태동시킨 프랑스혁명을 이해하는 것은 프랑스혁명에 대한 반성적 고찰에서 출발한 보수주의 성격과 본질적 가치를 가늠하는데 풍부한 기초를 제공한다. 그리고 프랑스혁명이 마르크스주의와 연결된다는 사실을 함께 인식할 필요가 있다.

역사상 최초의 좌파인 프랑스 혁명가들은 인간이성을 절대적으로 신뢰하고 그에 기반한 유토피아를 추구했다. 그들은 왕정과 교회를 포함한 기존의 모든 사회제도를 구체제, '앙시앙레짐'이라 매도하며 이를 파괴하고 새로운 질서를 세우려 했다. 버크의 예견대로 프랑스혁명은 과격한 방향으로 흘러갔다. 전투적 무신론과 이신론에 기반한 자코뱅은 교회 건물을 국유 재산으로 몰수했다. 나아가 기독교의 인격신을 인간이성으로 대체하고 이성을 새로운 신으로 숭배하면서 교회를 '이성의 전당'으로 개조했다. 그리고 여배우를 자유의 여신으로 분장시키고 예배했다.

이성을 새로운 신으로 모신 프랑스혁명은 어땠을까? 그들의 사회적 실험은 군중의 광기와 살육으로 점철된 광란으로 치달았다. 프랑스 혁명가들이 주창한 자유, 평등, 박애는 철저하게 혁명에 찬동하는 사람들만의 자유, 평등, 박애였다. 보편적인 인권을 보장한 것이 결코 아니었다. 혁명에 동조하지 않는 사람들에겐 참혹한 학살이 광범위하게 자행됐다. 예를 들어 로베스피에르가 집권한 1년 동안, 3만 5천명이 단두대에서 목이 잘렸고, 방데지역에서는 60만명이 학살당했다. 기록에 따르면 아이들은 말로 밟아 죽였고 임산부를 포도 압착기에 넣어 살해하기도 했다. '공화주의 결혼식'이라며 남녀를 발가벗기고 함께 묶어서 수장시켰다. 강간은 일상적이었고, 아기를 총검으로 꿰어 주고받기도 했다. 이러한 프랑스혁명을 자랑스러운 민주주의의 역사로 찬양할 수 있을까? 지금도 프랑스에서는 프랑스혁명의 이러한 참상을 언급하는 것이 금기시되고 있다.

프랑스혁명을 주도한 자코뱅은 마르크스주의의 모태가 되었다. 그리고 프랑스혁명사는 마르크스주의자들에 의해 미화되어 왔다. 지난 백여년 간 프랑스혁명사를 주도해온 사람들은 프랑스의 마르크스주의자들이었다.[11] 이들은 프랑스혁명을 계급투쟁의 관점에서 해석한다. 새롭게 일어난 부르주아 계급과 전통적 질서를 유지하려는 귀족계급 사이의 계급투쟁의 성격을 지닌 부르주아 혁명이라는 것이다. 이들은 프랑스혁명

---

11   강철구, 맑스주의적 해석이란 – 강철구의 '세계사 다시 읽기'<41> 프랑스혁명과 세계사②,
      https://www.pressian.com/pages/articles/55888

이 봉건제를 파괴하고 자본주의로 이행하는 전환점이라며 큰 의미를 부여한다.[12] 그리고 부르주아 혁명은 봉건제를 무너뜨리긴 했지만 여전히 사적소유에 기반하고 있기에 자본주의적 잔재가 남아 있는 것이고, 사적 소유의 문제를 근본적으로 해결하는 프롤레타리아 혁명으로 나아가는 것이 마르크스가 얘기한 역사발전에 부합한다는 믿음이 근저에 깔려 있다.[13]

프랑스혁명에 대한 이러한 해석은 최근까지도 주류적인 견해로 수용되어 왔다. 하지만 프랑스혁명의 참상에 대한 실증연구들이 늘어나면서 백년 넘게 주류적 견해로 군림해 온 마르크스주의적 해석도 이제 무너지고 있다.[14] 비록 수백 년이 지나긴 했지만, 혁명가들의 거짓선동의 희생양이 된 마리 앙투아네트의 누명이 어느 정도 벗겨지고, 특별히 방데 지역에서 발생한 참상이 재조명 되고 있는 것은 많이 늦었지만 반가운 일이다.[15]

---

12 최갑수, 마르크스와 프랑스혁명, 뉴래디컬리뷰, 1992.09, pp.42-60 참고
13 조항구, 청년헤겔학파의 국가론 -청년마르크스(1839-1843)를 중심으로, 인민사회21 8월1호, pp.865-885 참고 ;
14 강철구 수정주의 해석의 발전 – 강철구의 '세계사 다시 읽기' <42> 프랑스 혁명과 세계사 ③ https://www.pressian.com/pages/articles/55930
15 이에 관해서는 김응종, 방데전쟁의 폭력성 – 학살인가 제노사이드인가?, 군사 제97호, 2015.12, pp.395-424; 마리 루이즈 드 라로슈자클램, 김응종 옮김, 회고록 – 한 프랑스 귀족부인이 겪은 프랑스혁명, 한국문화사, 2018; 이윤섭, 마리 앙투아네트의 진실과 거짓, 출판시대, 2019; 김응종, 프랑스혁명사는 논쟁 중, 푸른역사, 2022 등 참고

휴머니즘의 역설 – 유토피아를 위해 학살을 자행하는 사람들

'오! 자유여, 그대의 이름으로 얼마나 많은 죄를 범할 것인가!' 지롱드파 롤랑 부인이 단두대에서 처형되기 전에 남긴 말이다. 자유를 빙자한 학살이 어떻게 가능할까? 자유, 평등, 박애를 내세운 프랑스혁명가들이 참혹한 학살을 아무렇지도 않게 자행하게 되는 것은 왜일까?

무신론적 자유주의는 인간의 자유 자체를 궁극적인 가치로 삼고 인간의 이성에 바탕을 둔 이상향을 추구한다. 하지만 무신론적 자유주의는 하나님이라는 절대적인 기준을 지워버렸기 때문에 가치판단의 근본적인 기준을 상실하고 상대주의라는 토대위에 서게 된다. 이 상대주의 위에서 진리는 결국 파워게임으로 변질되고 집단이 설정한 기준과 이상향이 절대적인 기준으로 군림하게 된다.

무신론적 자유주의는 곧 무신론적 인본주의, 세속적 휴머니즘이다. 무신론적 자유주의는 인간 이성을 신뢰하고 이성적 설계에 기반한 유토피아를 공동체의 이상향으로 설정한다. 문제는 무신론적 자유주의가 진화론과 결합해서 자신들이 설정한 이상향이 과학적 진리라고 믿어버리거나, 가치상대주의에 빠져서 집단주의적 성향을 띄게 될 때, 인류는 전대미문의 끔찍한 참상들을 경험해 왔다는 것이다. 프랑스혁명가들은 인간이성에 기반한 인본주의적 자유를 표방했고 마르스크스주의자들은 휴머니스트를 자처했다. 그렇게 휴머니즘을 숭배하면서도 학살을 자행했다. 마르크스주의자들은 인간의 역사가 공산주의로 귀결되는 것이 이성적인 결론이라 여겼고, 인간의 본성이 그에 맞게 변화하는 것이 역사라고 믿었다. 따라서 그에 미치지 못하는 인간들은 교화의 대상이 되었고, 도무지 교화가 되지 않는 사람들은 죽여도 된다는 생각이 이성적인 결론이 되어버린 것이다. 그렇기 때문에 휴머니즘을 말하면서도 인류의 진보를 위해 학살을 자행할 수 있었던 것이다.

현존하는 위험 – 변질된 자유주의와 포스트모더니즘

자유주의는 종교개혁과 계몽주의에 영향을 받은 의미 있는 사상이다. 기독교 문명에 바탕을 둔 유럽에서 고전적인 의미의 자유주의가 태동할 당시 성경적 세계관은 당연한 기반이었고, 이는 어떤 개인이 기독교 신앙을 가지고 있는지 여부를 떠나 사회문화적인 인식의 기초로 작용했다. 그렇기 때문에 특정한 교파적 견해에 상관없이 성경적 세계관이 품고 있는 인간의 존엄과 자유, 진실의 가치를 자연스럽게 전제했다. 19세기 영국 빅토리아 시대에 고전적 자유주의가 건강하게 유지될 수 있었던 것은 존웨슬리의 복음주의 운동이 영국을 강력하게 지지하고 있었기 때문이다. 하지만 이러한 자유주의가 기독교적 토대를 잃어가면서 조금씩 변질되기 시작했다.

국가에 대해 적극적 자유를 요구하는 방향으로 나아간 현대 서구의 자유주의는 포스트모더니즘이라는 가치상대주의에 기반을 두고 있다. 포스트모더니즘은 마르크스주의를 방법론으로 차용했고 기존의 질서를 파괴하는 해체주의로 나아갔다. 언어학에서 해체주의는 PC주의로 발전한다. 인간의 사고는 언어에 영향을 받는데 언어에는 차별적인 요소가 있으니 언어 사용에 차별적인 언어를 배제하는 것이 정치적으로 올바르다는 것이다. 이러한 PC주의는 마르크스주의의 변형된 형태인 정체성 정치의 강력한 기반이 되고 있다. 정체성 정치란 결국 프롤레타리아를 소수자 정체성으로 치환한 것에 지나지 않는다. 현대 서구의 자유주의가 마르크스주의를 닮아가는 것도 바로 이런 배경 때문이다. 이 때문에 미국의 liberal은 radical left가 되고 있는 것이다. 이런 상황을 돌아볼 때 현대 서구의 자유주의가 고전적 자유주의에서 상당히 변질된 것임을 이해할 수 있다.

많은 사람들이 소련의 붕괴로 체제 전쟁은 끝났다고 믿었다. 마르크스는 역사의 최종적인 귀결은 공산주의라고 규정했지만 프란시스후쿠야마는 자유민주주의의 승리를 확인하며 역사의 종언을 선언했다. 하지만 마르크스의 유령은 인간의 증오와 민주주의의 치명적 자만에 기대어 살아남았다. 그리고 이미 다양한 모습으로 미국과 유럽, 한국을 비롯한 많은 나라의 정치에 침투해 있다.

보수주의의 속성

보수주의는 어려운 개념이 아니다. 보수주의가 성경적 세계관에 바탕을 둔 것임을 인정한다면 보수주의의 기본적인 속성을 쉽게 이해할 수 있다. 보수주의가 어렵게 느껴지는 이유 중 하나는 성경적 세계관에 바탕을 둔 보수주의자들과 프랑스혁명을 찬양하는 자유주의자들이 소위 '보수우파'라는 진영 안에 함께 섞여 있기 때문이다. 프랑스혁명이 왕정을 무너뜨리고 공화정을 시작한 최초의 자유주의 혁명으로서 민주주의에 기여했다고 평가하며 찬양하는 것이 자유주의자의 이해다. 하지만 보수주의는 프랑스혁명에 대한 반성적 고찰에서 출발했기 때문에 프랑스혁명에 대한 이해가 태생적으로 다를 수밖에 없다.[16] 그런점에서 최근 프랑스혁명에 대한 실상이 국내에서도 주목받기 시작한 것은 고무적인 일이다.

프랑스 혁명가들은 인간 이성을 절대적으로 신뢰하고 이성에 기반한 유토피아를 추구했다. 그리고 전투적 무신론과 이신론에 바탕을 두고 하나님을 부정하며 교회를 파괴했다. 보수주의가 프랑스혁명에 대한 반성적 고찰에서 출발했음을 상기한다면 프랑스 혁명가들의 이러한 자세에서 보수주의 기본적인 속성을 어렵지 않게 유추할 수 있다.

---

16 물론 자유주의 진영에서도 프랑스혁명의 실상을 이해하고 프랑스 혁명가들이 표면적으로 자유를 내세웠지만 실질적으로 인간의 자유를 파괴했다고 견해를 변경할 여지도 존재한다.

프랑스 혁명가들과는 달리 보수주의는 인간 이성의 한계를 겸손하게 인정하는 자세에서 시작한다. 인간 이성에 바탕을 둔 유토피아를 설계하기 보다는 선대의 경험을 존중하고 시장의 자율적인 질서와 정책의 결과를 바탕으로 신중한 태도를 견지한다. 그런 의미에서 보수주의자는 사회의 발전을 추구하면서도 본질적인 가치를 수호해 나가려는 신중론자라고도 할 수 있다. 그리고 무엇보다 중요한 것은 전투적 무신론과 이신론에 근거해서 하나님을 철저하게 부정했던 프랑스 혁명가들과는 달리, 보수주의는 인간의 부족함을 겸손하게 인정하면서 인간이 영적 차원의 존재이고, 또 우리가 다 이해하지 못하는, 하나님께서 일하시는 영역이 있음을 인정한다. 인간의 영성과 하나님의 섭리를 인정하는 것이다. 다시 말해 보수주의는 어떤 교조적인 원칙이라기보다는 인간의 한계를 겸손하게 인정하고 하나님의 섭리를 긍정하는 태도라 할 수 있다.

보수주의에 대한 국내의 연구가 아직 일천하기도 하지만 보다 근본적인 문제는 합리성을 추구하는 학문의 영역에서 이점을 종교적인 문제로 치부하고 애써 외면하는 경우가 대부분이라는 점이다. 정치철학적 보수주의의 본류라고 할 수 있는 에드먼드 버크나 미국의 러셀 커크 뿐만아니라 몇몇 학자들이 자신들이 이해한 보수주의의 몇 가지 원칙들을 제시하고 있는데, 중요한 것은 그러한 원칙들보다도 앞선 것이 보수주의의 토대인 성경적 세계관이라는 사실이다. 이를 고려하지 않는다면 그들이 제시한 원칙의 해석도 교조적으로 흘러갈 수 있다.

보수주의가 수호하려는 본질적 가치

그렇다면 보수주의가 수호하려는 본질적 가치는 도대체 무엇인가? 보수주의의 본질적 가치는 성경에 기반한 인간관과 자유의 개념을 통해 도출된다. 모든 인간은 하나님의 형상대로 창조되었기에 존엄하고 우리에게 주어진 자유는 최후의 심판이라는 책임을 전제한다. 그리고 이 자유의 본래적인 목적은 거짓을 떠나 진리이신 하나님을 선택하고 누리는 것이다. 하나님의 형상대로 창조된 인간의 존엄과 책임 있는 자유, 거짓을 떠난 진리, 이것이 성경적 세계관이 우리에게 제시하는 가장 기초적이고 보편적인 가치이다. 이것은 또한 성경적 세계관에 바탕을 두고 서구문명에서 발전해 온 자유민주주의와 자유주의시장경제의 근본적인 기반이기도 하다. 거짓에 기반한 민주주의와 시장은 처음부터 불가능한 것이다.

여기서 우리는 보수주의자의 '자유'가 어떠한 자유인지를 알 수 있다. 이는 모든 것을 마음대로 할 수 있다는 자유가 아니다. 특정한 목적과 책임을 전제한 자유다. 성경적 세계관에 기초한 자유의 의미와 목적은 진리이신 하나님을 택하고 그분과 사랑의 관계를 누리는 것이다. 이는 최후의 심판을 전제한 책임 있는 자유이며 인간의 존엄과 진리·진실의 가치를 지켜야 하는 자유다.

인간의 존엄과 책임 있는 자유, 거짓을 떠난 진리라는 보수주의의 근본 가치는 성경적 세계관에 바탕을 두고 있다. 하지만 이것은 이미 기독교 신앙을 떠나 인류 사회의 보편적인 가치로 자리 잡았다. 보수주의는 성경적 세계관에 기반을 두고 있지만 보수주의를 말하는 것이 기독교 신앙을 강요하는 것은 아니다. 신앙은 강요할 수 있는 것이 아니다. 종교적 신념이 타인에 의해 강요될 수도 없다. 하지만 성경적 세계관이 제시한 보편적 가치를 지지한다면, 종교적 신념을 떠나 보수주의를 지지할 수 있다. 그리고 이러한 본질적인 가치는 특정한 상황이나 환경에 관계없이 보편적으로 적용된다.

보수주의가 무엇인지에 관한 설명은 분분하다. 하지만 정치철학적 보수주의의 시초라고 평가되는 에드먼드 버크나 그를 계승한 러셀 커크와 같은 학자들은 이런 관점에 군건히 견지하고 있다. 이러한 근본적인 배경을 외면한다면 보수주의에 대한 논의는 공허할 수밖에 없다.

국가 존재하는 이유

국가가 존재하는 이유는 이 본질적 가치를 수호하기 위한 것이다. 경제와 외교, 국방과 복지를 비롯한 모든 국가정책은 기본적으로 이 가치를 담아내야 한다. 이 본질적 가치가 모든 것을 판단하는 기준이다. 우리가 공산혁명을 비난할 수 있는 것은 인간의 존엄을 무산계급이라는 관념적 집단에만 국한하기 때문이다. 중국의 개혁개방을 반대하며 공산주의의 가치를 지키려던 보수파를 보수주의자라 할 수 없는 것은 공산주의가 이 본질적 가치에 배치되는 속성을 지녔기 때문이다. 나아가 우리가 자유롭고 건강한 시장을 지지하는 것은 그것이 근본적으로 빈곤의 문제를 해결하고 지속적인 발전을 가능하게 하는 유일한 수단이라는 경험적 진실 때문이다. 사회주의적 포퓰리즘에 반대하는 것도 마찬가지다. 포퓰리즘은 국가의 건강한 발전을 저해할 뿐만 아니라 평등으로 포장된 달콤한 정책의 가장 큰 피해자는 결국 우리 사회의 가장 연약한 사람들이라는 것이 경험적 진실에 기반한 교훈이다. 모든 사람이 자유롭고 존엄하게 성장할 수 있는 사회는 자유민주주의와 건강한 시장경제를 통해서만 가능하다는 것이 역사의 교훈이기도 하다.

우리가 이러한 가치를 내면화 하더라도 구체적인 정책과 결정의 결과에는 여전히 오류가 있을 수 있다. 인간은 완전하지 않기 때문이다. 하지만 이 본질적 가치가 우리의 궁극적인 기준이고 푯대다. 오류가 있더라도 이 기준이 굳건한 토대가 된다면 다시 바로 잡아 나갈 수 있다. 만약 박정희 대통령과 그가 단행한 유신이 비난을 받아야 한다면 이 잣대를 통해서만 가능할 것이다. 또한 반대로 그에 대한 긍정적인 평가 역시 이

기준을 통해 가능하다.

이태숙 교수의 보수주의 비판에 대해

박정희 대통령과 유신을 보수주의자의 관점에서 검토하기 이전에 이태숙 교수의 보수주의 해설을 살펴보려 한다. 이태숙 교수는 프랑스혁명에 관한 성찰에서 역자서문으로 '에드먼드 버크의 프랑스혁명에 관한 성찰과 보수주의'라는 제목의 글을 실었다. 보수주의에 대한 연구가 일천한 환경 속에서 이태숙 교수의 글은 소중한 자료이고 중요한 시사점을 제시한다. 하지만 이태숙 교수의 설명을 보수주의에 대한 일반적인 설명으로 이해하는 것은 타당하지 않다. 위에서 잠시 언급했듯이 이태숙 교수는 진보성향의 인사로 분류된다. 사민주의 또는 자유주의적 관점에서 작성된 보수주의에 대한 평가가 보수주의에 대한 일반적인 설명으로 오도되어서는 안된다. 보수진영 안에서도 그런 설명을 아무런 비판없이 수용하는 경우도 있기 때문에 이에 대한 정리가 필요하다. 사민주의 내지 자유주의적 성향을 띄는 진보진영 인사들이 보수주의를 언급하면서 박정희 대통령을 보수주의의 적으로 평가하고 있기 때문에 이를 극복하기 위해서는 그들의 평가에 중대한 오류가 있음을 확인할 필요가 있다.

이태숙 교수는 보수주의란 기존제도를 그대로 유지하기 위한 현상유지 이념이고, 기존제도에 심각한 위협이 대두했을 때에만 번창할 수 있는 상황적인 이데올로기라고 한다.[17] 그리고 버크가 미국독립혁명을 지지하고 프랑스혁명을 반대한 것을 두고 사상적 일관성이 없다고 평가하면서, 그가 프랑스혁명이 발생하자 보수주의자로 '전향'했다면서 이런 사실은 보수주의가 상황적 이데올로기임을 보여주는 것이라고 설명한다.[18] 나아가 보수주의는 수호하려는 기존체제의 성격이 일정하지 않다고 하면서도[19] 한국의 보수주의는 그들이 보수하려는 전통제도가 무엇인지 마저도 설득력 있게 제시하지 못한다고 비판한다.[20] 그리고 한국의 일부 보수주의자들이 자유민주주의와 자유시장제도를 보수할 대상으로 제시하는 것에 관해서는 보수주의란 오랜 역사와 전통에 기반한 것인데 역사가 일천한 한국에서 자유민주주의와 자유시장제도를 보수할 대상이라고 하는 것은 보수주의 본래의 제도 옹호론에 부합되지 않는다고 한다.[21] 그러면서 보수주의란 원래 역사와 전통 속에서 무언가 지킬만한 것이 많은 선진국에서나 효과적으로 채택될 수 있는, 선진국의 이념이고 후진지역에서는 존립하기 어려운 개념이라고 설명한다.[22] 이런 관점에서 선진국이 아닌 한국에서 보수주의가 강세를 띄는 것은 기이한 현상인데, 다만 보수주의가 상황적 이데올로기라는 것을 고려할 때 북한이라는 위협이

---

17 이태숙, p.17
18 이태숙, pp.24-25
19 이태숙, p.26
20 이태숙, p.27
21 이태숙, p.27
22 이태숙, p.28

존재하는 한 한국의 보수주의는 힘을 얻을 수 있고, 그렇게 하려면 한국의 보수주의자들은 북한과 같은 위협상황을 계속 만들어 내야 한다는 것이 그 설명의 요지이다.[23]

이태숙 교수의 설명은 사실 보수주의에 대한 조롱이다. 보수주의란 원래 특정한 내용이 있는 것도 아니고 기존체제를 지키기 위한 상황적 이데올로기에 불과한데, 한국의 보수주의는 지킬만한 전통과 역사도 없고 그저 북한을 이용해야만 생존이 가능할 것이라는 얘기를 세련된 어조로 풀어낸 것에 지나지 않는다.

이태숙 교수의 보수주의에 대한 이해는 몇 가지 문제가 있다. 우선 이태숙 교수는 Neo-conservative와 New-conservative를 구별하지 못하고 있는 것으로 보인다. 이태숙 교수는 사무엘 헌팅턴을 미국의 보수주의자로 언급하면서 그의 저서인 '문명의 충돌'이 소련과 동구권이 붕괴하고 냉전 종식된 이후 이슬람을 새로운 위협세력으로 규정하고 미국 내부 역량을 결집시키기 위한 미국 보수주의자의 전략적 사고의 산물이라고 이해한다.[24] 이태숙 교수가 보수주의는 상황적 이데올로기라고 한 것은 사무엘 헌팅턴의 견해를 수용한 것인데[25] 헌팅턴은 네오콘(neo-

23 이태숙, pp.28-29
24 이태숙, p.24
25 이태숙, p.24

conservative)으로 분류되는 인물이다. 네오콘은 원래 리버럴 또는 사민주의자로 이해되던 지식인들인데 1960년대 후반 이후 신좌파가 과격한 문화혁명을 전개하며 대학과 지성계를 황폐하게 만들자 이 문제점을 인식하고 내부에서 비판을 제기한 사람들이다. 이에 신좌파 진영에서는 그동안 같은 진영에 있던 사람들이 다른 목소리를 내기 시작하니 조롱과 야유가 섞인 어조로 이들을 Neo-conservative로 낙인찍기 시작했다.[26] 다시 말하면 사무엘 헌팅턴은 정통 보수주의자는 아니다. 이에 반해 New-conservative는 정통 보수주의 입장을 고수해 온 사람들인데 닉슨대통령이 사임한 이후 쇠퇴하던 미국 보수주의 운동의 부활을 모색하며 공격적인 보수주의 노선을 추구하여 레이건 대통령을 당선시킨 세력이다. 언론에서 이들을 New-conservative라 불렀다. Neo-conservative가 리버럴 또는 사민주의자였다가 보수적인 주장을 하게 된 것과는 달리 New-conservative는 처음부터 보수주의 전통을 계승한 사람들이었다.[27] 이 둘을 굳이 구별하는 이유는 이들의 사상적 입장에 차이가 있기 때문이다. 네오콘은 리버럴, 사민주의적 성향으로 인해 반공의식이 덜 강하고, 종교와의 유대가 상대적으로 약하며, 정부의 경제 개입에 보다 적극적인 모습을 보인다.

---

26 양동안, pp.155-156
27 양동안, p.158

헌팅턴이 설명한 보수주의를 다룰 때에는 그가 네오콘이라는 사실을 감안하고 접근해야 한다. 헌팅턴은 보수주의를 기존 질서를 지키기 위한 수단으로 이해한다. 그는 보수주의가 역사 속에서 특정한 상황에서만 발호하는 모습을 보이는데, 그렇기 때문에 보수주의는 모든 시간과 장소에서 보편적으로 적용되는 원칙은 아니라고 이해한다. 그리고 보수주의가 지향하는 특정한 정치형태와 이상은 존재하지 않는다고 하면서[28] 보수주의란 기존체제가 위협받는 상황에서 이를 정당화하는 수단이라고 설명한다.[29] 필자는 이태숙 교수와는 달리 보수주의가 상황적 이데올로기라는 헌팅턴의 정의에 동의하지 않는다. 이는 다분히 리버럴적인 관점에서 바라 본 보수주의의 모습이며 중대한 결함을 지니고 있는 관점이다. 보수주의가 만약 기존체제가 위협받는 상황에서 이를 정당화하는 수단에 지나지 않는다면 중국이나 북한의 현 체제를 수호하려는 보수파를 보수주의자라고 불러야 할 것이다. 중국이나 북한의 보수파를 보수주의자라고 할 수 없는 것은 보수주의가 지향하는 특정한 가치가 있음을 반증하는 것이다. 보수주의는 그저 현상을 유지하기 위한 상황적 이데올로기가 결코 아니다.

버크나 러셀커크 같은 정통 보수주의자들이 지적하는 것처럼 보수주

---

28 S. P. Huntington, Conservatism as an Ideology, American Political Science Review 51(1957), pp.457–458

29 Huntington, p.473

의는 시대와 상황에 상관없이 적용될 수 있는 보편적인 이념이다. 보수주의는 시대적 역사적 맥락 속에서 인간의 존엄과 책임 있는 자유, 진실의 가치를 최대한 수호하려는 자세다. 그렇기 때문에 보수주의가 발현되는 구체적인 모습은 상황에 따라 달라질 수 있다. 하지만 보수주의가 지향하는 보편적 가치는 변하지 않는다. 예를 들어, 영국 보수주의는 입헌군주제를 지지하고 미국의 보수주의는 공화제라는 정치체제 아래에서 발전해 왔다. 서로가 속한 정치체제가 다르더라도 이들은 모두 성경적 세계관에서 도출된 보편적 가치 즉, 인간의 존엄과 책임 있는 자유, 진실의 가치를 지지한다는 점에서 하나의 뿌리를 가지고 있다. 버크와 아버지는 개신교인 영국 국교도였고 어머니와 누이는 가톨릭 교도였다. 이러한 사실은 버크 카톨릭과 개신교의 교리적 차이를 뛰어넘는 보편적 가치에 대한 인식이 있었다는 것을 시사한다.

이태숙 교수는 미국독립혁명 시기의 버크의 논설들과 프랑스혁명에 관한 성찰 이후에 작성된 그의 논설들이 서로 일관성이 없다고 주장한다. 하지만 이는 미국독립혁명과 프랑스혁명의 성격에 근본적인 차이가 있다는 점을 간과한 것이다. 미국독립혁명은 성경적 세계관이 적극적으로 반영된 혁명이었고 프랑스혁명은 전투적 무신론과 이신론에 기반한 것이었다. 버크는 영국에 저항하는 식민지인들을 옹호했다. 식민지인이든 영국인이든 자유가 침해되어서는 안된다는 것인데 이는 보편적 가치는 누구에게나 적용되어야 한다는 것이 그의 신념이었음을 보여주는 사례다. 성경적 세계관에 따라 모든 인간에게 마땅히 적용되어야 할 보편적 가치를 지지하는 그에게 프랑스혁명은 무신론적 자유를 빙자한 방종과 폭주였고, 그는 일관된 견지에서 프랑스혁명의 문제점을 지적했던 것이다.

보수주의 혁명은 가능한 것인가?

혁명이 꼭 좋은 것은 아니다. 프랑스혁명처럼 자유, 평등, 박애를 내세우면서도 참혹한 학살을 야기하기도 하는 것이 혁명이다. 그런 점에서 혁명이라고 하면 무책임한 극단주의자가 연상되는 것도 사실이다. 혁명이란 일반적으로 기존 질서를 완전히 뒤집는 것인데 혁명이라는 것이 반드시 발전을 불러오는 것도 아니다.[30] 하지만 우리는 혁명이라는 단어를 긍정적인 의미로 사용하는 경우가 분명히 있다. 기존의 질서를 완전히 개혁하면서 긍정적인 결과를 야기한 일련의 사건들에 대해 우리는 혁명이라는 이름을 붙이기도 한다. 그렇다면 혁명을 긍정적으로 평가할 수 있는 것은 어떤 상황일까? 보수주의 혁명은 가능한 것일까?

프랑스혁명에 대한 반성에서 출발한 보수주의는 인간 이성에 기반한

---

30 안병직, 안병직, 그리고 좌파 知性의 고해 "'진보'는 실현코자 하는 민주주의 모델이 없다", 월간조선 2011.07, http://monthly.chosun.com/client/news/viw.asp?nNewsNumb=20110710

유토피아 건설을 추구하기보다는 인간의 한계를 인식하고 과거의 경험과 정책의 결과를 존중하며 신중한 자세를 취한다. 과거의 경험을 존중하기 때문에 급격한 변화보다는 점진적 개혁을 지향한다. 하지만 보수주의를 그저 점진적 개혁 정도로 치부하는 것은 오히려 본질을 크게 왜곡하는 면이 있다. 에드먼드 버크는 혁명적 방법으로만 제거될 수 있는 사회악이 존재함을 인정했다. 이러한 견지에서 그는 종교개혁과 명예혁명을 지지했고 미국의 독립혁명을 지지했다.

그렇다면 보수주의자가 혁명을 지지하는 경우는 어떤 상황일까? 보수주의자의 혁명은 인간의 존엄과 책임 있는 자유, 거짓을 떠난 진실의 가치를 지키기 위한 것이다. 보수주의자들이 죽음까지도 두려워하지 않고 싸울 수 있는 것은 그 본질적인 가치를 소중히 여기기 때문이다. 본질적 가치가 훼손됨이 명백할 때에는 희생을 마다하지 않는 보수주의자들의 혁명적인 면모가 드러난다. 보수주의자인 버크가 종교개혁을 지지한 것은 부패한 카톨릭 교회의 교권으로 인해 하나님의 말씀인 진리가 왜곡되고 인간의 존엄과 자유가 침해되었기 때문이다. 천부인권에 바탕을 두고 이에 충실하게 진행된 미국의 독립혁명은 보수주의 혁명의 좋은 사례다. 그런 점에서 이신론 또는 무신론적 사고에 바탕을 둔 급진좌파 자코뱅이 주도한 프랑스혁명과는 근본적으로 구별된다.

보수주의가 시대와 상황에 상관없이 적용될 수 있는 보편적인 이념으로서 인간의 인식론적 한계를 겸허하게 인정하고 시대적, 지역적 환경 속에서 보편적인 가치들을 최대한 수호하려는 자세라고 본다면 보수주의 혁명은 가능할 뿐만 아니라 오히려 필요한 것이다.

박정희 대통령은 보수주의의 적인가?

이제 보수주의에 대한 이러한 이해를 바탕으로 박정희 대통령을 살펴보려 한다. 위에서 언급했듯이 강정인 교수는 에드먼드 버크를 인용하면서 박정희 대통령을 사실상 '보수주의의 적'으로 평가했다. 좌파적 시각에서 보수주의를 분석하면서 박정희 대통령이 한국의 보수주의를 퇴보시켰다는 주장도 있다.[31]

보수주의가 보편적인 가치를 수호하고 인간의 인식을 뛰어넘는 하나님의 섭리를 긍정하는 태도임을 이해하는 입장에서 과연 박정희를 '보수주의의 적'이라고 평가할 수 있을까? 보수주의의 본질적인 가치를 인간의 존엄과 책임 있는 자유, 진실로 이해한다면 박정희 대통령을 어떻게 평가해야 할까?

사실 이에 대한 평가는 현실인식에 따라 극명하게 갈라진다. 박정희

---

31   이나미, 박정희 정권과 한국 보수주의의 퇴보, 역사비평 2011, 95호, pp.36-67

대통령을 구국의 영웅으로 이해하는 사람들과 친일파 빨갱이에 변절자며 독재자로 매도하는 사람들이 함께 숨 쉬고 있는 것이 현실이다. 이럴 때일수록 중요한 것은 거짓을 떠나 엄정한 진실에 집중해야 한다는 것이다. 박정희 대통령을 애써 우상화 할 필요도 없고 반대로 그를 악마화할 이유도 없다. 인간의 존엄과 책임 있는 자유, 진실의 가치에 비추어 투명하게 살펴야 한다. 다만 박정희 대통령에 대한 전략적이고 악의적인 거짓이 개입하고 있다는 사실을 명확히 인식할 필요가 있다.

역사무기화 전략 – '오까모토 미노루' 사건

스탈린은 현재와 미래를 위해 과거를 조작했다. 역사무기화 전략은 공산권에서 적극적으로 활용해 온 허위정보(Disinformation) 전략 중 하나다. 오늘날 중국에서도 역사가 현재의 정책목표를 달성하는 수단으로 이용되고 있다. 티벳과 신장의 역사를 중국의 것으로 포장하는 서남공정과 서북공정 그리고 고조선과 부여, 발해까지도 중국사로 편입하는 동북공정을 볼 때 사회주의자들의 역사무기화 전략을 절감하게 된다. 북한에서는 김일성의 우상화를 위해 근현대사를 김일성에 맞춰 서술하고 있다. 그리고 이에서 더 나아가 대한민국을 향해 역사무기화 전략을 적극 펼치고 있다. 대한민국은 친일파가 미국에 빌붙어 세운 부정한 나라이기에 한민족의 민족적 정당성은 북한이 계승하고 있다는 좌익민족주의 사관이 바로 그것이다.

한 때 박정희 대통령이 '다카키 마사오'에서 '오까모토 미노루'라는 이름으로 재개명 했다는 주장이 번졌다. 2012년 대선후보 TV토론에서 통합진보당 이정희 후보는 박근혜 후보와 국민들을 앞에 두고 이런 얘기를 사실인양 전했다. 창씨개명이야 일제 강점기를 살아간 사람으로서 피치 못한 것이라고 볼 수도 있는데 '다카키 마사오'가 조선인 냄새가 나서 '오까모토 미노루'라는 일본식 이름으로 다시 더 일본식으로 우아하게 바꾸었다는 것이다. 박정희가 그 정도로 악랄한 친일파였다는 주장인데, 이는 현재 북한에서 시작된 허위날조로 파악되고 있다. '오까모토 중위'라는 표현은 1973년 8월 11일, 북한 노동신문에서 최초로 확인된다. 이 기사는 박정희 대통령을 동족을 잔악하게 학살한 오까모또 중위로 묘사하고 있다.[32] 결국 북한의 허위 날조가 논란의 근원이었던 것이다. 북한의 역사무기화 전략은 이승만 박정희 대통령을 친일파와 독재자로 매도하고 대한민국의 정당성을 부정한다. 오까모토 중위 사건 뿐만아니라 이승만, 박정희 대통령에 대한 허위날조가 만연해 있다는 사실을 인식하고 접근해야 한다. 이승만, 박정희 대통령도 인간이기에 부족함이 있는 것은 당연하다. 하지만 그들의 실책이나 단점을 과장하고 허위사실까지 유포하며 그들의 위대한 업적을 부정하면서 기적 같은 축복의 대한민국을 부정하는 세력이 움직여 왔다는 엄연한 사실을 직시해야 한다.

---

32 이시완, '박정희=오카모토 미노루' 는 북한에서 시작된 네거티브, 미디어워치 2012.12.05.
    https://www.mediawatch.kr/news/article.html?no=237865

박정희는 독재자인가, 보수주의자인가?

안타깝게도 민주화 도그마에 빠져있는 학계나 언론과 교과서는 그들을 독재자로 묘사한다. 하지만 독재라는 표현은 스탈린이나 히틀러, 모택동, 김일성과 같이 학살을 자행한 독재자에게 어울리는 말이지 이승만과 박정희를 그와 동급으로 두는 것은 이미 역사무기화 프레임에 잠식된 것이다. 링컨은 1863년 게티즈버그에서 '국민의, 국민에 의한, 국민을 위한 정부'라는 민주주의의 기념비적 연설을 남겼다. 그런데 그 연설이 있기 얼마전인 1862년 9월, 그는 남북전쟁의 국가위기상황에서 인신보호영장제도(Habeas Corpus)를 완전히 정지시켰다. 영장 없이 사람들을 구금한 것이다. 이렇게 투옥된 사람들이 1만 3천여명에 달한다. 링컨은 남북전쟁이 발발하자 자신을 반대하는 수백 개의 신문을 폐간했고 모든 통신을 검열했다. 링컨은 독재자인가? 민주주의의 수호자인가? 민주주의는 특별한 위기상황에 권력의 집중을 허용한다. 공화정 시대의 로마는 비상시기에 독재관을 뽑아 전권을 위임했다. 링컨은 독재적인 비상대권을 행사했지만 독재자가 아닌 헌법과 자유민주주의의 수호자로 추앙된다. '박정희 대통령이 독재자인가에 대한 평가는 그가 추구한 가치와 당시 대한민국이 처한 시대상황을 어떻게 이해하느냐에 따라 판단할 일이다. 그리고 민주화라는 것은 결코 최종적인 가치판단의 기준이 될 수 없다. 다수가 항상 정당한 것은 아니다. 인민을 빙자한 대중독재의 참상은 여러 번 반복되어 왔다. 바이마르 공화국은 민주주의로 몰락했고 뒤

이은 나치와 히틀러는 민주적인 방법으로 유대인 학살을 자행했다.

5·16은 형식적으로 쿠데타이며 군사정변이다. 하지만 5·16 당시 불안했던 국내외 상황을 돌아볼 때 박정희 대통령을 보수주의자로 보지 못할 이유는 없다. 4·19 직후 대한민국의 성장률은 급락했고 실업률은 치솟았다. 1천만 노동인구의 절반이 직업 없이 하루하루를 연명했다. 물가는 전년 대비 40% 가까이 올랐고 61년 3월에는 농업위기로 인한 식량난으로 27,456가구가 정부의 도움이 없이는 당장 굶어 죽을 상황이었다. 하지만 정치는 혼란의 극치를 보였고 '가자 북으로 오라 남으로'를 외치는 횃불데모가 횡행했다. 미국의 윌슨센터는 4·19 이후 북한이 진보정당과 단체들을 직접 지원했다는 증언이 담긴 외교문서를 공개했다.[33] 안보는 인간의 존엄을 보장하기 위한 기본적인 전제다. 대한민국의 본질적 가치와 존속 자체가 위협받는 상황에서 이를 타개하기 위한 혁명은 에드먼드 버크가 지지한 종교개혁, 명예혁명, 미국독립혁명과도 맥을 같이한다. 인간의 존엄을 유지하기 위한 최소한의 경제적 토대를 마련한 것도 박정희 대통령이다. '하늘은 스스로 돕는 자를 돕는다.', '하면 된다.'는 자조정신을 강조하고 실적과 결과를 중시하며 경제발전계획을 추진한 점에서도 절대자를 인정하고 책임 있는 자유를 강조하는 보수주의자

---

33 North Korean Perspective on the Overthrow of Syngman Rhee,
    https://www.wilsoncenter.org/publication/north-korean-perspectives-the-overthrow-
    syngman-rhee

의 면모를 발견할 수 있다.

그가 진행한 경제개발은 책임 있는 자유의 원칙이 두드러진다. 새마을운동은 동일한 자원을 마을마다 지원하고 이에 대한 성과를 평가하여 우수마을에 더 큰 혜택과 지원을 제공하는 신상필벌의 원칙을 적용했다. 정치적 이해관계를 떠나 우수마을을 지원했기 때문에 야당 지역구에서 우수마을이 많은 경우도 있었고 이에 여당 의원들 항의하기도 했지만, 박정희는 공정한 기준에 따른 신상필벌 원칙을 철저하게 유지했다. 이는 자유와 책임의 기본 원칙을 충실하게 반영한 것이다.

박정희의 경제관 – 자유시장사상 vs. 시장지상주의

자유시장사상은 시장을 통한 자유롭고 공정한 거래가 개인 상호간의 이익과 사회의 이익을 증진시킨다는 믿음에 기반한다. 그리고 건강한 시장은 인간의 존엄과 책임 있는 자유, 진실에 기반한 사회라는 보편적 가치를 자연스럽게 전제하고 있다. 아담스미스는 자율적인 시장 질서를 보호할 때 한정된 자원을 가장 효율적으로 활용할 수 있고, 빈곤의 해결을 포함한 사회의 발전을 담보하면서 도덕적으로도 바람직한 결과를 도출하게 된다고 믿었다. 그의 자유시장사상을 냉혈한 약육강식을 정당화한 것으로 오해하기도 하는데, 그가 쓴 도덕감정론과 국부론에 따르면 인간은 도덕적 존재이고 개인의 경제적 이익추구는 사회의 도덕적 한계내에서만 허용된다. 다시 말해 자유로울 뿐만 아니라 공정하고 건강한 시장이라는 규범적인 시장을 전제한 것이다.

보수주의는 자유주의, 자유지상주의와는 구별된다. 자유 자체가 궁극적인 목적이라기 보다는 자유가 지켜야 할 어떤 가치가 있다고 믿기 때문이다. 그렇기 때문에 보수주의 경제관은 자유지상주의가 시장에서 구현된 형태인 시장지상주의와는 구별된다. 보수주의의 경제관은 시장의 자연적인 질서를 존중한다. 하지만 그것이 시장지상주의를 의미하는 것은 아니다. 시장을 맹신하지는 않는다는 말이다. 건강한 시장은 인간의 존엄과 책임 있는 자유, 진실의 가치를 올곧게 담아낼 때에만 가능한 것이다. 하지만 시장은 완전하지 않다. 인간의 탐욕으로 언제든 왜곡될 수 있다. 우리는 건강한 시장을 기대하지만 건강한 시장은 우리가 만들어야 하는 것이다. 시장은 수단이다. 건강하게 기능해야 할 수단이다. 이런 점에서 '있어야 할 시장', '바람직한 시장'을 위한 정부의 개입의 정당화 될 수 있다. 이는 민주주의가 비상상황에서 비상대권을 허용하는 것과 동일한 이치이다.

박정희는 분명히 시장지상주의자는 아니었다. 그는 시장에 적극적으로 개입했고 시장을 창조했다. 비교우위론이 경제학계를 지배할 때, 중화학공업 중심의 수출주도형 경제성장을 이끌어 부강한 대한민국의 기초를 쌓았다. 또 막대한 사채이자로 기업의 성장이 막히자 사채업자들의 사유재산권을 침해하는 사채동결을 감행하고 기업을 일으켰다. 이는 분명히 개인의 자유를 최고의 가치로 삼는 하는 자유지상주의, 시장의 자율성을 최고의 원칙으로 두는 시장지상주의자의 모습은 아니다. 하지만 '마땅히 있어야 할 시장'을 추구한 것이라는 점에서 박정희 대통령의 경제관은 오히려 보수주의자에 가까운 것을 확인할 수 있다.

박정희는 사회주의자인가?

박정희 대통령이 사회주의자라는 사람들이 있다. 보다 자세히는 국가사회주의자라는 주장이다. 새마을운동, 그린벨트, 경부고속도로, 중화학공업 육성에 기반을 둔 경제개발정책과 의료보험제도, 고교평준화 등은 자유주의 시장경제에 배치되는 것이기 때문에 자유주의 시장경제를 지지하고 사회주의를 배격하는 자랑스러운 우파라면 박정희를 지지하지 않는 게 정상이라고 비꼰다. 오히려 우파가 증오하는 김대중, 노무현 정부가 신자유주의 정책을 수용하고 한미 FTA까지 체결했으니 이들이야말로 자유주의 시장경제에 충실한 정권이 아니냐고 반문한다. 소위 보수우파 진영을 빈정대기 위한 주장이지만 개중에는 스스로를 탓하는 사람도 있다. 사람들이 박정희 대통령에 대해 향수를 갖는 것은 그가 시행한 국가사회주의 때문인데 진보진영이 박대통령을 무조건 비판하기만 해서 사회주의자의 면모를 제대로 부각하지 못하고 있다는 것이다. 어떤 이들은 자유주의, 보수주의에 배치되는 박정희라는 인물을 보수우파가 상징으로 삼은 것은 그들의 치밀한 전략에 따른 것이라며 혀를 내두르기도 한다.

박정희는 사회주의자인가? 자본주의의 문제점을 비판하며 사회주의가 제창된 이후 사회주의는 다양한 변형을 거쳐왔다. 그 변화를 모두 포괄하는 하나의 단일한 정의는 존재하지 않는다. 오랜 역사를 지나오면서도 단일한 정의가 존재하지 않는다는 것은 그 이상이 현실에서 이루어질 수 없다는 반증이기도 하다. 여하튼 국가의 경제개입을 모두 사회주의적인 것으로 취급하고 박정희 대통령을 국가사회주의자라고 칭하는 것은 사회주의가 생산수단의 공유 또는 사회적 소유를 핵심으로 한다는 점을 간과한 주장이다. 박정희 대통령의 경제개발은 개인의 사유재산을 보장하고 강화하는 방향으로 이루어졌다. 수출주도형 경제성장을 통해 규모 있는 기업 집단이 형성됐고 수출 실적이 뛰어난 기업들을 중심으로 중화학공업을 일으켜 세우는 과업을 이룩해 냈다. 기업의 성장과 함께 근로자들과 일반 국민들의 삶도 윤택해졌다. 혹자는 박정희가 소비에트식 계획경제를 했다고 주장하지만 생산수단의 사유를 인정했다는 점, 근로자의 임금이 투자가 가능한 자본의 형태로 직접 주어졌다는 점에서, 식량·생필품·주거 등을 임금으로 지급하고 생산수단의 사유를 부정하는 소비에트식 계획경제와는 거리가 멀다. 마지막으로 이 모든 일을 수행하는 데 있어서 박정희 대통령은 부패하지 않았고 자신의 모든 정력을 오로지 국가 발전을 위해 헌신했다. 6·25전쟁에 관한 남침유도설을 주장해 좌파 진영이 자주 언급하는 브루스 커밍스 교수의 지적이다.

III. 유신의 배경과 맥락 – 유신은 보수주의 혁명인가?

객관적 평가를 위한 조건

이제 박정희 대통령에 대해 가장 논란이 많은 유신에 대해 살펴보려 한다. 독재라 비난받는 유신을 긍정적으로 평가할 수는 없을까? 보수주의 혁명으로 이해할 수는 없을까? 보수주의자의 혁명은 인간의 존엄과 책임 있는 자유, 거짓을 떠난 진실의 가치를 지키기 위한 것이다. 이런 관점에서 본다면 유신을 보수주의 혁명으로 이해하지 못할 이유는 없다.

유신은 국가적 비상사태에 대응하기 위해 헌법을 정지하고 국회를 해산하여 강력한 대통령제를 구축한 국가적 결단이었다. 하지만 유신을 선포하게 된 시대적 배경과 맥락, 그 목적과 위대한 성취는 잊혀졌다. 그리고 민주화란 잣대가 과거의 모든 사건을 재단하는 기준처럼 통용되면서 유신이 민주주의를 파괴한 박정희 대통령의 가장 큰 과오인 양 매도되고 있다. 하지만 유신은 당시 국민 절대다수의 압도적인 지지를 받아 진행된 국가적 결단이었다. 이러한 국민적 지지는 제3, 4차 국민투표에서 쉽게 확인된다.[34] 비록 소수 반대 세력의 저항이 거셌지만, 유신 시절을 함께 지나온 대다수 국민들은 당시의 시대적인 배경과 맥락 안에서 오히려 유신을 적극적으로 동의하고 지지했다.

당대 국민들이 유신을 지지한 것은 한반도의 안보적 위기 상황과 급박하게 전개되는 국제정세를 인식했기 때문이다. 또한 가난에서 벗어나 잘 살아보자는, 자손들에게는 발전된 대한민국을 물려주자는 경제발전의 꿈과 염원을 지지한 것이다. 하지만 안타깝게도 유신을 통해 이룩한 놀라운 경제성장의 혜택을 만끽하고 있는 후배 세대가 유신의 의미를 이해하지 못하고 있다.[35] 오히려 박정희 대통령을 비난하는 근거로 유신

---

34 1972년 11월 21일 진행된 제3차 국민투표는 91.9% 투표율에 91.5%의 찬성을, 1975년 2월 12일에 진행된 제4차 국민투표는 79.8% 투표율에 73.1% 찬성을 얻었다. 제3차 국민투표는 투표의 공정성을 담보하기 위해 유엔한국통일부흥위원회(United Nations Commission for the Unification and Rehabilitation of Korea)가 참관하였고 참관단은 투표가 평화적인 분위기에서 질서정연하게 진행되었다고 밝혔다. 「동아일보」 1972.11.18. "언커크 투표참관단 구성"; 「경향신문」 1972.11.24. "'국민투표, 평화적 분위기서 질서 정연' 언커크참관 성명"; 유신 기간 중에 진행된 제4차 국민투표에서 박정희는 이를 자신에 대한 신임투표로 간주하겠다고 발표했다. '나는 이번 국민투표를 비단 현행 헌법에 대한 찬반 투표일뿐 아니라 나 대통령에 대한 신임투표로 간주하고자 합니다. 나 개인은 민족 중흥의 역사적 사명을 위해 이미 나의 모든 것을 다 바쳤습니다. 만일 우리 국민 여러분이 유신체제의 역사적 당위성을 인정하지 않고 현행 헌법의 철폐를 원한다면 나는 그것을 대통령에 대한 불신임으로 간주하고 즉각 대통령직에서 물러날 것입니다.' 「중앙일보」, "박 대통령 담화 요지", 1975.01.22. 확인일자 2022.09.28. https://www.joongang.co.kr/article/1396902#home

35 필자는 얼마 전 중고등학생을 대상으로 한 강연에서 큰 충격을 받았다. 거짓 선동으로 나라를 뒤엎었던 광우병 파동에 대해 전혀 아는 바가 없었기 때문이다. 이승만 박정희 대통령에 대해 어느 정도 이해하고 감사하는 친구들이었기에, 이런 친구들마저도 어처구니없는 거짓 선동으로 나라를 마비시켰던 중대한 사건에 대해 전혀 아는 바가 없다는 현실에 적잖이 놀랐다. 2008년 광우병 사태가 필자의 기억으론 그리 오래 전 일이 아닌 듯하지만 중고등학생 친구들에겐 너무 어릴 적 사건이라 관심을 벗어난 일일 수 있다. 그런데 무서운 것은 이런 일들이 몇 번 반복되면 세대가 바뀌고 세기가 바뀌며 그런 인식이 굳어진다는 점이다. 기록하고 교육하고 기억하지 않으면 잊혀지기 마련이라는 무서운 사실을 다시 한 번 확인했다.

을 내세우고 있는 것이 현실이다.

유신에 대한 객관적인 평가를 진행하려면 적어도 당시의 국제정세와 북한의 도발을 비롯한 국내정치 환경에 대한 고려가 있어야 한다. 유신에 대한 평가는 개인마다 다를 수 있고 민주화를 잣대로 유신을 평가할 수도 있겠지만 유신을 감행하게 했던 국내외적 환경과 상황에 대한 설명 없이 현재 수준의 민주주의를 절대적인 기준 삼아 유신을 재단한다면 이는 또 다른 형태의 역사적 기만이다.

유신의 배경과 맥락

1972년 10월유신이 진행된 배경과 맥락을 이해하려면 유신 전후 대한민국이 처한 안보적 위기상황을 우선 살펴야 한다. 당시 북한은 소련과 중공의 지원을 통해 남한에 대한 게릴라성 도발을 계속했고 남한을 무력으로 전복하기 위한 구체적인 지원을 중국에 요청하기도 했다. 당시 한반도의 위태로운 안보 상황은 중국과 미국의 사료를 통해서도 확인된다. 2013년 10월 24일, 청샤오허(成曉河) 중국 인민대 교수는 평화문제연구소 창립 30주년 기념식에서 중국의 기밀해제 문서를 공개하면서 김일성이 1965년에 제2차 한국전쟁을 계획했지만 중국이 거부했다고 밝혔다.[36] 1965년, 김일성은 한국이 베트남에 전투부대를 파병하면서 생긴

---

36 「중앙일보」, "[단독] 1965년 北 김일성 '제2 한국전쟁' 준비… 中에 파병 요청했었다",

국내적 안보 공백의 틈을 이용해 남한을 침공하려 했고 북한 주재 중국 대사에게 파병을 요청한 것이다. 당시 미국도 북한이 한국에 대해 체제 전복 전쟁을 계획 중이라고 파악했다. 67년 7월에 작성된 미국의 정보분석 자료는 북한이 한국에 대한 체제전복 전쟁을 벌이기 위해 대대적인 노력에 박차를 가하고 있다고 기록하고 있다.[37] 67년 12월, 주한 미군 본스틸 사령관이 맥나마라 국방장관에게 발송한 보고에 따르면 '김일성이 체 게바라가 제안한 노선을 따라 분쟁을 급격히 증가시키는 방책을 택했다는 확정적 첩보가 있다'고 밝혔다.[38]

1960년대, 소련은 제3세계 '민족해방운동'을 적극 지원하며 세계 각지에서 진행된 좌파 게릴라전을 지원했다.[39] 62년 10월 쿠바사태 이후 북한의 친중 편향적 입장으로 북한에 대한 소련의 군사원조가 대폭 삭감되긴 했지만, 6, 70년대에 발생한 북한의 무수한 게릴라성 도발은 이런 연

2013.10.24. 확인일자 2022.09.28.
https://www.chosun.com/site/data/html_dir/2013/10/24/2013102400192.html

37 123. Memorandum from Alfred Jenkins of the National Security Council Staff to the President's Special Assistance(Rostow), Washington, July 26, 1967. FOREIGN RELATIONS OF THE UNITED STATES, 1964-1968, VOLUME XXIX, PART 1, KOREA, https://history.state.gov/historicaldocuments/frus1964-68v29p1/d123

38 138. Memorandum From the Director of Defense Research and Engineering (Foster) to Secretary of Defense McNamara. Washington, December 7, 1967. FOREIGN RELATIONS OF THE UNITED STATES, 1964-1968, VOLUME XXIX, PART 1, KOREA. 확인일자 2022.09.28.
https://history.state.gov/historicaldocuments/frus1964-68v29p1/d138

39 이춘근(2018), p.64 참고, 60년대 국제적 무력분쟁은 대규모 무력충돌을 지양하는 게릴라전 형태로 변모했다. 케네디 대통령은 소련이 지원하는 게릴라전에 게릴라전으로 대응하는 전략을 펼쳤고 미국판 게릴라 부대인 그린베레를 창설했다.

장선상에서 진행된 것이다.

이상의 자료들을 통해 유신을 전후로 한 시기에 북한이 사실상 제2의 남침전쟁을 통해 한국을 무력으로 전복하려했다는 사실을 확인할 수 있다. 이런 기조에 따라 6, 70년대 한반도에서는 북한이 은밀하게 파견한 무장공비와 한국군 사이의 무수한 교전이 있었다. 사실상 준 전시상태였던 것이다. 이런 상황에서 72년 대선후보로 나선 김대중 후보는 미국·일본·소련·중공에 한반도의 안보를 위탁하겠다는 '4대국 안전보장론'을 주장했다. 이는 당시 상황을 고려할 때 대한민국을 심각한 위기에 빠뜨릴 수 있는 위험한 주장이었다.

닉슨독트린

북한의 도발이 계속되는 와중에 베트남 전에 지친 미국은 닉슨 독트린을 선언하면서 아시아의 방어는 기본적으로 아시아 국가들이 스스로 담당해야 한다는 입장을 천명하기에 이른다. 이에 따라 한국을 비롯한 아시아의 동맹국들은 미국에 의존한 안보정책에 근본적인 변화가 불가피해 지는 심각한 위기상황에 직면했다. 미국은 베트남에서 철수하고 대만해협에서도 해군 7함대를 철수하면서 중국과 화해무드를 조성했다. 중국은 이를 바탕으로 대규모의 병력을 소련과 국경선을 마주한 만주지역에 배치할 수 있었다. 소련은 이로 인해 중국과 균형을 유지하기 위해 유럽에 주둔하던 소련 병력을 아시아로 이동시킬 수밖에 없었다. 소련군의 이동은 유럽전선에서 열세에 있던 나토의 영향력을 강화하고 균형을 회복하는 계기가 됐다. 결과적으로 닉슨 독트린은 중국과 소련의 대립을 이용해 전 지구적 차원의 새로운 전략적 균형을 형성하게 됐다. 하지만 이는 주한미군 철수와 자유중국 대만의 고립, 월남의 패망과 킬링필드라는 약소국의 처절한 희생을 제물로 한 것이었다.

주한미군 철수

닉슨 독트린과 이에 따른 71년 3월 주한미군 제7사단의 철수는 72년에 단행된 10월유신의 직접적인 원인이라 해도 과언이 아니다. 북한의 6·25 남침은 49년 미군의 철수 후 감행됐다. 이처럼 주한미군의 존재는 한반도 평화질서를 유지하기 위한 불가결한 역할을 담당하고 있으며 대한민국의 안보와 경제의 근간을 이루고 있는 것이 사실이다. 그런데 1971년, 북한의 도발이 계속되는 혼란 가운데 닉슨 독트린의 일환으로 주한미군 제7사단이 철수했다. 한국엔 제2사단만 남았는데 휴전선 방위의 일부를 직접 담당하던 제2사단도 동두천으로 후방 배치됐다. 이로써 한국은 155마일 휴전선 전체의 방어를 스스로 담당해야 하는 부담을 지게 됐다.[40] 만약 닉슨이 워터게이트 사건으로 사임하지 않았다면, 아시아

---

40 「미래한국」, "미7사단, 한국을 떠나다", 2016.08.17. 확인일자 2022.09.28
http://www.futurekorea.co.kr/news/articleView.html?idxno=32090

의 모든 지상군과 지상기지에 있는 공군 병력을 철수한다는 닉슨 독트린의 당초 계획이 그대로 실현되었다면, 미군의 완전한 철수가 실현되었을지도 모를 일이다.

박정희는 일련의 사태를 통해 자주국방의 필요성을 절감하고 71년 9월 국방과학연구소를 창설했다. 그리고 11월 11일, 소총, 박격포, 탄약을 4개월 안에 국산화 하도록 국방과학연구소에 지시한다. 이는 '번개사업'이라는 암호명처럼 무리한 지시였다. 하지만 국방과학연구소는 72년 4월 기본화기 사격시험에 성공한다. 금속, 기계, 전기, 전자 등 무기개발의 기반이 되는 중화학공업이 일천한 상황에서 이룬 쾌거였다.[41] 유신 이후 본격적으로 진행된 중화학공업 개발은 경제발전과 자주국방을 동시에 달성하기 위한 피할 수 없는 숙명이었고 간절함이었다.

중국의 안보리 진출과 대만의 축출

1971년 10월 25일, 중공은 유엔에서 자유중국 대만을 축출하고 유엔 안보리 상임이사국의 지위를 확보한다.[42] 미국의 동맹인 대만은 사실상 유엔의 일반회원국 지위마저 박탈당했다. 이러한 중공의 위상 변화는 미국의 적극적인 지원 없이는 이뤄질 수 없는 것이었다. 78년 12월 15일,

---

41 「주간조선」, "국산 무기 개발 총본산 국방과학연구소의 45년", 2015.08.02. 확인일자 2022.09.28
   https://premium.chosun.com/site/data/html_dir/2015/08/06/2015080602578.html
42 A/RES/2758(XXVI)

미국의 카터 대통령은 중공을 유일합법정부로 승인하기에 이른다.[43] 미 중간 데탕트는 미국의 동맹인 대만의 존립을 위태롭게 하는 안보적 위험과 외교적 고립을 담보로 한 것이었다. 냉엄한 국제정치 현실을 보여주는 대표적인 사례다.

월남패망

1973년 1월 27일, 미국은 월남, 월맹과 파리강화협정을 체결하고 29일 베트남 전쟁의 종전을 선언했다. 미군은 같은 해 3월 29일 월남에서 완전히 철수한다. 헨리 키신저는 베트남에 평화를 가져왔다는 이유로 73년 노벨평화상을 받았다. 하지만 파리강화협정은 미국의 출구전략을 정당화하는 전략에 불과했다. 미국 상원은 이 협정을 비준하지 않았다. 미국은 월남이 공격받을 경우 지원을 약속했지만 1975년 4월 30일 사이 공이 함락될 때 미국은 없었다. 월남의 티우 대통령은 약속을 어긴 미국을 비난했지만 아무 소용이 없었다.[44] 월남의 패망은 국가의 존립과 평화를 유지하기 위해서는 강력한 힘과 의지가 필요하다는 냉혹한 현실을 보여준다. 자유월남은 그렇게 역사의 뒤안길로 사라졌다.

---

43 104. Address by President Carter to the Nation. Washington, December 15 1978. FOREIGN RELATIONS OF THE UNITED STATES, 1977–1980, VOLUME I, FOUNDATIONS OF FOREIGN POLICY p.505 확인일자 2022.09.28
https://history.state.gov/historicaldocuments/frus1977–80v01/d104
44 http://news.bbc.co.uk/onthisday/hi/dates/stories/april/21/newsid_2935000/2935347.stm

한편, 월남 패망이 사실상 예견되던 75년 4월 18일, 김일성은 14년 만에 처음으로 중공을 공식 방문하고 모택동을 만나 남한 해방 전쟁을 위한 지원을 요청했다. 월남의 패망이 남한 해방전쟁을 준비해 온 김일성을 고무시켰다는 것은 자명하다.

중국의 문화대혁명, 캄보디아의 킬링필드

대다수의 연구들이 이상하리 만큼 잘 언급하지 않는 사실이 있다. 유신이 있던 전후시기, 미·중 간 데탕트가 진행되던 바로 그 때 중국에서는 문화대혁명의 광란이 자행됐다. 66년부터 마오가 사망한 76년까지로 규정되는 이 시기에 중국에서는 학문과 교육, 문화, 예술을 비롯한 모든 상부구조에서 부르주아 잔재를 청산한다는 명목으로 프롤레타리아 문화대혁명이 진행됐고 중국 전역에서 광기 어린 대학살이 버젓이 자행됐다. 광시성을 비롯한 일부지역에서는 혁명의 열정을 증명하기 위해 반동분자를 살해하고 이들의 인육을 먹는 만행이 자행되기도 했다.[45] 문화대혁명은 대약진과 대기근으로 실각한 모택동이 자신을 맹목적으로 추종하는 홍위병을 이용해 절대 권력을 장악한 시간이었다. 하지만 어처구니없게도 서구 좌파는 중국에 대한 환상에 사로잡혀 이렇게 끔찍한 문화대혁명을 찬양했다. 이는 한국에서도 마찬가지였다.[46] 미국은 이런

---

45 경향신문」, "中 문화혁명 '인육 사건' 공식 문건, 언론에 소개", 2013.11.22. 확인일자 2022.09.28
   https://m.khan.co.kr/world/china/article/201311221514401#c2b
46 대표적인 예로, 리영희(1977), 『8억인과의 대화』, 창비.

중공과 지극히 현실주의적인 견지에서 데탕트를 진행했다.

월남의 사이공이 함락될 무렵인 75년 4월 17일, 캄보디아에서는 중공이 지원한 크메르루즈 공산세력이 수도 프놈펜을 점령했다. 캄보디아의 친미 론 놀 정권은 73년 3월 29일, 미국이 베트남에서 완전히 철수하면서 치명타를 입었고 크메르루즈가 프놈펜을 장악하자 미국으로 망명했다. 크메르루즈가 프놈펜에 입성한 17일, 론 놀 정권에 지친 대다수의 프놈펜 시민들은 평화를 외치며 크메르루즈에 희망을 걸었다. 하지만 그날 오후 프놈펜엔 소개령이 내려졌고 프놈펜 200만 시민들은 강제로 시골로 옮겨졌다. 농업에 기반한 사회주의 유토피아를 실현한다면서 캄보디아 인구의 1/4을 학살한 킬링필드는 그렇게 시작됐다. 결국 닉슨 독트린이 킬링필드를 야기한 것이었다. 주한미군이 철수했다면 한국에서도 비슷한 상황이 발생할 수 있었다.

경제발전의 과제 : 유신 없이 대중경제론으로 갔다면

한편, 박정희 대통령의 조국근대화 계획에도 중대한 도전이 발생했다. 3선 개헌을 통해 3선에 당선되긴 했지만 김대중 후보가 71년 4월 27일 치러진 제7대 대선에서 약진한 것이다. 김대중 후보는 대중경제론을 내세우며 박정희가 추진해 온 중화학공업 기반의 수출지향형 경제개발 정책을 전면적으로 재고하고 종속이론에 기반한 내포적 공업화를 추진하겠다고 공언했다. 대중경제론은 당시 개도국 지식인 사회를 휩쓴 종속이론에 영향을 받은 것인데 후진국이 선진국에 종속되지 않기 위해서 자립경제를 구축해야 한다는 것이다. 이는 본질적으로는 자유시장경제를 부정하는 마르크스주의의 변형된 형태였다. 이때 만약 김대중 후보가 집권했으면 대한민국은 지금과 같이 존재할 수 있을까?

같은 해 5월 25일에 진행된 총선에서도 박정희 대통령의 민주공화당은 개헌선에 못 미치는 과반수 의석을 차지하는 데 그쳤다. 1,2차 5개년 경제발전계획을 통해 경제 발전의 기틀을 겨우 잡아놓은 상황에서 그 기틀을 허물고 과거로 회귀하게 될 위험이 발생한 것이다. 대중경제론이 주장한 내포적 공업화는 박정희 정권이 10여년 간 다져온 경제발전의 기반을 허무는 것이었다. 자유민주주의 체제가 혼돈과 위기에 빠지고 경제발전의 기초가 무너질 위기에 처하자 박정희는 유신을 통해 '중단 없는 전진'을 선택했다. 민주주의라는 형식적 도그마에서만 본다면 10월유신은 민주주의의 파괴다. 하지만 유신이 없었다면 단언컨대 대한민국의 경제발전은 없었다. 지금 대한민국 경제의 근간을 이루고 있는 철강, 화학, 조선, 전자, 기계, 비철, 자동차 산업 등은 모두 유신 이후에야 기틀을 잡은 것이다. 농촌을 근본적으로 개혁한 새마을 운동도 유신 이후에 본격적으로 진행됐다. 만약 71년 대선에 김대중 후보가 당선되고 유신이 없었다면 중화학 공업에 기반한 한강의 기적을 만든 대한민국은 없다.

이는 71년 대선 당시 김대중 후보가 주장한 대중경제론을 살펴보면 쉽게 확인할 수 있는 사실이다.

유신은 보수주의 혁명

한강의 기적은 유신을 통해 가능했다. 유신이 없었다면 한강의 기적은 없다. 대한민국이 없어졌을지도 모를 일이다. 당시 북한의 도발은 어느 때보다 거셌고 베트남 전쟁에 지친 미국은 닉슨독트린을 선포하면서 베트남 철군을 시작했고 한국에서도 철군을 시작했다. 미국은 유엔총회에서 대만을 축출하고 중공의 가입을 허용했다. 월남은 미국과 맺은 상호방위조약에도 불구하고 75년에 결국 망했다. 당시 긴박했던 국제정세를 돌아보면 대한민국의 존립 자체가 심각하게 위험한 상황이었음을 쉽게 확인할 수 있다. 유신을 전후로 한 시기에 중국에서는 자본주의의 잔재를 청산한다는 명목으로 진행된 문화대혁명으로 수천만이 학살당했다. 캄보디아에서는 미군이 철수한 이후 폴포츠가 집권하고 농업에 기반을 둔 사회주의 유토피아를 건설하겠다면서 300만을 학살했다. 이것이 유신 전후의 국제정세. 북한의 난동은 이러한 국제적 환경의 연장선 위에 있었던 것이다. 닉슨 독트린의 원래 계획대로 주한미군이 완전히 철수했다면 캄보디아의 킬링필드가 한국에서 일어났을지도 모를 일이다.

민주주의를 실현하기 위해서는 어느 정도 수준의 경제발전이 전제되어야 한다.[47] 그런 의미에서 박정희의 유신은 형식적 민주주의의 파괴이지만 실질적 민주주의의 토대를 마련한 것이다. 산업화를 통해 국가의 안정적인 경제적 기반과 국민들의 기본적인 생계가 해결되지 않을 때 민주주의는 포퓰리즘의 늪에 빠져 국가발전은 요원해지고, 불만에 찬 국민들을 이용한 쿠데타와 독재가 반복되는 것이 현대사 속에 무수히 반복되고 있는 교훈이다.[48] 요컨데 산업화 없는 민주화는 허상이다.[49] '民'이 주인이 되기 위해서는 '民'의 경제적 기반과 자유가 보장되어야 한다. 유신은 가난을 추방하고 한강의 기적을 낳았다. 대한민국의 실질적 민주화는 역설적으로 형식적 민주주의를 파괴한 유신을 통해 가능했다. 이를 이해하는 것이 보다 성숙하고 건강한 민주주의로 나아가는 길이다.

유신에 대한 평가는 관점에 따라 다를 수 있다. 언뜻 보면 유신은 민주주의를 파괴한 사건이다. 그러나 국가존립 자체를 위협하던 유신 전후의 국제정세와 북한의 도발을 고려하고 경제개발의 국가적 과제를 완수하기 위한 맥락에서 해석한다면 유신은 오히려 실질적 민주주의를 수호한 조치로 평가할 수 있다. 나아가 공산주의라는 거짓의 폭압으로부터 국민의 생존과 존엄, 안위를 지켜내고, 책임 있는 자유의 원칙을 시장에

---

47 Seymour Martin Lipset(Mar. 1959), "Some Social Requisites of Democracy: Economic Development and Political Legitimay," *The American Political Science Review*, vol, 53, No.1, p.69-105
48 이강호(2022), 『다시 근대화를 생각한다』, 박정희대통령기념재단, p145~153 참고.
49 이강호(2022), p.163

충실히 적용해 경제발전을 이룩하고, 수정마르크스주의인 사민주의가 품고 있는 달콤한 거짓에 대항해 자조정신의 진리를 드러냈다는 점에서, 우리는 유신을 대한민국의 자랑스러운 보수주의 혁명이라 부를 수 있다.

IV. 대한민국 네 번째 보수주의 혁명을 기대하며

왜 세 번째 보수주의 혁명인가?

2차 대전이 끝날 무렵, 이승만 대통령은 전후처리과정에서 한국의 적극적인 독립의지를 세계만방에 호소하여 우리 민족의 독립을 이루려 했다. 3.1운동은 이러한 맥락에서 추진됐다. 하지만 윌슨의 민족자결주의에 기대를 걸었던 우리 민족의 희망은 강대국들의 이해관계에 막혀 결실을 보지 못했다. 3·1운동은 기독교정신에 입각한 보편적 가치인 인간의 존엄과 자유, 진실을 세계에 들이밀며 한민족 독립의 정당성을 강변하고, 한반도에서 자행된 일제의 폭압과 거짓을 만천하에 드러내어 대항한 혁명이었다. 보수주의 혁명은 인간의 존엄과 책임 있는 자유, 진실의 가치를 세우기 위한 것이기에, 3·1운동은 대한민국 최초의 보수주의 혁명이다.

3·1운동으로 시작된 대한민국 보수주의 혁명의 정신은 대한민국 두

번째 보수주의 혁명인 이승만 대통령의 건국혁명을 통해 첫 열매를 맺는다. 이승만은 국회개원식에서 '이 국회는 3·1운동 때 13도 대표들이 서울에 모여 진행한 국민대회를 계승한 것'이라고 확인했다.[50] 대한민국 첫 번째 보수주의 혁명인 3·1운동이 대한민국 건국혁명으로 이어진 것이다. 그리고 대한민국 세 번째 보수주의 혁명인 박정희혁명, 곧 유신을 통해 우리는 굳건한 안보와 찬란한 경제적 기반을 확보했다.

대한민국 네 번째 보수주의 혁명을 기대하며

독립정신을 바탕으로 3·1운동에서 태동한 대한민국 보수주의 혁명은 이승만혁명과 박정희혁명으로 열매를 맺었지만 아직 그 사명을 다 완수하지는 못했다. 국회개원식 축사에서 이승만 의장은 이북동포들이 우리와 함께 이 자리에 합석하지 못한 것을 슬퍼했다. 또 휴전협정으로 북한 해방이 좌절되자 북한 동포들에게 여러분을 해방하는 우리 민족의 사명은 성취되고야 말 것임을 약속했다.

박정희 대통령의 유신도 궁극적으로는 평화 통일이라는 민족의 염원을 구현하기 위한 것이었다.[51] 북한의 극심한 도발과 격동하는 국제질

---

50 이승만 국회개원식 축사,
    http://xn---zb0bnwy6egumoslu1g.com/bbs/board.php?bo_table=reference&wr_id=8
51 10.17 대통령 특별 선언
    https://ko.wikisource.org/wiki/10%C2%B717_%EB%8C%80%ED%86%B5%EB%A0%B9_
    %ED%8A%B9%EB%B3%84_%EC%84%A0%EC%96%B8

서 속에서 국민의 생존과 발전을 지켜내고, 마침내는 자유의 파도가 되어 북한을 해방하기 위한 것이었다. 이 자유의 파도가 북한을 덮는 날, 3·1운동으로 시작되고 이승만·박정희 혁명으로 열매를 맺은 대한민국 보수주의 혁명은 마침내 올곧이 완수될 것이다.

혹자는 대한민국을 가리켜 자유의 방파제라고도 합니다. 그러나 이런 비유를 받아들일 수 없습니다. 어찌해서 우리가 파도에 시달리면서도 그저 가만히 있어야만 하는 그러한 존재란 말입니까. 우리는 전진하고 있습니다. 우리야말로 자유의 파도입니다. 이 자유의 파도는 멀지 않아 평양까지 휩쓸게 될 것을 나는 확신합니다.

– 박정희 대통령, 1966년 2월 15일 대만 방문시 장개석 총통 주최 만찬회 인사에서

토크빌의 『미국의 민주주의』를 통해 본
박정희와 자유민주주의

이다헌 (20세, 연세대 정치외교학과 재학)

| 요·약·문 |

"내 일생 조국과 민족을 위하여" 박정희 대통령이 1974년 5월 20일, 친필로 조경철에게 휘호한 이 글귀는 이를 읽는 사람들에게 감동, 설렘 그리고 경외심이 들게 한다. 그 이유는 박정희 대통령의 일생이 참으로 조국과 민족의 부국(富國)과 강병(强兵)을 위한 삶이었기 때문이었다. 박정희 대통령은 경제 개발 5개년 계획과 수출주도 산업화 정책, 그리고 새마을운동 등을 실시하여 부국을 달성하였고, 국방력 강화 정책과 함께 1970년 8월 6일 국방과학연구소를 설립하여 자주국방을 달성하였다. 박정희 대통령의 선구안은 대한민국을 2023년 세계 군사력 순위 6위[1], 3050클럽에 가입한 7번째 국가, 그리고 2022년 세계 수출 6위로 세계에서 우뚝 선 부국강병국가로 만들었다. 그러나 이 박정희 대통령의 업적의 위대함은 "그럼에도 불구하고 3선개헌, 유신을 통해 독재를 했다"는 좌익 세력의 한마디에 반토막이 난다. 아무리 박정희 대통령의 업적을 강조해도 '독재'라는 단어는 국민들의 뇌리에 강렬하게 남는다. 게다가 대한민국이 얼마나 어려웠는지를 모르는 세대가 등장할수록 박정희의 '업적'은 과소평가되

---

1 Globalfirepower, '2023 Military Strength Ranking', https://www.globalfirepower.com/countries-listing.php

고, 박정희에 대한 '독재'라는 프레임은 과대평가된다. 그 이유는 현대 자유민주주의가 제도와 입헌주의라는 기초 위에 세워졌기 때문이다.

　박정희 대통령은 이론을 초월하여 경제성장을 이룩한 인물이었다. 박정희 대통령을 사진으로만 본 필자는 그의 이름을 생각할 때면, 그가 손가락을 하늘을 향해 가리키는 모습이 떠오른다. 생각하건대 박정희 대통령의 가장 위대한 점은 그의 시선이 땅에 있지 않고 하늘에 있었다는 것이다. 초론(超論) 즉, 이론과 상식과 국민적 합의를 뛰어넘은 박정희 대통령의 비전은 수천 년 동안 가난했던 한반도 이남을 단숨에 부국(富國)으로 이끌었다. 박정희 대통령은 상식을 뛰어넘는 사람이었다. 그는 수출주도형 정책을 추진했고, 원전을 도입했으며, 중공업을 육성하였다. 그리고 그가 판 우물은 모두 지금 대한민국을 생명력 있게 하는 주요 산업이 되었다. 박정희 대통령은 한 차원 위에서 미래를 내다보던 지도자였다. 그는 민주적 합의가 사회 발전의 원동력이라고 보는 현대 민주주의로는 설명이 되지 않는 지도자였다. 모든 나라는 자국민의 수준을 갖는 지도자를 갖는다고 하는데, 박정희 대통령은 실로 자국민의 수준을 뛰어넘는 지도자였다. 이러한 수사는 맹목적인 찬양이 아니고, 그가 투자했던 모든 산업의 현재 성과가 증명하는 사실적인 문장이다. 그가 반대를 무릅쓰고 지시했던 수많은 산업은 현재의 대한민국을 만든 핵심 산업이 되었다. 성경에 나오는 아브라함의 아들 이삭처럼, 그가 판 우물은 모두 물이 나왔고, 그 물줄기들은 강을 이루어 한강의 기적이 되었다.

　박정희 대통령은 1960-70년대 대한민국에 닥친 큰 안보적 위협을 자주국방과 독립외교노선을 통해 극복하여 나라를 구한 구국강병대통령이었다. 닉슨 독트린과 미중수교 등으로 대변되는 당시 외교적 상황은 자칫 잘못하다가는 미국에게 버림받고 북한에게 공격받을 수 있는 시기였다. 1972년의 박정희는 평화의 바람 속에서 국지풍을 예견하였다. 그 국지풍은 평화의 바람이 불던 동아시아 곳곳에서 일어나 수많은 사람들의 목숨을 앗아갔다. 박정희 대통령은 국지풍이 일어나는 것을 막기 위하여 모두가 평화를 외칠 때 전쟁을 준비했다. 아무리 국내에서 대화가 평화를 가져온다고 외치더라도 그는 자주국방을 갖추지 못한 국가는 사라진다는 것을 분명하게 믿었고, 그래서 그는 필사적으로 혈세를 어떻게든 자주국방에 투자하였다. 그 결과 그가 만든 국방과학연구소는 군 전력화와 방위산업 발전에 기여하여 주요 무기 355종을 개발하고, 한국의 국방과학기술을 세계 9위 수준으로 향상시켰다. 또한 국방과학연구소의 무기 수출로 인한 경제 효과도 크다. 한국 정부는 국방과학연구소 창설 이후 50년간 41.2조 원을 투자했는데, 그 경제적 이익은 10배 이상인 442조 7,000억 원에 이르는 것으로 분석된다.[2] 역사적 사실을 보면 알 수 있다시피 박정희는 북한의 공세, 미국의 철수, 중국의 위장평화라는 총체적 위기 속에서 국제정치현실을 정확하게 바라보고 자주국방을 추진하여 자유대한민국을 살려낸 지도자이었다.

본 고찰문은 이렇게 먼저 박정희 대통령의 업적을 간단하게 언급했다. 그러나 '제도와 규칙'이 절대화된 자유민주주의에서 박정희 대통령의 업적은 항상 '제도와 규칙을 어긴 박정희'라는 반론에 의해 퇴색된다. 그러나 '제도와 규칙'을 뛰어넘는 상위 평가기준이 있다면 박정희 대통령은 그 본연의 업적 그대로 평가받을 수 있으며, 우리는 박정희 대통령을 자신 있게 자유민주주의의 토대를 만든 대통령으로 제시할 수 있다. 그래서 필자는 본 고찰문에서 먼저 박정희 대통령의 업적을 간단하게 언급하고, 알렉시스 토크빌(Alexis de Tocqueville)의 '미국의 민주주의'를 중심으로 살펴보아 자

---

2   편집부. (2020). 자주국방의 초석 국방과학연구소, 창설 50주년 맞이해 : 우리 국방, 우리 과학의 힘으로! 국방연구개발 백년대계를 위한 결의 다져. 국방과 기술, (499), 18-21.

유민주의 국가의 지도자의 평가기준으로 '제도와 규칙'을 뛰어넘는 그 상위 평가기준이 있음을 논술했다.

박정희 대통령이 '제도와 규칙'이 절대화된 자유민주주의에서 평가를 받는 이유는 현대 자유민주주의가 제도를 강조하는 매디슨적 민주주의 또는 자유주의적 민주주의의 흐름을 따르고 있기 때문이다. 이 아이디어는 민주주의의 지속가능성이 헌법, 즉 입헌주의에서부터 비롯된다고 본다. 매디슨적 민주주의를 통해 박정희 대통령을 평가한다면, 박정희 대통령은 자유민주주의를 훼손하고 경제성장과 안보를 달성한 사람으로 남게 된다. 결국 민주주의가 역사의 평가기준이 된 지금의 교육 및 미디어 분위기 속에서 박정희 대통령의 업적은 점점 과소평가되고, 그의 유신은 점점 과대한 오점으로 평가되게 된다.

그러나 매디슨적 민주주의는 경제적 평등과 안보적 안정이 전혀 갖추어지지 못한 박정희 이전 대한민국을 평가하는 데에 한계가 있다. 따라서 필자는 토크빌의 사상을 통해 자유민주주의의 전제조건은 경제성장과 안보라는 점을 논증했다. 토크빌은 민주주의의 성공요인이 제도적, 법률적 요인에 있지 않고 사회적 요인에 있다고 주장했다. 그리고 사회적 요인에는 경제적 평등, 의식적 수준, 대외안정 등이 있다. 토크빌의 민주주의 사상에 따르면 경제적 수준과 안보적 안정은 자유민주주의를 위한 필수적 전제조건이며, 이러한 사회적 요인 없이 자유민주주의는 지속가능할 수 없다.

토크빌의 민주주의 사상에 비추어 보았을 때, 박정희 이전 대한민국은 민주주의를 위한 사회적 조건을 갖추지 못한 나라였다. 따라서 박정희를 평가하는 핵심 기준이 입헌주의가 되어서는 안 될 것이다. 따라서 우리는 이 무혈전쟁에서 승리하기 위하여 기존 좌익 세력의 역사 평가기준을 타파하고 민주주의에 관한 토크빌의 사회심리학적 통찰을 제시하여 새로운 기준을 만들어야 한다. 토크빌은 '제도와 규칙'보다 사회적 요소인 '경제와 안보'를 현대 자유민주주의를 위한 전제적 필수 요건으로 평가했다. 따라서 박정희 대통령은 '제도와 규칙'보다 상위 평가기준인 '경제와 안보'에서 평가받아야 마땅하며, 그러할 때, 박정희 대통령은 경제성장과 자주국방을 이루어 진정한 자유민주 대한민국을 건설한 위인으로 평가될 수 있을 것이다.

I. 서론

"내 일생 조국과 민족을 위하여" 박정희 대통령이 1974년 5월 20일, 친필로 조경철에게 휘호한 이 글귀는 이를 읽는 사람들에게 감동, 설렘 그리고 경외심이 들게 한다. 그 이유는 박정희 대통령의 일생이 참으로 조국과 민족의 부국(富國)과 강병(强兵)을 위한 삶이었기 때문이었다. 박정희 대통령은 경제 개발 5개년 계획과 수출주도 산업화 정책, 그리고 새마을운동 등을 실시하여 부국을 달성하였고, 국방력 강화 정책과 함께 1970년 8월 6일 국방과학연구소를 설립하여 자주국방을 달성하였다. 박정희 대통령의 선구안은 대한민국을 2023년 세계 군사력 순위 6위[1], 3050클럽에 가입한 7번째 국가, 그리고 2022년 세계 수출 6위로 세계에서 우뚝 선 부국강병국가로 만들었다. 그러나 이 박정희 대통령의 업

---

1   Globalfirepower, '2023 Military Strength Ranking', https://www.globalfirepower.com/countries-listing.php

적의 위대함은 "그럼에도 불구하고 3선개헌, 유신을 통해 독재를 했다"는 좌익 세력의 한마디에 반토막이 난다. 아무리 박정희 대통령의 업적을 강조해도 '독재'라는 단어는 국민들의 뇌리에 강렬하게 남는다. 게다가 대한민국이 얼마나 어려웠는지를 모르는 세대가 등장할수록 박정희의 '업적'은 과소평가되고, 박정희에 대한 '독재'라는 프레임은 과대평가된다. 그 이유는 현대 자유민주주의가 제도와 입헌주의라는 기초 위에 세워졌기 때문이다.

박정희 대통령은 하늘의 별이 되었지만, 박정희의 공과 과를 둘러싼 좌익 세력과 우익 세력 간의 무혈전쟁은 여전히 이어지고 있다. 이 전쟁의 승패를 결정하는 것은 결국 국민이다. 그런데 과연 우익 세력은 박정희의 공과 과를 둘러싼 대국민토론에서 승리하고 있는가? 적어도 40대 이하를 대상으로 한 토론에서는 그렇지 못한 것 같다. 1987년 민주화를 강조하는 좌익 세력은 이미 교과서에 민주주의의 가치를 절대화하였고, 대한민국 근현대사를 민주화라는 평가 기준에 맞추어 서술해 놓았다. 그래서 민주주의에서 룰을 적법하지 않게 바꾸었던 이승만-박정희-전두환은 반민주 독재 세력으로, 김영삼-김대중-노무현은 민주화 세력으로 프레임을 형성했다. 이렇게 민주주의가 절대화된 프레임 속에서 박정희 대통령의 10월 유신(維新)은 항상 맹렬한 비판을 받는다.

우익 세력은 이에 대한 반론으로 박정희 대통령이 경제적 자유를 증진했다는 점을 강조하면서 박정희 대통령을 자유민주주의의 토대를 만든 사람으로 평가한다. 경제발전이 없었다면 민주주의도 없었다는 것이다. 그 근거로 경제성장과 민주주의 간에 상관관계가 있다고 주장하는 세이모어 립셋(Seymour M. Lipset), 로버트 달(Robert Dahl), 새뮤얼 헌팅턴(Samuel Huntington) 등의 연구를 인용한다. 그러나 이러한 평가에는 다음과 같은 반론이 따른다.

자유민주주의의 핵심은 경제발전보다도 개인의 자유를 헌법을 통해 보호하는 것에 있다. 박정희 대통령은 경제발전을 이루기는 했으나, 그 과정에서 헌법을 마음대로 바꾸어 반대 정치세력을 탄압했다. 이는 법치주의를 무너뜨리고 개인의 정치적 자유와 권리를 침해한 것이므로 박정희 대통령은 '정치적 자유'와 '입헌주의'를 훼손한 사람이다.

이 주장에 따르면 자유민주주의의 핵심인 '언론, 집회, 출판, 결사의 자유'와 '입헌주의'가 박정희 대통령의 권력에 의해 제한된 것은 맞다. 그래서 항상 우파는 좌파와의 논쟁에서 명확하게 승리하지 못하고 결국 '민주주의는 훼손했지만 대단한 경제발전을 성공했다'는 애매한 결론만 낼 때가 많다. 그리고 일부 우파들도 인정할 것은 인정하자고 하면서 10월 유신에 대해서 '삼권을 장악하여 자유민주주의를 훼손한 박정희 대통령의 오점'으로 평가한다. 많은 사람은 이처럼 박정희 대통령을 '공과가 명확한 대통령'으로 평가하고, 그 과를 자유민주적 질서의 훼손에서 찾는다. "민주주의는 훼손했지만 대단한 경제발전을 성공한 박정희 대통령"이라는 병치적 표현은 박정희 대통령이 5할은 잘했지만, 5할은 잘못하였다는 의미를 내포한다. 그러나 과연 박정희 대통령의 공과 과가 5대 5 가르마처럼 평가받아야만 하는 것인가? 이러한 평가를 뒤집을 방법은 없을까?

사실에 기초해 보았을 때, 박정희 대통령의 공은 과보다 훨씬 크다. 그러나 아무리 우익 세력이 옳은 이야기를 하더라도 좌익 세력과의 토론에서 이기지 못하여 대중들을 설득시키지 못한다면, 지금의 '5대 5 가르마' 박정희 대통령이라는 평가는 뒤집어질 수 없다. 앞서 언급한 바와 같이 경제적 자유가 정치적 자유보다 크다는 것을 명확하게 논증할 수 없는 이유는 '자유민주주의'에 대한 현재의 이해가 '정치적 자유'와 '입헌주의'라는 이 두 가지를 핵심으로 구성되기 때문이다. 이를 극복하기 위해서는 자유민주주의에 관한 재고찰이 필요하다.

자유민주주의는 어디서 태동하였는가? 자유민주주의는 제도적으로 미국에서 시작했다. 미국은 가장 민주적 전통과 성문헌법적 전통이 오래된 나라이다. 미국의 각 주에서는 미합중국이 독립을 선언하던 1776년 이전에도 선거를 통한 대의민주적 자치가 시작되고 있었으며, 1789년에는 최초의 성문헌법이 제정되었다. 미국의 민주주의는 로크, 몽테스키외, 흄 등의 자유주의 사상가들의 영향을 받아 '제도적 장치'를 중시하는 매디슨적 민주주의 혹은 자유주의적 민주주의에 기초하였다. 매디슨적 민주주의는 제도의 효과로서 민주주의가 작동하도록 디자인하는 작업에 심혈을 기울이며, 제도를 통해 권력의 범위와 역할을 제시하는 사상이다.[2] 대한민국의 자유민주주의도 1948년 제헌헌법이 제정될 때 제도와 규칙을 중시하는 매디슨적 민주주의에 기초하여 세워졌다. 따라서 자유민주주의 국가의 지도자를 평가할 때 '제도와 규칙'은 그 평가기준이 된다. 그리고 이 평가기준이 박정희 대통령이 독재자로 불리는 핵심적인 원인이다.

그래서 필자는 본 고찰문에서 먼저 박정희 대통령의 업적을 간단하게 언급하고, 알렉시스 토크빌(Alexis de Tocqueville)의 '미국의 민주주의'를 중심으로 살펴보아 자유민주주의 국가의 지도자의 평가기준으로 '제도와 규칙'을 뛰어넘는 그 상위 평가기준이 있음을 논술하고자 한다. '제도와 규칙'이 절대화된 자유민주주의에서 박정희 대통령의 업적은 항상 '제도와 규칙을 어긴 박정희'라는 반론에 의해 퇴색된다. 그러나 '제도와 규칙'을 뛰어넘는 상위 평가기준이 있다면 박정희 대통령은 그 본연의 업적 그대로 평가받을 수 있으며, 우리는 박정희 대통령을 자신 있게 자유민주주의의 토대를 만든 대통령으로 제시할 수 있다. 이 글이 박정희 대통령의 업적을 있는 그대로 위대하고 찬란하게 드러내는 데에 일조할 수 있기를 기대한다.

---

2   최장집(2004), 민주주의와 헌정주의: 미국과 한국, 미국 헌법과 민주주의 한국어판 서문, 휴머니타스 15

II. 박정희 대통령의 업적

1. 초론부국(超論富國) 대통령 박정희

박정희 대통령을 사진으로만 본 필자는 그의 이름을 생각할 때면, 그가 손가락을 하늘을 향해 가리키는 모습이 떠오른다. 생각하건대 박정희 대통령의 가장 위대한 점은 그의 시선이 땅에 있지 않고 하늘에 있었다는 것이다. 초론(超論) 즉, 이론과 상식과 국민적 합의를 뛰어넘은 박정희 대통령의 비전은 수천 년 동안 가난했던 한반도 이남을 단숨에 부국(富國)으로 이끌었다.

그가 전면에 내건 '수출제일주의 정책'은 국민적 합의를 통해서 만들어진 목표가 아니었다. 오히려 수많은 사람들은 박정희 대통령의 목표에 대해서 학문적 근거를 통해 비현실적이라고 비난했다. 먼저 좌익 정치인들은 박현채가 만들고 김대중이 선전했던 대중경제론을 근거로 박정희 대통령의 수출제일주의 정책에 대해 반대했다. 또 신마르크스주의적 경제관을 갖고 있던 문승익[3], 윤근식[4], 염홍철[5] 등과 같은 경제학자들은 프레비쉬(R. Prebisch)를 중심으로 라틴아메리카 경제위원회가(ECLA : Economic Commission for Latin America)가 제시한 종속이론을 근거로 수출주도 정책은 결국 저발전을 심화하고, 국가경제발전에 전혀 도움이

---

3   콜롬비아주립대학교 박사
4   성균관대학교 정치외교학과 교수
5   경남대학교 정치외교학과 교수

되지 않는다고 주장했다. 신마르크스주의에 기반한 종속이론은 저개발국(주변국)이 선진국(중심국)과 무역을 하면, 중심국들의 세계경제체제에 통합되고 종속되어 중심국들로부터 착취를 당하므로 불평등이 심화된다는 이론이다.[6] 서구적 가치관에 기반을 둔 근대화이론을 따르던 사람들은 선진국으로부터 무역을 통해 상호의존관계를 형성하여 합리적 지식체계와 보편적 과학주의에 대한 믿음을 받아들여야 한다고 주장하면서도[7] 리카르도(D. Ricardo)가 이야기한 비교우위론의 한계를 넘지 못했다. 근대화론자들은 자유주의에 기반을 둔 자유무역을 옹호하기는 하였으나 그들의 주장에 따라 비교우위산업을 육성하였다면 대한민국은 농업을 육성해야 했을 터였다.

그러나 박정희 대통령은 1968년 자동차 수가 전국에 8만 대에 불과하였을 때, 국가경제발전을 위하여 전무한 규모의 경부고속도로 대공사를 지시하였다. 그 당시 얼마나 많은 정치인들과 경제학자들이 경부고속도로 개통에 대해서 반대했는가. 역사는 그들을 기억하고 있다. 그 결과 경부고속도로는 1970년부터 2020년까지 총 50년간 약 245조의 사회경제적 편익(차량운행비용, 통행시간비용, 환경비용, 교통사고비용 절감액)을 생산했다.[8] 그리고 박정희 대통령은 그 먹고 살기 힘든 시기에 자동

---

6   노택환. (2014). 국제경제관계의 정치경제론. 영남대학교출판부. 경북. 93
7   서문기. (2014). 근대화이론의 이해와 성찰: 사회발전에 관한 이론적 소고. 사회과학논총, 16, 103
8   유다영, 박병훈, 홍정열, 최윤혁, 손의영, 박동주. (2021). 경부고속도로 개통 50년의 사회경제적 직접효과 평가 연구. 한국ITS학회논문지, 20(1), 130

차, 큰 배를 만들어 수출하라고 지시하였고, 농산물에 투자하기보다 제철에 투자하라고 지시하였다. 그가 1967년 기계공업진흥법, 1969년 전자공업진흥법, 석유화학공업육성법, 자동차공업육성계획, 1970년 철강공업육성법, 조선공업진흥기본계획 등의 정책[9]을 통해 판 중공업이라는 우물에서는 대한민국 전체를 먹여 살리는 거대한 물줄기가 터져나왔다. 대한민국은 2022년 전 세계 자동차 생산 수 5위를 차지하고 있으며, 조선업에서는 세계 조선소 1–4위가 모두 한국 기업이다.[10] 또한 World Steel Dynamics의 조사 결과 우리나라 철강생산의 70%를 차지하는 1, 2위 철강사인 포스코와 현대제철의 국제경쟁력은 2021년 현재 각각 세계 1위, 13위로 평가되고 있다.[11] 그 외에도 1968년 원자력 발전소 도입 결단, 과학기술진흥정책 등 박정희 대통령이 판 모든 우물에서는 생수가 나왔고, 이 정결한 물은 한반도의 비루한 과거 잔재들을 정화하여 이 땅을 새로운 생명이 살 수 있는 촉촉한 땅으로 개간하였다.

박정희 대통령은 한 차원 위에서 미래를 내다보던 지도자였다. 그는 민주적 합의가 사회 발전의 원동력이라고 보는 현대 민주주의로는 설명이 되지 않는 지도자였다. 모든 나라는 자국민의 수준을 갖는 지도자를

---

9   이정후. (2022). 1970년대의 박정희 대통령이 2022년 대한민국에게 주는 시사점과 제안. 청년들이 발견한 이승만·박정희. 228.

10 산업통상자원부. (2023). 조선해양플랜트과, 2022년 국내 조선업, 고부가·친환경 선박 시장 점유율 1위 달성

11 홍정의. "다이아몬드 모델과 SWOT–AHP 분석을 통한 철강산업의 국제경쟁력 향상 방안." 국내박사학위논문 건국대학교 대학원, 2022. 서울, 3

갖는다고 하는데, 박정희 대통령은 실로 자국민의 수준을 뛰어넘는 지도자였다. 이러한 수사는 맹목적인 찬양이 아니고, 그가 투자했던 모든 산업의 현재 성과가 증명하는 사실적인 문장이다. 그가 반대를 무릅쓰고 지시했던 수많은 산업은 현재의 대한민국을 만든 핵심 산업이 되었다. 성경에 나오는 아브라함의 아들 이삭처럼, 그가 판 우물은 모두 물이 나왔고, 그 물줄기들은 강을 이루어 한강의 기적이 되었다.

2. 구국강병(救國强兵) 대통령 박정희

박정희 대통령은 1960-70년대 대한민국에 닥친 큰 안보적 위협을 자주국방과 독립외교노선을 통해 극복한 탁월한 외교가였다. 당시 외교적 상황은 자칫 잘못하다가는 미국에게 버림받고 북한에게 공격받을 수 있는 시기였다. 김일성은 1962년부터 국방·경제 병진 노선을 채택하면서 '국방에서의 자위'를 구호로 삼고, '전인민의 무장화', '전국토의 요새화', '전군의 간부화에 힘써왔다. 그리고 1965년에는 소련으로부터 무기와 군사를 이전받고, '전군현대화'를 추진하였다. 이에 따라 김일성은 북한이 가진 경제력과 군사력의 우위를 바탕으로 1970년대에 남북통일이 충분히 가능할 것으로 보고, 1966년 12월부터 비정규전 침투와 대남 군사 행동을 실행에 옮겼다. 이에 1967년부터 북한의 대남도발이 전년도보다 10배 이상 급격하기 증가하기 시작했고[12] 그에 따라 북한은 1968년에

---

12 주정율. (2015). 박정희 대통령의 자주국방사상과 현대적 함의. 군사연구, 139, 430

는 1·21사태(김신조 사건), 푸에블로호 납치사건 그리고 울진–삼척 무장 공비 침투사건 등을 일으켜 한국에 큰 안보적 위기를 느끼게 했다. 설상 가상으로 미국은 1969년 닉슨 독트린을 선포하고, 1970년에는 주월미군 철수와 함께 주한미군도 철수하겠다고 명시적으로 밝혔다. 또한 1971년 에는 중공이 유엔에 가입하여 상임이사국이 되었으며, 1972년에는 닉슨 이 중국에 방문하여 미중 화해무드가 조성되었다.[13] 6·25전쟁에서 침략 국이었던 중국과 우방국이었던 미국이 화해하는 것은 한국에게 있어서 아주 불안한 상황이었다. 주적인 북한과 그 동맹국 중국이 함께 한국을 침략할 시 미국이 개입하지 않을 가능성이 높아지기 때문이었다.

이러한 위기 속에서 박정희 대통령은 1968년부터 각종 연설에서 기 존의 국방개념을 완전히 바꾸고, 자주국방을 목표로 삼아야 한다고 선 언하였다.[14] 박정희 대통령은 북한의 도발위협을 우리의 힘으로 차단하 기 위해서 자주국방을 완수해야 한다고 주장한 것이었다. 1969년 신년기 자회견에서 박정희 대통령은 북한의 가능한 도발위협을 첫째, 전면적 도 발, 둘째, 제한된 목표에 대한 제한적 기습공격, 셋째, 게릴라 부대의 후 방 침투로 상정했다.[15] 이러한 북한의 도발을 막기 위해 박정희 대통령은

---

13 주정율. (2015). 박정희 대통령의 자주국방사상과 현대적 함의. 군사연구, 139, 437
14 박정희 대통령 연설문, 경전선 개통식 치사, 1968년 2월 7일,
    "과거의 국방개념을 근본적으로 바꿔야 한다. 적이 오면 우리도 같이 무기를 들고 나와서 싸우 겠다는 국방에 대한 개념을 가져야 하겠습니다. 유엔군이 와서 도와준다, 무슨 전쟁이 일어나 면 미국이나 유엔군이 원자무기를 가져와서 적을 방어해줄 것이다, 우리는 전쟁이 일어나면 그 렇게 될지 모르지만, 우선 1차적으로는 우리 힘으로 우리가 방어를 해야 되겠다는 그런 결심이 없는 그런 국방을 가지고는 안 된다는 것을 절실히 느낍니다."
15 주정율. (2015). 박정희 대통령의 자주국방사상과 현대적 함의. 군사연구, 139, 429

자주국방을 위한 여러 정책을 실시하였다. 박정희 대통령은 먼저 1968년 5월 "중요한 기관의 지하화 계획, 전시 통신 수단의 계속적인 유지 방책, 수송대책, 한강 이북주민들의 철수 계획, 민방공 대책, 예비군 운용 문제, 각종 중요한 시설에 대한 방호 계획, 물자동원 계획을 수립하라"고 지시하였다. 그리고 1969년까지 '휴전선 쇠고리 철책선 보강, 특수 유격부대 배치, 대간첩 작전수행 문제점을 분석하기 위한 연구위원회 설치, 대전차 방어시설 축성 등'의 조치들을 철저하게 실시하도록 지시하였다.[16]

동시에 박정희 대통령은 미군과의 협조를 통한 군수산업 발전을 제시하였다. 그러나 이는 차관규모에 대한 한미간 의견차이로 인해 쉽게 결정되지 못하였다.[17] 이에 박정희 대통령은 미군의 지원 없는 방위산업 육성에 관한 추진방침을 하달하여 직접 병기를 생산하기 위한 노력을 기울였다. 이를 위해 만든 기관이 바로 국방과학연구소였다. 독자적인 무기개발은 무기체계의 타국의존에 따른 정치적 종속성을 탈피하기 위한 과정이기 때문에 국가가 자주국방을 위해서는 반드시 달성해야 하는 과업이었다.[18] 박정희 대통령은 1970년 8월 6일, 자주국방을 위해 국방과학연구소를 설립하여 한국이 2023년 기준 세계 6위의 군사 강국이 될 수 있는 토대를 만들었다. 국방과학연구소의 설립과 함께 진행된 방위산

---

16 박정희 대통령 연설문, 을지연습 종합 강평 유시, 1968년 5월 26일
17 주정율. (2015). 박정희 대통령의 자주국방사상과 현대적 함의. 군사연구, 139, 440
18 주정율. (2015). 박정희 대통령의 자주국방사상과 현대적 함의. 군사연구, 139, 441

업 10개년 계획은 이전까지 직접 총을 만들 능력이 없었던 국군이 수많은 무기들을 만들 능력을 갖출 수 있게 하였으며, 이러한 자주국방 노력은 미국 내에서도 인정할 만큼의 가시적인 성과를 거두었다.

박정희 대통령의 이러한 자주국방정책은 누구나 생각할 수 있는 정책이 아니었다. 1971년 대통령 선거 당시 박정희 대통령은 김대중 후보에 8%p 라는 간소한 차이로 승리하였는데, 이는 당시 박정희 대통령의 여러 정책들에 대한 반대여론이 상당히 높았다는 것을 의미한다. 그런데 김대중은 당시 선거에서 미일중소 4대국 안보보장론, 향토예비군 폐지와 같은 내용들을 이야기하며, 남북협력과 대화를 통한 평화체제 구축을 이야기했다. 그 근거는 중국과 미국의 관계가 평화무드로 전환되었기 때문에 북한이 전쟁을 일으키지는 못할 것이며 그러므로 대화를 통해 평화무드와 발맞추어 평화를 이룩해야 한다는 것이다. 1971년 선거에서 자주국방과는 거리가 먼 김대중 후보의 주장에 동조하는 사람이 전 국민의 반에 육박한다는 것은 당시 자주국방에 대한 인식이 턱없이 부족했다는 것을 의미한다. 박정희 대통령은 이러한 안보의식에 대해서 1972년 1월 11일 연두 기자회견에서 이렇게 비판한다.

〈1972년 1월 11일 연두 기자회견〉

"요즈음 일부 우리 국내 인사들 중에 이러한 조치(자주국방)에 대해서 잘 이해를 못하는 사람들이 더러 있는 것 같습니다. 북괴가 전쟁을 일으켜 올 것 같지도 않다… 평화 무우드가 일어나고 있는데 김일 성이가 쳐내려 오겠느냐, 이런 소리를 하는 사람들이 더러 있는 것 같 습니다… 어떤 사람이 만일 그렇게 해 가지고(국방력을 강화해서) 전 쟁이 안 나면 어떻게 할 테냐, 이러한 소리를 하더랍니다. 만일, 이렇 게 해 가지고 전쟁이 안 나면 그것은 만번 다행입니다. 그것이 국방입 니다. 우리가 대비를 해야 전쟁이 안 날 것 아닙니까… 확실히 지금 국 제적으로는 평화니 긴장 완화니 하는 이러한 바람이 불고 있는 것만은 사실입니다. 그러나, 우리가 여기에서 경계를 해야 될 것은, 국제 사회 에 있어서 어떤 새로운 조류, 또는 이런 바람이 불 때에는 흔히 그 어 떠한 사각적인 한 모퉁이에 있어서는, 예기치 않던 국지풍이 부는 수 가 있습니다… 국제 정치에 있어서 지금 현재 아직도 냉전의 바람이 이 지구상에서 완전히 가시지 않았으며, 거기에 미, 중공 회담이니 긴 장 완화니 뭐니 뜻뜻한 바람이 불기 시작했는데, 이 쟁전의 바람과 뜻 뜻한 이 긴장 완화의 바람이 교차하고 교류할 때에는 흔히 그 한 모퉁 이에 국지풍이 일어나기 쉬운 것입니다. 이것을 우리는 국제 정치적으 로는 국지 전쟁이라고 합니다."[19]

1972년의 박정희는 평화의 바람 속에서 국지풍을 예견하였다. 그 국 지풍은 평화의 바람이 불던 동아시아 곳곳에서 일어나 수많은 사람들

---

19 박정희 대통령 연설문, 1972년 연두 기자회견, 1972년 1월 11일

의 목숨을 앗아갔다. 그렇게 평화를 외치던 1970년대, 미국이 철수한 남베트남은 1975년 북베트남에게 패망하여 공산화되었다. 캄보디아에서는 친미정권이던 론 놀 정권이, 주월미군 철수와 함께 정치적 힘을 잃으면서 크메루 루주에게 점령당했다. 그리고 1975년 말부터 크메르 루주 정권 하에서 강제이주, 대기근, 질병 그리고 킬링필드 집단학살이 일어나 최소 170만이 학살당했다. 중국에서는 1966년부터 1976년까지 문화대혁명이 일어나 "옛 것은 모조리 숙청하자. 문화, 교육, 정치, 가족 등 모든 것을"라는 구호 아래 최대 2000만 명에 달하는 인민들이 학살당했다.

박정희 대통령은 국지풍이 일어나는 것을 막기 위하여 모두가 평화를 외칠 때 전쟁을 준비했다. 아무리 국내에서 대화가 평화를 가져온다고 외치더라도 그는 자주국방을 갖추지 못한 국가는 사라진다는 것을 분명하게 믿었고, 그래서 그는 필사적으로 혈세를 어떻게든 자주국방에 투자하였다. 그 결과 그가 만든 국방과학연구소는 군 전력화와 방위산업 발전에 기여하여 주요 무기 355종을 개발하고, 한국의 국방과학기술을 세계 9위 수준으로 향상시켰다. 또한 국방과학연구소의 무기 수출로 인한 경제 효과도 크다. 한국 정부는 국방과학연구소 창설 이후 50년간 41.2조 원을 투자했는데, 그 경제적 이익은 10배 이상인 442조 7,000억 원에 이르는 것으로 분석된다.[20] 역사적 사실을 보면 알 수 있다시피 박

---

20 편집부. (2020). 자주국방의 초석 국방과학연구소, 창설 50주년 맞이해 : 우리 국방, 우리 과학의 힘으로! 국방연구개발 백년대계를 위한 결의 다져. 국방과 기술, (499), 18-21.

정희는 북한의 공세, 미국의 철수, 중국의 위장평화라는 총체적 위기 속에서 국제정치현실을 정확하게 바라보고 자주국방을 추진하여 자유대한민국을 살려낸 구국강병 대통령이었다.

III. 미국정치이론을 통해 고찰한 자유민주주의

1. 자유민주주의의 전제조건, 경제성장과 안보

앞서 언급한 박정희 대통령의 업적이 대단함에도 불구하고 그의 위대함은 "그럼에도 불구하고 유신을 통해 독재를 했다"는 좌익 세력의 한마디에 반토막이 난다. 목적은 정당했더라도 수단이 정당하지 않았다는 것이다. 그래서 좌익 세력은 목적과 수단이 등가성을 갖는다는 점을 강조하면서 박정희 대통령의 목적이었던 수출주도정책과 자주국방은 과소평가하고, 이 대의완수의 수단이었던 유신을 과대평가한다. 결국, 목적과 수단이 등가성을 갖는 이 구도에서는 박정희 대통령의 업적이 그의 과오(過誤)보다 훨씬 큼에도 불구하고, 업적과 과오의 상대적 크기가 동등하게 보인다. 그리고 이러한 논리가 국민들, 특히 40대 이하에게 먹히는 이유는 현재 한국에서 우리가 논의하는 자유민주주의의 핵심 가치가 입헌주의이기 때문이다. 개념적으로 현대 자유민주주의에서 헌법과 권력 분립 등 여러 제도적 실행들은 절대적인 가치이다. 그렇기 때문에 만

약 누군가가 헌법과 권력 분립의 원리를 훼손하면 그는 독재자로 평가받게 된다.

이 고찰문에서 주장하고자 하는 것은 자유민주주의의 핵심 가치는 법치가 맞지만, 자유민주주의의 전제조건은 경제성장과 안보라는 점이다. 즉, 경제성장과 안보가 제대로 구축되지 않은 자유민주주의는 존재할 수 없다는 것이다. 박정희 대통령은 앞서 살펴본 바와 같이 경제성장과 안보라는 자유민주주의의 전제조건을 달성한 인물이다. 따라서 박정희 대통령과 자유민주주의를 평가할 때에는 그 평가 기준이 법치가 아니라 경제성장과 안보가 되어야 한다. 자유민주주의의 운행 과정에서의 법치의 훼손은 자유민주주의의 핵심 가치를 훼손하는 것이기 때문에 정당화되기 어렵다. 그러나 자유민주주의의 설립 과정에서의 법치의 훼손은 아직 자유민주주의가 형성되지 못했기 때문에 더 큰 대의인 경제성장과 안보를 위해서 희생될 수 있다. 필자는 이러한 논리를 자유민주주의가 탄생한 미국의 역사를 살펴본 후, 미국의 자유민주주의를 평가한 알렉시스 토크빌의 주장을 제시하면서 합리화하려고 한다.

2. 미국에서 탄생한 자유민주주의

자유민주주의는 진정한 민주주의이다. 자유민주주의가 아닌 다른 민주주의 국가에서는 1인 독재, 다수의 폭정이 만연하므로 개인의 자유와 권리가 보장되지 못한다. 그렇다면 자유민주주의란 무엇인가? 레이몽 부동에 의하면, 고전사회학자들은 다음과 같은 몇 가지 분석적 개념과 기준을 도입함으로써 자유민주주의를 정의해왔다. 1) 권력분립, 2) 인간의 존엄성과 그에 따른 신성한 권리, 3) 민주적 사회제도를 평가할 수 있는 시민의 능력이다.[21] 자유민주주의는 개인의 자유와 평등을 전제한다. 즉, 정치적 의미에서 참정권이 보장되어야 하며, 모든 시민이 동등하게 1표를 행사해야 한다. 그리고 자유민주주의에서 이 자유와 평등은 '헌법'을 통해서 보호된다. 종합하면, 자유민주주의는 정치적 자유가 보장된 '민주주의'와 헌법을 통한 '입헌주의'를 핵심으로 한다. 그리고 입헌주의의 두 가지 논리적 구성요소는 합법성과 법치의 원칙이다. 합법성은 법에 의해서 판단이 내려져야 한다는 것이며, 이는 헌법 권리조항의 논리적 기반이 된다. 그리고 이 합법성 원칙의 기본목표는 권력의 임의적인 행사와 소급적인 행사를 규제하는 데 있다. 반면 법치의 원칙은 법이 안정성과 예측가능성을 갖추기를 요구한다.[22]

민주주의와 입헌주의(혹은 자유주의)가 결합된 자유민주주의의 아이디어는 미국에서 시작되었다. 먼저 미국의 각 주에서는 미국이 하나의 연방으로 건국되던 1789년 이전에도 민주적 자치가 시작되고 있었다. 1616년에 버지니아 주에는 주 의회가 있었으며, 1641년에는 메사추세츠 권리헌장이 발표되었다. 그 당시 영국에서는 20%의 백인 남성이 투표권

---

21 민문홍. (2012). 한국사회의 이념적 정체성과 자유민주주의. 사회이론, (42), 246-48
22 김성호(2007), "입헌주의와 민주주의 : 그 "모순적 정합성"에 관한 소고". 헌법재판소 (편).『헌법실무연구』제8권. 서울: 박영사.

이 있었는데, 버지니아에서는 백인 남성의 80%가 투표권이 있을 정도로 미국은 영국보다 민주주의 전통이 뿌리깊은 나라였다. 그런 점에서 미국의 민주주의는 현재 지속되고 있는 가장 오래된 민주주의이다. 다음으로 '개인의 자유를 보호하는 헌법'을 살펴보자. 영국은 1215년 마그나 카르타, 1648년 권리 청원, 1689년 권리 장전으로 입헌주의가 시작된 나라로 여겨진다. 그러나 영국에는 성문헌법이 없었고, 최초의 성문헌법은 1789년 미국에서 제정되었다. 정리하자면, 영국에서는 헌법 정신이 탄생했고, 미국에서는 법전으로 된 최초의 성문헌법이 탄생했다고 할 수 있겠다.

즉, 최초의 자유민주주의 국가는 미국이었다. 그리고 미국의 민주주의의 핵심은 성문헌법이었다. 미국 헌법의 아버지 제임스 매디슨(James Madison)은 그렇다면 어떤 생각을 가지고 미국의 헌법과 민주주의를 디자인하였는가? 미 연방헌법은 숙고와 선택(reflection and choice)으로 좋은 나라를 만들 수 있다는 생각 하에 디자인되었다. 매디슨은 Federalist No. 10에서 시민들의 도덕성을 기대하고 민주정을 설계한다면 민주주의가 지속 가능하지 못하다고 생각했다. 그리고 인간 본성으로 인해 정치는 결국 파벌싸움(faction)의 문제로 이어지게 될 것이므로, 제도를 통해 결과를 통제하자고 이야기한다. 이를 위한 공화주의적 해결책(republican remedy)은 견제와 균형을 통해 디자인된 대의제 민주주의를 실시하는 것이다.[23] 대표적으로 매디슨적 민주주의는 견제와 균형의 아이디어를 기초로 한 삼권분립을 특징으로 한다. 매디슨의 Federalist Paper 51번에서 확인할 수 있듯이 매디슨적 민주주의는 데이비드 흄(David Hume)이 말한 '열정에 의한 열정의 견제'의 원리와 몽테스키외(Montesquieu)의 삼권분립의 아이디어를 '견제와 균형'의 절차적 규칙으로 집약하고 이를 디자인하는 데에 중점을 둔다. 즉, 현실 속에서 다수의 폭정(tyranny of majority)로 이어질 수 있는 민중적 동력을 제도로 통제하려고 한다는 점이 특징이다.

정리하자면 매디슨은 제도를 잘 디자인하는 것이 민주주의를 지속가능하게 만드는 길이라고 생각했다. 이를 위하여 헌법에 연방정부와 주정부간의 관계, 주정부와 주정부간의 관계, 연방정부의 삼권분립 등을 최대한 철저하고 면밀하게 디자인하여 이를 기술했다. 즉, 매디슨적 민주주의의 핵심은 제도이고, 제도가 민주주의를 민주주의답게 만든다는 아이디어에 기초한다. 그리고 대한민국도 이러한 사상적 기초에 따라서 세워졌다. 대한민국의 건국은 헌법의 탄생과 함께 시작되었다. 물론 대한민국 제헌헌법은 일본에서 공부한 유진오의 주도에 따라 독일 헌법을 따랐지만, 독일 헌법도 미국 헌법에서 아이디어를 얻은 것이기에 제헌헌법에도 매디슨의 아이디어가 포함되었다고 볼 수 있다. 예를 들어 매디슨이 제시한 권력 분립의 원리, 각 기관(branches)들의 관계, 대통령제 등

---

23 James Madison, Federalist No. 10, Simon&Brown, ed., pp. 44-46

상당한 입헌주의적 내용들이 제헌헌법에 포함되어 있다. 그리고 이렇게 제도가 중요하다는 입헌민주주의에 대한 인식은 앞서 언급한 바와 같이 현재 박정희 대통령에 대한 평가 기준이 되는데, 이러한 평가 기준 앞에 서는 박정희 대통령이 제대로 평가받지 못한다. 이제 필자는 매디슨이 헌법을 만들었을 당시 고려하지 못했던 점을 제시함으로써 매디슨적 민주주의의 한계를 지적하고, 자유민주주의의 전제조건이 무엇인지에 관하여 논하고자 한다.

3. 토크빌이 바라본 미국 민주주의의 성공요건

1805년, 프랑스혁명의 풍파가 아직 채 가시지 않은 혼란스러웠던 시기에 프랑스의 대귀족 토크빌 가문에서 알렉시스 드 토크빌(Alexis de Tocqueville)이 태어났다. 토크빌은 어린 시절, 그의 아버지가 프랑스혁명의 거센 바람 속에서 처형당할 뻔하고, 집안이 풍비박산(風飛雹散) 날 뻔한 모습을 지켜보았다. 그리고 그는 장성하여 프랑스 혁명정부의 관리가 되었다. 그는 1830년, 그의 나이 25살 때 미국으로 출장을 가서 전 미국을 여행하고, 1835년에 미국의 민주주의를 관찰한 내용을 바탕으로『미국의 민주주의(Democracy in America)』라는 명저를 저술한다. 이 책으로 토크빌은 유럽에서 대스타가 되었다. 토크빌이 평생 지켜본 프랑스의 정치환경은 극도로 불안정했다. 피바람이 불었던 프랑스혁명 이후, 에드먼드 버크(Edmund Burke)가 예측한 것처럼 나폴레옹은 독재자가 되었다.

그가 미국으로 떠났던 1830년에는 프랑스에서 7월 혁명이 일어나서 부르봉 왕조(Les Bourbons)가 물러나고, 오를레앙 공(Duc d'Orléans)의 아들 루이 필리프 1세(Louis-Philippe Ier)가 국왕 대행이 되었다. 이처럼 수년, 혹은 수십 년에 한 번씩 바뀌는 프랑스의 불안한 정치현실에서 토크빌은 1789년 미국 건국 이후 이렇다 할 문제 없이 잘 운용되고 있는 미국의 민주주의의 특징을 분석한다.

토크빌이 『미국의 민주주의』에서 이야기하는 두 가지 핵심은 다음과 같다. 1) 민주주의는 신이 우리에게 부여한 사회적인 운명이기 때문에 한번 시작하면 돌이킬 수 없다. 2) 민주주의는 민중에게 맡겨 두면 실패한다. 이에 토크빌은 민주주의를 제어해서 '지속가능한 민주주의'를 만들어야 한다는 결론을 내린다. 그렇다면 민주주의의 '지속가능성'은 무엇이 산출하는 것인가? 토크빌은 이 질문에 답하기 위해 미국의 민주주의를 분석한다. 그리고 그가 『미국의 민주주의』라는 명저에 남긴 민주주의에 대한 분석은 현재까지도 현대 자유민주주의에 관한 중요한 통찰을 남기고 있다. 필자는 토크빌의 자유민주주의에 대한 이해를 박정희 대통령에 대한 평가기준에 적용시키는 것이 그의 업적을 있는 그대로 볼 수 있도록 한다는 점에서 매우 유의미하다고 생각한다. 그렇다면 토크빌은 미국의 민주주의가 지속가능한 이유에 대해서 어떻게 바라보았을까?

앞서 살펴본 바와 같이 매디슨과 헌법을 디자인했던 자유주의자들은 사회계약론을 중심으로 한 정치이론적 차원에서 민주주의의 성공요건이

법과 제도를 이성적으로 잘 디자인하는 데에 있다고 생각했다. 그러나 토크빌은 사회와 국가는 근대적 자유주의자들의 핵심 이론인 사회계약론에 의해서 만들어지는 것이 아니라 관습에 의해서 만들어진다고 주장했다. 즉, 국가는 이성적 요인에 의해서가 아니라 사회적 요인에 의해서 만들어진다는 것이다. 토크빌은 사회 구성에 있어서 계약적 절차가 없다고 이야기한 것은 아니었지만 계약적 절차보다 더 근본적인 관습적인 요소가 있다는 점을 강조했다. 예컨대 아마존 원주민들에게 이성적으로 하나의 정부를 만들면 우리가 효율적이고 행복하게 살 수 있다고 설득하더라도, 그 원주민들이 그저 사냥하고 농사짓고 사는 관습을 바꿀 수 없다면 국가는 만들어지지 않는다. 이 예를 통해 알 수 있듯이 사회 전체가 자신의 사익을 조금 희생하면서 공익을 위해 헌신한다는 것은 설득과 같은 이성적 요인에서 만들어지는 것이 아니라 인민들이 공유하는 사회문화적 요인에서 만들어진다.

매디슨과 헌법입안자들은(framers) 열심히 『The Federalist Papers』에서 헌법의 필요성과 미 연방정부의 효율성에 대해서 열심히 설득했다. 그 이성적 설득도 물론 중요했지만, 토크빌이 강조한 것은 헌법과 연방정부에 순종하는 미국인들의 사회적 시민의식이다. 좋은 헌법에 좋은 시민이 있었기 때문에 미국의 민주주의가 안정적으로 구축되었다는 것이다. 정리하자면 이성적, 제도적, 정치적 요인보다 사회적, 관습적 요인이 사회를 구성하는 기반이 된다. 즉 토크빌은 사회심리학적 차원에서 미국의 민주주의를 바라보는데, 그는 제도보다 더 중요한 민주주의의 성공요건은 미국인들의 사회적 상태에 있다고 보았다.

그렇다면 토크빌은 미국의 민주주의를 바라보며 어떠한 점을 심도 있게 다루었을까? 토크빌이 미국을 바라볼 때 가장 놀란 것은 미국 국민들 사이의 전반적인 평등이었다. 토크빌은 책의 서문에서 이렇게 이야기했다.

"내가 미국에 머무는 동안 나의 관심을 끈 신기한 일들 가운데 국민들 사이의 생활상태의 전반적인 평등만큼 강렬하게 나를 놀라게 한 것은 없다. 이 기본적인 사실이 사회의 모든 과정에 작용하는 엄청난 영향력을 나는 단시일 안에 발견했다⋯ 이 사실의 영향력이 그 나라의 정치적 성격과 법률의 범위를 훨씬 넘는다는 것, 그리고 그것은 정부뿐만 아니라 민간사회에도 마찬가지의 영향을 미친다는 것을, 나는 곧 깨닫게 되었다⋯ 미국 사회를 연구하면 할수록, 나는 이 평등한 생활상태가 모든 다른 사실들의 원천으로 보이는 기초적인 사실이며 또한 나의 모든 연구가 귀결하는 핵심이라는 것을 더욱 깨닫게 되었다."[24]

토크빌의 관점에서 미국인들의 생활상태의 전반적인 평등은 미국 사회와 민주주의를 구성하는 핵심적인 사회적 요인이었다. 생활상태라고

---

24 Alexis De Tocqueville(1835), "미국의 민주주의 1", 한길그레이트북스, 임효선·박지동 옮김, 59

하는 것은 단순히 경제적 측면에서만의 평등을 의미하지는 않는다. 토크빌은 미국의 사회상태가 재산과 지성이라는 측면에서 다른 어떤 나라에서보다 평등을 누린다고 서술했다. 곧 사회상태는 재산과 지성이라는 두 가지 측면으로 구성된다고 볼 수 있는데, 재산은 경제적 요소로서 '생활상태의 전반적인 평등'을 구성하고, 지성은 의식적·지적 요소로서 관습을 구성한다. 경제적 요소로서의 전반적인 평등은 다 같이 가난한 평등이 아니다. 미국인의 생활상태의 전반적인 평등이라고 하는 것은 모두가 어느 정도의 경제적 수준을 갖고 평등한 시민으로서 기능한다는 것을 의미한다. 그리고 이 평등은 빈부격차가 작다는 측면의 의미를 갖기도 하지만 보다 중요한 것은 모두가 인간다운 생활을 유지할 수 있다는 것이다. 토크빌이 보기에 미국에는 가난한 사람이 매우 적었고, 미국인들은 전반적으로 소박한 생활을 했다. 이는 평등에 관한 개념에서 매우 중요하다. 인간이 극빈하여 굶주리게 되면 그의 유일한 목적은 생존이 되므로 그는 주권을 가진 민주시민으로서의 역할을 할 수 없으며 도덕성과 존엄성이 모두 사라진 불평등한 존재로 기능할 수밖에 없다. 미국에는 이러한 극빈층이 거의 존재하지 않았고 대부분의 사람들은 전반적으로 최소한의 경제적 여유를 누리고 있었다. 그래서 개인은 평등한 민주시민으로서 선거와 자치활동에 참여할 여유가 있었다. 이러한 전반적인 경제적 평등은 미국인들이 민주주의를 지속가능하게 유지하도록 하는 관습을 형성하였고, 이러한 관습은 앞서 제시한 것처럼 민주정부를 구성하는 사회문화적 요인으로 작용했다.

토크빌은 관습의 중요성에 대해 설명하면서, 민주주의의 성공요인으로 자연환경, 법률, 관습을 제시한다. 그에게 있어서 관습은 법률과 자연환경보다도 훨씬 중요하다. 토크빌은 미국의 법률이 훌륭함을 인정하지만, 그것이 아메리카 민주정치 성공의 주요 원인이라고는 생각하지 않는다.[25] 토크빌은 『미국의 민주주의 1』을 마무리하며 이렇게 말한다. '아무리 유리한 자연환경과 훌륭한 법률이 있다고 해도 그 나라의 관습이 알맞지 않으면 어떤 제도는 유지될 수 없다는 것이 나의 확신이다.'[26] 그는 미국인들의 이 관습이 민주정치의 성공요인 중 가장 주요하고 핵심적인 것이라고 서술했다. 그의 분석을 통해서 관습과 생활상태의 전반적인 평등이라고 하는 사회상태가 민주주의의 성공요인에 있어서 법률을 뛰어넘는 가장 핵심적인 요인이라는 것을 알 수 있다. 즉 토크빌은 매디슨의 제도주의적 관점에 반기를 들었다고 볼 수 있다. 그의 주장에 따르면 좋은 헌법, 잘 디자인된 제도가 민주주의를 지속가능하게 만드는 것이 아니라, 평등한 경제적 생활상태 및 지식수준 그리고 관습과 같은 사회문화적인 요인이 민주주의를 지속가능하게 하는 토대를 구성한다는 것이다. 물론 토크빌은 좋은 시스템이 민주주의의 지속가능성에 미치는 영향을 부정하는 것은 아니다. 단지 그는 제도보다 선결적으로 갖추어

25　Alexis De Tocqueville(1835), "미국의 민주주의 1", 한길그레이트북스, 임효선·박지동 옮김, 403
26　Alexis De Tocqueville(1835), "미국의 민주주의 1", 한길그레이트북스, 임효선·박지동 옮김, 405

저야 할 사회문화적 요인의 중요성에 대해서 강조하고, 민주주의를 이해하는 데에 있어서 사회상태가 제도보다 근본적인 요소가 된다는 점을 제시한다. 즉 자유민주주의에서 매디슨의 자유주의적 사상은 민주주의 운용의 핵심이 되지만, 토크빌이 제시한 평등한 경제 및 지식수준과 관습과 같은 사회적 요인은 민주주의 건설의 전제조건이 된다. 따라서 토크빌의 민주주의에 관한 고찰은 앞서 필자가 주장한 '일정한 경제적 수준은 자유민주주의의 전제조건이 된다'라는 문장의 논리를 뒷받침한다.

한편, 토크빌은 민주주의의 지속가능성에 있어서 안보적 요소에 대해서는 간단하게만 짚고 넘어갔다. 그 이유는 미국은 안보적으로 아주 안전한 나라였기 때문이다. 사실 그리고 아무리 경제적 수준이 전반적으로 평등하다고 하더라도 국가 안보가 보장되지 못한다면 그 나라의 민주주의는 지속가능하지 못하게 된다. 민주주의라는 것은 대외적 위협으로부터의 안정 속에서 이루어지기 때문이다. 미국은 그러한 점에서 민주주의를 시작하기 아주 좋은 나라였다. 왜냐하면 외세의 침략이라고 하는 가능성 자체가 거의 없었기 때문이다. 그래서 미국 내부에서는 유럽과 달리 외세의 침략을 무기 삼아 권력을 차지하려고 하는 세력이 등장하지 않았다. 비록 토크빌은 책에서 안보와 민주주의의 관계를 충분한 비중을 두고 다루지는 않았다. 그러나 외세의 침략을 대비할 능력이 없는 국가가 민주주의를 지속가능하게 운용할 수 없다는 것은 그도 암묵적으로 인정한다. 안보는 정치체제의 문제를 넘어서 국가의 존립과 직결된 문제이기 때문이다. 그러므로 안보는 자유민주주의의 전제조건이 된다.

토크빌은 '생활상태의 전반적인 평등'과 '대외적 안정'이 민주주의를 자연스럽게 가능하도록 하는 핵심요인이며, 이들이 민주주의의 전제조건이 된다는 점을 책의 마지막 부분에서 이렇게 설명했다.

> 영국계 아메리카인들은 사회적으로 평등한 상태로 신세계에 정착한 것은 사실이다. 그들에게는 하층태생도, 귀족도 없었다. …(중략)… 따라서 사회의 조건이 민주적이기 때문에 민주주의의 지배가 별 어려움 없이 정착했다 …(중략)… 합중국은 절해의 고도처럼 황무지 한가운데 서 있다. …(중략)… 그래서 오늘날까지 영국계 아메리카인들만이 유일하게 민주정치를 평화로이 유지할 수 있었다.[27]

정리하자면 토크빌은 민주주의의 성공요인이 제도적, 법률적 요인에 있지 않고 사회적 요인에 있다고 주장했다. 그리고 그 사회적 요인을 구성하는 것은 관습과 생활상태의 전반적인 평등, 곧 경제적 평등과 이에서 비롯된 의식적·지적 평등이다. 그리고 토크빌은 미국인들이 민주정치를 평화로이 유지할 수 있던 이유를 미국의 독특한 지리적 요건으로 인한 대외적 안정에서도 찾았다. 결국 경제적 수준과 안보적 안정은 자

27　Alexis De Tocqueville(1835), "미국의 민주주의 1", 한길그레이트북스, 임효선·박지동 옮김, 401

유민주주의를 위한 필수적 전제조건이며, 이러한 사회적 요인 없이 자유민주주의는 지속가능할 수 없다. 따라서 민주주의를 '제도와 규칙'만을 준거 삼아 바라봐서는 안 된다. 대신 이에 선행하여 그보다 더 근본적인 사회적 요인을 민주주의에 대한 평가 준거로 삼아야 한다.

IV. 토크빌의 '미국의 민주주의'를 통해 본 박정희와 자유민주주의

박정희 대통령은 앞서 살펴본 바와 같이 경제적 성장과 자주국방을 이룬 부국강병 대통령이었다. 그리고 박정희 대통령은 입헌주의나 민주적 절차를 희생하여 자유민주주의를 건설했다. 경제성장을 위한 수출주도형 정책은 민주적 합의나 학문적 합의를 통해 형성된 것이 아니었다. 또한 자주국방을 위한 국방력 강화 정책은 닉슨 독트린과 미중화해무드라는 국제적 분위기에 맞서 독단적으로 추진했던 노선이었다. 박정희 대통령의 수출주도형 정책과 자주국방은 민주적 합의로서는 달성될 수 없는 목표였고, 이에 그는 입헌주의를 훼손하는 것을 감수하고 유신을 단행하여 자신이 추진하던 수출주도형 정책과 자주국방을 완수했다. 박정희 대통령이 유신을 단행하지 않았다면 수출주도형 정책은 도중에 실패했을 것이며, 자주국방을 위한 여러 가지 정책도 중단되었을 것이다. 박정희의 정책은 민주적 합의를 통해 만들어진 것이 아닌 독단적인 것이었다. 그래서 민주주의는 박정희의 정책을 이해하지 못하여 격렬하게 반대했다. 어떤 사람들은 수천년 동안 농사하던 나라가 무슨 자동차와 배를 만드냐며 소수의 기업가를 배불리기 위한 정경유착 박정희 정권은 물러나라고 소리쳤다. 그러나 지금은 그 누구도 대한민국은 농업 위에 경제를 건설해야 한다고 주장하는 사람이 없다.

현대 자유민주주의는 제도를 강조하는 매디슨적 민주주의 또는 자유주의적 민주주의의 흐름을 따르고 있다. 이 아이디어는 민주주의의 지속가능성이 헌법, 즉 입헌주의에서부터 비롯된다고 본다. 매디슨적 민주주의를 통해 박정희 대통령을 평가한다면, 박정희 대통령은 자유민주주의를 훼손하고 경제성장과 안보를 달성한 사람으로 남게 된다. 결국 민주주의가 역사의 평가기준이 된 지금의 교육 및 미디어 분위기 속에서 박정희 대통령의 업적은 점점 과소평가되고, 그의 유신은 점점 과대한 오점으로 평가되게 된다.

그러나 필자는 지금까지 토크빌의 민주주의에 대한 고찰을 소개함으로써 민주주의의 지속가능성은 경제적 평등과 안보에서 비롯된다는 점을 논증했다. 그리고 토크빌적 민주주의에서는 경제적 평등과 안보가 민주주의의 핵심요건을 넘어선 전제조건이 되므로, 이러한 평가기준 하에서 경제성장과 자주국방을 달성한 박정희 대통령은 자유민주주의의 건설자가 된다. 박정희 대통령은 대한민국 국민들의 먹고 살 문제를 해결했으며, 세계적인 평화무드라는 거짓된 위협 속에서 대한민국의 자주국방력을 강화함으로써 군사강국으로 이끌었기 때문이다.

매디슨은 1777년에 제정된 연합규약(Articles of Confederation)에 문제가 있었기 때문에 미국의 민주주의가 지속가능하지 못하다고 생각했다. 그래서 그의 모든 초점은 연합규약을 혁파하여 미국의 민주주의를 지속가능하게 하는 새로운 헌법과 제도를 만드는 일에 있었다. 그러나 그는 미국인이었기에 어떻게 민주주의를 지속가능하게 할지만 생각했지, 미국이 왜 민주주의가 가능한지에 대해서는 생각하지 못했다. 그러나 토크빌은 격변하는 프랑스의 관리로서 미국을 관찰했고, 보다 객관적인 시각으로 프랑스는 민주주의가 되지 않지만, 미국은 민주주의가 될 수 있는 그 차이점을 사회문화적 관점에서 바라보았다.

매디슨적 민주주의는 경제적 수준과 자주국방이 이미 건설된 국가에서 사용할 수 있는 평가기준이다. 왜냐하면 매디슨 등 자유주의적 민주주의를 고안한 사람들은 경제적 평등과 안보적 안정이 갖추어진 국가에 살던 인물들이기 때문이다. 그래서 매디슨적 민주주의는 경제적 평등과 안보적 안정이 전혀 갖추어지지 못한 박정희 이전 대한민국을 평가하는 데에 한계가 있다. 따라서 경제성장 이전의 대한민국 발자취에 대하여 "민주주의의 절차를 지켰는가?"라는 질문을 던질 수는 있지만, 이를 역사 평가의 절대적 기준으로 사용하여서는 안 된다. 대신 경제성장을 이룩한 박정희 대통령에게는 "대한민국에 민주주의를 위한 전제조건인 경제성장과 자주국방을 건설했는가?"라는 질문이 사용되어야만 한다. 그리고 그 답은 "그렇다"가 될 것이다.

역사 교과서는 우리 역사를 민주주의의 발전과정을 중심으로 서술한다. 그리고 민주주의라는 기준에서 권력을 유신으로 장악했던 박정희 대통령은 독재정권으로 평가된다. 그러나 분명한 것은 대한민국의 경제발전과 자주국방의 토대는 민주주의가 만든 것이 아니라는 사실이다. 이 토대는 박정희 대통령이 만든 것이고, 이 토대가 세워졌기에 대한민국의 민주화가 존재했다. 민주주의의 발전과정은 민주주의 토대 건설이라는 경제성장 이후의 역사를 중심으로 서술되어야만 한다. 그리고 그 이전의 역사는 민주주의가 아니라 경제발전과 북한 공산전체주의와의 경쟁을 중심으로 서술하여야 할 것이다.

지금도 박정희 대통령의 공과 과를 둘러싼 좌익 세력과 우익 세력 간의 무혈전쟁은 치열하게 이어지고 있다. 그러나 지금은 이 승자와 패자를 가르는 기준이 좌익 세력이 만들어 놓은 틀에 갇혀 있는 것이 현실이다. 좌익 세력은 박정희 대통령을 제도적 관점에서 입헌주의를 훼손한 반민주 독재자로 평가한다. 그래서 젊은 세대는 박정희 대통령의 업적을 제대로 인식하지 못하고, 독재자라는 기만적 표현을 따라간다. 그러나 토크빌의 민주주의 사상에 비추어 보았을 때, 박정희 이전 대한민국은 민주주의를 위한 사회적 조건을 갖추지 못한 나라였다. 따라서 박정희를 평가하는 핵심 기준이 입헌주의가 되어서는 안 될 것이다. 따라서 우리는 이 무혈전쟁에서 승리하기 위하여 기존 좌익 세력의 역사 평가 기준을 타파하고 민주주의에 관한 토크빌의 사회심리학적 통찰을 제시하여 새로운 기준을 만들어야 한다. 토크빌은 '제도와 규칙'보다 사회적 요소인 '경제와 안보'를 현대 자유민주주의를 위한 전제적 필수 요건으로 평가했다. 따라서 박정희 대통령은 '제도와 규칙'보다 상위 평가기준인 '경제와 안보'에서 평가받아야 마땅하며, 그러할 때, 박정희 대통령은 경제성장과 자주국방을 이루어 진정한 자유민주 대한민국을 건설한 위인으로 평가될 수 있을 것이다.

참고문헌

〈웹사이트〉

Globalfirepower, '2023 Military Strength Ranking', https://www.globalfirepower.com/countries-listing.php

〈단행본〉

김성호(2007), 입헌주의와 민주주의 : 그 "모순적 정합성에 관한 소고". 헌법재판소 (편). 『헌법실무연구』 제8권. 서울: 박영사.

노택환(2014), 국제경제관계의 정치경제론. 영남대학교출판부. 경북.

최장집(2004), 민주주의와 헌정주의: 미국과 한국, 미국 헌법과 민주주의 한국어판 서문, 휴머니타스

Alexis De Tocqueville(1835), "미국의 민주주의 1", 한길그레이트북스, 임효선·박지동 옮김

〈논문〉

민문홍(2012), 한국사회의 이념적 정체성과 자유민주주의. 사회이론, (42).

서문기(2014), 근대화이론의 이해와 성찰: 사회발전에 관한 이론적 소고. 사회과학논총, 16.

유다영, 박병훈, 홍정열, 최윤혁, 손의영, 박동주. (2021). 경부고속도로 개통 50년의 사회경제적 직접효과 평가 연구. 한국ITS학회논문지, 20(1).

주정율(2015). 박정희 대통령의 자주국방사상과 현대적 함의. 군사연구.

홍정의. "다이아몬드 모델과 SWOT-AHP 분석을 통한 철강산업의 국제경쟁력 향상 방안." 국내박사학위논문 건국대학교 대학원, 2022. 서울.

〈연속간행물〉

산업통상자원부(2023). 조선해양플랜트과, 2022년 국내 조선업, 고부가·친환경 선박 시장 점유율 1위 달성

편집부(2020). 자주국방의 초석 국방과학연구소, 창설 50주년 맞이해 : 우리 국방, 우리 과학의 힘으로! 국방연구개발 백년대계를 위한 결의 다져. 국방과 기술, (499).

〈해외도서〉

James Madison, Federalist No. 10, Simon&Brown, ed.,

박정희 대통령이 이뤄낸 부국강병 대한민국의
두 축, 경부고속도로와 포항제철

최 진 (24세. 방송통신대학 경영학과 재학)

I. 서론

작년 말경, 전 국민이 자랑스러워할 만한 조사 결과가 발표되었다. '2022 최고의 국가'에서 대한민국이 '전 세계 국력 순위(Power Rankings)' 부문 6위를 기록[1]했다는 내용이었다. 혹자는 전 세계 6위라는 수치에 순수하게 기뻐하기도 했고, 혹자는 일본을 제쳤다는 사실에 기뻐하기도 했다. 한국이 이렇게 높은 등수는 수출 호조 부문에서 84점, 경제적 영향력 부문에서 79.8점, 군사력 부문에서 79.1점이라는 고득점이 있기에 가능했다. 정치적 영향력이나, 리더십 역량 부문에서는 낮은 점수를 받았으나[2] 경제와 군사력 부문에

---

1 글로벌 마케팅 커뮤니케이션 기업 VMLY&R의 계열사인 BAV그룹과 펜실베이니아대 와튼스쿨이 조사해 발표. 조선일보, "삼성과 현대가 있는 곳"…한국 국력 전 세계 6위, 日도 제쳤다, https://www.chosun.com/international/international_general/2022/10/07/ACQCGLSVFBATZGDBO4QUAMCFQ4/(2022.10.07)
2 위 기사, 정치적 영향력 부문에서 48.6점, 리더십 역량 부문에서 22.5점을 받았다. 수출, 경제, 군사력 부문에서 70점 후반대~80점대의 고득점을 한 것과는 상반되는 모습.

서 좋은 평가를 받아 세계 6위에 자리한 것이다.

필자는 이런 '부국강병' 대한민국의 중심에 박정희 대통령이 있다고 생각한다. 또한 박정희 대통령이 이렇게 '부국강병' 대한민국을 이뤄낼 수 있도록 핵심적인 역할을 해준 것이 바로 경부고속도로와 포항제철이라고 생각한다.

하지만 이렇게 '부국강병' 대한민국을 바라보면서 이를 이뤄낸 박정희 대통령의 이름을 떠올리는 사람은 많지 않은 것이 슬픈 현실이다. 설 연휴에 고속도로를 이용해 수백만 대의 차가 이동해도, 특정 회사의 새벽 당일배송이라는 서비스에 감탄하면서도, 자동차산업과 조선산업, 가전산업에 있어서 모두 세계 5위권 안에 들어가는 대한민국을 보면서도 그 기반에 있는 경부고속도로와 포항제철을 떠올리지 않는다.

왜 이런 현상이 나타나고 있을까? 한국 사회는 어느 순간부터 중간이나 중도와 같은 단어는 통용되지 않는 일방적인 지지나 일방적인 비난만이 존재하는 사회가 되어가고 있다. 이를 보고 '중간'이나 '타협'과 같은 단어는 더러운 단어로 매도될 수밖에 없는, 양극단의 전선(戰線)이 형성된 '전시체제' 사회[3]라고 부르는 사람도 있을 정도이다. 그리고 역사

3　강준만, 『이건희 시대』, 인물과사상사, 2005, p. 5

적인 관점에서 이러한 양극단화된 전선의 중심지가 어디냐고 묻는다면 필자는 망설임 없이 박정희 대통령과 그 시대를 꼽을 것이다. 박정희 대통령에 대한 평가를 어떻게 하느냐에 따라서 정치적인 입장이나 신념까지 판단해버리기 때문이다.

하지만 박정희 대통령에 대해서 평가할 때, 현실 정치세력의 정치적 이해관계가 개입되어서는 객관적인 평가가 이루어질 수 없다. 그렇다면 어떻게 해야 이를 보다 객관적이고 발전적으로 평가할 수 있을까? 먼저, 현재의 시점에서 결과론적으로 평가하는 것이 아닌, 당시에 상황과 시대정신에서 박정희 대통령을 평가할 수 있어야 한다. 그리고 박정희 대통령이 어떤 생각과 마음으로, 어떤 정책과 제도를 추진했는지 살펴봐야 한다.

따라서 이 글에서는 다음과 같은 부분에 초점을 맞추어 박정희 대통령과 그의 업적을 재조명해보고자 한다.

첫째, 박정희 대통령이 "왜" 경부고속도로와 종합제철을 건설하려 했는지를 살펴볼 것이다. 박정희 대통령은 평생을 조국근대화와 민족중흥이라는 꿈을 가지고 살아갔던 정치가였으며, 정치가에게 정치는 그 꿈을 실현하는 과정과도 같다. 박정희 대통령이 고속도로와 종합제철을 통해, 리더로써 어떤 비전을 국민에게 보여주고자 했는지 알아보고자 한다.

둘째, 박정희 대통령이 "어떻게" 경부고속도로 건설과 포항제철 건설을 추진했는지를 건설과정을 중심으로 살펴볼 것이다. 박정희 대통령은 매년 연두교시와 연두기자회견을 통해 국가가 나아가야 할 길과 그 과정을 설명했고, 행정 각부의 초두순시와 각종 공사 현장 방문을 통해 공사를 점검 및 독려했다. 이러한 박정희 대통령의 "현장중시 리더십"과 추진력이 어떻게 공사 과정에 나타나게 되었는지 살펴보고자 한다.[4]

셋째, 이를 통해 현재의 우리가 박정희 대통령의 '부국강병' 정신을 단순히 단어로써 이해하는 것이 아닌 그 과정과 신념으로써 이해하고 현재의 대한민국에 어떠한 방식으로 적용할 수 있을지 고찰해보고자 한다.

II. 경부고속도로 건설 배경과 건설과정

1. 1940~1960년대 한국의 도로 상황

박정희 대통령이 어떻게 경부고속도로를 건설하게 되었는가를 이해하기 위해서는, 당시 대한민국의 도로 상황부터 살펴봐야 한다. 당시 대한민국의 도로는 말 그대로 '길이 안 보이는' 상황이었다. 1945년 8월 15

4 　경부고속도로 공사는 박정희 대통령 자신도 '단군 이래 최대의 공사'라고 언급했던 대공사였고, 박태준 회장에게 '나는 고속도로, 임자는 종합제철이야' 라고 언급한 것이 포항제철인 만큼 당시 박정희 대통령의 상황인식과 업무추진을 포함한 세 가지 부분을 살펴보기에 손색이 없을 것이다.

일에 해방의 기쁨을 맞이했지만, 현실적인 문제들이 눈앞에 쌓여있었다. 일제 패망과 함께 공장과 기업들은 거의 문을 닫았고, 무수히 많은 실업자가 일자리를 찾아 거리를 떠돌았다. 도로 부문도 크게 다르지 않았다. 해방 당시 우리나라의 국도 중 포장된 도로는 746.4km에 불과했다. 국도의 전체 길이가 5,263km이었음을 고려하면 전체 국도의 14% 정도만이 포장되어있었다.[5] 미군정기에도 사정은 크게 달라지지 않았다. 1946년 6월에는 대홍수가 일어나 식량문제가 당장의 급선무로 떠올랐고, 자연스럽게 도로의 건설이나 보수는 뒤로 미루어졌다.

그러던 1948년 8월 15일 대한민국이 건국되었고, 1948년 12월 10일에 한미 경제원조협정을 체결하면서 미국으로부터 경제부흥을 위한 장기적인 원조를 약속받게 된다. 이는 '마셜 플랜'의 일환이었는데, 이를 통해 설립된 미국경제협력국[6](이하 ECA)를 통해 복구 사업을 추진해나가게 된다. 이승만 대통령은 1949년 5월 2일 지방토목관서 설치법을 제정했고, 같은 해 6월 4일에는 서울지방건설국을 신설하면서 관할 국도 건설

---

5   금수재, 『박정희와 고속도로』, 기파랑, 2021, p.35
6   Economic Cooperation Administration. 대한민국 정부가 수립됨에 따라 한국과 미국은 1948년 12월 10일에 '대한민국과 미합중국 간의 원조 협정'을 체결하였고, 1949년 1월 트루먼 미 대통령이 대한 원조의 책임을 육군부에서 경제협조처로 이관하면서 한국은 경제협조처(ECA) 원조의 적용을 받게 되었다. ECA에서는 대한 원조계획을 총괄할 주한경제협조처를 구성하여 가동했다. 이들은 한국의 경제 사정과 자원의 분석 자료 등을 토대로 미국의 대한 원조계획을 수립, 운영하였으며 한국의 경제정책에 대한 폭넓은 감독권을 장악하였다. 국사위원회 전자사료관, "ECA 대한경제원조 관련자료",
http://archive.history.go.kr/reference/view.do?id=7

사업을 관장하도록 지시했다. 이런 움직임에 발맞춰 정부는 1950년 초부터 ECA의 원조를 받아 8억 원 안팎의 예산으로 전국 주요 도로의 교량 사업을 추진해나갔고, 3억 2천만 원의 공사비를 들여 국도를 포장했으며, 부산선과 의주선의 개수를 위해 15억 8,500만 원의 예산을 편성하기도 했다. 그러나 정부의 이러한 계획은 1950년 6·25 전쟁이 발발하면서 모두 물거품이 되고 만다. 전시에 도로와 교량은 중요한 보급로였고, 당연히 집중적인 파괴 대상이 되었다. 전쟁으로 인해 국도 9,450km, 지방도 12,980km가 파괴되었고, 100개가 있던 교량은 절반이 넘는 54개가 파괴되었다.

휴전 후 정부는 전후 복구를 국가의 최우선 과제로 삼았고, 미 국제협조처,[7] 미국개발처[8] 등으로부터 1954년부터 1962년까지 1,507만 달러가 넘는 무상 원조를 끌어낸다. 당시 정부는 파괴된 도로를 복구해 경제 부흥의 발판을 마련하고자 했지만, 도로에 대한 국민의 인식 부족과 재

---

7   ICA (International Cooperation Administration) ICA는 1955년부터 미국의 원조 기관으로 변경되었다. ICA 원조는 그 규모가 매우 방대하여 1950년대 한국 사회에 많은 영향을 미쳤다. ICA 원조는 FOA(대외활동본부) 원조를 포함하여 약 17억 달러에 달하는 원조를 제공하였으며, 1953~1961년 사이에 연평균 2억 달러 이상이 도입되었다. 행정안전부 국가기록원, "전후경제복구", https://theme.archives.go.kr/next/photo/supplies02List.do

8   AID (Agency for International Development) 경제원조 우위의 새로운 원조계획은 종래의 ICA(국제협조처) 원조와 DFL(개발차관기금)원조를 개편 통합하여 국제개발처(AID)를 탄생시켰다. AID 원조는 무상증여 원조 대신에 차관형식 원조에 중점을 두는 방식으로 구체화되었다. 그리하여 1962년부터 우리나라도 AID 원조에 의한 차관원조를 받아 1969년까지 약 6억4천5백만 달러를 지원받았다. 행정안전부 국가기록원, "차관전환기", https://theme.archives.go.kr/next/photo/supplies03List.do

정 부족으로 난관에 부딪힌다.[9] 대부분의 국민이 '지금의 배고픔도 시급한 문제이고, 자동차 보급률도 낮은 나라가 막대한 예산으로 도로를 지어야 하는가?' 라는 생각을 하고 있었기 때문이다.

결국 전쟁이 끝난 지 3년 정도가 지나고 나서야 원조 자금의 일부를 도로 예산으로 쓸 수 있게 되었으나 1950년대 말까지 도로 건설 사업은 큰 진전 없이 답보상태였다. 한강의 인도교가 복구된 것은 1958년 5월이었고, 5.16혁명의 이듬해인 1962년이 되어서야 지방도를 포장하고 교량을 거의 복구할 수 있었다.

2. 박정희 대통령이 추구했던 조국 근대화

이렇게 열악한 도로 상태는 조국 근대화를 대한민국의 최고 목표로 설정했던 박정희 대통령에게 있어 큰 걸림돌이나 마찬가지였다.

박정희 대통령이 설정했던 조국 근대화의 과제는 크게 세 가지였다. 첫 번째, 반(半)봉건적 반(半)식민지적 잔재로부터 민족을 해방시키는 것. 두 번째, 가난으로부터 민족을 해방시켜 경제의 자립을 이룩하는

---

9   1953년 9월 24일 정부는 53~57년을 계획 기간으로 하는 '공공시설 복구 5개년계획'이 세워졌고, 그 뒤 이승만 정부는 부흥부(復興部)를 신설하여 '경제부흥 5개년계획'을 수립하였다. 이 계획은 57~61의 기간을 계획 기간으로 잡아 1,057만 3천 달러와 361억 환의 막대한 비용을 통해 도로 건설에 대한 계획을 세웠으나 재원 조달의 어려움과 행정기구의 빈약함으로 인해 실행에 옮기지 못했다. 한국도로공사, 『한국고속도로십년사』, 한국도로공사, 1980, p.773

것. 세 번째, 건전한 민주주의를 재건하는 것.[10] 그리고 박정희 대통령은 이 세 가지 과제를 달성하기 위해서는 무엇보다 경제적으로 부유한 나라를 만들어야 한다고 생각했다.[11]

그리고 박정희 대통령은 무엇보다 장기적인 개발계획 없이는 대한민국의 생산력 증강이나, 고용량 증대를 가져올 수 없다고 생각했다. 이런 생각에서부터 발전한 구체적인 실천 방안이 바로 경제개발 5개년계획이다. 그리고 이러한 경제력의 성장을 기반으로 근대화를 이뤄나가야 하며, 근대화는 궁극적으로 북한의 공산주의를 극복하는 민주적인 통일로 이어져야 한다고 생각했다. 하루빨리 자립경제를 확립함으로써 1차적인 '경제전쟁'에서 북한을 이겨내야 하고, 국제사회의 일원으로써 경쟁할 수 있는 힘을 마련해야 한다는 것[12]이 박정희 대통령의 생각이었다. 그리고 소련, 중공과 같은 공산당[13]에 이기는 길은 우리가 '더 살기 좋은 사회', '굶주리고 배고프지 않은 사회'를 하루속히 건설하는 길이라는 것을 강

---

10 박정희, 『우리 민족의 나갈 길』, 동아출판사, 1962, pp. 128-129

11 박정희 대통령은 다음과 같이 서술하기도 했다. "5·16 혁명의 본뜻이 민족국가의 중흥 창업에 있는 이상 여기에는 정치혁명, 사회혁명, 문화혁명 등 각 분야에 대한 근본적인 바뀜이 포함되어 있지 않았던 것은 아니다. 그중에서도 나는 경제혁명에 중점을 두었다는 말이다. 먹여놓고 살려놓고서야 정치가 있고 사회가 보일 것이며 문화에 대한 여유가 있을 것이기 때문이다. 또한 이 경제 부문에 희망이 없다면 다른 부문이 개혁되고 온전히 나갈 리가 없다는 것도 당연한 말이다." 박정희, 『국가와 혁명과 나』, 고려서적, 1965, p.197

12 Ibid., p.257

13 박정희 대통령은 "소련과 중공과 같은 공산당을 노동자의 낙원을 입으로만 떠들어 대는 무자유의 강제 노동 수용소화한 국가"라고 강하게 비판하기도 했다. 박정희, 『우리 민족의 나갈 길』, 동아출판사, 1962, p.259 박정희 대통령이 얼마나 공산주의를 경계하며 자유를 중요시하게 생각했는지 엿볼 수 있는 부분이다.

조하기도 했다. 그리고 이러한 대한민국의 자유와 독립을 유지하기 위해서는 경제력뿐만이 아니라 강력한 군사력을 유지하고 발전시켜야 한다고 생각했다.

박정희 대통령의 경부고속도로에 대한 계획은 어느 날 갑자기 튀어나오거나, 단순히 길에 대한 목표로 시작된 것이 아닌 조국을 근대화시키고, 경제력을 키우며, 더 나아가 군사력을 키우고, 최종적으로 소련이나 중공, 북한과 같은 공산주의 세력으로부터 대한민국의 자유와 경쟁력을 지키기 위한 큰 비전에서부터 출발한 것이다. 경부고속도로는 박정희 대통령의 이런 원대한 계획의 첫발이나 다름없었다.[14]

3. 서독에서 배워온 라인강의 기적

그렇다면 박정희 대통령은 언제부터 경부고속도로에 관해 관심을 가지고 이를 구체화하기 시작했을까? 그 시작을 서독방문으로 보는 사람들도 있지만,[15] 박정희 대통령은 서독에 방문하기 1년도 더 전인 1963년

---

14 박정희 대통령의 연설에서 이러한 사실을 확인할 수 있다. "오늘 이 자리에서 기공식을 올리는 이 경부간 고속도로 건설 사업은 우리의 조국 근대화 과업에 있어서 하나의 상징적인 사업입니다. 동시에 이것은 우리가 오래전부터 추진해 오던 대국토 건설 사업의 일환이고 시발인 것입니다. 「서울·수원간 고속도로 기공식」『박정희 대통령 연설문집 4』, 대한공론사, 1973, p.155

15 박정희 대통령이 서독방문 이전인 1962년 미국을 방문했을 때 고속도로에 대한 구상이 싹텄을 것이라는 주장도 있다. 이청,『박정희시대의 경제비화』, (서울: 복사, 1986), p.17 (최광승, 「박정희는 어떻게 경부고속도로를 건설하였는가」, 정신문화연구 2010 겨울호 제33권 제4호 p.177에서 재인용)

10월에, 제주도에서 열린 한라산 횡단 도로 1단계 구간 개통식에서 이미 '라인강의 기적'과 '아우토반'을 언급하기도 했다. 서독을 방문하여서 아우토반을 직접 달려 보기 훨씬 이전에 도로의 중요성에 대해서 알고 있었던 것이다.[16]

그러나 1964년 12월 8일, 처음으로 아우토반을 달려본 것이 박정희 대통령의 전체적인 고속도로 구상에 적지 않은 영향을 미친 것은 분명한 사실이다. 서독방문 일정 중 본을 출발해, 쾰른으로 가기 위해 박정희 대통령을 태운 차량은 20km의 아우토반을 지나가게 되었다. 박정희 대통령은 두 차례나 차를 멈추게 한 후 아우토반의 노면, 중앙분리대, 교차 시설 등을 주의 깊게 살펴보았고, 앞뒤로 펼쳐진 고속도로의 선형을 한참 동안 바라보기도 했다. 뿐만 아니라 뤼브케 대통령의 지시로 의전을 맡은 의전장에게 아우토반에 대해 상세하고 다양한 질문을 던지기도 했다. 이렇게 아우토반에 대해 많은 관심이 있던 박정희 대통령의 마음에 고속도로와 그 외에 또 다른 희망을 불어넣은 사람은, 다음 날인 12월 9일, 정상회담 자리에서 마주 앉은 독일의 루트비히 에르하르트 총리였다. 박정희 대통령에게 '왜 쿠데타를 했는지'에 대한 질문부터 다양한 대화를 주고받은 에르하르트 총리는 박정희 대통령의 진심을 느낄 수 있었고, 다양한 조언을 해주게 된다.

16　금수재, op. cit., p.59

"경제장관 할 때 한국에 두 번 다녀왔습니다. 한국은 산이 많던데, 산이 많으면 경제발전이 어렵습니다. 고속도로를 깔아야 합니다. 독일은 히틀러가 아우토반을 깔았습니다. 고속도로를 깔면 그다음에는 자동차가 다녀야 합니다. 국민차 '폭스바겐'도 히틀러 때 만든 것입니다. 자동차를 만들려면 철이 필요하니 제철공장을 만들어야 합니다. 연료도 필요하니 정유공장도 필요합니다. 경제가 안정되려면 중산층이 탄탄해야 하는데, 그러려면 중소기업을 육성해야 합니다."

"경제발전에는 도로·항만 등 기간시설의 정비가 선행돼야 합니다. 아우토반은 비록 나치 집권 시절에 이룬 일이기는 하지만 우리에게는 고마운 일이 아닐 수 없습니다. 백 년 앞을 내다본 이 거대한 사업은 마땅히 정당한 평가를 받아야 한다고 생각합니다. 한국은 도로 사정이 썩 좋지 못한 줄 압니다. 개발도상국에서 고속도로 건설이란 엄두도 못 낼 사업이지만, 독일 국민은 우리가 겪은 그러한 시기에 산업 동맥 건설을 성취한 것을 자랑스럽게 여기고 있습니다. 분단국으로서는 경제 번영만이 공산주의를 이기는 길입니다."

'서독 부흥의 아버지'라고도 불리는 에른하르트 총리가 '부국강병' 대통령인 박정희 대통령에게 '라인강의 기적'을 '한강의 기적'으로 이뤄낼 수 있는 조언을 해준 것이다. 이러한 조언들은 앞서 언급한 박정희 대통령의 비전과도 많은 부분이 일치했기 때문에 더더욱 박정희 대통령의 마음에 깊게 와닿았을 것이다.

4. 경부고속도로 건설과정

1) 건설 재원 조달

하지만 박정희 대통령의 고속도로에 대한 구상은 바로 실천으로 옮겨지지 않았다. 고속도로를 건설할 수 있을 만한 여러 여건이 갖춰지지 않았기 때문이다. 고속도로를 건설하는 데 있어서 가장 큰 걸림돌은 바로 건설비였다. 당시 바로 옆 나라인 일본에서도 名神(나고야-오사카)과 東名(도쿄-나고야) 고속도로를 짓고 있었는데, 1km당 10억엔, 한국 돈으로 8억 원 가량이 소모되었다.[17] 같은 km당 건설비를 박정희 대통령이 구상하고 있던 서울-부산간 430km로 계산하면 3,400~3,500억 원이라는 금액이 나오게 되는데, 이는 1967년 대한민국의 국가 총예산이 1,643억인 것[18]을 고려하면 국가 전체 예산의 두 배가 넘는 예산이 필요하다는 결론이 도출된다. 결국 박정희 대통령의 최대 관심사는 얼마나 적은 비용으로 건설할 수 있는가에 모아졌다. 박정희 대통령은 직접 수많은 고속도로 관련 서적을 읽으면서 고민했고, 당시 대한민국에서 유일하게 고속도로를 건설해본 경험이 있는 현대건설의 정주영 회장에게 가장 적

---

17 7억 원 ~ 10억 원 정도. 국가기록원, 경부고속도로 개통식 치사,
   https://theme.archives.go.kr/next/gyeongbu/roadCommemoration08.do
18 1,643억 4,694만 400원, 경향신문, 1966.12.08

은 비용으로, 가장 짧은 기간에 고속도로를 건설하는 방법에 대해 의논하기도 했다.[19]

먼저 박정희 대통령은 서울특별시, 건설부, 육군공병감실, 현대건설, 경제기획원에 최저 건설비를 산출할 것을 지시했다. 이에 경제기획원은 경험이 없다는 이유로 산출을 포기했고, 서울시는 180억 원, 현대건설은 280억 원, 재무부는 330억 원, 육군 공병감실은 490억 원, 건설부는 가장 많은 금액인 650억 원을 보고했다. 가장 많은 금액은 650억 원, 가장 적은 금액은 180억 원이니 3배 이상의 차이가 난 것인데, 이는 설계기준, 물량, 공법, 노선 등의 기준이 모두 상이했기 때문이다. 정부 내에서도 아직 고속도로에 대한 인식이나 지식이 현저히 부족했음을 여실히 보여주는 대목이다.

박정희 대통령이 부족한 건설비를 충당하기 위해 처음 시도한 것은 외자도입이었다. 1967년 12월 12일 재무부는 「경부기간고속화계획—소요 공사비 추정과 재원 조달방안」이라는 보고서를 제출하였다. 이 보고서는 375억 원을 총예산으로 잡았고, IBRD 차관을 포함한 외자 27%, 내

---

19 각하께서 밤늦게 10시, 청와대 서재에서 불러서 가보면 각하께서는 많은 고속도로 서적을 옆에 두고 직접 인터체인지 하나를 하는데 1억 몇천만 원이 든다고 하는데 반 또는 1/3 값에 한 3~4천만 원이나 5천만 원 이하에 되지 않겠느냐 하시며 손수 인터체인지 선형(線形)을 그려 가지고 보이고 하시던 일도 많았습니다. 그래서 각하께서는 이 분야에 절약할 수 있는 모든 것을, 많은 고속도로 서적을 몸소 서재에서 늦게까지 보시면서 어떻게 하면 고속도로를 가장 적은 경비로 가장 짧은 기간에 완성시켜야 하느냐 하는 문제를 구상하시면서 여러 가지 안(案)을 제시, 하문하셨습니다. 한국도로공사, 『한국 고속도로 십 년사』, 1980, p.119

자 73% 비율로 자금 조달계획을 세웠다.

〈표 1〉 초기의 재원 조달방안[20]

(단위: 백만 원)

구분		재무부안 (1967. 12. 12)	계획조사단안 (1967. 12. 25)
총 공사비		35,950	43,000
외자	기자재차관	8,240	7,300
	양곡차관	1,710	1,700
	소계	9,950	9,000
내자	석유류세	14,500	15,000
	도로공채발행	10,000	10,000
	통행세	(통행세 + 유로도로	7,000
	유료도로요금	요금 + 기정예산)	1,500
	기정예산	= 1,500	540
	군지원	1,620	1,600
	소계	27,620	35,640
합계		37,570	44,640

이런 방안에 따라서 재무부는 3,030만 달러의 자재와 장비 도입에 필요한 차관을 IBRD 총재에게 요청했으나 거절당하게 된다. 1949년부터 1962년까지 IBRD 총재를 맡았던 유진 블랙(Eugene Black)은 '개발도상국이 고속도로나 종합제철 건설을 추진하는 것은 국가 원수의 기념비 건립이나 다를 바 없다'[21] 라고 말하며 후진국의 고속도로 건설을 위한 차관

---

20   한국도로공사, op. cit., p.153

21   김정렴, 『아, 박정희』, 중앙m&b, 1997, p.282

제공을 거부했고, 이러한 기조는 계속 유지되고 있었다.

결국 고속도로 건설에 필요한 외자도입은 실패로 돌아갔고, 정부는 석유류세 인상과 통행료 수입, 그리고 도로 공채를 발행하는 등 내자 도입을 통해 건설비를 마련하기로 한다. 이를 위해 1968년 3월 7일에는 석유류(石油類)세법을 개정하여 휘발유 세율을 인상했고, 차관도입양곡 75만 톤의 판매대금으로 84억 원을 마련하는 등 다양한 부분에서 예산을 마련하게 된다. 이러한 과정을 통해 1968년 2월 5일 8차 경제장관회의에서 내자 도입과 대일청구권자금 27억 원을 포함한 총 331억 원이 최종적으로 확정된다.[22]

〈표2〉 재원별 자금조달 계획[23]

재원별	금액(억원)
휘발류세 도입	139
통행세 도입	60
차관판매대금	84
대일양곡청구권자금	27
통행료도입	15
기존예산	6
합계	331

22 이후에 이한림 건설부 장관과 허필은 소장이 박정희 대통령에게 99억 7,300만 원의 예산을 증액받는 데 성공하여 예산이 추가된다.
23 한국도로공사, op. cit., p.207

2) 건설 용지 매입

우여곡절 끝에 예산 책정이 끝나고 본격적인 공사 단계에 돌입하게 된다. 앞에서 살펴본 것처럼 구상부터 전체 공사 기간 내내 박정희 대통령과 참모들을 고민에 빠뜨린 것이 바로 건설비였는데, 건설비에 있어 중요한 비중을 차지하는 것이 바로 공사의 첫 단계인 도로 건설 용지의 매입이었다. 건설 용지를 얼마나 낮은 비용으로 매입하는가는 공사비 절감과 직결되는 문제였고, 얼마나 빠른 속도로 건설 용지를 매입하는가는 고속도로 건설 기간을 줄이는 문제와 직결되었기 때문이다. 공사의 첫 단계이자 공사에 있어 가장 중요한 부분이 건설 용지의 매입이었기 때문에 박정희 대통령이 직접 지휘에 나섰다.

가장 급선무는 매입지역을 선정하는 것과 매입가격을 확정하는 것이었다. 그리고 이 문제를 해결하기 위해서 나선 것이 '청와대 파견단'[24]이다. 건설 용지를 매입하는 과정에서 고속도로 건설지역으로 선정되었다는 소문이 퍼지면 매입가가 급등할 수 있기 때문에 신속성과 기밀 유지가 중요했고,[25] 청와대 파견단은 해당 부분에 극도의 신경을 쓰면서 업무

---

24 당시 정부에는 고속도로 같은 방대한 사업계획을 전담할 조직이나 인력이 없었다. 그래서 육사 사관학교 출신과 건설부 고급 공무원 중에서 출중한 사람들을 뽑아 '핫라인'을 구성한 것이 청와대 파견단이다. 육군본부 조달감실의 윤영호 대령, 공병감실의 박찬표 중령, 공병감실 운영과의 방동식 소령, 건설부의 박종생 기좌로 구성되었다. 공병과도 아닌 윤영호 대령이 추천된 것은 그가 한양공대 토목과 출신이기 때문이었다. 금수재, op. cit., pp. 116~118

25 박정희 대통령은 경부고속도로의 건설계획을 추진하면서, 고속도로 건설로 인한 지가폭등을 예방하기 위해 국내 최초로 항공촬영을 시행해 토지 매수가 끝날 때까지, 현지에는 단 한 명의 측량기사도 내보내지 않는 등 세심한 부분까지 신경을 썼고, 토지수용 문제로 공사가 지연될

를 진행했다. 박정희 대통령은 1967년 11월 28일 서울특별시장, 경기도 지사, 건설부 장관을 청와대로 불러 서울~수원간 노선을 설명함과 더불어 용지를 서둘러 매입할 것을 지시했다. 가격은 평당 3백 원 이내로 맞추도록 했고, 기간은 1주일 이내에 끝내도록 강조했다.

"용지 확보는 빠를수록 좋아 시간을 끌면 땅값이 춤을 출 것 아니오. 1주일 이내에 끝내도록 해 보시오. 군수, 면장, 기타 관계공무원을 총동원하여 발 벗고 나서 함께 뛰면 되겠지. 당장 땅을 사라는 것은 아니고 우선 지주와 교섭해서 기공 승낙서를 받아 놓으면 되는 거요. 토지의 측량과 지가(地價) 타협, 지불 등은 차후 처리하면 될 문제지. 기공 승낙서만 있으면 공사를 착수할 수 있는 것 아니오."[26]

다음날인 1967년 11월 29일에는 청와대에 한일, 상업, 제일, 서울 등 각 은행의 책임자와 국세청 관계자들의 회의를 소집했다. 박정희 대통령은 이들에게 용지매수대책과 행정조치 사항을 지시했고, 수원 이남에서 부산까지의 노선은 68년 2월 말까지 선정 작업을 끝낼 것을 당부했다. 이후 업무가 원활하게 추진되도록 해당 장관에게 노선이 확정되는 대로 용지매수와 가공승낙을 받을 수 있도록 철저히 준비하도록 명령하기도

때는 책임자를 문책하는 등 특단의 방법을 모조리 동원했다.
방동식, 『秘話! 경부고속도로건설공사 : 국가 경제발전의 견인차 담당』, 『건설교통저널』 1998년 6월호, p.71
26 김정렴, 『한국경제정책 30년사 김정렴회고록』, 중앙일보사, 1993, p.239

했다. 그리고 용지매수 업무에 부작용이 없도록 처리하여 특히 주민들에게 손해가 가지 않도록 당부했다.[27]

경부고속도로는 총연장 428km에 이르는 대규모 공사였기 때문에, 이에 편입되는 용지 역시 광범위하고 복잡한 매수 절차가 필요했다. 특히 용지매수는 노선에 편입된 토지만을 사들이는 것이기 때문에 작은 평수의 토지들로 세분되는 일도 많았고, 다수의 소유자가 관련되는 등 착공 전에 용지를 확보하기가 쉽지 않았다.[28] 이를 위해 정부는 건설 용지매수를 위해 다음과 같은 원칙을 정하고 이 원칙 아래에 용지매수를 시행했다.

1) 고속도로 건설은 사상 초유의 大 건설 사업으로서 급속도로 성장 발전하고 있는 우리나라 실정에 비추어 시의적절한 사업일 뿐만 아니라 앞으로의 경제발전에 있어 가장 기간이 되는 필수적인 사업으로서 지역사회 발전에도 지대한 영향을 미칠 것이라는 사실을 대다수 국민이 충분히 이해하게 한다.

2) 정부가 용지를 매수함에 있어서 재산권 소유자에게 공정하고도 정당한 대가 지급 또는 책임 보상한다는 기본원칙을 천명함에 따라 이를 신뢰한 주민들의 이해심과 자진 참여의식이 점차 키

27 건설부, 『서울-부산간 고속도로 건설지』, 건설부, 1974, p.352
28 한국도로공사, op. cit., p.218

우도록 한다.

3) 정부는 강권발동이라는 거대한 편견으로 국민의 감정적 반발을 초래할 우려가 있다는 것을 고려하여 입안하도록 한다.

4) 실제 문제에 있어 현행토지수용법은 민주적인 입법으로서 협의매수보다도 저렴하므로 대가지불을 요구하기가 곤란할 뿐만 아니라 경우에 따라서는 자진 협조 매도자가 정부의 토지수용법 적용에 의해 매수당한 자보다도 도리어 값싼 대가를 받게 될 불합리한 사례가 있어서는 안 될 것이다.[29]

〈표 3〉 용지매수예산[30]

구분	地目	地目분포율	買收평수	평당 평균가격	買收금액 (천)	금액 (%)
用地買收費	밭	26.5	1,545,000	358원	399,065	
	논	46.0	2,680,000	319원	856,242	
	임야	33.4	1,363,000	56원	76,177	73.9
	집	2.5	145,000	239원	32,465	
	기타	1.6	94,000	124원	11,724	
	합계	100.0	5,827,000	236원	1,375,673	
支障物보상비 수수료, 기타 진입로공사비 합계	건물, 분묘, 電柱, 果樹 , 농작물, 立木, 기타 공고료, 감정료, 측량비, 등기비, 기타, 신묘리수원간 진입로 공사비				406,943	21.8
					80,384	4.3
					100,000	–
					1,963,000	–

---

29 건설부, op. cit., p.354

30 Ibid., p.350

앞서 살펴봤듯이 박정희 대통령의 강한 의지력과 신속한 추진력, 명확한 업무명령과 배분으로 인해 토지를 매입하는 과정은 신속하고 값싸게 진행될 수 있었다. 우리보다 먼저 고속도로를 건설했던 일본이 총공사비의 14%를 용지보상비로 사용한 데 비해 우리나라는 4.34%만을 용지보상비로 사용한 것을 생각하면 확실한 기밀 유지와 속전속결의 토지매입으로 건설비를 절감할 수 있었다.[31]

3) 군을 통한 인력과 장비 조달

용지 매입이 끝난 후에도 고속도로 건설 작업은 크나큰 문제들을 마주하고 있었다. 그리고 이런 문제들을 헤쳐 나가기 위해 박정희 대통령이 이용한 것이 바로 군이다. 앞서 언급했던 '청와대 파견단'을 봐도 이 부분을 알 수 있다.

박정희 대통령이 군을 이용한 이유는 크게 두 가지를 들 수 있는데, 첫 번째는 당시 군이 가지고 있던 기술과 장비에 대한 신뢰다. 당시 한국군은 6·25 전쟁 이후 미군이 가지고 있던 장비와 기술을 이전받았기 때

---

31 당시 고속도로에 대한 일반 국민의 인식이 부족했던 것도 저렴하게 토지를 매입할 수 있었던 이유 중 하나로 꼽는다. "용지를 값싸게 구매하기 위해 해당 시·도, 시·군·읍·면에 고속도로 건설추진위원회가 구성되었다. 군수와 읍·면장이 땅 주인에게 "국가 발전을 위해 땅을 국가에 헌납하거나 헌납은 하지 않더라도 싼값으로 매각해 줄 것"을 요청하였다. 심지어는 "논밭 일부가 도로용지로 편입되면 나머지 땅값은 크게 오르게 된다. 일반 도로의 경우도 그런데 하물며 고속도로에 편입되게 되면 나머지 땅값은 얼마나 오를지 모르는 일이다"라는 식으로 헐값에 용지매수에 응할 것을 종용했다고 한다. 고속도로라는 것이 어떤 모습의 도로인지를 전혀 몰랐던 시대의 희비극이었다. "손정목, 『한국 도시 60년의 이야기 1』, 한울, 2005, p.211

문에 민간기업보다 공병의 기술력이나 장비가 훨씬 앞서있었다. 두 번째는 공사비를 절감할 수 있기 때문이다. 당연하게 민간건설업체에 발주하는 것보다 훨씬 비용이 절감되며, 공사를 진행함에서도 군부대가 가지고있는 특성 덕분에 월등한 작업능률로 완벽한 공사를 진행할 수 있었다.

〈표 4〉 각 공구 공사사무소의 군 지원 현황[32]

구분	공사구간	총연장	공사기간	투입병력	시공부대명
수원 공구	서울 영등포 원지동~ 경기도 광주군	3.0km	68. 1. 25 ~68. 6. 30	69,947명	육군 1201공병단 220부대
대전 공구	충북 청원군 옥 산면 몽단리	3.08km	68. 8. 15 ~68. 12. 31	33,820명	육군 1202공병단 209대대
언양 공구	경남 양산군 동 면 사송리~부산 동래구	2.59km	68. 9. 1 ~69. 6. 30	69,821명	육군 1203공병단 213대대

이런 이유로 고속도로 건설과정에 있어서 광범위한 군 지원이 이루어졌다. 계획 단계부터 공병과 출신의 현역이나 예비역 장교를 기용해서계획 관련 업무에 참여하도록 했고, 그 이후에도 기술, 감독 부문에 상당한 군 인원이 동원되었다. 또한 민간건설업체가 하기 어려운 노선 중난공사 구간마다 상당한 규모의 병력과 장비를 투입해서 이를 해결해내기도 했다.

---

32 건설부, op. cit., p.68

군인들의 활약은 여기서 그치지 않았다. 고속도로 건설이라는 공사 자체가 워낙 규모가 크기도 했지만, 당시 대한민국에는 공사를 감독할 수 있는 요건을 갖춘 인원이 매우 부족했다. 결국 박정희 대통령은 육사 출신의 위관급 장교 중에서 독신자 22명을 선발해서 경부고속도로 서울~수원 구간 기공식 다음 날인 2월 2일부터 서울 중랑교 근처에 있는 건설공무원교육원에서 외국인 기술자들로부터 교육받도록 지시 내렸다. 이들은 밤낮없이 교육받았고 불과 2개월 만에 1기생들을 배출해 본부 요원과 현장감독으로 배치되었다. 2차로는 3월 4일에 ROTC 출신들을 교육해 감독요원으로 충원했다. 이들은 이후에 공대의 토목과 출신들이 감독요원으로 선발, 양성될 때까지 훌륭하게 역할을 수행해냈다.[33]

4) 박정희 대통령의 현장주의 리더십

그리고 이런 여러 가지 묘안들에 화룡점정을 찍어준 것이 바로 박정희 대통령의 현장중시 리더십이다. 그는 기존의 관습에 얽매이거나 권위에 의존에 활동하기보다는 현장감독과도 같은 모습을 보여줬다. 정주영(鄭周永) 회장에 관한 전기를 쓴 스티어(Richard M.Steers)는 경부고속도로 건설과정에 나타난 '박정희식' 또는 '한국식'을 다음과 같이 설명하고 있다.

---

33 "현장 요원의 교육훈련이 무엇보다도 시급하였으므로 일과시간 이후 또는 우천 등으로 현장 작업이 중단되는 날을 이용하여 요원들을 공사사무소에 소집하고 고속도로란 무엇이냐를 가르치는 일부터 서둘러야 했다. 시공업체의 기술자와 직원들도 교육 대상으로 끌어들였다. 강의와 실습, 그리고 때로는 외국 고속도로의 기록영화를 보여주는 등 시간 있을 때마다 속성학습을 실시했다." 한국도로공사, 『땀과 눈물의 대서사시 :고속도로건설 비화』, 한국도로공사, 1980, p.360

"대통령은 일이 잘될 때도 쉬운 분은 아니었는데 공사 중에는 확실히 더했습니다. 그런데 시간이 지나니 그분이 지휘봉을 잡는 대신 헬리콥터를 타고 오케스트라를 이끄는 지휘자처럼 보이더군요. 그분은 현장에 부지런히 왔다 갔다 하셨습니다. 한번은 지리학자들을 데리고 와서 터널을 뚫다가 무너져 내린 산허리 부분이 뭐가 잘못되었는지 설명하셨습니다. 다음번에는 유엔의 수문학자 2명과 함께 오셔서는 우리 측량사들이 빗물막이를 어떻게 잘못 썼는지를 설명하시더군요. 만일 그분이 화요일에 답을 못 찾으시면 목요일에 답을 가지고 다시 오셨습니다."[34]

박정희 대통령이 얼마나 현장을 중시했으며, 얼마나 깊고 넓은 지식을 가지고 고속도로 건설을 지휘했는지를 여실히 보여주는 대목이다. 이외에도 박정희 대통령이 공사를 진행하면서 현장을 최우선시한 모습은 어렵지 않게 찾아볼 수 있다. 공사를 진행하는 작업 차량에는 최대의 우선권을 줘 대통령을 태운 차량이 건설 자재를 싣고 가는 트럭과 만날 때 반드시 차량을 멈춰 세우고, 트럭이 먼저 지나가도록 지시했다.[35] 현장에서 추위와 노동에 지쳐가고 있던 군인들을 직접 방문해서 살펴보고는 야전용 샤워기 6대를 싣고 와서 설치해주기도 했다. 덕분에 군인들은

---

34 Richard M. Steers, Made in Korea: Chung Ju Yung and the Rise of Hyundai (New York: Routledge, 1999) (최광승, op. cit., p.195에서 재인용)

35 금수재, op. cit., p.188

천막 밖에 하얗게 눈이 쌓여있는 상황 속에서도 따뜻한 물로 목욕하며 피로를 풀 수 있었다.[36] 수시로 현장을 방문해서 수고하고 있는 현장 인원에게 금일봉을 하사하기도 했다.

최고 결정권자이자 군 통수권자의 현장지도는 현장에서 열심히 땀을 흘리는 근로자들에게는 대통령의 관심과 애정을 확인시켜주었고, 현장을 감독하고 있는 책임자들에게는 실수를 줄이고, 기한을 어기지 않도록 경각심을 불어넣어 주었다. 이를 통해 현장의 생산성을 극대화할 수 있었다.

Ⅲ. 포항제철 건설 배경과 건설과정

1. 포항제철 건설 배경

박정희 대통령이 종합제철에 심혈을 기울였던 이유도 고속도로와 크게 다르지 않다. 박정희 대통령은 고속도로처럼 제철소가 당시 후진국이었던 대한민국을 부국강병하게 만들 수 있다고 생각했지만, 1950~1960년대의 인식은 대통령의 이런 생각과는 정반대였다. 후진국은 대부분 농업을 주된 산업으로 삼았기 때문에, 농업 분야에 먼저 투자하고, 여기서 얻어

---

36 Ibid., pp. 156-157

지는 잉여 생산으로 중소형 공업을 일으켜 단계적으로 공업화를 추진하는 것이 합리적인 경제발전 공식이라는 주장들이 있었다.[37]

하지만 당시 한반도는 농업을 하기에 유리한 환경이 아니었다. 국토 대부분이 산으로 이루어졌기 때문에 농경에 사용할 수 있는 땅이 전체 국토의 22%에 불과했다. 이마저도 한반도의 기후 특성상 겨울이 길고 추우므로, 농토를 연중 내내 이용할 수도 없었다.[38] 박정희 대통령은 이런 땅에서 농업을 할 방법을 고민하는 데 시간을 낭비하지 않았다. 농업을 통해 자라는 쌀이 아닌, 산업의 쌀이라고도 불리는 철강에 대해 고민한 것이다. 철강 없는 산업화는 없다는 것이 박정희 대통령의 생각이었고, 이는 이승만 대통령도 알고 있던 사실이기도 하다. 실례로 대한민국 정부가 부산을 피난 수도로 삼고 있던 시절에도 긴급 국책사업으로 '철강공장 건설'을 추진하기도 했다.

이런 박정희 대통령의 뇌리에 제철공장이 깊게 박힌 것은 마찬가지로 서독 방문 시기다.[39] 당시 대한민국은 대형 용광로(고로)를 갖춘 종합

---

37 김용삼, 『박정희 혁명 2』, 지우출판, 2019, p.112
38 김정렴, 『한국경제정책 30년사』, 중앙일보사, 1995, p.173 (김용삼, op. cit., p.112에서 재인용)
39 이전에도 박정희 대통령의 국가 계획에는 제철공장이 들어있었다. 1961년 국가재건최고회의의 제1차 경제개발 5개년계획에서 근대화에 성공하기 위한 기간산업 중의 기간산업으로 기름과 철강을 꼽으면서, 정유공장과 종합제철공장을 반드시 건설하겠다고 다짐했던 것이 박정희 대통령이기 때문이다. 정유공장은 미국 자본을 통해 추진했지만, 종합제철공장은 그 뒤로 3년이 지나도 아무런 실질적 진척을 보지 못하는 상황이었다. 이대환, 『대한민국의 위대한 만남 박정희와 박태준』, 아시아, 2015, p.142

제철소가 없었음은 물론이고, 거기서 근무해 본 제철 기술자도 한 명도 존재하지 않았다. 이렇게 낙후된 나라의 대통령인 박정희 대통령에게 고속도로와 제철공장이 눈에 들어왔고, 머나먼 타국에서 피땀 흘리는 광부들과 간호사들이 눈에 들어왔다. 이역만리 타국에서 이루어진 만남은 눈물을 멈추기가 어려웠고, 박정희 대통령에게 반드시 고속도로와 제철공장을 통해 조국 극대화에 성공하겠다는 결의를 다지게 해줬을 것이다. 그리고 1964년 겨울, 박정희 대통령은 서독에서 종합제철 건설에 대한 집념을 강력하게 표명한다.

> 1964년 12월 11일 박 대통령 일행은 베를린 공과대학을 방문한 뒤 지멘스 공장, AEG전기공장, 독일개발협회를 방문·시찰했다. 이날 박 대통령은 철강산업의 실상을 직접 눈으로 확인했다. 박 대통령을 공장으로 안내한 지멘스사의 브레마이어 소장은 "각하, 철강이 없으면 근대화가 불가능합니다."라고 말했다. 박정희는 브레마이어에게 "저건 짓는 데 얼마나 듭니까?", "저건 어떤 용도로 운영됩니까?" 등등 상세하게 질문을 했다. (중략) 박 대통령은 장기영 부총리와 박충훈 장관을 방으로 불렀다. 박정희는 두 사람에게 "기간산업을 발전시키려면 제철공장 없이는 안 되겠구먼. 우리도 제철공장을 지어야겠소. 돌아가면 제철공장 건설계획을 세워 보고하시오."라고 지시했다.[40]

---

40 Ibid., pp. 142-143

2. 포항제철 건설 과정

하지만 고속도로와 마찬가지로 종합제철 역시 그 건설과정이 결코 순탄치 않았다. 그 건설과정을 살펴보기에 앞서, 당시 종합제철소 건설계획안을 수립했던 김재관 박사가 분석한 우리나라 종합 제철산업의 성공 요인을 먼저 살펴본 후, 하나씩 건설과정에 대입하여 살펴보도록 하겠다.

첫째, 6·25 이후 역대 정부가 일관되게 제강공업 육성에 국가적 노력을 집중했다.

둘째, 사업이 절망적인 상태에서도 좌절하지 않고 나름대로 초석을 하나씩 쌓아갔다.

셋째, 자주적으로 동원할 수 있었던 민족자금(이승만 시절의 국가보유 달러, 박정희 시절의 대일 청구권자금)이 있었다는 점이다.

넷째, 외자 확보가 불가능하여 궁여지책으로 자체 자금을 짜내서 사업을 추진한 것이 오히려 전화위복이 되었다. 즉, 외국 회사의 농간에 말려들지 않고 우리의 발전적 의지를 종합제철소 건설안에 마음껏 반영시켜 자주적인 프로그램을 독자적으로 완성할 수 있었다.

다섯째, 20여 년 동안 온갖 시련을 겪으면서 프로젝트 참여자들이 훌륭한 결실을 맺기 위해 총력을 기울였다.[41]

1) 이승만 정부부터 노력해온 제강공업 육성

김재관 박사의 분석대로, 종합제철 건설에 마침표를 찍은 것이 박정희 대통령이라면, 그 출발점은 이승만 정부에서 찾을 수 있다. 1953년 이승만 대통령은 내각에게 철강산업 진흥책을 마련하라는 특별지시를 내렸다. 이에 따라 관계부처는 6·25 전쟁이 끝나기도 전에, 인천의 대한중공업공사를 국영기업으로 출범시켰다.[42] 이후 정부는 철강공장 건설계획을 수립한 후 미국 원조기관에 자금 지원을 요청했다. 당시 대한민국 국가 예산의 55%가 미국에서 제공되는 원조 자금이었기에 이는 불가피한 일이었다. 원조 기관은 전쟁이 끝나지도 않은 시점에서 해당 작업은 시기상조라며 정부의 요구를 거절했지만, 이승만 대통령은 자체 보유 달러를 이용해 철강공장을 건설하도록 내각에게 지시했다. 이렇게 당시로서는 거금인 140만 달러가 철강공장 건설에 투자된다. 이승만 대통령은 뿐만 아니라 근대식 제철공장을 건설하고 운영하기 위해서는 고급 기술자가 필요하다고 판단해 제철 분야 국비유학생을 선발해서 서독으로 보냈다. 이 당시 서독에 제철 유학생으로 파견되었던 사람 중 한 명이 위에

---

41 김용삼, op. cit., pp. 137-138
42 철강금속신문, "현대제철의 67년 발자취, "우리나라 최초의 철강 업체 위상",
     https://www.snmnews.com/news/articleView.html?idxno=464981 (2020.06.10.)

서 언급한 바 있는 김재관 박사다. 김 박사는 이후 박정희 정부에서 포항제철 설계 작업에 참여하기도 했고, 고유모델 국산 자동차 개발 사업의 실무책임자로서 큰 역할을 하게 된다. 이 외에도 이승만 대통령의 결단을 통해 양성된 제철 전문 인력과 관리 책임자들은 이후 박정희 대통령 시절 추진된 포항제철 건설과정에서 총동원되어 중요한 역할을 하게 된다.[43] 대한민국의 제철 사업이 짧은 시기 내에 세계적인 경쟁력을 가질 수 있었던 것도 이러한 배경이 있었기 때문이다. 이승만 대통령이 심어 놓았던 씨앗이, 박정희 대통령 당시 열매로 맺어진 것이다.

2) 절망 속에서도 쌓아간 종합제철의 초석

당시 대한민국은 기술자도, 자본도, 경험도 없었기 때문에 지도자들의 강한 의지가 있어도 이를 실현하는 것은 쉬운 일이 아니었다.

1962년 1월 13일 군사 정부는 제1차 경제개발 5개년 계획을 발표했는데 비료공장, 시멘트공장, 종합제철소의 건설이 계획의 핵심이었다.[44] 당시 한국은 거의 무(無)의 상태에 있었고, 그러므로 철(鐵)이 꼭 필요했

---

43 김용삼, op. cit., pp. 123-124

44 정부는 '한국경제의 나아갈 궁극적인 방향을 공업화'로 삼았기 때문에 기간산업의 건설·확충은 제1차 계획의 가장 중요한 과제 중의 하나였다. 제1차 계획에서 육성 대상으로 선정된 산업은 정유, 비료, 화학섬유, 시멘트, 종합제철, 철도 차량, 조선, 자동차, 기계 제작 등과 같이 40여 개에 이르렀다. 이들 산업은 국내 수요가 이미 상당히 존재하거나 향후 경제개발과 함께 그 수요가 빠르게 증가할 것이 예상되는 공업으로, 정부는 이들 산업을 육성하여 수입을 대체하고자 하였다. 국가기록원, 제1차 경제개발 5개년 계획 (1962~1966), https://theme.archives.go.kr/next/economicDevelopment/primary.do

다. 철이 있어야 철길, 교량, 도로, 항만 설비를 갖출 수 있었고, 철이 있어야 건물, 공장, 학교도 지을 수 있었다. 그리고 대한민국을 지금의 경제 대국으로 만들어준 선박, 자동차, 가전제품도 철이 있어야 만들 수 있었기 때문이다.

그리고 이를 달성하기 위해 서독으로부터의 기술 지원과 미국으로부터의 자금 지원을 계획하는 등 의욕적으로 추진해나갔지만, 1963년 여러 가지 문제에 봉착해 중단되고 만다. 외화 고갈, 홍수와 흉작으로 인한 경기침체가 발생했고, 자연스럽게 큰 비용이 필요했던 종합제철공장 건설계획은 취소되었다. 이후 KISA[45](대한 국제 제철 차관단)가 구성되어 종합제철소 건설을 추진했으나, KISA는 대한민국에 경제적이고 효율적인 제철소를 짓는 것 보다는 자신들의 이익을 추구하는 모습을 보여주었다. 1967년 4월 6일, 경제기획원에서 장기영 부총리와 KISA 대표 포이가 '종합제철소 건설 가협정'을 체결했는데, 여기에는 제철소 50만 톤 규모를 건설하는데 1억 2천 500만 달러가 필요하다고 추정하는 내용이 포함되어 있었다. 그리고 이러한 KISA의 소요 예산 추정치는 일전에 박태준이 일본조사단에 용역을 맡긴 수치보다 지나치게 높았다. 박정희 대

---

45 Korea International Steel Associates. 1966년 12월 20일에 발족. 처음에는 코퍼스, 블로녹스, 웨스팅 하우스등 미국의 3개 사와 데마크, 지멘스 등 독일의 2개 사, 영국의 엘만과 이탈리아의 임피안티까지 4개국 7개 사로 구성되어 발족되었다. 1967년 1월 16일 독일 뒤스부르크에서 제2차 KISA 회의가 열렸는데 이때 프랑스의 엥시드사가 추가로 참여하면서 5개국 8개 사로 구성이 변경된다. 이대환, op. cit., pp.170-171

통령은 박태준 사장에게 계획 단계부터 직접 챙겨보라고 지시했고,[46] 덕분에 KISA에게 마냥 속지 않을 수 있는 안전장치가 마련될 수 있었다. KISA가 제안했던 것처럼 50만 톤의 단위로 두 단계에 나눠서 건설하지 않고, 처음부터 100만 톤 규모로 건설하면 총공사비의 30~35%까지도 절감할 수 있다는 것이 일본조사단과 한국조사단의 결론이었다. 이를 발견한 대한민국 정부는 KISA 측에 불합리한 건설안의 수정을 요구했으나, 거부당하게 된다. 또한 1968년 11월 세계은행이 KISA가 제안한 방안을 검토한 후 "한국의 종합제철소 건설은 타당성이 없는 데다 시기상조"라고 평가하며 차관지원을 거부하는 일마저 발생한다.[47]

고속도로와 종합제철소를 대한민국의 경제적 발전을 위해 꼭 필요한 과정으로 생각했던 박정희 대통령에게 연이은 실패는 큰 좌절을 안겨주었다. 하지만 박정희 대통령이 국민과 국가를 생각하는 마음은 좌절감의 크기보다 훨씬 컸고, 포기하는 것이 아닌 한국 스스로 독자적인 종합

---

46 당시에 박태준은 대한중석의 사장직은 맡고 있었고, 아직 종합제철 건설에 대한 공식적인 직위는 없는 상태였다. 하지만 그 이전부터 박정희 대통령의 지시하에 종합제철 건설에 가장 밀접한 연관을 맺고 있는 사람이었다. 그는 "우리는 임해(臨海) 제철소로 가야 하는데, 미국에는 임해 제철소가 없어. 그러니 포이(KISA 대표)가 주도해서야 기술적으로 기대할 것이 뭐가 있겠어? KISA 놈들은 장사꾼들이야. 생각이 다른 나라들, 생각이 다른 회사들이 설비나 팔아먹을 꿍꿍이속으로 국제컨소시엄이다 뭐다 해서 뭉친 거지. 그것들은 한마디로 어중이떠중이야. 까딱하면 국가의 대들보가 무너지는 수가 생겨"라며 KISA에 대한 강한 불신을 보이기도 했다. Ibid., p. 173 하지만 이렇게 당시 종합제철에 대해 잘 파악하고 있던 박태준과 그를 길러낸 박정희 대통령이 있었기에 종합제철소 때문에 국가의 대들보가 무너지는 일을 막을 수 있었다.

47 월간조선, 창립 25년 만에 총 2,080만 톤 조강생산 능력 갖춰 세계 철강업계의 신화를 쓰다, http://monthly.chosun.com/client/news/viw.asp?ctcd=&nNewsNumb=201805100045, (2018.05)

제철을 건설하기로 결심한다.

3) '하와이 구상'과 대일청구권 자금

KISA를 통한 제철소 건설이 요원해지는 시점부터, 많은 사람이 좌절감을 느끼고 있었다. 언론에서는 종합제철소를 시작한 판단 자체가 틀렸다는 비판이 나오기 시작했다.[48] 그중 가장 큰 좌절감을 느꼈을 사람은 피츠버그까지 직접 가서 KISA에 막대한 영향력을 끼치는 포이를 설득하러 갔다가, 안된다는 단호한 답변을 듣고 돌아서야만 했던 박태준이었을 것이다. 박태준은 포이에게 퇴짜를 맞은 후 원래 예정되어 있던 워싱턴 일정을 취소하고 귀국하기로 결심한다. 이미 IBRD의 차관거부가 뻔히 보이는 상황에서 시간을 낭비하지 않기로 한 것이다. 이러한 결심을 포이에게 전달하자 포이는 뜻밖의 제안을 박태준에게 하게 된다. 하와이 와이키키 해변에 코퍼스 사 부사장의 콘도가 있으니 거기 들러서 며칠만 휴식을 취하라고 권유한 것이다. 이를 받아들이기는 했지만, 제철소 건설에 인생을 걸고 노력했던 박태준이기에 마음은 무겁기만 했다. 이렇게 무거운 마음을 가지고 와이키키 해변을 걷고 있던 박태준의 머릿

---

48 1969년 5월 30일 <동아일보>는 "제철소를 세우려 한다면 60만 톤 용량의 고로를 한 개 만든다 하더라도 외화만 약 1억 3천만 달러를 써야 하는데, 이를 마련한다는 것은 지금과 같은 형세 하에서는 전혀 엄두조차 서지 않는 것이다. 그러한 외화가 마련될 수 있다 하더라도 60만 톤이나 100만 톤 정도의 용량으로서는 국제경쟁이라는 견지에서 볼 때 장난감 같은 것이므로 수입하는 것보다 두 곱 세 곱의 생산비를 넣어야 할 것인데, 이는 우리가 지금 한창 머리를 앓고 있는 부실기업을 하나 더 만드는 것밖에 안 된다."라고 질타하기도 했다. KISA와의 회의가 여러 차례 성과 없이 끝난 후의 일이었다.

속에 어느 순간 한 단어가 스치고 지나갔다. '대일청구권자금'이 바로 그 것이다. 1966년부터 1975년까지 10년에 걸쳐 분할 지급 예정이었던 무상 자금 3억 달러도 아직 남아 있을 것이고, 유상자금인 대외경제협력기금 2억 달러에도 여유가 있을 것이라는 계산이 선 것이다. 또한 대외경제협 력기금은 조건도 좋았다. 2년 거치기간에 상환기간 10년, 6.29%의 확정 금리였던 미국 수출 은행의 차관에 비해 7년 거치기간, 상환기간 20년, 확정금리 3.5%에 불과했기 때문이다.[49]

이것이 '절대적 절망은 없다'를 좌우명으로 의지하고 살아가던 박태준 의 '하와이 구상'이다. 해외 차관도 요원해진 상황에서 대일청구권자금 을 밑천으로 삼지 않았다면 한국 산업화의 견인차 역할을 했던 포스코 도 없었을 것이기에 이 '하와이 구상'을 한국 산업화 시대에 중대한 이정 표로 삼아도 좋을 것이다.

'하와이 구상'을 실현하려면 두 가지 전제 조건이 필요했다. 첫째는 자본뿐만 아니라 기술적인 측면에서 일본철강연맹의 협력을 받아내는 것이고, 둘째는 양국 정부가 농림수산업 발전을 위해 사용한다고 합의 했던 자금의 사용처를 바꾸는 것이었다. 여기까지 생각이 닿은 박태준

---

49 중앙일보, [쇳물은 멈추지 않는다] 22. 하와이 구상,
   https://www.joongang.co.kr/article/383296#home, (2004.08.30.)

은 즉시 박정희 대통령에게 전화로 이를 알렸고, 종합제철에 대한 강한 의지와 집념을 가지고 있던 박정희 대통령은 이를 수락했다.

4) 일본에게 배워온 세계철강 강국의 노하우

궁여지책에서 출발한 '하와이 구상'은 오히려 종합제철소 건설에 있어 '전화위복'으로 작용하게 된다. 하와이에서 곧장 도쿄로 이동한 박태준은 야스오카[50]를 만나 도움을 요청하게 된다. 박태준의 설명을 들은 야스오카는 흔쾌히 조력자로 나서고 일본철강연맹의 협력을 얻어내는 데도 큰 도움을 주게 된다. 이는 박철언의 자서전인 『나의 삶, 역사의 궤적』에서 찾아볼 수 있다.

> 야스오카는 대일청구권자금 전용에 대해 일본 내각을 설득하려면 우선 일본철강업계의 확고한 지지를 얻어야 한다는 박태준의 말에도 고개를 끄덕였다. 그는 즉시 일본철강업계의 지도자 이나야마에게 전화를 걸었다. 이나야마는 일본철강연맹의 회장이며 일본에서 제일 큰 제철공장인 야하타제철소 사장이었다.

---

50 야스오카 마사히로(安岡正篤). 1922년 도쿄제국대학을 졸업한 뒤 양명학(陽明學)에 정통한 동양사상 석학으로 명성을 얻으며 바로 교수직에 오른 일본 정·재계의 정신적 지도자이다. 박태준은 '하와이 구상' 이후 도쿄를 방문하기 이전부터 야스오카와 일면식이 있는 사이였다. 1964년, 한·일 국교 정상화를 위해 일본 지도자들과 만나서 한국에 호의적인 분위기를 만들라는 막중한 임무를 맡아 대통령 특사 자격으로 박태준이 일본에 갔을 때 야스오카를 처음 만났다. 야스오카를 박태준에게 소개해 준 사람이 박철언이다. 박철언은 박태준이 도쿄에 방문했을 때도 함께 야스오카를 방문했다. 주간조선, 수학 실력 덕에 박정희와 인연 대한민국 경제 구원투수로, http://weekly.chosun.com/news/articleView.html?idxno=9536, (2016.01.22.)

"지금 제 사무실에 한국 포항제철의 박태준 사장님이 와 계십니다. 그에게 당신의 충고와 지지가 필요합니다. 한일 양국에 이익이 되는 좋은 구상을 갖고 있으니, 가능하시면 박 사장의 구상이 실현되도록 방안을 찾아주셨으면 합니다."

야하타제철 본사는 야스오카의 사무실에서 겨우 몇 블록 떨어져 있었다. 이나야마의 응접실은 편안한 분위기였다. 박태준에게는 바닥에 깔린 짙푸른 카펫에 대한 인상이 오래 남는다. 이나야마는 손님을 정중히 맞이했다. 곤경에 빠진 젊은 동업자의 사정을 충분히 듣고 나서 고개를 끄덕였다.

"중도 폐기할 위기에 빠진 프로젝트를 구할 좋은 구상을 가지고 오셨군요. 복잡한 국제컨소시엄을 결성하지 않은 것이 오히려 다행인지도 모릅니다. 설사 건설자금을 확보할 수 있었다 할지라도 사고방식, 기술, 관리방식 등이 다른 사람들과 함께 힘을 합쳐 제철소를 짓는다는 것은 매우 어렵고 복잡한 일입니다."

이나야마의 격려와 위로는 따뜻했다. 박태준은 일본이 기술을 지원할 수 있는가를 타진해보았다.

"기술협력은 고도의 정치성을 띠기 마련이지요. 나의 생각에는 한국의 제철소가 일본의 설비, 기자재, 기술 등을 가지고 세워지면 양국 모두에게 큰 이익이 될 것입니다. 지리적으로 가까울 뿐만 아니라 문화적으로도 공통점이 많기 때문에 의사소통에 따르는 문제점도 그만큼 줄어들 겁니다."[51]

이후 1969년 7월 31일 경제기획원이 KISA와의 기본 협정은 포기하고 대일청구권자금으로 종합제철을 건설하기로 한 최종 결정을 내렸다는 사실을 공표하며 이는 대중에게 알려지게 된다.

제철소의 건설에 있어 일본의 역할은 단순히 대일청구권자금으로 그치지 않았다. 당시 대한민국에는 누구도 제철소는커녕 쇳물을 녹이는 대형 고로조차 운영해본 경험이 없었고, 이러한 한국의 엔지니어들을 일본으로 초청하여 기술 지도를 해준 것도 일본의 철강 전문가들이었기 때문이다.

여기서 일본의 조강 생산 능력을 짚고 넘어가야 한다. 앞서 살펴본 이나야마의 발언에서 "일본의 기자재, 설비, 기술"이라고 언급한 부분은 결코 빈말이 아니었다. 2차 세계 대전의 패전 후 조강 생산 능력이 연산

---

51 이대환, op. cit., pp.247-248

200만 톤으로까지 떨어졌던 일본은 1950년에 500만 톤 수준으로 회복했다. 이는 당시 세계 6위의 수준이었지만,[52] 5위였던 영국의 30% 수준에도 미치지 않았다. 이후 6·25 전쟁을 거쳐 경제가 발전한 일본은 1960년에 연산 조강 2천 200만 톤을 돌파하며 세계 5위에 진입했고,[53] 1964년에는 연산 조강 3천 900만 톤을 달성하며 독일을 제치고 세계 3위의 철강 대국에 올라섰기 때문이다.[54] 당시 한국의 연산 조강은 20만 톤으로 북한의 200만 톤과 비교해도 초라하기 그지없는 수준이었다.[55] 이러한 한국이 세계에서도 손꼽히는 포항제철을 세우게 된 배경에는 그 당시 이미 세계적 수준이었던 일본으로부터 기술적인 지원을 받았기 때문이다.

5) 포항제철을 가능케 한 박태준, 그를 길러낸 박정희

앞서 살펴본 것처럼 불가능에 가까웠고, 실제로도 몇 차례나 불가능이라는 구덩이로 굴러가던 종합제철을 결국 완성해낸 것은 수많은 프로젝트 참여자들이 온갖 시련을 겪으면서도 목표를 향해 전진했기 때문이다. 일일이 나열하기가 어려울 정도로 많은 사람이 있겠지만, 필자는 그 중에서도 박태준 회장과 박태준 회장을 키워낸 박정희 대통령에게 초점을 맞추고 싶다. 많은 사람이 포항제철하면 박태준을 떠올리지만, 그런

---

52 미국, 소련, 독일, 프랑스, 영국에 이은 세계 6위.
53 미국, 소련, 독일, 영국에 이은 세계 5위.
54 1964년 미국의 연산 조강은 1억 1,500만 톤, 소련의 연산 조강은 8,500만 톤이었다.
55 Ibid., pp. 148-149

박태준을 성장시키고 기용한 것이 박정희 대통령이라는 사실은[56] 잘 알지 못하는 경우가 많다.

박태준과 박정희 대통령의 첫 인연은 박태준이 1948년 5월, 육사 6기생으로 들어갔을 때다.[57] 그때부터 둘의 인연은 1957년 국방부 인사과장으로 있던 박태준 대령을 박정희 준장이 25사단 참모장으로 부르면서 다시 이어지게 된다. 박태준은 국방부 인사과장이라는 요직을 버리고 1군단 산하 25사단의 참모장으로 옮겨간다.

이때 일어난 일 중에서 박정희에게 박태준이 어떤 사람인지를 확실히 각인시키는 일화가 있다. 1957년 초겨울, 김장을 준비하던 박태준은 고춧가루가 아닌 톱밥이 납품된 것을 발견하고는 불같이 화를 낸다. 그리고 납품업자를 교체하기 위해 사건의 진상을 상부에 보고했으나, 상부에는 납품업자를 교체하지 말고, 앞으로는 진짜 고춧가루를 잘 납품하겠다는 선에서 적당히 타협하고 마무리 지으라는 지시가 내려온다. 그리

---

56 1963년 9월, 박정희는 박태준에게 정치의 길을 제안하지만, 박태준은 정치를 불합리의 종합판과 같다며 거절한다. 그해 11월, 정치는 싫다고 했으니 상공 장관을 맡아 경제를 맡아달라고 하지만 군복을 입은 자신이 장관을 맡게 되면 군정의 연장이라는 인상을 줄 수 있다는 이유로 거절한다. 그 후 미국으로 유학을 가려 하던 박태준을 박정희 대통령은 일본에 특사로 파견한다. 당시 일본 자민당 부총재였던 오노가 '대통령이 가장 신임하는 인물'을 보내달라고 했는데 여기에 박태준만 한 사람이 없다는 이유로 설득한 것이다. 결국 박정희 대통령에게 설득당한 박태준은 일본에 특사로 갔고, 이때 박태준이 다져놓은 기반은 이후 대일청구권자금과 일본의 기술을 얻어올 때 요긴하게 활용된다.

57 당시 1중대장이자 탄도학 강의 교관을 맡은 박정희는 탄도학 수업을 진행하던 도중 어려운 문제를 냈다. 다른 학생들은 쉽게 풀지 못하던 문제를 지목받은 박태준은 쉽게 풀어냈다. 그날 점심시간 박태준은 복도에서 박정희와 스치듯 지나가며 거수경례했고, 박정희는 미소를 지으며 탄도학 문제를 푼 생도라는 사실을 기억해냈다. 이대환, 『박태준 평전』, 아시아, 2016, p.80

고 그날 저녁, 문제의 납품업자가 박태준을 찾아와 돈을 건네며 회유를 시도했고, 박태준은 권총을 납품업자의 머리에 겨누며 답을 대신한다. 그리고 다음 날 박태준은 1군단 참모장 박정희의 전화를 받게 된다.

회의에서 박태준이 했던 일이 보고로 올라왔고, 큰일을 저질렀다며 물어보는 박정희에게 박태준은 큰일이 아닌 그저 김장을 제대로 하려던 것뿐이라고 답변했다. 이 대답에 박정희는 웃으면서 후에 김치 맛을 보러 가야겠다며 화답한다.[58]

박태준의 청렴하고, 부패와 타협하지 않는 모습은 이후 포항제철을 건설할 때도 변함없이 나타난다. 1969년 박정희 대통령이 3선 개헌안을 냈을 당시 일이다. 김형욱 중앙정보부장이 예비역 장성들에게 '3선 개헌 지지 성명서'에 서명받으러 다녔고, 박태준을 찾아 포항까지 갔다. 그러나 박태준은 제철소 하나로도 충분히 바쁘며, 정치에 개입하지 않겠다고 딱 잘라 거절한다. 이는 보기에 따라서 정치적 항명으로도 느껴질 수 있었고 즉시 보고가 들어가지만, 박정희 대통령은 '원래 그런 친구이니 건드리지 말라'고 딱 잘라 말하며 그의 방패가 되어준다.

1970년 종합제철 건설의 막이 올랐고, 박태준은 이른바 '우향우'정

---

58 Ibid., pp. 137–141

신[59]을 가지고 공사에 임한다. 그런 그에게 수많은 청탁 전화가 쏟아졌고, 구매 절차에서도 여러 정치인의 개입으로 난항을 겪게 된다. 고민에 빠져있던 박태준은 박정희 대통령을 찾아가 자신의 건의 사항을 메모지에 정리해서 전달했고, 박정희 대통령은 좌측 상단 모서리에 친필서명을 해서 되돌려준다. 박정희 대통령이 자신이 맡은 바 일에 최선을 다하는 박태준에게 준 이른바 '종이마패'[60]였다.

'우향우'정신의 박태준에게 '종이마패'로 화답해준 박정희 대통령. 이 둘의 만남이 있었기에 기적과도 같은 포항제철 건설이 가능할 수 있었다.

Ⅳ. 결론

지금까지 박정희 대통령이 부국강병 대한민국을 건설하는 데 가장 중추적인 역할을 맡았던 경부고속도로와 포항제철의 건설 배경과 그 과

---

59 포항종합제철은 조상의 혈세로 짓는 제철소입니다. 실패하면 조상에게 죄를 짓는 것이고 우리 농민들에게 죄를 짓는 것이니, 목숨을 걸고 일해야 합니다. 실패란 있을 수 없습니다. 실패하면 우리 모두 '우향우'해서 영일만 바다에 빠져 죽어야 합니다. 기필코 제철소를 성공시켜 나라와 조상의 은혜에 보답합시다. 제철보국! 이제부터 이 말은 우리의 확고한 생활신조요. 인생철학이 되어야 합니다. 이대환, 『대한민국의 위대한 만남 박정희와 박태준』, 아시아, 2015, pp. 299-300

60 포스코 역사에서 이렇게 불린다. 임금이 암행어사에게 마패로써 전권을 위임했듯, 대통령이 포철 사장에게 사인 메모지로써 전권을 위임했기 때문이다. 이 종이마패는 박정희가 박태준에게 종합제철을 맡기는 자리에서 말했던 '그가 소신껏 밀고 나갈 수 있는 버팀목'이 된다. 하지만 박태준은 한 번도 그것을 내민 적이 없었다. 관계자 외에는 일절 언급조차 하지 않다가, 1979년 10월 26일 박정희 대통령의 급서 후 고인이 포항종합제철에 대한 집념과 애정을 회고하는 자리에서 처음 공개되었다. Ibid., pp. 302-304

정에 대해 살펴보았다. 경부고속도로는 428km를 건설하는데 429억 원. km당 1억 원이 살짝 넘는 돈으로 건설을 마무리했다. 경부고속도로보다 한 해 앞서 개통된 도메이고속도로가 347km인데 총 공사비 3천억 원 이상이 들었던 것과 비교하면 우리의 기술과 우리의 돈으로 얼마나 대단한 일을 해냈는지 체감할 수 있다.

박정희 대통령은 이러한 도전을 통해 경제적인 부분과 물질적인 부분도 추구했지만 무엇 보다 우리 국민이 얼마나 대단한 민족적 저력을 가지고 있는가를 시험해보고 싶었다고 이야기했다. 그리고 우리 민족은 이를 훌륭하게 이뤄냈고, 이는 이후 새마을운동의 정신으로 계승된다.

포항제철도 마찬가지다. 포항제철이 우리나라에 끼친 영향은 1992년 개천절에 박태준이 박정희 대통령의 유택 앞에서 보고한 보고문에 너무나도 잘 나와있다.

"저희는 철강입국의 유지를 받들어 흔들림 없이 오늘까지 일해왔습니다. 그 결과 포항제철은 세계 3위의 거대철강기업으로 성장하였으며, 우리나라는 6대 철강대국으로 부상하였습니다."

포항제철을 통해 생산된 철로 만들어진 선박, 자동차, 가전제품등이 경부고속도로로부터 시작된 고속도로를 타고 우리나라를 경제대국, 무역대국, 수출대국으로 만들어낸 것이다.

시도하기 전에는 많은 사람이 불가능이라고 불렀고, 성공해낸 후에는 많은 사람이 기적이라고 불렸던 고속도로와 종합제철의 건설을 박정희 대통령이 묵묵하게 시도한 것은 박정희 대통령의 혜안과 박정희 대통령이 가지고 있었던 명확한 대한민국의 로드맵이 있었기 때문이다.

박정희 대통령이 조국 근대화의 과제로 세 가지를 설정했다. 반봉건적 반식민지적 잔재로부터 민족을 해방하는 것, 가난으로부터 민족을 해방해 경제의 자립을 이룩하는 것, 건전한 민주주의를 재건하는 것. 그리고 이 세 가지 과제를 달성하기 위해서는 경제적으로 부유한 나라를 만들어야 한다는 것이 박정희 대통령의 생각이자, 부국강병 대한민국을 향한 시발점이었다. 그리고 이러한 경제력의 성장을 기반으로 근대화를 이뤄나가야 하며, 근대화는 궁극적으로 북한의 공산주의를 극복하는 민주적인 통일로 이어져야 한다고 생각했다. 민주적인 통일을 위해서 소련, 중공과 같은 공산당에 이기는 길은 우리가 '더 살기 좋은 사회', '굶주리고 배고프지 않은 사회'를 하루속히 건설하는 길이라는 것을 강조하기도 했다. 그리고 이렇게 이뤄낸 자유와 독립을 지키기 위해서는 강한 국방력이 필수였다. 혼란의 시기였던 당시 대한민국에 이렇게 명확한 이유와 목표를 가지고 있었던 박정희 대통령이 없었다면, 지금의 부국강병 대한민국은 존재하지 않았을 것이다.

그리고 여전히 후진국에 머무느냐, 선진국으로 발돋움하느냐의 중요한 갈림길에 있었던 두 가지 큰 과제가 고속도로와 종합제철이었다. 그리고 박정희 대통령은 강한 결단력과 추진력, 필요할 때는 군을 동원하는 활용력과 현장 중심의 리더십, 적절한 인물을 찾고, 육성하고, 기용하는 능력과 절대로 포기하지 않는 의지, 일을 해낼 수 있는 자질이 보이는 사람을 끝까지 믿어주는 신뢰, 국가를 위해서는 자신의 생각도 틀렸다고 인정할 수 있는 수용력 등 수 많은 리더의 모습을 보여주며 두 가지 과제를 성공으로 이끌었다.

이러한 박정희 대통령의 모습은 현재의 우리에게 다음과 같은 교훈을 준다.

첫째, 우리나라는 우리 손으로 발전시키고, 우리 손으로 지켜야 한다. 공산주의를 기반으로 언제든 대한민국의 자유민주주의를 위협할 수 있는 북한으로부터 말장난이나 보여주기가 아닌 실질적 안보를 책임지는 자세가 필요하다.

둘째, 과거는 뒤로 하고 앞으로 나아가는 자세가 필요하다. 특히 대일관계에 있어서 그렇다. 서독방문 당시 에르하르트 총리가 일본과 화해할 것을 제안하자 눈을 똑바로 마주하면서 '우리는 일본과 싸운 적이 없고, 맞기만 했다.' 며 반문한 박정희 대통령이지만, 대한민국의 발전을 위해서 국교를 정상화하고 일본을 종합제철 발전의 초석으로 활용했던 것처럼 우리는 더 이상 반일, 친일의 프레임에 갇히는 것이 아닌 더 나은 대한민국을 만드는 것에 집중해야 한다.

셋째, 언제나 명확한 목표와 확실한 계획을 세우고 행동해야 하고 쉽게 포기해서는 안 된다. 사실 이는 정치적인 제안이라기보다 현재를 살아가는 청년들이, 아니 청년뿐만 아니라 모든 사람이 박정희 대통령과 그 시대를 살아간 이들에게 꼭 배워야 하는 자세일 것이다.

우리는 더 이상 고속도로기념비에 박정희 대통령의 이름이 없고, 포항제철에서 박정희를 떠올리지 못하는 잘못을 반복해서는 안 될 것이다. 반드시 경제 대국 대한민국의 근간에 박정희 대통령이 있었다는 사실을 기억해야 한다. 그리고 그가 보여준 모습으로부터 지금의 대한민국을 어떻게 더 진일보한 부국강병 대한민국으로 만들 것인지 고민하고 배워야 할 것이다.

참고문헌

1. 단행본

강준만, 「이건희 시대」, 인물과사상사, 2005

금수재, 「박정희와 고속도로」, 기파랑, 2021

건설부, 「서울–부산간 고속도로 건설지」, 건설부, 1974

김용삼, 「박정희 혁명 2」, 지우출판, 2019

김정렴, 「한국경제정책 30년사 김정렴회고록」, 중앙일보사, 1993

김정렴, 「아, 박정희」, 중앙m&b, 1997

박정희, 「우리 민족의 나갈 길」, 동아출판사, 1962

박정희, 「국가와 혁명과 나」, 고려서적, 1965

「박정희 대통령 연설문집 4」, 대한공론사, 1973

손정목, 「한국 도시 60년의 이야기 1」, 한울, 2005

이대환, 「대한민국의 위대한 만남 박정희와 박태준」, 아시아, 2015

이대환, 「박태준 평전」, 아시아, 2016

이청, 「박정희시대의 경제비화」, (서울: 복사, 1986)

한국도로공사, 「땀과 눈물의 대서사시 :고속도로건설 비화」, 한국도로공사, 1980

한국도로공사, 「한국고속도로십년사」, 한국도로공사, 1980

2. 단행본

방동식, 「秘話! 경부고속도로건설공사 : 국가 경제발전의 견인차 담당」, 「건설교통저널」1998년 6월호

최광승, 「박정희는 어떻게 경부고속도로를 건설하였는가」, 정신문화연구 2010 겨울호 제33권 제4호

3. 인터넷 자료

경향신문, 1966.12.08.,

https://newslibrary.naver.com/viewer/index.naver?articleId=1966120800329201001&editNo=2&printCount=1&publishDate=1966-12-08&officeId=00032&pageNo=1&printNo=6509&publishType=00020

국가기록원, 경부고속도로 개통식 치사,

https://theme.archives.go.kr/next/gyeongbu/roadCommemoration08.do

국가기록원, 제1차 경제개발 5개년 계획 (1962~1966),

https://theme.archives.go.kr/next/economicDevelopment/primary.do

국사위원회 전자사료관, "ECA 대한경제원조 관련자료", http://archive.history.go.kr/reference/view.do?id=7

월간조선, 창립 25년 만에 총 2,080만 톤 조강생산 능력 갖춰 세계 철강업계의 신화를 쓰다, http://monthly.chosun.com/client/news/viw.asp?ctcd=&nNewsNumb=201805100045, (2018.05)

주간조선, 수학 실력 덕에 박정희와 인연 대한민국 경제 구원투수로,

http://weekly.chosun.com/news/articleView.html?idxno=9536, (2016.01.22.)

중앙일보, [쇳물은 멈추지 않는다] 22. 하와이 구상,

https://www.joongang.co.kr/article/383296#home, (2004.08.30.)

조선일보, "삼성과 현대가 있는 곳"…한국 국력 전 세계 6위, 日도 제쳤다,

https://www.chosun.com/international/international_general/2022/10/07/ACQCGLSVFBATZGDBO4QUAMCFQ4/(2022.10.07.)

철강금속신문, "현대제철의 67년 발자취, "우리나라 최초의 철강 업체 위상",

https://www.snmnews.com/news/articleView.html?idxno=464981 (2020.06.10.)

행정안전부 국가기록원, "전후경제복구", https://theme.archives.go.kr/next/photo/supplies02List.do

행정안전부 국가기록원, "차관전환기", https://theme.archives.go.kr/next/photo/supplies03List.do

박정희 대통령의 위대한 유산:
단일전쟁지도체제로서의 한미연합사령부

조주형 (33세. 현직 기자)

| 요·약·문 |

국문초록

박정희 정부의 위대한 유산은, 이승만 정부가 이끌어 온 한미동맹을 한 차원 더 발전시켜 단일전쟁지도체제로서의 한미연합방위기구를 만들어냄으로써 후대에게 물려주었다는 데에 있다. 바로 그 위대한 유산이란 1978년 창설된 '한미연합사령부(CFC; Combined Forces Command)'를 뜻한다.

한미연합사령부가 갖는 의미는, 단순히 한미 양국군의 합동군사기구라는 데에 그치지 않는다. 한미연합사령부는 '작전통제권'이라는 군사지휘권에 대한 양국의 합동운영권한을 발휘하는 군사적 원천 동력임과 동시에 1950년 6·25전쟁 이후 유엔군사령부를 해체하려던 세계 공산주의 세력의 전 방위적 공격을 막아내기 위한 한미동맹관계의 진화적 산물이라는 함의를 갖고 있다.

이승만 정부에서 시작된 한미동맹 관계는 박정희 정부가 들어선 이후 전 세계의 데탕트 물결에 휩쓸리면서 해체의 위협에 시달리게 되었다. 어렵사리 쌓아온 한미동맹 관계는 한미연합사령부의 탄생과 함께 더욱 견고하게 발전하였으며, 더 나아가 북한의 오랜 숙원인 전 한반도 공산화를 위한 그들의 핵위협에 직면하게 되었다. 그렇기 때문에 한미연합사령부는 이에 대응하기 위한 '한미억제전략'을 실질적으로 구현할 수 있는 또다른 도약의 시기와 마주하고 있다고 볼 수 있다.

본 연구에서는 박정희 정부의 위대한 유산인 한미연합사령부에 대하여, '전쟁지도체제'라는 개념을 통하여 한미동맹 관계가 어떻게 발전되어 왔는지를 시작으로 그 요체인 '작전권'을 중심으로 분석하였다. 이승만 정부의 전쟁지도체제와 작전권의 변화를 시작으로 박정희 정부에서 전쟁지도체제가 어떻게 구성되었으며 작전권이 어떻게 한미연합사령부로 이양되었는지 그 과정을 밝힘으로써 집중 조명하였다.

또한 현재 북한의 핵위협 하에서 전개되고 있는 한미관계의 핵심인 '핵우산'과 '한미억제전략기구' 모델을 통해 한미연합사령부의 새로운 발전상을 제시하고자 한다. 한미연합사령부가 처한 현재의 배경은 과거 박정희 정부가 추진한 연합사령부 출범 과정의 배경의 각종 위협과도 유사한 만큼 한미억제전략을 구현할 수 있는 새로운 기구의 필요성이 요구된다.

이어 미래연합사령부로의 출범 시 이와 같은 요구를 한미연합사령부가 수용함으로써 종래의 전쟁지도체제로서의 역할을 맡아왔던 연합사령부가, 가칭 한미연합억제전략지도체제로의 변화 가능성을 모색함으로써 보다 발전된 한미연합사령부로의 재편 필요성을 제언하였다.

제1장. 연구 배경과 목적 및 방법과 범위

이승만–박정희 정부가 남긴 가장 커다란 유산은 '한미동맹'이지만, 정작 이승만–박정희 정부는 한미동맹을 통한 부국강병의 효과를 온전히 누리지는 못하였다. 오히려 이승만–박정희 정부 이후 그 후세야말로 한미동맹의 실질적 영향력을 받음으로써 대한민국의 빛나는 발전에 진력을 다할 수 있었다고 볼 수 있다. 선대의 정부가 그토록 어렵게 가꾸어왔던 한미동맹은, 그들이 떠나가고 나서야 비로소 실질적으로 이를 구현할 전쟁지도체제로서 '한미연합사령부'가 출범함에 따라 그 후과를 누려왔던 것이다.

바로 전쟁지도체제로서의 한미연합사령부야말로 한미동맹을 태동시킨 이승만 정부에 이어 냉전적 국제질서하에서 생존성을 강구하기 위해 노력했던 박정희 정부의 위대한 유산이다. 6·25 전쟁 이후 미국의 데탕트와 주한미군 철수의 위기하에서 시작된 유엔군사령부의 한반도 작전통제권 이양 문제는 박정희 정부 말기에 진행된 전쟁지도체제 편성 과정으로 넘어가면서 한미연합사령부로 구현되었는데, 이 과정은 박정희 정부가 막을 내리기 1년 전 진행되었다.

본 연구의 목적은, 이승만 정부에서 태동한 한미동맹이 박정희 정부에서 여러 고난의 과정을 거친 끝에 단일전쟁지도체제로 재탄생하는 일련의 과정을 재조명함으로써 대한민국 발전의 밑거름이 되었던 강력한 방패인 한미연합사령부의 의미를 밝히기 위함이다. 이를 통해 선대 세대가 남긴 유산의 의미를 되새기고, 현재와 미래 세대가 갖춰나가야 할 과제는 무엇인지 알리고자 한다.

본 연구는 한미연합사령부의 태동 과정을 이승만 정부에서의 시원(始原)에서부터 박정희 정부에서의 출범까지의 과정을 기술함으로써 이승만-박정희 정부에서의 변화 양상을 보이고자 한다. 이를 위해 다음 4단계 연구를 통하여 접근하고자 한다. 첫째, 전쟁지도체제에 대한 개념을 밝히고 둘째, 전쟁지도체제의 요체인 작전통제권의 정의와 주체별 개념분석에 대하여 분석한다. 셋째, 전쟁지도체제에 대한 한미 간 입장차이가 나타났던 박정희 정부 시기의 배경과 작전통제권의 이양 과정에 대하여 밝히고 있다. 연구방법은 문헌조사를 통하여 진행하였고 특정 기관 또는 정파적 입장에 대한 태도를 견지하지 않았으며 당면 과업에 대한 연구자의 태도로 임하였다.

본 연구는 총 5개의 장으로 구성하였다. 제1장에서는 연구의 배경과

목적, 범위와 방법에 대하여 밝혔으며 제2장에서는 전쟁지도체제와 작전통제권에 대한 일반적 개념 및 조작적 정의를 소개한다. 제3장에서는 이승만—박정희 정부에서의 전쟁지도체제의 태동과 탄생까지의 변천사를, 제4장에서는 미래 과제를 소개하였다. 마지막 결론에서는 한미연합사령부의 전망에 대해 제시하였다.

제2장. 전쟁지도체제의 개념과 정의적 요소

제1절. 전쟁지도체제와 작전통제권

전쟁지도체제란 전쟁을 지도하기 위한 목적으로 구성된 국가적 구성조직과 효율적 운영절차에 따른 일련의 법적 논리체계를 갖춘 조직으로, '전승을 위한 전쟁수행·무력발동 등 군 통수권 행사와 함께 국가 및 군사전략적 총력 운용 역량'[1]의 효율적 운영체계로 정의할 수 있다. 전쟁지도체제는 '전쟁 승리'라는 정치적 목적의 달성을 위하여 국가적 총력을 운용하는 체계로써 군사력을 통합·운용·조정·통제하는 기능을 갖고 있으며, 군 통수권 운용을 위한 구성단위로는 대통령을 비롯하여 국방부·합동참모본부(이하 합참)와 각군단위(육·해·공군) 본부가 실질적으

---

1   국방대학교, 2000, 안보관계용어집, 국방대학교, 112 ; 합동참모본부, 2004, 연합—합동작전 군사용어사전, 387쪽

로 전쟁지도체제를 구성하는 각급 역량을 운용하게 된다.

전쟁지도체제의 핵심은 '작전권'에 있다. 작전권(operational authority)[2] 이란, '지휘계선 내 지휘관에 의해 행사되는 권한'으로 '전투지휘(combatant command)'와 '작전통제(operational control)', '전술통제(tactical control)', '지원관계(support relationship)' 등으로 구성되는 지휘권이다. 군사력 건설에 관한 행정권인 군정권과 달리 각군에 대한 작전지휘권을 뜻하는 군령권[3]에 근거하여 작전권을 행사하는 것으로, 군사력 건설이 아닌 군사력의 운용권을 의미한다. 작전권을 구성하는 전투지휘·작전통제·전술통제·지원관계 중 '작전통제권'이란 특정 과업 혹은 전투의 전개국면별 세부 임무에 대해 지휘관에게 부여된 작전상의 하위 과업을 뜻한다. 이는 국면별 하위 과업인 만큼 시간과 공간에 제한성이 부과된다. 대표적으로 전시와 평시 작전통제권으로 구분된다.

이때 '지휘(command)'란 군 계급과 직책에 따라 상위 직급이 하위 직급에 대하여 군사적 권한을 합법적으로 행사하는 일련의 행위를 뜻한다. 그렇기 때문에 지휘권 행사 분야는 인사·정보·작전·군수·교육 등 각급 단위로 발동되며, 그 중에서도 작전통제는 정보획득·정보분석과 부대편성·전투기능 등 정보·작전 분야의 지휘권을 의미하며, 작전지휘

---

2   US Joint Chiefs of Staff, 2007, Joint Publication 1-02 Department Defence Dictionary of Military and Associated Terms, 393

3   국군조직법 제9조제2항. '합동참모의장은 군령(軍令)에 관하여 국방부장관을 보좌하며, 국방부장관의 명을 받아 전투를 주임무로 하는 각군의 작전부대를 작전지휘·감독하고, 합동작전 수행을 위하여 설치된 합동부대를 지휘·감독한다'. (검색일: 2023.01.24.)

는 작전통제 분야를 포함하여 전투부대의 편성에 그치지 않고 작전을 위한 교육훈련 분야로까지 확대되어 포함된다. 즉 작전지휘보다 작전통제가 더욱 실전적 상황임을 상정한 것으로 볼 수 있다. 그러다보니 작전통제권은 전시작전통제권과 평시작전통제권으로 구분될 수 있다. 이처럼 전·평시로 구분되는 작전통제권은 작전지휘권의 하위 요소이고, 작전지휘권은 지휘관의 지휘감독권에 속하는 하위 요소라는 위계성을 갖고 있다. 지휘감독권을 갖고 있는 군 지휘관에 대해서는 군 통수권자가 지휘하며 군 통수권자는 그를 포함한 구성단위들의 통합체인 전쟁지도체제의 주체 중 하나이다.

전쟁지도체제의 요체인 '작전통제권'이 갖는 의미는, 단순히 누가 작전통제권을 갖고 있느냐는 운용 주체의 권한 행사 확보 문제에만 그치지 않는다. 우리나라의 군 작전통제권은 동맹국인 미국과의 군 지휘관계에서 한미연합사령부로 구성된 연합방위체제의 근본적인 변화를 일으킬 수도 있는데다 여전히 계속 고도화되고 있는 북한의 핵·미사일 위협에 대한 억제력을 상실할 수도 있기 때문이다. 그렇기 때문에 우리나라의 전쟁지도체제는 작전통제권에 관한 논의를 통하여 심도 깊은 분석이 가능하다.

제2절. 전시작전권 환수론 촉발과 변천사

작전통제권이란 정보수집·정보분석 등 정보 분야를 비롯하여 전투부대 편성과 전투기능 등 작전 분야에 대한 군 지휘관의 군사적 운용술에 관한 합법적 권한으로, 작전통제권의 운용에 따라 군사작전의 성패가 달려있으며 크게는 부대의 생존성을 확보할 수 있느냐는 '사활적 이익(vital interest)'이 걸려 있다고 볼 수 있다. 그렇기 때문에 작전통제권은 전쟁지도체제의 구성단위 중 가장 효율적으로 운용할 수 있는 주체가 행사하게 된다.

우리나라의 경우, 지난 1978년 11월 한미연합사령부가 창설됨에 따라 주한미군사령관이 겸직하고 있는 한미연합사령관이 국군의 전·평시 작전통제권을 행사하여 왔다. 그 중 평시작전통제권은 1994년 12월 국군이 환수하여 행사하게 되었으나, 전시작전통제권(약칭 전작권)을 한반도의 유일전쟁지도체제인 한미연합사령부가 행사하고 있는 것을 두고 2003년 노무현 정부가 출범하면서 환수의 뜻을 밝히면서 전작권 환수 논쟁이 불붙게 되었다. 2003년 참여정부 출범 첫해 3월 공군사관학교 졸업·임관식에서 노무현 대통령은 "전작권 환수에 대비하여 독자적 작전기획능력도 확보해야 할 것"[4]이라고 말했고, 2005년 10월 1일 건군 제57주년 기념식 연설에서 "전시작전권의 행사를 통해 자주군대로 거듭날 것"이라고 언

---

4   서옥식, 2010, 노무현 전 대통령 말말말, 도서출판 도리, 225

급했으며, 2006년 8·15 경축사에서 "작전통제권 환수는 헌법정신에 맞지 않는 비정상적 상태를 바로 잡는 일"이라고 발언하기도 했다.[5]

참여정부가 출범한지 2년차를 맞이한 2005년 10월 열린 제37차 국방장관협의회의인 한미안보협의회(SCM: Security Consultative Meeting, 이하 SCM)에서는 전작권 협의에 대해 서로 합의하게 되면서 전작권 환수 논의가 촉발되었다. 2006년 9월, 미국 워싱턴에서 열린 한미정상회담에서는 '전작권 전환'이라는 내용에 대해 양국이 공식적으로 합의하기에 이른다. 노무현 정부 마지막 해인 2007년 2월 열린 한미 국방장관회담에서는 '2012년 4월17일을 기점으로 한미연합사의 전작권에 대한 한국 합동참모본부로의 전환'에 대하여 양국이 합의하기에 이른다. 이는 한미간 합동 전쟁지도체제의 요체인 전작권을 2012년 부로 국군이 운용한다는 내용이었지만, 이명박 정부가 들어서면서 북한의 연이은 핵실험 등의 여파를 고려하여 2015년 12월부로 전환 기한을 순연하였다.

2013년 10월, 박근혜 정부는 SCM에서 전작권 전환 시기에 대해 재협의 의사를 밝혔으며 2015년 SCM을 통해 '조건에 기초한 전작권 전환'에 합의하였다. 이때 양국의 전작권 전환 논의의 조건은 세 가지였다. 첫 번째, 한반도를 둘러싼 안보환경의 안정성 조성 여부와 두 번째, 전작권 전환 시에도 한미연합방위체제의 안정성 확보를 위한 미국의 지속적 보완성 여부, 세 번째, 북한의 핵·미사일에 대응하기 위한 미국의 확

---

5   서옥식, 2010, 노무현 전 대통령 말말말, 도서출판 도리, 222~223

장악제력의 선행 여부 등이었다. 전작권 전환 예상시기는 '2020년대 중반'으로 명시가 됨으로써 전쟁지도체제의 급격한 변화를 일부 완충시키는 정도에서 사건은 일단락되었다.

하지만 문재인 정부가 들어서자 상황은 급변했다. 전작권 전환 논의가 과도히 급속 추진되어 논란을 야기하였던 것이다. 북한의 핵·미사일 위협에 대한 우리 군의 억제력 확보가 완비되지도 않았는데, '임기 내 전시작전권 환수' 기조로 전작권 논의가 추진되었다. 2018년 6월 한미 국방장관 대화에서 송영무 국방장관은 미국의 제임스 메티스 국방장관에게 2022년까지 전작권 전환을 완료할 것을 제의하였다. 그해 10월 SCM에서는 한미연합사령부를 미래연합사령부로 전환, 2019년부터 기본운용능력(IOC: Initial Operational Capability), 2020년 통합작전운용능력(FOC: Final Operational Capability), 2021년 완전임무수행능력(FMC: Full Mission Capability)에 대한 검증평가를 통해 전작권을 완전히 환수하기로 합의하기에 이른다. 이 시점은 북한의 핵·미사일 위협에 대응하기 위한 실질적 군사적 자위수단, 3축 체계(Kill Chain과 KMPR·KAMD)마저도 완비되지 못한 상태였다.

즉, 전시작전권을 행사할 수 있는 한반도의 유일한 단일 전쟁지도체제이자 한미연합방위체제인 한미연합사령부로부터 전작권을 환수하려는 시도는 전작권의 행사 주체가 누구인가를 규정하는 문제 그 자체에 그치지 않고 한미동맹체제의 급격한 변화를 강요한 것이나 마찬가지였다.

제3장. 오늘날의 한미연합 전쟁지도체제 : CFC

우리나라의 단일 전쟁지도체제는 한미연합사령부를 통한 연합방위체제로 구현되어 나타나 있다. 전쟁지도체제가 행사할 수 있는 최고권한은 작전통제권이며, 작전통제권을 누가 갖고 있느냐에 따라 단일 전쟁지도체제의 효율성을 담보할 수 있다.

그렇다면 대한민국의 단일 전쟁지도체제는 언제부터 시작되었다고 할 수 있을까. 그의 실체적 탄생은 지난 1978년 11월 7일 창설된 한미연합사령부(CFC; Combined Forces Command)에서부터 정립되었다. 그전까지 한미연합방위체제가 존재하고 있었지만 대한민국의 단일한 전쟁지도체제는 존재하지 않았는데, 전쟁지도체제와는 비교할 수 없을 정도로 원시적인 형태인 주한미군과 국군의 단순 병렬 주둔 수준의 모습을 유지하고 있었다.

하지만, 독특하게도 작전권을 행사할 수 있는 단일전쟁지도체제가 형성되어 있지 않았음에도 불구하고 우리나라 정부는 단일전쟁지도체제를 형성하는 것보다도 먼저 작전권을 국제연합군(UN)에 이양하고서 실전에 돌입하였다.[6] 통상 단일한 전쟁지도체제을 통해 작전권이 행사되는 일반적인 구조와 달리, 우리나라의 경우 전시 상황에서 작전권이 먼저 외부 군사기구에 이양된 후 전쟁이 멈추자 외부기관으로부터 작전권을

---

6   김계동, 2022, 정전협정 전후 한미상호방위조약 체결협상, 경기: 경인문화사, 78~79

회수하여 새로운 전쟁지도체제로 이식하는 과정을 거치게 된다.

즉, 작전권 행사의 일반적 과정이 거꾸로 진행됐다는 특성을 갖고 있는데 그 과정은 이승만 정부에서부터 시작되어 박정희 정부에 이르기까지의 진행되었다. 이승만 정부에서는 외부 군사기관으로의 작전권 이양이 있었고, 박정희 정부가 집권하고서야 출범시킨 단일 전쟁지도체제에 작전권을 행사할 수 있도록 진화시킨 것으로, 현존하는 그 어떤 동맹의 전쟁지도체제와는 비교할 수 없는 새로운 형태의 전쟁지도체제를 구축한 것이다.

제1절. 이승만 정부의 전쟁지도체제

1. 한미연합방위체제의 태동

국군의 전쟁지도체제인 한미연합사령부의 뿌리는 한미동맹의 시원(始原)에 근거하고 있다. 한미군사동맹체제가 성립되었던 지난 1950년대로 거슬러 올라가 당시의 배경과 동맹의 촉발 원인을 들여다보아야 단일 전쟁지도체제가 탄생하게 된 역사적 흐름을 이해할 수 있으므로 한미동맹의 태동시기를 조명하고자 한다.

한미동맹이 국제조약인 '한미상호방위조약'으로 체결됨으로써 처음으로 세상에 등장하게 된 시점은 1953년 8월8일 변영태 외무장관과 미국의 포레스터 덜레스 국무장관이 '대한민국과 미(美) 합중국 간의 상호방위조약(Mutual Defense Treaty between the Republic of Korea and the

United States of America)'에 가조인하면서 비롯되었다. 이듬해인 1954년 1월 우리나라 국회와 미국 상원 의회에서는 가조인한 한미상호방위조약에 대하여 비준하였고, 그해 11월 7일 양국 의회의 비준서를 서로 교환함에 따라 공식적으로 한미상호방위조약이 체결되어 발효되었다.[7] 현대의 동맹 관계에서 유례를 찾아보기 어려울 정도로 특수한, 여러 전쟁을 함께 거친 오래된 비대칭 동맹관계가 최초로 등장한 시점이었다.

한미상호방위조약이 체결되면서 '한미동맹'이 발아하게 되었는데, 한미동맹이 등장한 배경에는 1950년 6월 25일 북한의 기습남침으로 시작된 6·25전쟁을 통해 미국이 즉각 개입하면서 시작되었다. 그 시기는 1945년 제2차 세계대전이 종료된 지 불과 5년이 경과한 시점이었지만, 북한에 의한 기습남침에 대하여 미국이 즉각 개입 결정을 내린 배경적 요인으로는 그 당시 세계 공산주의 세력과의 본격적인 냉전의 확산을 막기 위한 것으로 볼 수 있다. 냉전체제가 시작되면서 촉발된 6·25전쟁에 대하여, 그날 미국은 지체없이 유엔안전보장이사회를 소집하여 북한군에 대한 전쟁 중지 요청에 관한 유엔안보리 결의안(UNSCR: United Nations Security Council Resolution, 이하 UNSCR) 제82호를 통과시켰다. 이틀 뒤인 6월 27일, 안보리는 군사원조에 관한 UNSCR 제83호를 채택하였으며 7월 7일 이를 근거로 국제연합군의 지휘권 행사국을 미국으로 정한다는 내용의 UNSCR 제84호를 채택하였다. 이를 근거로 16개 참

---

7   장훈각, 2011, 이승만 대통령과 한미동맹: 동맹의 형성요인에 관한 연구, 147~148

전국이 포함된 '유엔군사령부(UNC: United Nations Command)'가 편성되었고 미국의 더글라스 맥아더 극동군사령관을 1950년 7월 8일 임명, 7월 24일 유엔사령부가 정식으로 창설되어 전쟁의 포화 속으로 뛰어들었다.

한미동맹이 시작된 역사적 발아점은 6·25전쟁이라고 할 수 있지만, 미군을 중심으로 한 유엔군이 참전했다고 하여 한미연합방위체제가 구성된 것은 아니었다. 무엇보다도 한미연합방위체제는 1953년 정전체제가 시작된 이래로 체결됐을 뿐만 아니라, 한미연합방위체제의 질적 변화를 나타내는 '작전지휘권·작전통제권'에 관한 논의가 6·25전쟁에서부터 시작된다. 따라서 '작전지휘권·작전통제권'에 관해 당시 어떤 일이 있었는지 살펴보면 다음과 같다.

1950년 7월 15일, 유엔사령부가 구성된 직후 이승만 대통령은 유엔군 총사령관을 겸직하고 있는 미국의 맥아더 사령관에게 국군에 대한 '작전지휘권(command authority)'을 이양하였다.[8] 당시 우리 정부는 UN의 회원국이 아니었고, 국군과 주한유엔군 및 주한미군과의 관계에 있어서 단일 전쟁지도체제가 성립되지도 않은 상황에서 단일한 군사작전지휘체계를 갖추지도 못한 상태였다. 이런 상황에서 국군의 작전지휘권을 유엔군 총사령관이자 미군사령관인 맥아더 장군에게 이양한다고 이승만 대통

---

8   김명기, 2014, 국제법상 국군에 대한 작전지휘권 환수에 따라 제기되는 법적 문제에 관한 연구, 26~27 ; 김계동, 2022, 정전협정 전후 한미상호방위조약 체결협상, 경기: 경인문화사, 78~79 "I am happy to assign to you command authority over all land, sea, and air forces of the Republic of Korean during the period of the continuation of the present state of hostilities"

령이 밝히게 된 것인데, 당시 무초 주한미국대사를 통해 "대한민국 육·해·공군 작전지휘권(operational command authority)의 이양을 수용한다"라는 답신을 하였다.

이승만 대통령은 '지휘권(command authority)'라는 용어를 사용했지만, 맥아더 장군은 '작전지휘권(operational command authority)'라는 용어로 답신하였는데 이는 오늘날의 '작전통제권(정보기능·작전기능 운용권)'과는 개념상 엄밀하게 동치되는 정의라고 할 수는 없으나, 당시 북한군에 의한 기습남침과 급박하게 진행되는 전시라는 점에서 여기서 언급된 '지휘권(command authority)'이란 전투정보 및 전투작전에 대한 작전권으로 해석하는 것이 보다 정확할 것이다. 유엔군총사령관으로 하여금 단일전쟁지도체제로서의 주요 조건을 구비토록 하여 북한군의 남침 확전에 대응해야 한다는 뜻으로 풀이된다.

1950년 10월7일, UNSCR 제376호가 채택되면서 유엔군을 통한 38선 이북 지역 수복작전에 돌입하였으며, 1953년 7월27일 유엔군의 서명으로 정전협정체제로 전환되었다. 1953년 7월27일 정전협정 이후 유엔군 소속으로 참전한 16개국은 미국 워싱턴에서 모인 후 '16개국 공동정책 선언'인 워싱턴 선언을 채택하고서 한반도에서 전쟁이 재발할 시 다시 참전하겠다고 공동 결의하였다.

1953년 정전협정 직후 이승만 대통령은 유엔군사령관에 이양된 '작전통제권'의 행사 발효 조건에 대하여 "적대 행위 상태가 지속되는 기간"이라는 조건을 공한을 통해 밝혔는데, 1954년 한미의사합의록 (Agreed Minutes) 상에 명시된 제2항에 따르면 '작전통제(operational control)'에 대하여 유엔군사령부에 의한 책임부담을 명문화하는 것으로 구현되었다.[9]

2. 미완숙 상태의 전쟁지도체제

정전협정 이후 우리 정부의 작전권을 이양 받은 유엔군사령부로부터 작전권의 일부 재이양이 이루어졌고, 1954년 본격적으로 한미상호방위조약이 발효됨에 따라 출범한 한미군사동맹체제 하에서 1957년 7월1일부로 유엔군사령부는 서울로 이동하게 되었다. 한미연합방위체제가 이승만 정부에 의해 첫발을 내디디게 되면서 당시 북한과 공산주의세력의 위협으로부터 방위력을 갖출 수 있었지만, 작전권은 유엔군사령부로 이양된 상태라는 점에서 사실상 국군을 통한 단일 전쟁지도체제가 완전히 확립된 상태는 아니었던 것이다.

---

9   최승범, 2012, 한미연합사 해체 이후 유엔사에 관한 연구: 한국군의 대응과제 도출을 중심으로, 7~8, "유엔군사령부가 한국방어 임무를 수행하기 위해 한반도에 주둔하는 한 한국군에 대한 작전통제권을 행사한다. 그러나 양국의 상호적 및 개별적 이익이 변경에 의하여 가장 잘 성취될 것이라고 협의 후 합의되는 경우에는 이를 변경 할 수 있다."

제2절. 박정희 정부의 전쟁지도체제

1. 데탕트: 주한미군 철수와 안보위기 심화

단일 전쟁지도체제가 정립되지 못한 상태로 집권하게 된 박정희 정부가 맞닥뜨린 국제적 대외 환경여건은 한미연합방위체제를 흔들 만큼의 큰 변화를 예고하였다. 바로 냉전체제에서 대(對) 공산주의 진영에 대한 기존의 무력대응 기조가 아니라 일명 '화해와 대화'라는 형태로 진행된 '데탕트(Detente)'가 그것이었다. 1960년대 베트남의 공산화 사태 과정에 대해 무력으로 개입한 미국이 고전을 면치 못하는 상황에서 공산주의 진영에 데탕트 기조가 진행되었던 것이다. 데탕트 기조가 등장함에 따라 가장 먼저 추진된 것은 베트남에서의 미군 철수였고, 1973년 1월 파리평화협정이 체결되면서 두 달 만에 미군이 베트남에서 전면적으로 철수하였으며, 1975년 베트남은 끝내 공산화되고 말았다.

베트남의 공산화를 막기 위하여 미국은 막대한 군사력을 쏟아 붓는 방법으로 개입하였지만 역부족이었고, 이에 대해 미국의 닉슨 대통령은 1969년 7월25일 아시아 순방 중 기자회견을 통해 '국가방위의 책임 주체는 결국 해당 국가에게 있다'는 점을 강조하며 '닉슨 독트린(Nixon Dotrine)'을 예고하였던 것이다.[10] 이는 한미연합방위체제를 구축하고 있는 우리나라 역시 그 예외가 될 수 없었고, 그와 같은 우려는 곧장 우리

---

10 김계동 외 11인, 2012, 한미관계론, 명인문화사, 445~447

나라에 주둔하고 있던 2만 명의 주한미군 제7사단이 철수하는 것에서부터 시작되었다.

미국의 닉슨 행정부가 취한 '닉슨 독트린'의 주요 내용을 들여다보면 아시아 각국에 대한 전면적 개입이 아니라 동맹국이 미국에 의존하지 않아야 한다는 점이 관건이다. 비대칭 동맹관계, 즉 미국과 약소국과의 동맹관계에서 동맹국 주변 혹은 내부의 압력에 의해 발생하는 각종 분쟁 혹은 전쟁으로 미국이 연루(entrapment)되는 상황으로 치닫지 않도록 해야 한다는 주장이었다.[11] 실제로 닉슨 대통령은 1969년 8월 열린 한미 정상회담에서 '주한미군의 중요성'을 강조하는 박정희 대통령을 만나 그에게 '자주국방의 노력'을 요구하기도 하였다. 주한미군의 중요성을 강조한 박정희 대통령과의 한미정상회담이 진행되었음에도 불구하고 닉슨 대통령은 1971년 주한미군 제7사단 병력을 철수시키면서 단일 전쟁지도체제가 편성되지 않은 한미연합방위체제의 신뢰성에 불안함을 촉발하는 원인으로 작용하였다.

닉슨 독트린으로 시작된 공산주의 체제세력과의 데탕트 기조는 한미 연합방위체제에 대한 불안함을 일으키는 원인으로 작용함과 동시에, 그나마도 작전권이 이양되어 있던 유엔군사령부에 대한 해체론까지 가중되면서 안보 불안은 더욱 심화되었다. 주한미군 제7사단이 우리나라에서

---

11 닉슨독트린의 핵심 내용은, ① 베트남 전(戰)과 같은 전쟁에서 미국은 군사적 개입 회피. ② 미국이 아닌 미국과의 동맹국이 연루된 각종 분쟁이나 내란 등에 대하여 자체적으로 대응할 것. ③ 미국은 태평양 등의 국가에 대한 정치·군사적 개입을 금지 등 주요 3개 조항을 담고 있다.

철수한지 2년만인 1973년 알제리에서 개최된 제4차 비동맹 정상회의 등에서 유엔군사령부의 해체 여부에 대한 논의가 처음으로 포함되었다.[12]

1974년 9월 27일, 중국은 유엔 연설을 통해 유엔군사령부의 완전한 해체와 주한미군의 한반도 철군론을 강력 주장하며 북한의 주장과 일맥상통하는 모습을 보였다. 1975년 11월 18일 열린 제30차 유엔총회에서마저 '유엔군사령부의 해체'와 함께 '남한에서의 외국군 철수', '한반도 정전협정의 평화협정 전환론' 등이 공산국 측에 의해 등장함에 따라 힘을 받기 시작하였는데, 그 내용이 고스란히 담긴 유엔결의안 제3390호(B)에 이어 '정전협정과 직결된 모든 당사국들이 협의하여 정전협정의 유지를 위한 대체방안을 마련한다'는 전제 조건이 걸린 상태로 1976년 1월 1일까지 유엔군사령부 해체를 희망한다는 안이 포함된 유엔결의안 3390호(A)가 통과되었다.[13] 두 결의안 모두 유엔군사령부의 해체론을 담고 있는 결의안이었지만, 3390호(A)가 일방적인 정전협정의 평화협정으로의 전환론을 담고 있는 3390호(B)와는 달리 '정전협정의 유지를 위한 대체방안'이라는 전제조건을 안고 있다는 것이 차이점이었다.

비록 주한미군 제7사단이 1971년 철수하였다고는 하지만, 여전히 4만명의 주한미군 병력이 배치되어 있는 상태의 '느슨한' 한미연합방위체제하에서 우리나라는 1970년대 초중반을 맞이하였다. 단일 전쟁지도체제

---

12 장광현, 2018, 다시 유엔사를 논하다, 도서출판 굿프렌드 정우, 135
13 이기범, 2019, 유엔군사령부의 미래 역할 변화와 한국의 준비, 4~5

가 편성되지도 않았기에 1950년 6·25전쟁 개전 초반 유엔군사령부에 이양됐던 작전권을 완전히 회수하지 못한 상태에서 유엔군사령부에 대한 해체론이 나온 것은 북한의 계속된 도발과 전쟁 위협을 감수해야 하는 상황으로 치명적인 대외여건이라는 평가를 받을 수 밖에 없었다. 게다가 1973년 미국이 베트남과의 파리평화협정을 체결한 시점에서부터 불과 2년만에 베트남 전역이 공산화되는 것을 목도한 만큼 우리나라는 공산측이 강력 주장한 '평화협정'을 우려하지 않을 수 없었고, 단일 전쟁지도체제가 편성되지 않은 채 유엔사에 대한 공산 측 해체론까지 나왔기에 미국의 주한미군 철수는 안보불안을 더욱 가중시킬 수밖에 없었다.

2. 무장공비 침투: 새로운 전쟁지휘기구 요구 촉발

단일 전쟁지도체제가 편성돼 있지 않은, '느슨한' 형태의 한미연합방위체제에서 박정희 정부로 하여금 북한에 의한 안보 불안을 폭발시킨 사건은 바로 1968년 1월 21일 야음을 틈타 청와대를 기습한 '김신조 사건'이었다. 당시 우리 정부의 수반인 박정희 대통령을 직접 겨냥한 31명의 암살요원으로 구성된 특작부대를 북한이 침투시킨 사건이었던 만큼 우리 정부는 북한에 대한 강경 대응을 예고했지만, 정작 동맹국이었던 미국은 불과 이틀 후인 1월 23일 터진 미국의 정보수집용 함선인 푸에블로호가 강제로 납북된 것에 대해서만 강력 대응 입장을 유지하였다. 1·21 사태에 대하여 우리 정부는 대간첩작전을 전개함과 동시에 박정희 대통령은 평양으로의 진격이 필요하다는 발언을 하였음에도 주한 포터 미국 대사로부터 답변을 듣지 못하였다.[14] 1·21사태 발생 이틀 후인 1월 23일 미국의 정보함 푸에블로호가 납북되자 미국은 1·21사태에 대한 반응과는 달리 항공모함 '엔터프라이즈 호'를 파견하는 등의 수위로 대응하였다.[15]

즉, 미국은 동맹국인 우리 정부에 대한 북한의 특작부대 침투 사건에 대한 우리 정부의 단독 보복공격은 인정하지 않겠다는 묵언의 표시를 하면서도 한편으로 자국의 정보함 납치 사건 후속 대응에 있어서는 이중적 태도를 보인 것이다. 이로부터 1년 뒤인 1969년, 한미합의각서에 따라 평시 대침투작전(대간첩작전)의 작전통제권은 우리 군이 행사하게 되었지만, 그해 미국의 닉슨 대통령은 '닉슨 독트린'을 통한 데탕트 의지를 내비치기 시작하였고 급기야 1972년에는 주한미군 일부가 한반도에서 철수하는 상황이 벌어지게 되었다.

이로써 연합방위체제 강화의 필요성이 1·21사태를 시작으로 본격화되었다. 1970년대에 이르러서는 우리 정부의 의지와 별개로 UN총회 등에서 공산측이 제시한 유엔군사령부 해체 및 평화협정론으로의 전환론 등이 담긴 UN결의안 등이 등장하면서 작전통제권을 이양받은 유엔군사령부의 해체 우려와 그로인한 주한미군의 철수 우려가 계속되었다. 미국

---

14 윤태영, 1999, 한·미 동맹체제하에서 한국의 대북한 위기관리: 1968–1983, 352~353
15 최영진 외 1인, 2008, '위기'에서 '생성'으로 : 한미연합군사령부 형성과정에 대한 연구, 188~189

의 닉슨 독트린과 데탕트의 영향으로 자국으로의 군사적 철수가 진행되는 등의 국제적 여건은 우리 정부가 연합방위체제의 강력한 변화를 요구할 수밖에 없는 상황에 처하도록 하였다. 닉슨 독트린 이후 미국에서는 카터 행정부가 들어서면서 1977년 5월 급기야 미국은 우리 정부에 주한미군의 일방적 철수 의지를 밝혔다. 1977년 1월 미국은 '대통령 검토각서-13'을 통해 CIA와 NSC, 국무성과 국방부를 통해 주한미군의 한반도 철수 계획을 수립하여 보고할 것을 지시하였다.[16]

당시 박정희 정부가 처한 상황의 심각성은, 단순히 미국의 주한미군 철수 의지 계획 등에만 국한되지 않는다. 한미연합방위체제가 1954년 한미상호방위조약의 정식 발효로 시작됐지만, 전쟁지도력을 합법적으로 행사할 수 있는 기구는 유엔군사령부였다. 이승만 정부가 6·25전쟁 개전 초기 유엔군사령부로 작전권을 이양하기로 하였고, 한미연합방위체제가 성립하면서 우리 정부가 작전권을 발휘할 수 있는 단일한 전쟁지도체제가 편성되지 않은 채, 북한의 군사적 위협으로 작전권을 이양받은 유엔군사령부에 대하여 1974년부터 UN총회 등에서 해체론이 나옴에 따라 작전권 자체가 소멸될 위기에 처하게 된 것이다. 가까스로 한미양국 정부에 의한 외교적 노력 만으로 공산측의 유엔군사령부 해체 결의안을 부결시키는 데에 성공하였으나, 이런 상황에서 한미연합방위체제의 2개 축(axis)으로서 근간을 이루던 당시 주한미군의 약 30%에 해당하는 1만8

---

16 최영진 외 1인, 2008, '위기'에서 '생성'으로 : 한미연합군사령부 형성과정에 대한 연구, 192~193

천여 명의 병력이 철수하면서 우리나라의 안보 불안은 더욱 심화되었고, 보다 강력하고 진화된 형태로의 한미연합방위체제 구축 필요성이 고조되었다.

이에 박정희 정부는 그해 미국에서 시작된 새로운 한미연합방위체제의 재편론에 대하여 적극 임하였다. 새로운 군사기구의 필요성에 대해 한미 양국 모두 필요하다는 공감대가 형성되었고, 박정희 정부의 김동조 외무장관과 미국 버펌 차관보와의 1975년 3월 26일 면담과정이 있은 후 이틀 뒤인 3월28일, 그는 헨리 키신저 미 국무장관에게서 '유사시 대응방안(contingency options)을 갖고 있어야 한다'는 주장을 요구받았는데 키신저는 '주한미군의 철수는 있을 수 없다'라고 못을 박았다. 이 자리에 함께 있던 함병춘 당시 주미대사 역시 키신저에게 '우리가 받아들일 수 있을 만한 대안을 더욱 구체화시킬 것'을 요구하였다.[17] 박정희 정부가 미국에 대하여 새로운 전쟁지도체제의 구축 추진을 요구하였는데, 이는 1978년 한미연합사령부의 탄생을 예고한 것이었다.

3. 단일 전쟁지도체제 확립: 한미연합사령부의 창설

박정희 정부가 '유사시 대응방안에 대한 구체적 계획'을 미국에 요구하면서, 1976년 5월 27일 제9차 한미국방장관안보협의회(SCM: Security Consultative Meeting)가 호놀룰루에서 진행되었다. 박정희 대통령은 제9차

---

17 김일영 외 1인, 2003, 주한미군: 역사, 쟁점, 전망, 도서출판 한울아카데미, 252~253

SCM에 앞서 미국에 대해 작전통제권 행사에 관한 신설 위계체계에 있어 국군의 보다 적극적 행사가 보장되는 구조로의 개선을 요구하였으며, 한미 간 군사지휘구조체계의 단일융합화를 통한 주한미군 철군가능성 최소화 방침 근거화 등을 재차 강조하였다.[18] 박정희 대통령의 이와 같은 3가지 지침에 의거하여 국군 협상단은 1976년 제9차 SCM에 임하였고, 이는 그해 발생한 북한군 도발행위에 대한 한미 간 공동대응 과정을 통해 새롭게 부각된다. 그로부터 약 3개월 만인 1976년 8월 18일, 판문점 공동경비구역에서 북한군이 갑자기 도끼를 휘둘러 미군 장교 2명이 살해당하는 '판문점 도끼 만행 사건'이 발생하였는데, 이때 한미 양국 공동으로 '미루나무 절단작전'을 전개하였다. 미군 항공모함 등 전략자산이 전개되었고, 국군 특수전 및 포병 전력이 함께 움직이면서 북한군 만행의 빌미가 되었던 판문점의 미루나무를 절단하였고 북한 당국의 사과를 받아내었다.

이 사건이 있은 후 미국은 우리나라와의 새로운 연합사령부 준비과정에서 '전투참모제도'라는 것을 한차례 제안하였으나, 우리나라의 반발로 이는 실현되지 못하게 된 대신, 한미 양국은 외무부와 주한미국대사관을 통해 '미군이 한국에 주둔하는 한, 사령관에 미군 장성을 임명하

---

18 국방부 군사편찬연구소, 2002, **韓美軍事關係史** 1871~2002, 국방부군사편찬연구소, 596, ① 새로운 연합작전지휘체제에서는 작전통제권 행사 전 과정에서 국군의 적극 참여 보장 ② 베트남의 경우 분리된 양국 군사지휘체제로 인해 미군 철수가 신속했다는 점을 감안할 것 ③ 새로운 연합지휘체제에 우리가 적극 관여할 경우 양국의 신설 사령부의 빠른 해체는 어려울 것.

는 대신 군사위원회는 나토(NATO: North Atlantic Treaty Organization) 형으로 설치하며, 미군에 대한 작전통제 문제는 미국 내 절차에 따른 유보사항이나 양해 사항으로 하도록 합의'라는 내용을 체결하였다.[19] 군사위원회란, 신설연합사령부의 상위기구로서 한미양국 군의 작전통제를 행사하는 기구인데 이는 우리 정부가 원하는 형태의 구조였다. 나토의 경우, 회원국의 지도자들이 모두 동등한 자격으로 참여하고 있는데다 나토에 의한 차출부대로 작전통제 대상을 규정하고 있어 각 회원국의 군사적 재량권이 일부 보장되는데다 나토 회원국에 대한 위협이 발생할 경우 나토에 차출된 부대로 방위적 군사력을 발동할 수 있게 된다. 이처럼 나토형 군사위원회 청사진이 적용된 연합 신설사령부가 기대를 모으게 되었다.

이에 따라 그 다음 해인 1977년 7월 제10차 SCM에서 새로운 연합사령부에 대한 합의가 이루어지게 되었다. 제10차 SCM에서 신설 연합사령부에 대하여, 주한미군의 선임 장교가 연합사령관으로 임명된다는 점, 그가 국군 및 주한미군에 대한 작전통제권을 행사하되 한미 양국의 합동참모의장으로 구성된 군사위원회(MC: Military Committee)로부터 부여되는 전략지시 및 지침에 따라 임무를 수행해야 한다는 점, 연합 신설사령부의 각급 구성원 또한 한미 양국의 동수(同數) 편성을 원칙으로 한다는 내용으로 합의되었다. 한미군사위원회가 구성되기에 기존 유엔

---

19   국방대학교 합동참모대학, 2003, '직무과정, 연합작전', 국방대학교, 51

군사령부의 작전통제권 발동 형태와는 달리 주한미군과 함께 국군의 작전통제권이 융합된 형태로 구축된 것이었다.

이어 1977년 9월 29일에는 한미연합사령부 창설을 위한 한·미 연구위원회가 발족하였고 12월에는 한미연합사령부 창설에 관한 한·미 공동건의서가 작성되어 양국군에 보고되었다. 1978년 1월1일, 한미연합사령부 창설위원회가 구성되었으며 한미 양국의 군 통수권자가 동일 자격으로 한미연합사령부에 대하여 지휘권을 행사할 수 있는 '국가군사지휘기구(National Military Command Authority)'를 편성하는 방안이 논의되어 한미 양국 통수권자에 의한 동급의 작전지시 권한을 보장하도록 하였다.[20] 또한 한미연합사령부의 총사령관과 부사령관을 모두 한미 양국의 대장 계급으로 결정하도록 하여 한미연합사에서의 국군 영향력을 최대한 확보하였다. 이와 같은 세부 내용을 조율할 창설위원회가 있은 후, 1978년 7월 열린 제11차 SCM에서 한미연합사령부의 창설을 위한 법적인 근거인 '군사위원회 및 한미연합사령부에 대한 권한위임사항(TOR: The Terms of Reference for the Military Committee and ROK−US Combined Forces Command)'이 한미 양국 국방장관에 의해 구두 승인됨으로서 한미연합사령부 창설의 법적 근거가 완비되었다.[21]

그해 10월 열린 한미군사위원회(MC)는 한미연합사령부의 임무·편

---

20   류병현, 2007, 한미동맹과 작전통제권, 대한민국재향군인회 안보복지대학, 86
21   우승지, 2023, 데탕트 시기 유엔군사령부 문제와 한국의 대응, 경인문화사, 104~106

성·기능을 비롯하여 연합사령부의 작전통제를 받는 부대목록 등이 기재된 '전략지시 1호(Strategic Directive No.1)'에 따라 한미연합사령부에 작전지침과 전략지시를 하달하였으며, 한미양국을 대표하는 외교부 장관과 주한 미국대사가 '한미연합군사령부 설치에 관한 각서'를 상호 교환하였고, 마침내 1978년 11월 7일 새벽 0시 01분을 기점으로 한미연합사령부(CFC; Combined Forces Command)가 창설되었다.[22] 종래의 느슨했던 한미연합방위체제가 새롭게 융화된 단일 전쟁지도체제로의 진화를 거듭한 순간이었다.

제4장. 한미연합전쟁지도체제의 미래과제

이승만 정부가 한미상호방위조약을 성공적으로 추진함에 따라 한미동맹을 기반으로 한 대한민국 산업화의 초창기 우호적 여건을 조성하는 데에는 성공한 가운데, 박정희 정부는 군 작전권 이양을 두고서 한미연합방위체제 하에서의 단일한 전쟁지도체제인 한미연합사령부로의 새로운 진화를 이끌어 내었다. 한미연합사령부는 지난 1978년 11월부로 창설되어 현재까지 45년차에 이르고 있는데, 그와 같은 결실을 맺는 데에는 박정희 정부가 결정적 역할을 했음은 누구도 부인할 수 없는 역사적

---

22 장광현, 장광현, 2018, 다시 유엔사를 논하다, 도서출판 굿프렌드 정우, 139~140

사실이기도 하다. 한미연합사령부라는 한미동맹의 단일 전쟁지도체제를 출범시킨 박정희 정부는 연합사 창설 1년 만인 1979년, 박정희 대통령이 중앙정보부장 김재규에 의해 세상을 떠나게 되면서 한미연합사령부는 그 후세들에게 남긴 박정희 정부의 위대한 유산으로써 '안보 방패의 역할'이자 '한미동맹의 상징'으로 오늘날에 이르게 되었다.

1994년 12월 1일 한미전략지시 제2호(Strategic Directive No.2)에 의거하여 한미연합사령부의 작전통제권 중 일부인 '평시작전통제권'이 우리나라 합동참모본부로 이관되었으며,[23] 한미연합사의 전시작전통제권 행사를 두고서 참여정부에서는 국군통수권자 차원에서의 환수가 필요하다는 '전작권 환수'를 거론함에 따라 2006년부터 한미정상회담에서 전환에 합의하며 본격화되기에 이른다.

제1절. 전시작전통제권 전환의 조건들

1. 북핵 위협의 심화

박정희 정부의 위대한 유산인 한미연합사령부의 존재는 부인할 수 없는 역사적 성과이자 한미연합방위체제가 한층 더 진화하게 된 그 산물이기도 하다. 한미양국의 군사적 일체화를 이룸으로써 만든 안보효과 하에서 대한민국은 정치·외교·군사·경제·사회 등 전 분야에서 고도의

---

23 정경영, 2022, 전작권 전환과 국가안보, 도서출판 매봉, 78

양적·질적 발전을 이룰 수 있었는데, 그 근원에는 한미연합사령부로 통하는 단일 전쟁지도체제의 요체인 '작전통제권'의 융합화에서 비롯된 것이라고 봐도 무방할 것이다.

한미연합사령부의 전작권 전환 논의의 쟁점은 무엇보다도 미래 안보환경의 변화에 대응할 수 있느냐는 것이다. 미래 안보환경은 우리나라가 현재 처해 있는 안보 환경 하에서의 위협의 주체는 무엇이며, 위협을 가하는 존재의 정체에 대한 정립 등이 먼저 요구된다. 대표적으로 전 한반도의 공산화를 조선노동당의 최종목표로 규정하고 있는 북한의 김일성-김정일-김정은 3대 세습 정권은 우리나라에 대한 전통적 안보 위협 주체로써 그들의 위협 수단인 핵·미사일 위협이 지속·고도화 되고 있는 현재와 함께 가까운 미래의 안보환경 여건은, 전작권 전환 논의의 핵심 쟁점이 될 것이다.

북한 정권은 이미 6.25전쟁 직후인 1955년도 경부터 핵 개발에 돌입하였고, 1960년대에는 소련의 FROG 미사일을 도입 후 스커드-B 미사일을 지속 개발하려 6번의 핵실험과 대륙간탄도미사일로의 개발고도화를 통해 이미 상당 수준의 실체적 위협수단을 갖춘 것으로 평가된다. 이와 같은 군사적 수단을 기반으로 북한 정권은 1980년대 후반 남북고위급 회담에서부터 노골적으로 '주한미군의 철수'를 뜻하는 '조선반도 비핵지대화 논리'를 내세운 일방적 핵군축 논의 확장을 시도하였다. 북한 정권의 핵개발 의혹이 불거진 1990년대 초반, 국제비핵확산체제(NPT:

Nuclear non-Proliferation Treaty, 이하 NPT) 탈퇴 선언 등을 통한 1차 북핵 위기를 유발하면서 1995년 우리나라와 미국·일본과의 제네바 담판으로 한반도에너지개발기구(KEDO: Korean peninsula Energy Development Organization, 이하 KEDO)를 통한 경수로 설치에 참여하였다가 돌연 탈퇴 후 2006년 10월 9일 1차 핵실험을 강행하였다.

김정은 정권으로 이양된 이후 연속적으로 총 6번의 핵실험을 감행하였으며, 김정은 정권이 들어선 초창기인 2013년 4월 '자위적 핵보유국의 지위를 더욱 공고히 할 데 대한 법(일명 핵보유국 법)'을 선언함으로써 핵전략의 핵심 요건인 핵무기 운용 체계 '핵교리(nuclear doctrine)'와 핵무기의 실전·배치 형태를 의미하는 '핵태세(nuclear posture)'를 공개하여 북한 정권 최초로 핵정책을 발표한 것으로, 북한판 핵태세검토보고서(NPR: Nuclear Posture Review)를 뜻하였다. 이외 2022년 9월 발표한 '자위적 핵보유국의 지위를 더욱 공고히 할 데 대하여(약칭 핵무력 정책법)'으로 북한판 NPR을 더욱 강화하기에 이른다.

이와 같은 행위 속 함의는, 일종의 대남·대미 강압(coercion) 전략의 일환으로 우리나라와 미국으로 하여금 특정 행동을 못하게 하거나 혹은 제한된 시간 내에 특정 정책을 하도록 강요하는 것으로, 종국적으로는 한미연합방위체제의 핵심요체인 한미연합사령부의 해체와 정전협정에서 평화협정으로의 전환과 핵군축을 통하여 조선노동당의 오랜 요구인 '주한미군의 완전한 철수'를 이끌어 내기 위한 것으로 풀이된다.

2. 계속되는 주한미군 철수 가능성과 우려

지난 70년이 넘는 시간 동안 한반도에서 벌어진 안보 위기의 근원에는 북한의 전 한반도 공산화 야욕에 기인한다. 조선노동당의 규약에 '최종 목적'으로 명시된 '전 한반도 공산화'를 이루기 위한 수단은 핵·미사일이며, 이를 이용한 '핵군축' 및 '평화협정'이라는 여러 차원의 방법을 활용하여 주한미군을 한반도에서 완전히 철수시키겠다는 게 북한 핵전략의 요체이다. 즉, 전작권 전환의 핵심 쟁점은 전작권 전환 추진 시 주한미군이 한반도에서 철수하는 만일의 사태가 벌어지지 않도록 어떤 형태로 한미연합사령부를 진화시킬 것인지에 대한 실질적 방법이 무엇이냐는 것이다.

북한 정권의 오래된 위협에 대응하기 위하여 이승만 정부는 한미연합방위체제를 구축하였고, 박정희 정부는 데탕트 시기 국제사회에서 공산 측에 의해 비롯된 유엔군사령부 해체 위기 속에서 한미연합사령부를 편성하는 기막힌 대안을 마련함으로써 작전권을 운용할 단일 전쟁지도체제로 그 위상을 격상시켰으나 주한미군 철수에 의한 안보위기 도래 가능성은 배제할 수 없다. 이미 세계 각 지역 분쟁 사례에서 주둔하던 미군이 철수함에 따라 벌어진 결과가 전례로 남아 있기 때문이다.

최근 사례로 아프가니스탄에서 철군한 미군의 사례가 대표적이다. 미국은 지난 2020년 2월29일 카타르 도하에서 탈레반과의 평화협정을 체결하였고, 이에 따라 아프가니스탄에서 탈레반과 군사적으로 충돌해야 하는 명분을 상실하였으며 18개월 만인 2021년 8월 아프간에서 철군하였다. 아프간에서 철군한지 불과 몇 달도 채 지나지 않아 결국 아프간 정부는 탈레반에 의해 점령되었다. 아프간 사례 외 베트남 공산화 과정도 주요 사례이다. 베트남 전쟁 개전 이후 데탕트를 맞이한 시기인 1973년 1월 미국은 프랑스 파리에서 베트남 공산정권과 평화협정을 체결하였고, 그 결과 1975년 베트남 전역이 공산화되었다. 이는 즉 주한미군이 철수할 경우, 우리나라 역시 전 한반도에서의 공산화 가능성을 완전히 배제할 수 없다는 것으로 풀이된다.

전시작전통제권 전환 조건은, 한미연합사령부가 미래연합사령부로 개편되면서 전환되더라도 주한미군이 한반도에 계속 주둔함과 동시에 전작권보다도 더욱 굳건한 한미연합방위체제의 의사결정 기구에 우리나라와 함께 연동될 수 있는 조건을 찾아내는 것에 있다. 새로운 전쟁지도체제로의 발전과 동시에 북한의 핵·미사일 위협에 직접적으로 대응할 수 있는 '새로운 조건'에서 일명 '한미연합지도권한'을 어떻게 구성할 것이며, 어떤 대응수단에 근거하여 이를 운용할 것인지에 대한 새로운 논의가 필요하다는 데에 있다. 그 대안이 바로 '한미확장억제'를 통한 핵공유 시스템의 새로운 지도체제로의 발전 방향이 될 것으로 모아진다.

제2절. 한미확장억제와 핵공유 체계로의 확장성

이승만 정부에서 시작된 한미연합방위체제는 박정희 정부 말기 한미연합사령부라는 단일 전쟁지도체제를 구축하면서 새롭게 진화하였다. 종래의 한미연합방위체제의 핵심은 작전통제권의 행사 주체가 누구인가에 대한 것으로, 작전통제권의 전환 논의의 조건인 북한 핵위협의 고도화 및 주한미군 철수 위기라는 두 가지 우려가 불식시킬 수 있는 강력하고도 새로운 형태의 한미연합방위기구가 요구되는 바이다. 그 대표적인 대안이 바로 '나토식 핵공유 체계'가 적용된 '한미확장억제전략협의기구'의 신설이다. 미군이 핵탄두를 운용하기 위한 기존의 한미연합사령부 체계에서 '확장억제' 차원에서의 핵탄두 공유체계로의 기구 개편 등을 포함하는 포괄적 전쟁지도체제로의 진화이다.

먼저 '확장억제(Extended Deterrence)'라는 개념은 지난 2006년 10월 북한의 첫 핵실험이 있은 직후 그해 열린 SCM에서 처음으로 등장하였다. 2009년 5월 북한이 제2차 핵실험을 강행하자, 그해 열린 SCM에서 '확장억제'의 구체적 수단으로 '미국의 핵우산'과 '재래식 타격', '미사일 방어능력' 등 '모든 범주의 군사능력' 등이 명시되었다. 북한의 지속된 무력도발이 이어지자 우리나라 외교부가 미국 국무부에 '한미확장억제전략협의체(EDSCG: Extended Deterrence Strategy and Consultation Group, 이하 EDSCG)'를 요청하며 2016년 12월 차관급 고위회의 형태로 열렸다.

이렇게 시작된 한미확장억제전략협의체를 통해 미국의 핵우산 대응 옵션이 테이블에 오르게 되었다.

'미국의 핵우산'을 활용하기 위한 기초적 협의체인 EDSCG가 이미 구성되어 있는데, 여기에 나토식 핵공유 운용체계를 반영한 신설 기구로의 개편을 요구하는 구상이 가능하다. 나토식 핵공유 운용의 경우, 각 회원국 국방장관 협의체인 '핵기획그룹'과 국방부 고위실무관료 협의체인 '고위그룹'으로 구성되어 이를 통해 미군 핵탄두를 나토 회원국의 재래식 전력과 융합하여 운용한다.[24]

이때 기존 한미연합사령부의 지휘체계인 SCM(한미연례안보회의)과 MCM(한미군사위원회)에 '핵기획그룹'과 '고위그룹' 역할을 부과함으로써 연합사 체제 하 작전통제권처럼 미국의 핵우산에 대하여 '사격통제요청권(Require)'을 우리나라가 행사토록 보장하는 방법을 구상할 수 있다. 다만, 이를 위해서는 미국 대통령에 의해서만 보장되는 미국의 핵 사용 통제권에 대하여 동맹국의 '위급 상황 발생 시 포괄적 요청권한'이라는 요건이 성립되면 발동을 요청할 수 있도록 미국 군부와 정치권의 공감을 통한 한미간 조약 성사의 노력이 요구된다.

---

24   류제승, 2019, '한미핵공유협정 어떻게 추진해야 하나?', 국회도서관

제5장. 결론

대한민국이 이루어 온, 인류 역사상 존재하지 않았던 가장 독특한 형태의 동맹관계로 정립되어 온 한미동맹은 두 번의 역사적 변곡점을 통해 진화하였고, 그 결과는 70여년에 걸쳐 내려오고 있는 가운데 오늘날에 이르게 되면서 '위대한 유산'으로 남게 되었다.

한미동맹은 6·25전쟁을 겪으며 이승만 정부가 기초 토대를 닦으면서 혈맹 관계로 시작하였고, 박정희 정부에 이르러 공산세력의 위협 하에서 단순히 동맹국 관계가 아닌 혈맹관계로의 실질적 상징 기구인 한미연합사령부를 탄생시키며 새롭게 진화하였다고 볼 수 있다. 한미연합사령부가 갖고 있는 의미는, 동맹국과의 연합군사기구로서의 의미에 국한된 것이 아니라 한미 양국의 단일 전쟁지도체제로서 전 세계 그 어느 나라도 이룩하지 못한 오랜 혈맹관계이자 미래의 혈맹임을 뜻하는 것이다.

한미연합사령부가 출범한지 1년만인 1979년, 박정희 정부에서 제5공화국 체제로 전환되는 혼란기를 거치게 되었지만 박정희 정부 말기 종래의 한미동맹을 새롭게 진화시킨 그 결과는 후세대가 누리게 되었다. 이는 곧 박정희 정부가 남긴 '위대한 유산'이라고 봐도 무방할 것이다.

박정희 정부가 남긴 위대한 유산인 한미연합사령부는 나날이 고도화되고 있는 북한의 핵위협 하에서 새로운 도전에 직면하고 있다. 북한 정권은 그들의 오랜 숙원인 전 한반도의 공산화를 위하여 그 선결조건으로 주한미군의 철수를 이루어 내고자 핵군축 및 평화협정으로의 전환 시도를 끊임없이 노리고 있다. 특히 북한의 핵위협에 대한 군사적 균형화 방안으로 미국의 핵우산에 대한 활용성이 증가되고 있는 만큼, 이를 통한 한미동맹의 세 번째 진화가 요구되는 바이다. 따라서 이번 연구로써 도출되는 결과는 다음과 같이 정리할 수 있다.

첫째, 한미연합방위체제는 이승만 정부에서 시작되어 박정희 정부에서 한미연합사령부를 출범시켜 단일전쟁지도체제로서의 위상이 확립되었다.

둘째, 한미연합방위체제의 새로운 도전은 북한의 핵위협에 대응하기 위한 억제전략의 실질적 구현기구인 '한미핵전략운용지도체제'로의 재편 과제에 있다.

셋째, 북핵에 대응하기 위한 미국의 핵우산 운용권은 그 단일전쟁지도체제인 한미연합사령부에 대하여 실무기구로 재편함에 따라 구현 가능하다.

박정희 정부의 위대한 유산인 한미연합사령부는, 전작권 전환 조건 등에 의해 미래연합사령부로의 재편 등이 추진될 중차대한 시기에 직면하고 있다. 이와 같은 상황에서 지금까지도 계속되고 있는 핵위협에 맞서기 위하여 기존의 변화를 뛰어넘는 한미동맹의 과감한 도약과 발전이 필요할 것이다.

참고문헌

우승지, 2023, 데탕트 시기 유엔군사령부 문제와 한국의 대응, 경인문화사.

김계동, 2022, 정전협정 전후 한미상호방위조약 체결협상, 경인문화사.

정경영, 2022, 전작권 전환과 국가안보, 도서출판 매봉.

이기범, 2019, 유엔군사령부의 미래 역할 변화와 한국의 준비, 아산정책연구원.

류제승, 2019, 한미핵공유협정 어떻게 추진해야 하나?, 국회도서관.

장광현, 2018, 다시 유엔사를 논하다, 도서출판 굿프렌드 정우.

김명기, 2014, 국제법상 국군에 대한 작전지휘권 환수에 따라 제기되는 법적 문제에 관한 연구, 대한적십자사 인도법연구소.

최승범, 2012, 한미연합사 해체 이후 유엔사에 관한 연구: 한국군의 대응과제 도출을 중심으로, 국민대학교 정치대학원.

김계동·김학성·김현욱·서주석·윤덕룡·이상현·전성훈·정일준·차창훈·홍용표·황지환, 2012, 한미관계론, 명인문화사.

장훈각, 2011, 이승만 대통령과 한미동맹: 동맹의 형성요인에 관한 연구, 연세대학교 사회과학연구소.

서옥식, 2010, 노무현 전 대통령 말말말, 도서출판 도리.

최영진·심세현, 2008, '위기'에서 '생성'으로 : 한미연합군사령부 형성과정에 대한 연구, 한국전략문제연구소.

류병현, 2007, 한미동맹과 작전통제권, 대한민국재향군인회 안보복지대학.

합동참모본부, 2004, 연합-합동작전 군사용어사전, 합동참모본부.

김일영·조성렬, 2003, 주한미군: 역사, 쟁점, 전망, 도서출판 한울아카데미.

국방대학교 합동참모대학, 2003, '직무과정, 연합작전', 국방대학교.

국방부 군사편찬연구소, 2002, 韓美軍事關係史 1871~2002, 국방부군사편찬연구소.

국방대학교, 2000, 안보관계용어집, 국방대학교.

윤태영, 1999, 한·미 동맹체제하에서 한국의 대북한 위기관리: 1968-1983, 한국정치학회.

US Joint Chiefs of Staff, 2007, Joint Publication 1-02 Department Defence Dictionary of Military and Associated Terms.

하늘이 내린 지도자,
박정희 대통령

박현정 (17세, 수원 망포고 재학)

| 요·약·문 |

　소설가를 꿈꾸는 18살 문학소녀로서 박정희 대통령에 관한 글을 언젠가 꼭 쓰고 싶었다. 그 기회는 의외로 그의 서거일인 10월 26일 역사시간에서 시작되었다. 선생님의 말씀을 들으니 박정희 대통령은 위인 중 위인으로 대한민국을 수렁에서 건져내 지금의 잘 사는 나라로 만든 영웅이었다. 조사를 시작하고 글을 쓰면서 참으로 보람을 느꼈다.

　대한민국은 지하자원이 거의 없기 때문에 경제를 일으키기 위해서는 자원 대신 무엇이 필요하다. 대통령이 되면서 이를 생각한 것이 바로 수출이었다. 수출을 위해서는 공장이 필요하고 여기에 기술과 자본이 있어야 한다.

　자본을 위해 일본과의 국교수립을 서두를 수밖에 없었다. 식민지배에 대한 배상을 받을 수 있기 때문이다. 국교수립에서 5억 달러와 기술 지원을 받게 되었다. 산업의 쌀이라 불리는 철강산업을 위해 포항제철을 설립하여 산업의 기초를 갖추었다.

　민주국가인 서부 독일에 인력 수출을 하였다. 남자는 광부, 여자는 간호사를 보낼 수 있었다. 이들이 송금하는 돈도 자본이 되었다.

　베트남전에 군을 파견하는 일도 시행하였다. 5만 명 군인의 월급과 모든 물자는 미국에서 지원받기로 하여 여기에서 자본을 보탤 수 있었다. 베트남 파견은 여러 좋은 일도 가져왔다. 고속도로 공사 기술을 얻었고 무기가 현대화하는 계기가 되었다.

이렇게 종잣돈이 마련되었다. 여기저기 공업단지가 조성되고 공장이 돌아가기 시작하였다. 수출품이 쏟아져 나왔다. 수출을 위해서는 좋은 도로가 필요하다. 수출품이 빨리 그리고 안전하게 운반되어야 하기 때문이다. 서울 인천의 경인고속도로, 서울 부산의 경부고속도로 공사는 많은 반대가 있었지만 강력한 지도자는 여기에 마음을 뺏길 시간이 없었다.

의료보험제도의 실시로 세계 최고의 건강보험제도를 만들었다. 공무원과 군인연금에서 시작하여 사립학교 연금으로 이어졌고 지금은 전국민의 연금으로 발전할 수 있었다.

안중근 의사의 어록처럼 영웅이 시대를 만든다. 대한민국의 영웅은 박정희 대통령이다. 대한민국의 역사를 다시 써서 잘 사는 나라가 되었다. 우리는 이 은혜를 잊어서는 안 된다. 박정희 대통령의 업적을 모르거나 부정하는 것은 부모의 은혜를 알지 못하는 불효자와 같다.

언젠가는 꼭 쓰고 싶은 글이었다. 왜냐하면 3년 전 역사 시간의 기억 때문이다. 이날은 역사 선생님께서 수업을 안 하시고 웬 특강을 하겠다고 하셨다. 다들 어리둥절한 표정으로 앞을 주목하였다. 선생님은 칠판에 둔탁한 노란 분필로 '2019년 10월 26일'을 적으셨다. 평소 역사를 무척 좋아하였기에 10월 26일은 안중근 의사가 하얼빈에서 이토 히로부미를 암살한 날이란 걸 단번에 알아챘다. 역시 선생님께서는 안중근 의사 이야기를 꺼내셨다. 스스로 뿌듯해하고 있던 찰나, 이날은 동시에 박정희 대통령이 시해당한 날이라고 덧붙이셨다. 시해일로부터 40주년이기에 우리에게 박정희 대통령에 대해 알려주기로 마음먹은 것이라 말씀하셨다. 이어서 선생님은 한 가지 질문을 하셨다. "물에 빠져 허우적거리던 남자를 구해주었더니, 되려 자신의 모자는 왜 건지지 않았냐며 화를 낸다면 기분이 어떨 것 같나요?"라고.

　옆자리 남학생이 크게 대답하였다. "선생님 제가 구해준 입장이라면 화가 날 것 같습니다. 온당하지도 않고…" 선생님은 남학생에게 잘했다고 칭찬하며 박정희 대통령의 상황과 유사하지 않냐고 물으셨다. 누구도 대답할 수 없었다.

20년 전 말레이시아 쿠알라룸푸르에서 아시아 학자들이 모여서 토론을 하였다. 주제는 '한국이 이토록 발전할 수 있었던 이유'였다. 한국은 자원 빈국이기에 발전한 기초가 매우 부실하다. 교육의 열기는 뜨겁지만, 수준은 그다지 높지 않은 나라다. 그러면 이유는 무엇인가. 한국 학자들은 할 말이 없었다.

하지만 토론에서의 핵심은 P.P였다. 앞의 P는 박정희요, 뒤의 P는 박태준이었다. 박태준은 아시아에서 가장 큰 제철소 곧 포항제철을 만든 사람이었다. 그들은 우리나라의 발전을 이끈 것은 문화적으로 한글이며, 경제적으로 박정희가 분명하다고. 한국 학자는 덧붙일 말을 찾지 못하였다. 한국에서는 부정적인 이미지가 훨씬 강하기 때문이다.

우리나라에선 제대로 인정받지 못하는 박정희 대통령이 외국에서 보기에는 우리나라의 경제 발전을 이뤄준 희대의 정치인이라고 높게 평가된다. 선생님은 서울대 출신이라는 자부심이 은근히 강한 분이다. 대학 시절 유명한 사회학자의 말을 언급하였다. 수업시간에 그분은 "한국의 국민은 우수하지만 지도자를 잘못 만나서 불행한 삶을 살았다."라는 말씀을 종종 하셨다고 한다. 그렇다면 이제야 제대로 된 지도자를 만났다고 할 수 있다.

선생님은 혹시 여러분 중에 박정희 대통령에 대해서 자세히 알고 싶으면 김일영 교수의 『건국과 부국』을 읽어보라고 하셨다. 그리고 이제 중학교 2학년이니 남의 말을 자신의 의견으로 생각하지 말고 충분한 독서를 한 뒤에 역사의식을 가지라고 신신당부하셨다.

소설가를 꿈꾸는 문학소녀로 그냥 있을 수는 없었다. 수업이 끝나자마자 도서관으로 갔다. 책을 빌려서 읽기 시작하였다. 제목의 '건국'은 이승만 대통령의 업적이고, '부국'은 박정희 대통령의 업적이었다. 어려웠지만 참아가면서 읽어 내려갔다. 한 번을 읽고 자신감이 생겼다. 교보문고에 신청하여 아예 책을 구입하였다. 쉬는 시간마다 읽으니 친구들이 미쳤다고 하였다. 그들이 그런 말을 하는 것은 당연하다. 책의 제목의 뜻을 모르기 때문이다. 책을 다섯 번쯤 읽어서 완전히 이해하였다. 어디가서 박정희 대통령에 대해서 자신있게 말할 수 있게 되었다. 이 내용을 바탕으로 글을 쓰려고 한다.

얼마 전 문학시간에 박완서의 장편소설 『나목』을 공부하였다. 선생님은 '나목'이 무슨 뜻이냐 물으셨다. 아무도 대답하지 못하자 선생님은 '나목'은 '벌거벗은 나무'라는 뜻으로, 6·25 전쟁 뒤 대한민국의 모습을 상징적으로 표현한 것이라 하였다. 전쟁 후 우리나라는 완전히 폐허였다. 사람이 많이 죽었기 때문에 다산의 풍습도 생겼다. 곧 베이비붐이다. 산업의 80%는 농업이었기 때문에 실업자가 넘쳐났다. 이것을 해결할 방법은 무엇일까?

박정희 대통령이 1961년 5월 16일 혁명을 일으킨 이유가 된다. '빈곤으로부터의 탈출', 곧 '잘살아 보자.'였다. 그 방법은 '수출지상주의'다. 이 책을 읽으면서 박정희 대통령은 무슨 생각이었을까 고민해 보았다. 예전에 도덕 선생님께서 하신 말씀이 생각났다. 지도자의 덕목에 관한 이야기였다. '지도자는 고독을 이겨야 한다.' '남들과는 다른 기상천외한 발상을 해야 한다.'였다. 박정희 대통령은 위의 덕목을 모두 지닌 훌륭한 지도자임이 분명하다. 또 이를 행동으로 몸소 실천하였다.

수출을 위해서는 우선 공장이 있어야 한다. 공장을 지으려면 자본이 필요하다. 공장에서 물건을 만들기 위해서는 자원이 있어야 한다. 이를 해결할 수 있는 방법은 무엇일까? 자본이다. 그러나 한국 돈은 의미가 없다. 지구촌에서 쓰고 있는 달러가 필요하다. 이 달러를 어떻게 확보할 것인가.

박정희 대통령은 측근과 밤새 토론하기도 하였을 것이다. 청와대에서 영부인과 의견을 나누기도 했을 것이다. 언제는 혼자 앉아 끙끙대며 방법을 찾고자 머리를 싸맸을 것이다. 그래서 나온 방법은 3가지였다.

첫 번째는 1963년 12월 서독에 광부와 간호사를 파견하는 것이었다. 『건국과 부국』에는 자세한 내용이 없어 자료를 찾아보았다.

광부 파견은 한국 정부의 임시고용계획에 관한 한국노동청과 독일탄광협회 간의 협정으로 이루어졌다. 한국 광부의 파견 조치는 광부의 탄광 지식을 향상시켜 한국 산업에 기여하고자 하는 목표에서 추진되었다. 그러나 실제로는 독일의 광부 인력 부족 현상을 해소하는 동시에, 미국이 독일에게 요청했던 한국 재건 지원의 약속 이행이라는 두 마리 토끼 모두를 잡고자 했던 독일 정부의 의도와 실업난과 외화 획득을 위해 해외 인력 수출을 원했던 한국 정부의 이해가 부합되어 이루어진 조치였다.

1963년 파독광부 500명 모집에 4만 6,000여 명이 지원할 정도로 당시 한국의 실업난은 심각한 상태였다. 3년 계약의 광부들에게는 매월 600마르크곧 160달러의 높은 수입이 보장되었기에 많은 한국인이 독일로 가기를 희망했다. 그러나 많은 사람이 광산 노동의 경험이 없던 초보자였기에 크고 작은 부상과 후유증에 시달렸다.

간호사 파견은 1966년부터 본격적으로 시작되었으며, 이때부터 한국해외개발공사가 간호 인력의 모집과 송출을 담당하게 되었다. 그리고 1966년부터 1976년까지 약 1만 226명의 간호 인력이 독일에 파견되었다. 파독 간호사들이 매년 국내로 송금한 1천만 마르크 이상의 외화는 한국 경제개발에 커다란 기여를 하였다.

이렇게 1963부터 1977년 사이에 광부 7,936명, 간호사 11,057명 및 기능공 931명 등 총 18,899명을 파견하여 외화를 벌었다.

부모가 자식에게 돈을 벌게 하려고 외국에 보내는 심정은 어떨까? 이때 박정희 대통령은 그런 심정이었을 것이다. 자료를 찾아보았다.

낯선 땅 서독에 도착한 간호사들은 시골병원에 뿔뿔이 흩어졌다. 말도 통하지 않는 여자 간호사들에게 처음 맡겨진 일은 병들어 죽은 사람의 시신을 닦는 것이었다. 어린 간호사들은 울면서 거즈에 알코올을 묻혀 딱딱하게 굳어버린 시체를 이리저리 굴리며 닦았다. 독일 사람들의 덩치가 한국 사람보다 훨씬 크기 때문에 중노동과 같았다. 독일 간호사의 보조일을 했기에 대소변을 치우는 일도 만만치가 않았다. 이렇게 돈을 벌어 조국에 송금하여 가족을 먹여 살리고 외화 획득에 도움을 주었다.

남자 광부들은 지하 1,000미터 이상의 깊은 땅속에서 그 뜨거운 지열을 받으며 열심히 일했다. 하루 8시간 일하는 서독사람에 비해, 열 시간을 훨씬 넘겨 깊은 지하에서 석탄 캐는 일을 했다. 서독 방송, 신문들은 대단한 민족이라며 가난한 한국에서 온 여자 간호사와 남자 광부들에게 찬사를 보냈다.

세상에 어쩌면 저렇게 억척스럽게 일할 수 있을까? 해서 붙여진 별명이 '코리안 엔젤'이었다. 박정희 대통령은 이들을 격려하기 위해서 독일에 갔다. 수고하는 그들의 모습을 보면서 미안한 마음에 눈물을 흘리는 자료를 보니 나도 가슴이 미어진다.

두 번째는 한일 국교정상화이다. 미국은 이승만 대통령 시절에 일본과의 국교 수립을 강력히 요청하였다. 완고한 이승만 대통령은 끝내 거절하였다. 일본에 대한 앙금이 남아 있을 뿐만 아니라, 잘못하면 일본 경제에 예속하게 될지도 모른다는 염려 때문이었다. 박정희 대통령은 미국의 요청을 거절하지 않았다. 요청을 수락하는 대가로 일본에 양보를 요구하였다. 일본의 양보는 식민지배에 대한 배상을 많이 받는 것이었다.

자료를 보니 한국에서는 김종필, 일본에서는 오히라가 교섭에 나섰다. 교섭이 알려지자 야당과 대학교수들의 반대가 아주 심하였다. 대학생들은 휴교하면서 데모에 앞장섰다. 1965년 대한민국은 일본과의 국교로 한바탕 난리를 치러야 했다. 그러나 박정희 대통령은 여기에 흔들릴 사람이 아니었다.

일본으로부터 받은 배상액은 5억 달러였다. 당시로서는 엄청나게 큰 돈이었다. 오늘날의 관점으로 봤을 때 서두른 측면이 있지만 그때로서는 어쩔 수 없는 선택이었다. 이렇게 종잣돈이 서서히 모이기 시작했다.

세 번째는 국군의 월남파병이다. 1965년부터 1975년까지 10년 동안 베트남에서 전쟁이 있었다. 남쪽은 민주국가이고 북쪽은 공산국가인데 미국이 베트남의 공산화를 막기 위해서 전쟁에 개입하였다. 박정희 대통령은 이 전쟁을 돕기 위해 파견하겠다고 하였다. 그런데 모든 전쟁에 필요한 물자, 심지어 군인들의 월급까지 지급받는 조건을 내걸었다. 이를 위해 국무총리가 14번이나 미국에 가서 교섭하였다고 한다.

이렇게해서 한국군 5만 명이 파견되었다. 처음에 간 부대는 비둘기부대, 청룡부대 이어서 맹호부대와 백마부대가 파병되었다. 비둘기부대는 공병의 임무를 수행하는 일이었다. 여기에서 군인들이 받은 월급이 2억 달러에 이르렀다고 한다. 미국의 총을 지급받으면서 우리나라의 무기 수준도 한층 높아졌다. 또 하나 여기에서 한국은 좋은 경험을 하였다. 바로 비둘기부대가 정글을 뚫고 도로를 닦는 기술을 익힌 것이다. 민간기업인 현대건설도 참여함으로 토목공사의 기본을 갖추게 되었다.

1973년 베트남전쟁이 패배하게 되자 한국군은 철수하였다. 그래서 한국과 베트남은 적대적인 관계를 유지하였다. 한국과 베트남은 나쁜 기억을 떨쳐버리고 1992년 국교를 수립하였고, 1998년 김대중 대통령이 베트남을 방문하여 한국군이 참전한 것을 공식적으로 사과하였다.

이때 받은 2억 달러는 조국의 경제 부흥에 큰 자본이 되었다. 자본이 축적되면서 경제는 서서히 활기를 찾기 시작하였다. 자본으로 자원을 사서 공장을 운영하여 물건을 생산해서 외국에 수출을 하였다. 하지만 여기에 문제점이 하나 있었다. 수출을 하려면 배로 수출품을 운송해야 한다. 수출품을 만드는 공장은 대부분 서울을 비롯한 수도권에 위치한다. 항구까지 가기 위해서는 길이 빠르고 매끄러워야 한다.

이를 위해 고속도로가 필요하다. 다행히 비둘기부대와 현대건설이 베트남전쟁 때 익힌 기술이 있었다. 이때도 야당 정치인을 비롯하여 많은 사람이 반대하였다. 특히 서울대학교 경제학과 변형윤 교수가 한 말이 있다. "고속도로가 생기면 재벌들이 기생을 싣고 놀러가는 길이 될 것이다."라며 조롱하고 반대하였다. 이 교수는 끝내 자신의 발언에 대해 사과하지 않고 얼마 전 세상을 떠났다고 한다. 과연 극심한 반대로 인해 고속도로가 건설되지 않았다면 어땠을까? 지금의 우리는 상상조차 할 수 없을 것이다.

사회시간에 '사회간접자본(SOC)'를 배웠다. 기업의 생산활동을 지원하여 간접적으로 생산력을 높이는 자본을 말한다. 도로, 철도, 항만, 통신, 전력, 공공서비스가 여기에 해당된다. 가장 중요한 것은 도로이다. 고속도로가 건설됨으로 중요한 사회간접자본이 마련되었다. 이제 산업의 기본이 되는 철이 필요하다. 박정희 대통령은 철강공업 육성계획을 수립하였다. 이에 따라, 1963년 5개국 8개사의 연합체인 대한국제제철차관단(KISA)가 결성되어 1968년까지 예비협정, 기본협정, 추가협정의 세 차례를 거쳐 협상이 이루어졌다. 결과적으로 포항이 제철소의 입지로 결정되었고 1968년 포항제철이 창립되었다.

공장을 지었으면 제철기술이 필요하다. 신일본제철 기술자들은 우리에게 적은 내용만을 보여주려고 하였다. 이에 박태준은 제철소 기술자 몇 명을 데리고 일본으로 가서 공장 안을 산책하듯이 천천히 걸었다. 이때 사진을 찍거나 메모를 하지 않아 일본 관료들의 의심을 피하였다. 대신 자신이 본 모든 것을 외우기 위해 안간힘을 썼다. 박태준의 노력으로 산업의 기본인 철강을 통해 이익을 낼 수 있었다. 박태준은 군인인데 어떻게 이런 일을 할 수 있었을까? 우리나라가 경제 부흥을 하는 데에 엘리트 군인의 기여가 컸다고 말을 하는데 이 말이 실감되었다.

박정희 대통령의 업적을 들면서 빼놓을 수 없는 게 의료보험, 지금의 건강보험이다. 의료보험은 국가에서 병원비의 절반을 지원해주는 제도이다. 가장 주목해야 할 점은 소득에 따라 저소득층은 적게 내고, 고소득층은 많이 내도록 하는 의료서비스이다. 세금에서 누진세율과 같은 제도다. 500인 이상 사업장 적용을 시작으로 1989년 전 국민을 대상으로 확대, 시행되었다. 1977년 의료보험 계획을 발표하자 의사들은 이 제도를 반대하였다. 자신들의 수입이 줄어들 것이라 예상했기 때문이다. 박정희 대통령은 의사들을 직접 불러 야단을 쳤다고 한다. 사회에서 최고 수입을 올리는 집단이니, 국민을 위해 양보해야 한다는 일종의 명령이며 협박과 같았다.

이는 세계 역사에 빛나는 업적이다. 미국의 오바마 대통령이 한국의 의료보험제도를 10번 이상 칭찬하였다고 한다. 세계 어느 나라도 한국 같은 의료보장제도는 없다고 한다. 맹장수술을 하려면 한국에서는 50만 원이 들지만 일본에서는 300만 원, 미국에서는 1000만 원이 든다고 하니 우리 의료보험이 얼마나 우수한지 알 수 있다.

연금제도도 시작하였다. 우선 공무원과 군인연금이 먼저 시행되었다. 공무원과 군인이 월급에서 반을 내고 국가에서 반을 내는 제도이다. 다음으로 사립학교 교직원연금이다. 교직원이 반을 내고 국가에서 1/4을 내고 학교 재단에서 1/4을 내는 제도다. 회사원들을 대상으로 한 국민연금은 추후에 하기로 하였는데 올림픽 이후에 전국민으로 확대되었다. 현재는 모든 국민에게 혜택이 돌아간다.

서유럽에서 시행하는 복지제도의 모든 기반도 이때 마련되었다고 한다. 의료, 연금, 교육 복지제도가 거의 완벽하게 시행되고 있으니 참 살기 좋은 나라가 되었다.

강력한 정책으로 공업화가 이루어지고 수출이 증가하면서 도시가 많이 변화하였다. 상대적으로 농촌은 제자리걸음이었다. 그래서 농촌을 부강하게 하기 위한 제도가 계획되었다. 세계적으로 유명한 새마을운동이다. 외국에서는 Saemaul Undong 또는 New Village Movement라고 부른다. 1971년 농촌의 현대화를 위해 시작되어 박정희 정부 주도로 시행된 운동이다. 새마을운동은 풀뿌리 지역사회개발운동으로 정의되기도 한다. 농촌 지역에 집중적으로 투자하여 초가집을 없애고 현대적인 집으로 바꾸었으며 진흙탕길을 포장하여 사람이나 차가 이동하는 데에 쉽게 하였다. 박정희 대통령은 새마을운동을 장려하기 위해서 노래도 지었다. 〈새마을 노래〉이다.

1. 새벽종이 울렸네 새아침이 밝았네/ 너도나도 일어나 새마을을 가꾸세
2. 초가집도 없애고 마을길도 넓히고/ 푸른동산 만들어 알뜰살뜰 다듬세
3. 서로서로 도와서 땀흘려서 일하고/ 소득증대 힘써서 부자마을 만드세
4. 우리 모두 굳세게 싸우면서 일하고/ 일하면서 싸워서 새 조국을 만드세
후렴
살기 좋은 내 마을, 우리 힘으로 만드세

유튜브로 노래를 들어보니 정다운 동요 느낌이 든다. 4절이 약간 마음에 들지 않는 내용이지만 전체적으로 잘 살아보자는 의지가 담겨 있다.

새마을운동은 한강의 기적 중 하나로 농촌 부흥의 모범사례가 되고 있다. '정부가 특정 사안이나 주제에 대해서 조사한 결과를 정리해 보고하는 책'을 백서라고 부르는데 새마을백서는 아프리카에서 매우 유명한 책이라고 한다. 아프리카를 살릴 수 있는 아주 좋은 정책이 담겨있기 때문이다. 오늘날은 도시 새마을운동으로 확대되어 의미가 많이 넓어졌다.

영국의 작가 액튼은 "절대 권력은 절대적으로 부패한다."라는 유명한 말을 남겼다. 박정희 대통령은 분명 절대 권력자다. 그러나 부패했다는 말을 들어보지 못했다. 그것은 이승만 대통령도 마찬가지다. 비참하게 종말을 맞았기 때문에 부패했다면 흔적이 남았을 것이다. 하나도 부패한 흔적이 없다는 것은 지도자로 청렴했기 때문이다.

1975년까지 북한의 경제가 남한보다 앞섰다고 한다. 그런데 현재 남한의 경제는 북한보다 45배나 크다. 이것은 박정희 경제가 성공하였기 때문이다. 세계의 보편적인 경제는 수공업에서 경공업, 중공업, 중화학공업, 반도체산업, 우주산업 순으로 발전한다. 박정희 경제는 이 순서를 차곡차곡 밟았다. 중화학공업을 일으키고 다음 후계자에게 넘겨줌으로 반도체산업이 성공할 수 있었다.

그러나 김일성은 경공업 수준에서 바로 중화학공업으로 무모하게 뛰어들었다. 오로지 전쟁 준비를 위한 무기를 만들기 위해서이다. 이에 비해 우리나라는 밑바탕을 잘 쌓아왔기 때문에 큰 경제 성장을 이룰 수 있었다.

2022년 10월, 미국 US뉴스 & 월드리포트는 전 세계 국력 평가 순위를 발표하였다. 일본은 8위, 우리나라가 6위라 하니 이런 경사가 어디 있는가. 이 모든 기본을 박정희 시대에 마련한 것이다. 박정희 대통령을 찬양하여 조갑제라는 언론인이 8권의 〈내 무덤에 침을 뱉어라〉라는 전기를 썼다. 이를 비난하여 어떤 대학 교수가 〈네 무덤에 침을 뱉으마〉라는 책을 냈다. 그러나 그도 이제는 박정희 대통령을 비난하지 않는다. 이런 위인이 다시 한국 역사에서 나오기 어렵기 때문이다.

박정희 소년은 7남매의 막내였다. 그런데 바로 위의 형, 상희와 유독 우애가 깊었다고 한다. 해방 이후 박정희가 만주에서 돌아와 군인이 되었는데 그때 형 상희가 공산주의자였고 여기에 영향을 받아 자연스럽게 박정희도 공산주의자에 가담하였다고 한다. 당시에는 지식인이나 군인 중 공산주의자가 많았다고 한다. 1947년 공산주의자 검거가 있었다. 당연히 박정희도 체포되었다. 그런데 여러 사람들이 박정희는 살려주어야 한다고 하였다. 심지어 미국에서도 구명을 요청하였다. 장교 중 박정희만 유일하게 사형을 면하였는데 이때 박정희를 살려준 사람이 백선엽이라는 장군이었다. 백선엽은 회고록을 쓰면서 그때 왜 박정희를 살려주었는지 도저히 이해가 되지 않는다고 썼다고 한다.

이 말을 듣고 나니 박정희 대통령이 혼자만 살아남을 수 있었던 이유는 무엇일까 궁금했다. 그저 모든 게 우연인 행운일까? 아니면 무슨 필연인가? 정답은 그 누구도 알지 못한다. 하지만 나는 박정희 대통령이 하늘이 내려주신 지도자이기 때문이라고 생각한다.

글을 마치면서 한문시간에 배운 안중근 의사의 〈장부가(丈夫歌)〉의 한 구절이 생각났다.

時造英雄兮 英雄造時(시대가 영웅을 만드는가, 영웅이 시대를 만든다.)

옳다. 영웅이 시대를 만든다. 이 영웅은? 우리 역사에서 이렇게 뚜렷한 업적을 남긴 영웅은 불 보듯 뻔하다. 박정희다. 하늘이 내린 분이다. 대한민국을 이렇게 잘 살게 하기 위해서 하늘이 만드신 지도자다. 이 글을 쓰기 위해 자료를 수집하며 참 많은 것을 배웠다. 지금처럼 좋은 시대에서 살 수 있도록 해준 분이 박정희 대통령이다. 우리는 현재 박정희 대통령의 유산으로 먹고 살고 있다.

이제 우리는 통일을 눈앞에 두고 있다. 통일이 이루어지면 좋은 점도 있지만 이에 따른 부작용과 후유증이 적지 않을 것이다. 북한과 남한의 격차가 매우 심하기 때문이다. 분단 78년의 문화의 차이, 이념의 차이도 심각하다. 북한도 남한만큼 잘 사는 나라를 만들려면 강력한 지도자가 필요하다. 바로 박정희 대통령 같은 지도자 말이다. 뚜렷한 비전을 갖고 통일시대를 이끌어갈 지도자를 손꼽아 기다려본다.

글을 마치려고 하는데 도서관 밖에서 포크레인 소리가 요란하게 들려온다. 글을 멈추고 밖을 내다보았다. 포크레인 5대, 크레인 2대, 트럭 7대가 힘차게 움직이고 있다. 마치 대한민국이 움직이는 모습과 같아 가슴이 뿌듯하다. 저 힘찬 움직임, 박정희 시대에서 본격적으로 시작되었다.

입김 속에 박정희 대통령의 웃음

김민정 (18세. 수원 곡정고 3년. 상명대 입학예정)

| 요·약·문 |

이제 고등학교를 졸업하고 상명대학교 국어교육과에 합격한, 소설가를 꿈꾸는 20살의 문학소녀. 졸업식이 끝나고 대학 합격이 확정되자 이제 본격적인 독서를 시작하였다.

2023년 1월 3일, 국어를 가르치시던 담임선생님께서 연락이 왔다. 이승만 대통령 또는 박정희 대통령에 대한 논술에 도전해 보라는 것이다. 인생은 도전이라 배웠기에 새로운 도전을 위해 엄마와 아빠, 중·고의 친했던 선생님께 질문하여 자료를 수집하였다. 그동안 독서한 역량을 최대한 발휘하기로 하였는데 어떠한 형식이 중요하냐는 문제에 부딪혔다. 시인이신 담임선생님께 형식을 여쭈니 네 특기인 소설적 구성을 해보라는 조언을 해주셨다.

그래서 소설적 구성을 해보았다. 꿈속에 나타나신 박정희 대통령에게 묻고 대답하는 형식을 취하였다.

대통령의 유년 시절은 대단히 중요하다. 문학에서 '그 나무의 그 열매'라는 말이 있기 때문이다. 박정희 소년의 탄생과 식민지배 하의 유년 시절, 사범학교를 졸업하고 교사로 근무하다가 만주로 넘어가 만주군관학교에 입학하는 과정은 소설적 상상력으로 구성하였다.

주제가 부국강병이기에 혁명 이후 나라를 부강하게 만드는 과정을 집중적으로 다루었다. 자원, 기술, 자본이라는 경제의 3요소 중 하나도 갖춘 것이 없기에 이를 하나하나 이루어가는 과정을 역사적 사실을 바탕으로 다루어갔다.

자본 형성을 위해 서독에 광부와 간호사를 보내고 베트남에 파병하였으며 일본과 국교 정상화로 식민지배 배상을 받았다. 이는 경제 건설을 위한 훌륭한 종잣돈이 되었다. 이 과정에서 많은 반대가 있었다. 새로운 역사를 창조하기 위해서는 강력한 리더십이 필요하다는 말을 증명해낸 것이 박정희 대통령이었다. 산업의 기본이 되는 철의 생산을 위해 포항제철을 설립한 것도 알았다. 사회시간에 배운 사회간접자본(SOC)의 의미를 고속도로 공사를 통해 확실하게 인식하였다.

도시보다 낙후된 농촌을 위해 새마을운동을 전개한 것도 글을 쓰면서 깨달았다. 신라, 고려, 조선으로 이어지는 한국의 역사를 완전히 바꾼 대전환의 역사가 박정희 대통령 때 이루어졌다.

세계인들이 부러워하는 전국민 의료보험제도와 복지제도의 근본이 되는 국민연금이 공무원연금에서 시작된 것을, 글을 쓰면서 알았다. 이 글을 쓰는 모습을 하늘에서 지켜보시며 대통령께서 활짝 웃으실 것이다. 예비 대학생이 이런 글을 쓸 수 있기 때문이다. 무엇보다 글을 쓰면서 역사를 보는 눈을 새롭게 가졌다. 절대 편견을 가져서는 안 된다는 것을 절실히 깨달았다.

국어교사가 되어 학생들에게 문학을 가르치기 위해 국어교육과에 입학하려고 공부했고 합격하였다. 독서를 하던 중, 국어를 가르쳐 주신 담임선생님께서 이번 기회에 박정희 대통령에 대한 논술을 쓰라는 연락을 받았다. 먼저 자료를 찾기로 하였다. 엄마와 아빠, 중학교, 고등학교 선생님들께 질문을 하며 자료를 모았다. 막상 쓰려고 하니 오리무중이라는 말이 이런 때에 쓰는 사자성어라는 것을 알았다. 도저히 갈피를 잡을 수 없었다. 컴퓨터를 켜고 글을 시작하려니 앞이 캄캄하고 머리가 하얘졌다. 고민에 고민을 거듭하다가 순간 고개를 떨구고 잠이 쏟아졌다.

　눈앞에 어디선가 본 듯한 익숙한 분이 빙긋이 웃으면서 걸어오셨다. "이제 국어교육과 학생으로 장차 학생들에게 국어를 가르치고 논술지도를 해야 할 텐데, 무슨 그리 고민이 많으냐?"라고 말씀하신다. 자세히 보니, 다름 아닌, 박정희 대통령이었다. "어, 각하! 박정희 대통령이십니까?" 각하께서 인자한 미소로, "그렇다. 너의 고민을 해결해주기 위해 왔다." 안도의 한숨을 내쉬었다. "각하, 여쭈어도 되겠습니까?"라고 하니

"그래. 무엇이든 물어보거라."

"여러 책과 자료들을 읽었으나 각하의 어린 시절을 찾기 힘들었습니다. 각하의 유년 시절을 듣고 싶습니다." 각하는 과거를 회상하시며 입을 여셨다. "가난하고 평범한 시골집에서 7남매의 막내로 태어났지. 집안이 너무 가난하였기에 어머니는 나를 유산시키려고 노력하셨네. 하늘의 운명이었는지 갖은 노력을 이기고 우렁찬 울음소리를 내며 세상에 발을 디뎠네."

아! 1917년 11월 17일, 누구도 모르게 한국의 수레바퀴가 굴러가기 시작하였다. 새로운 한국 역사의 진정한 시작을 알리는 날이다.

"하늘이 지도자의 운명을 짊어지게 하듯 어릴 적부터 나의 영특함은 담을 넘어 마을에 소문이 났네. 바로 위의 상희 형도 매우 총명하여 우애가 각별하였지. 우리의 능력을 알아본 부모님은 어려운 사정임에도 공부를 시키려 온갖 노력을 하였네. 보통학교를 졸업하고 사범학교에 입학하고자 하였으나 집안 형편이 좋지 않음을 알고 슬픔에 잠겼었네. 이 모습을 지켜본 상희 형은 훗날 나의 미래를 예견하듯 자신의 꿈을 포기하고 나를 사범학교에 입학하도록 하였네. 가족들의 피와 땀, 눈물로 입학하여 아주 열심히 공부해 우수한 성적으로 교사가 되었네.

그러나 시대는 나를 돕지 않았네. 당시 일제 식민지 아래에 있어 한글을 폐지하고 일본어만을 강요하였고 왜곡된 역사를 가르치도록 교사들에게 명했지. 일본인 사이에 있는 조선인 교사가 어찌 올바르게 교육을 할 수 있었겠는가! 참담한 심정이었지…. 매일 하늘 향해 울부짖었네. 조선의 언어와 역사를 가르쳐 올바른 의식과 사상을 심어주는 것이 교사의 소임이건만, 일제는 그 소임을 불구덩이로 쳐넣었지. 시대가 하늘이 나를 돕지 않는 실정에 통곡하였네."

국어교사를 꿈꾸며 국어교육과에 입학한 나의 역할은 무엇일까? 단순히 문학과 독서를 가르치며 교과서의 진도만을 따라가는 것인가? 아니다. 각하께서 하신 업적과 그 업적의 과정을 가르치며 올바른 사상을 심어주는 것이 교사의 소임이자 역할이다. 각하의 일생을 되돌아보면서 교사로서 역할을 다시 깨닫게 되었다.

"그 누구보다 민족의식이 높았던 나는 가족들의 피로 이룬 교사의 길을 버리고 나의 이상을 이룰 수 있는 곳으로 향하기를 갈망하였네. 그 과정에서 한 여인과 결혼해 딸을 한 명 낳았네. 그렇지만 미래의 뜻을 이루기 위해 조선을 떠나고자 다짐하였지."

부모님과 형제, 부인과 딸까지 남겨두고 혼자 떠나는 각하의 심정을 헤아리기에는 아직 나의 뜻이 부족하다. 떠나야 하는 각하의 발걸음은 매우 무거웠으며 이를 악물며 민족의 해방을 가슴 깊이 새겼을 것이다. 민족을 위해 가족의 품에서 벗어나 가시밭으로 뛰어든 각하를 보며 가슴 한구석이 뜨거워졌다.

"압록강을 넘어 만주군관학교에 입학하였고 당시 일제는 만주에서 활동하던 독립운동가들을 체포하기 위해 곳곳에 일본인을 풀어놓았네.

만주군관학교 역시 일본인들 천지였지. 일본인과 만주인 사이의 조선인이었던 나, 갖은 무시를 받으며 고난을 겪었네. 입학을 위해서 창씨개명은 불가피하였지. 조선인의 정체성이나 다름없는 이름을 일본식으로 개명을 하라니 가슴이 찢어지고 눈물을 머금으며 다카키 마사오(高木正雄)라는 이름을 받았네. 이를 평생의 수치로 여겼네. 이름은 잃었지만, 정체성을 잃지 않기 위해 붉은 피로 나의 정체성을 다시 뇌리에 새겼네.

관동군에서 복무하며 해방만을 기다리고 있던 때에, 일본의 패전 소식이 들려오고 마침내 조선이 일제로부터 해방되었다는 소식이 울려 펴졌네. 곧장 돌아와 해방된 조선의 땅을 밟았네. 꿈을 이루기 위한 시대가 시작된 것이었네. 나라 전체에서 기쁨의 환호성이 끊이질 않았네."

말씀하시는 각하의 얼굴은 그날의 기억을 회상하시는 듯 한껏 흥분하셨다. 몇십 년이 흘렀지만, 광복의 기쁨은 아직까지 각하의 심장을 울리는 듯하였다. 당연한 일이다! 민족의 해방을 꿈꾸던 한국인으로서 당시의 심정은 몇 백 년이 지나도 잊히지 않을 것이다. 그때의 이야기를 들으면서 나도 당시의 심정을 조금이나마 느낄 수 있었다.

"각하, 드디어 각하의 꿈을 실현하기 위한 시대가 시작되었습니다. 더이상 고난은 없고 영광만 남았을 것 같습니다." 이렇게 말씀드리자, 각하는 고개를 저으셨다.

"대한민국의 군인이 되어 얼마 지나지 않아서 좋지 않은 일이 있었네. 당시 풍조에 따랐고 상희 형의 영향을 받아 자연스럽게 공산주의자가 되었네. 그런데 1947년 대대적인 공산주의자 검거가 있었네. 나 역시 체포되었고 상희 형은 피살되었고 나도 처형만을 기다리고 있었네. 그러나 나의 운명은 거기서 끝이 아니었지. 여러 사람과 심지어 미국에서조차도 나의 처형을 반대하였다는 소식을 들었지. 만주에서부터 친했던 백선엽이라는 장군에게 간절히 부탁을 드렸지. 장군은 처형 직전이었던 나를 살려주었고, 훗날 나를 왜 구해주었는지 이해가 되지 않았다고 말하였지."

하늘이 각하를 살려준 것이다. 하늘도 각하가 만들어갈 세상이 궁금한 것이었을까? 각하의 꿈과 자질이 한반도와 세계를 넘어 하늘에까지 닿은 것이 정말 놀랍다. 어떻게 인간이 하늘에까지 그 이름과 위엄을 펼칠 수 있었을까? 각하에 대해 알게 될수록 점점 더 궁금해지고 존경심이 넘쳐진다. 과연 각하는 하늘에서 내린 사람으로 천우신조가 아닐까!

장교로 복직을 해 군인의 길을 꿋꿋이 나아갔다. 1950년 한국전쟁이 발발하였고 각하는 일선에서 나라를 지키기 위해 한 몸을 불사르셨다.

"정말 놀랍습니다. 이제는 알고 싶습니다. 각하가 꿈꾸는 세상을 이루기 위해 어떤 결정을 내리고 어떻게 나아가셨습니까?" 각하의 대답은 나의 생각과 인식을 바꾸었고 더 나아가 삶의 목표 또한 변화시켰다.

"전쟁으로 나라가 완전히 황폐하게 되었다네. 4·19 이후 새 정부가 무언가 변화하기를 바랐어. 그러나 더욱 혼란해져 그냥 있다가는 나라가 망할 것 같아 나서야겠다고 동지를 모았지. 다행히 뜻을 같이하는 동지가 적지 않았네. 역사에는 과정이 좋지만 결과가 나쁜 경우가 있고, 과정은 비록 올바르지 않지만 결과가 좋은 경우가 있지. 우리는 후자를 택하기로 하였지. 다행히 국민들의 호응이 나쁘지 않았네. 그만큼 나라가 어지러웠다는 증거지. 누구는 5·16쿠데타라 하고 누구는 5·16혁명이라 하는데 이는 역사가들이 판단하지 나는 여기에 개의치 않아."

"각하! 어떻게 나라를 바꿀 계획을 하셨나요?"

"한국의 경제는 농업이 전부였네. 농업은 끝이 뻔히 보이는 산업이었기에 한국을 발전시키기 위해 공업으로의 전환이 필요했지. 물건을 만들어서 '수출'을 해야 했네. 달러를 벌어야 했지. 그래, 수출! 수출만이 살길이었지. 수출을 위해서 공장을 지어야 하네. 하지만 공장을 짓고 기계를 돌리려면 자본이 필요하네. 갑자기 어디서 자본, 달러를 가져올 수 있었겠나. 앞이 캄캄해졌네. 밤낮을 학자들과 청와대에서 머리를 싸매며 3가지 방법을 찾았네!"

"정말 다행입니다. 밤낮으로 고생하셨겠습니다." "참 고생했지. 지금 생각하면 뭐에 홀린 듯 그것만을 생각했었지." 호탕한 웃음을 짓는 각하의 얼굴이 보였다. 그러나 미소 뒤에 당시의 고됨이 나의 마음을 울린다.

"첫 번째는 직접 외화를 벌어오는 것이었네. 1963년 12월부터 서독에 광부와 간호사를 파견하였네. 광부 파견은 탄광 지식을 향상시켜 한국 산업에 이바지하게 하고자 하는 목표에서 추진했네. 그러나 실제로는 달랐네. 독일의 광부 인력 부족을 해소하며 미국이 독일에게 요청했던 한국 재건지원 약속 이행이라는 두 마리 토끼 모두를 잡고자 했던 독일 정부의 의도와, 실업난과 외화 획득을 위해 해외 인력 수출을 원한 우리의 이해가 부합되어 이루어진 조치였네.

당시 500명 모집에 약 46,000명이 지원할 정도로 한국은 실업난이 심각했었지. 3년 동안 광부들은 매월 160달러의 높은 월급을 받아 많은 한국인들은 독일로 가기를 원했네. 그러나 광산 노동의 경험이 무지하였기에 크고 작은 부상과 후유증에 시달려야만 했네.

뒤이어 간호사 파견도 이어졌네. 1966년부터 1976년까지 약 1만 명의 간호 인력이 파견되었네. 간호사들이 매년 국내로 송금한 외화는 한국 경제개발에 큰 받침이 되었네. 광부들과 간호사들이 한국의 발전에 큰 기여가 되었네."

말도 통하지 않는 외지에서 일하기가 얼마나 고되고 힘들었을까? 간호사들은 서독 시골병원에 흩어져 가장 먼저 맡겨진 일은 시체를 닦는 것이었다. 간호사들은 눈물을 훔치며 딱딱히 굳은 시체를 굴리며 이곳저곳을 닦았다. 독일 사람들은 한국 사람들보다 덩치가 컸기에 이는 중노동과 다름없었다. 광부들의 처지 역시 별 차이가 없었다. 하루 8시간 일하는 서독사람에 비해, 10시간 넘게 깊은 지하에서 석탄가루를 마시며 일한 한국 광부들. 가족과 나라를 위해 외화를 벌여들인 그분들의 노력에 존경을 표한다. 그분들의 수고가 없었다면 지금의 한국은 없었을 것이다.

당시 독일 방송사와 신문들은 특히 간호사들을 '코리안 엔젤'이라 칭하며 찬사를 보냈다. 그들의 이야기를 하면서 각하의 눈에는 눈물이 흘렸다. 나 역시 가슴이 찡해졌다.

"두 번째는 한일 국교정상화였네. 미국은 이승만 대통령 시절에 일본과의 국교 수립을 강력히 요청하였으나 끝내 거절하였지. 일본에 대한 앙금이 남아있을뿐더러 자칫하면 일본 경제에 속하게 될지도 모른다는 염려 때문이었지. 그러나 그 당시 외화는 무엇보다 시급한 문제였네. 곰곰이 생각하였네. 과연 무엇이 진정으로 한국을 위하는 것일까? 미국의 요청을 수락하면서, 일본에게 양보를 요구하는 길을 택했네. 당시 수많은 사람이 나를 향해 손가락질을 하고 욕을 퍼부었지. 마음이 미어지고 슬펐지만, 나라를 위해서는 어쩔 수 없었네. 일본에서 5억 달러의 배상금을 받았고 이 돈은 경제 발전의 밑천이었네."

각하 역시 일제강점기 때 받은 울분이 고스란히 마음 한구석에 있었을 것이다. 그러 경제를 일으키고자하는 신념이 강했기에 그 요구를 받아들이셨다. 오늘날까지 이에 대해 불만을 표하는 사람들이 있다. 요구를 수락하면서도 각하 역시 속이 편치만은 않았을 것이다. 어쩔 수 없었던 선택, 모든 것을 짊어진 각하. 각하의 진심어린 용기가 하늘을 찌르는 것만 같다.

"세 번째는 국군의 월남파병이었네. 당시 베트남 남쪽은 민주국가였고 북쪽은 공산국가인데 미국이 베트남의 공산화를 막고자 전쟁에 개입하였지. 1965년 전쟁을 돕고자 군인을 파견하여, 미국에게서 전쟁에 필요한 물자와 군인들의 월급까지 받도록 미국한테서 약속을 받았지.

약 5만명이 파병되었지. 맹호부대와 청룡부대, 백마부대와 비둘기부대라 불렀는데 받은 월급이 2억 달러에 이르렀지. 미국의 총을 받으며 우리의 무기 수준도 한층 높아졌고 정글을 뚫고 도로를 닦으면서 토목기술을 익혔지. 1973년 전쟁에서 남부 베트남이 패망하게 되면서 한국군은 철수하였지. 몇십 년 동안 베트남과는 적대적인 관계였네. 당연한 결과였지."

각하의 쓸쓸한 표정을 보니 마음이 좋지 않았다. 역사 시간에 배운 내용이 떠올랐다. "아닙니다, 각하. 1992년 한국과 베트남은 과거의 나쁜 기억을 떨쳐버리고 국교를 수립하였습니다. 또한, 1998년 김대중 대통령이 베트남을 방문해 당시 국군의 참전을 공식적으로 사과하였습니다. 지금 한국과 베트남은 형제와도 같은 사이가 돼서 기업이 많이 진출해 있으며 매년 관광객 수도 증가하고 베트남 여성이 농촌으로 시집와 사돈 관계가 되었습니다."

옳은 말이다. 베트남은 우리에게 매우 친숙한 나라이며 여행하기 좋은 나라로 익숙하다. 베트남과의 사이는 옛날 같지 않다. 이 이야기를 듣고 각하의 무거운 마음이 한층 가벼워지기를 바란다.

"자본이 축적되면서 경제는 점점 활기를 찾고 있었네. 자본으로 자원을 사고 공장을 지어서 기계를 돌리며 물건을 생산하여 외국에 수출하였네. 하지만 문제점이 있었네. 수출을 위해서는 배에 실어야 하네. 물건을 만드는 공장은 대부분 수도권에 밀집되어 있었고 물건을 항구에까지 가져가기 위해선 길이 있어야 했네. 빠르고 매끄러운 길 말이지. 이 길이 무엇인지 가늠이 가느냐?"

문득 떠올랐다. 우리에게는 매우 친숙하고 익숙한 것. 여행을 가거나 이동을 위해서는 무조건 반드시 필요한 것. 바로, 고속도로다! 활짝 웃으며, "혹 고속도로입니까? 고속도로 맞지요!"

"맞네, 정답일세. 그 고속도로를 만들기 시작한 것이 바로 나, 박정희 일세. 베트남 파병 때 토목공사를 익힌 비둘기부대와 현대건설의 기술이 충분했지. 고속도로를 만들겠다는 나의 계획에 또 한 번 큰 반대의 목소리가 울렸네."

이해가 가지 않았다. 고속도로는 우리의 길이 되어주었고 오늘날 없어서는 안 되는 중요한 시설이다. 고속도로가 얼마나 많은 이점이 있는데 무슨 영문으로 반대를 한 것인가?

당시 서울대학교 경제학과 어느 교수가 말했다. "고속도로가 생기면 재벌들이 기생을 싣고 놀러가는 길이 될 것이 분명하다. 눈앞에 그 모습이 뻔히 보이거늘 이를 어찌 찬성할 수 있겠냐!" 참으로 어리석은 자이다. 고속도로가 없다면 물건을 운송할 수도, 사람이 이동할 수도 없을 노릇이다. 당시 의지를 굽히지 않은 각하가 너무나 대단하다. 많은 불만에도 눈 하나 깜짝하지 않았던 각하의 마음을 본받고 싶다.

"도로는 사회간접자본의 대표다. 생산활동을 효율적으로 높이기 위해서는 도로와 철도, 항만, 전력, 통신 등이 필요하지. 이것들을 사회간접자본이라 일컫는단다." 각하의 말씀이 하나같이 나에게 깨달음을 준다. 사회간접자본은 그 나라의 국력을 알 수 있는 척도와 다름없다는 사회선생님의 말씀이 떠오른다. 지금의 모습을 사회간접자본이 만들어주었다. 항상 도로나 철도를 편하게 이용해 그 중요함을 잊고 있었던 나의 모습을 반성하며 그 가치를 다시 한번 일깨운다.

"산업의 기본은 다름 아닌 철이다. 일찍이 철의 가치를 알아보았기에 철강공업 육성 계획을 수립하였지. 1963년 5개국 8개사의 연합체인 대한국제제철차관단(KISA)이 결성되어 1968년까지의 협상을 거쳐 포항이 제철소의 입지를 다지는데 도움이 되었네. 이에 1968년 포항제철이 창립되었네. 제철소를 지었으면 제철기술이 필요하네. 우리에겐 기술이 없었기에 신일본제철의 기술이 꼭 필요했지. 당시 포항제철의 사장이었던 박태준 사장은 제철소 기술자 몇 명을 데리고 신일본제철에 방문했네. 이때 사진을 찍거나 메모를 하지 않아 일본 관료의 의심을 피할 수 있었다고 하네. 그의 노력으로 산업의 기본, 제철기술을 익혔네." 한국의 제철은 세계적으로 인정을 받고 있다. 그 제철기술을 익힌 과정을 직접 들었으니, 참 값진 경험이라 말할 수 있다.

"궁금한 것이 또 있습니다. 각하의 업적이라 하시면 저는 뭐라 해도 건강보험을 꼽을 것입니다. 이에 대해 말씀해주실 수 있으십니까?" 호탕하게 웃으시며, "처음에는 의료보험이라 그랬지. 내가 또 힘을 쏟아부은 것이라 말할 수 있지. 그래, 의료보험을 어떻게 만들고 어떻게 제정했는지에 대해 너에게 자세히 설명해주마."

"의료보험, 지금은 건강보험이라 부르는 것이지. 의료보험은 국가가 병원비의 절반을 지원해주는 제도일세. 주목해야 할 점은 소득에 따라 매월 내야 하는 보험료가 다르다는 것이지. 저소득층은 적게, 고소득층은 많이 내는 것이 핵심이네. 일종의 누진세라 할 수 있지. 돈이 없는 사람도 돈 걱정없이 병원에서 치료를 받을 수 있으니 국민의 병원 걱정을 덜어주도록 만든 것이네. 하지만 이번에는 의사들이 강력하게 반대하였네."

한숨이 절로 나왔다. 사람들은 각하가 하려는 일에 하나하나 반대를 하니 각하의 열정에 찬물을 끼얹은 셈이다. 하지만 각하의 열정은 찬물에도 꺼지지 않고 오히려 더욱 활활 타올랐다.

"어떻게 의사들을 회유하셨습니까?" "회유는 무슨! 의사는 최고의 수입을 버는 직종이니만큼 국민을 위해서 양보하는 것은 당연한 것이 아니냐. 의사들의 반대에도 굳건히 밀고 나갔네."

머리를 한 대 맞은 것만 같았다. 회유라니. 내 생각이 틀렸다는 것을 각하께서 확실히 집어주셨다. 부유층들이 국민을 위해 양보하는 것은 도덕적으로나 상식적으로나 당연한 일이다. 역시 각하의 말씀을 들으면 들을수록 나의 오류를 바로잡고 있었다. 또 각하의 면모에 감탄이 절로 나온다.

건강보험은 예전이나 오늘날이나 세계 역사에 길이 빛나는 업적임이 틀림없다. 미국의 오바마 대통령도 한국의 건강보험을 극찬하였으니, 누가 각하의 업적에 토를 달 수 있겠는가! 세계에 아무도 없을 것이다. 한

국민이 가지고 있고 한국을 빛나게 하는 건강보험은 세계 각국에서도 본보기가 된다.

"의료보험을 제정하고 나서 연금 제도도 시작하였지. 우선 공무원과 군인연금으로 먼저 시행하였고 바로 사립학교 교직원으로 확장하였네. 올림픽 후에 연금 제도는 전국민으로 확대되어 현재는 모든 국민에게 혜택이 돌아가고 있지 않은가?"

건강보험과 연금 제도의 혜택을 한 번도 받지 않은 대한민국 국민은 없다. 모두가 공평히 그 혜택을 누리고 있다. 나 역시 병원에 가면 건강보험 덕분에 저렴하게 진료를 받을 수 있고, 부모님은 연금 제도로 정년 퇴직 후에 안정적인 노후 생활을 보낼 수 있다. 국민의 삶의 질을 향상시킨 건강보험과 연금제도의 시작 역시 각하께서 손수 제정하였으니, 정말 대단하다고 생각이 절로 든다.

각종 정책으로 한국은 변화하고 있었으며 날이 갈수록 수출이 증대되고 있었을 것이다. 도시의 사람들은 매일매일 바쁜 하루를 보내고 있었을 테다. 문득 머릿속에 물음표 하나가 생겼다. 도시의 변화는 이루었으나 농촌은 어땠을까? 공장의 손길이 농촌에까지 미치지는 못했을 것인데⋯. "혹시 농촌은 어땠습니까? 공업의 발전이 농촌에도 미쳤습니까?" "좋은 질문이네. 당시 농촌은 제자리걸음이었지. 어떻게 해야 농촌역시 부강하게 만들 수 있을까? 그래서 생각한 방안이 '새마을운동'이네. 새마을운동의 과정을 알려주겠네."

"새마을 운동은 과거의 농촌이 아닌 현대화된 농촌을 일구기 위해 정부의 주도하에 시작했네. 초가집을 없애고 현대식으로 더 좋은 집으로 바꾸고 동네 진흙탕길은 비가 오면 속수무책이었지. 사람과 차가 편리하게 이동을 할 수 있게 길도 바꾸었네. 또한, 새마을 운동을 장려하기 위해 〈새마을 노래〉를 지었네. 내가 한번 불러줌세."

1. 새벽종이 울렸네 새아침이 밝았네/ 너도나도 일어나 새마을을 가꾸세
2. 초가집도 없애고 마을길도 넓히고/ 푸른동산 만들어 알뜰살뜰 다듬세
3. 서로서로 도와서 땀흘려서 일하고/ 소득증대 힘써서 부자마을 만드세
4. 우리 모두 굳세게 싸우면서 일하고/ 일하면서 싸워서 새 조국을 만드세

후렴
살기 좋은 내 마을, 우리 힘으로 만드세

절로 흥이 난다. 어릴 적 듣던 정겨운 동요 느낌이다. 다 같이 잘 먹고 잘살아보자는 의지가 구절마다 담겨있는 것이 마음에 든다. 구절마다 각하의 노력과 국민을 향한 마음이 담겨있다는 것을 노래를 들으면

서 느낄 수 있다. 국민을 향한 각하의 마음은 노래 깊숙이 박혀 심금을 울린다.

1953년 한국전쟁이 끝나고 남한과 북한 모두 큰 피해를 입었다. 국토가 황폐화되고 수많은 사람이 목숨을 잃었다. 북한은 러시아와 중국의 지원 아래에 성장하여 1975년까지 북한의 경제는 남한보다 앞섰다. 그러나 현재는 어떤가? 한국은 경제 세계 10위라는 업적을 달성할 만큼 눈부신 도약에 성공하였다. 북한과 비교해서 45배나 앞서있는 수준이다. 경제 성장의 비결은 무엇이었을까? 어느 나라도 한국의 재건을 불가능하다 여겼으나 무엇이 한국을 경제 10위라는 이름을 거머쥐게 하였을까? 답을 말하자면, 박정희 대통령이었다.

"각하, 어떻게 한국을 경제 10위의 선진국 토대를 만드셨습니까? 그 비결이 궁금합니다." "너는 경제 발전의 순서가 무엇인지 아느냐?" 뜬금없었다. 경제 발전의 순서라니. 순서가 있는지 의문이 들었다.

"경제 발전에는 보이지 않는 보편적인 순서가 존재한단다. 수공업에서 경공업, 중공업, 중화학공업, 반도체산업, 우주산업 순으로 발전하네. 이 순서를 차곡차곡 밟지 않는다면 경제는 무너지고 말지. 우리는 이 순서를 빠짐없이 밟았다네. 지금까지의 중공업을 밑거름으로 하여 중화학공업을 발전시켰네. 한 단계라도 대충하거나 빈틈이 있다면 이 결점은 반드시 나중 세대에서 큰 혼란으로 이어지기에 하나하나 꼼꼼히 살폈네. 중화학공업을 발전시켜 훗날 내 뒤를 이어 반도체산업과 우주

산업에 차질이 없게 설계를 하였지. 지금 산업은 어떤가? 반도체산업과 우주산업은 잘 이뤄지고 있겠지?"

현재 우리나라의 반도체산업은 어느 국가와도 비교할 수 없다. 반도체 산업의 강대국으로 여러 나라가 우리의 기술을 배우고자 한다. 매년 반도체산업으로 벌어들이는 외화도 엄청나다. 반도체산업이 없는 대한민국의 경제는 상상도 할 수 없다. 세계 1위의 반도체 기술을 가진 우리나라. 언젠가는 우주산업 분야에서도 세계에 이름을 알릴 수 있을 것이다.

한국의 반도체산업의 위엄을 각하께 얘기해드렸다. 한국이 반도체 강대국이라는 것을 듣고는 얼굴에 함박웃음이 가득하셨다. 각하께서 뿌린 중화학공업이라는 씨앗이 오늘날 우리가 반도체산업 1위라는 꽃을 피우고 열매를 거두고 있다. 중화학공업을 착실히 다진 것이 각하의 선견지명이었던 것 같다. 미래를 본 각하의 안목은 진정 하늘이 내려주신 능력인듯하다.

"정말 대단하십니다. 각하의 선견지명을 저도 배우고 싶습니다." "아! 물어볼 것이 하나 있네. 혹시 현재 지하철은 어떠한가? 많은 사람이 이용하고 좋아하는가?"

지하철이라 하면 사람들이 가장 많이 이용하는 대중교통이다. 편리하고 빨라서 이동하기에 가장 편하다. 부모님도 회사에 출퇴근할 때 지하철로 이동하곤 하신다. 그런데 각하께서는 왜 지하철을 물어보셨을까?

"내가 지하철을 건설하기 위해 얼마나 시간과 노력을 많이 썼는지 지금도 생생히 떠오르네. 지하철을 만들면서 가장 중요하게 생각한 것은 편리함이었네. 편리함을 강조하기 위해 환승을 용이하게 하도록 노선도를 며칠밤을 새며 짜도록 하였네. 다른 국가들과는 다르게 정부의 주도하에 노선을 짰기에 겹치지 않고 환승하기 더욱 유리했네. 당시 서울에만 약 700만 명이 거주하고 있어 심각한 인구 밀집 현상을 해소하기 위해 지하철 건설을 기획했네. 1971년부터 1974년까지 3년에 걸쳐 서울에 1호선을 완공했네. 덕분에 700만 명이 자유롭게 이동할 수 있고 인구 밀집 현상을 해소할 수 있어 일거양득 효과를 냈지."

지하철의 시작이 각하였다니, 정말 놀라웠다. 지하철로 인해 사람들은 이동할 수 있는 범위가 전국적으로 확대되었다. 일본의 경우, 수도 도쿄에만 약 8개의 지하철 공사가 있다고 한다. 정부의 주도가 아닌 민간 주도기에 지하철끼리 연결이 부드럽지 못하고 환승하기에도 매우 복잡하고 어려워 관광객들이 어려움을 겪는다. 환승할 때 15분이 걸리는 곳도 있다고 하니, 한국과 비교하면 얼마나 어려운지 알 수 있다.

우리의 발이 되어주는 지하철과 그 지하철이 이동할 수 있도록 하는 철도. 이 두 가지 모두를 만들어 준 각하. 지금의 윤택한 삶을 만들어준 각하께 감사함과 또 존경심을 보낸다. 각하께서 만든 세상 속에서 살아가는 것이 최고 행복이다.

"각하의 지하철로 국민 모두의 이동범위가 넓어져 매우 행복한 삶을 살고 있습니다. 혹시 각하께서 생각하시는 것 중 빠진 것이 또 있는지 여쭙고 싶습니다." "흠, 내가 중요하게 여기는 거라…. 내가 한 일 중에서 약속의 중요성을 가장 뼈저리게 느낀 것이 하나 있네." "오! 그것이 무엇입니까? 각하께서 중요함을 깨우친 사건이 무엇인지 궁금합니다."

"중동건설을 하면서 약속에 대해 다시 한번 생각하였네. 1973년 중동과 이스라엘의 3차 전쟁이 발발했네. 이란, 이라크 등은 석유를 무기화하였고 이로 인해 석유 값이 3배 이상 올랐네. 원유국가는 오일 머니가 쌓이기 시작했고 그래서 건설붐이 일어났네. 중동에서 나라마다 외국 건설사에게 돈을 주고 건물과 사회간접자본을 지었지. 당시 현대건설과 같은 한국 건설사들도 많이 중동건설에 뛰어들었네. 그때 나는 건설 사주에게 단단히 일렀어. 중동의 나라들과의 신뢰를 쌓으라고. 기한을 엄수하고 꼼꼼히 설계해 지키도록 귀에 못이 박히도록 말했지.

얼마 전 한국은 UAE와 300억 달러의 건설 약속을 체결했다는 기사를 보았다. 중동국가와 큰 규모의 건설을 수주하는 것은 각하 때부터 이어져 온 신뢰를 바탕으로 한 것이다. 중동국가에게 아직도 한국과의 관계를 돈독히 하는 이유를 물었더니 4가지를 답했다. 첫째, 어떠한 상황에서도 약속을 지키기 때문이다. 납품 기한을 철저히 준수하고 품질과 자재들을 꼼꼼히 검사하는 한국의 건설사들의 모습이 중동국가의 마음을 사로잡은 것이다. 둘째, 한강의 기적에 대한 동경심이다. 현재 한국에는 60년대 모습은 남아있지 않고 어엿한 선진국으로 자리매김 하였다. 중동국가는 한국이 초고속으로 선진국으로 성장한 노하우를 전수해주기를 바라고 있다. 셋째, 중공업산업에서 IT산업으로의 전환 성공이다. 산업 전환의 성공은 결코 쉬운 일은 아니기에 산업 기반이 약한 중동국에게 모범이 되고 있다. 넷째, 한국 문화에 대해 호감을 갖고 있다. 예로부터 유교에 뿌리를 두고 있는 우리는 중동의 이슬람과 비슷하다. 유교와 마찬가지로 이슬람은 공통의 가족을 중시하기에 문화 차이에 따른 갈등이 없다.

"각하의 업적과 말씀을 듣고 제가 많은 생각을 했습니다. 잘못된 생각을 바로잡으며 성찰하게 되었고 저를 좋은 방향으로 이끌어주신 것 같습니다. 각하와 만나서 이야기를 나눌 수 있어서 아주 값지고 평생 잊을 수 없습니다. 지금의 대한민국을 만들어주시고 더욱 행복하고 편리한 삶을 살 수 있도록 해주셔서 정말 감사드립니다."

안개가 걷어지며 각하의 모습이 흐려져서 눈앞이 보이지 않았다. 정신을 차리니 잠에서 깨었고 날은 벌써 저물어가고 있었다. 겉옷을 걸치고 밖으로 나갔다. 바람을 쐬며 각하의 말씀을 되새기고자 하였다. 날씨가 추워 숨을 내쉬니 입김이 하얗게 나왔다. 하얀 입김 속에 꿈속에서 본 각하의 얼굴이 드리운다. 각하의 말씀을 잊지 않고 평생 맘속에 새기고자 하는 다짐을 굳게 가졌다. 입김 속에서 인자하게 웃으신 박정희 대통령님의 얼굴을 떠올리며 글을 마친다.

심사 기준 및 심사평
수상 소감문

심사위원회

이승만 논술문 심사위원회
위원장 : 신철식 우호문화재단 이사장(전 이승만건국대통령기념
　　　　사업회장)
위　원 : 김효선 건국이념보급회 사무총장
　　　　오영섭 대한민국사연구소 소장(전 연세대 연구교수)

박정희 논술문 심사위원회
위원장 : 좌승희 박정희대통령기념재단 박정희학술원장
위　원 : 이강우 한국국가전략포럼 연구위원(「박정희가 옳았다」
　　　　저자)
　　　　김용삼 대기자(펜앤드마이크/전 월간조선 편집장)

이승만 박정희 어린이 동화 심사위원회
위원장 : 김원석 한국아동문학인협회 고문
위　원 : 김효선, 김용삼 겸

※편집자 주: 모든 응모자의 신원은 심사점수 확정후 공개되었음을 알립니다.

신철식 심사위원장

고찰문의 수준이 작년에 비해서 크게 향상되었습니다. 내용이 상당히 깊이가 있습니다. 그래서 저희 심사위원회에서는 심사 기준을 5가지 마련하였습니다.

첫 번째 역사적 사실관계에 대한 정확한 파악 여부

두 번째 이승만 건국 이념과 업적에 대한 고찰의 깊이

세 번째 역사를 보는 시각이 옳은가

네 번째 독창성 있는 시각의 고찰인가

다섯 번째 구성의 완성도

위의 심사 기준을 면밀히 검토하여 심사위원 각자가 100점 만점으로 평점을 하고 그 결과를 합성을 해서 고득점자 수로 수상자를 선정하였습니다.

전체적으로 모든 작품이 매우 열성적으로 상당히 깊이 있게 연구하여 작성을 하고 이승만 건국 대통령의 건국 이념과 그 업적의 위대함을 아주 제대로 이해하고 있어서 작년 응모 작품들에 비해서는 그 수준이 크게 향상되는 것을 높이 추하드리는 바입니다.

이러한 점에서 근본 공모에 참여한 모든 응모자들에게 뜨거운 박수를 보내드립니다.

특히 최우수상을 받으신 심하연 님은 중학교 국어교사였던 아버지와 같이 국문학과 출신인데 마케팅 프리랜서로 일하시는 분입니다.

근데 그동안의 독서를 바탕으로 해서 주말에 아버지와 티타임을 가지면서 대화를 통해 논점들을 확인하고 보완해 가면서 고철문을 작성한 독특한 방식의 작품이었습니다.

따라서 그의 구성이 매우 짜임새 있고 깊이도 있었습니다.

또한 좌파들의 역사 왜곡 현실과 그로 인한 국민들의 오해를 통렬히 지적하고 팩트에 입박한 해명을 하나하나 제시한 훌륭한 작품이라고 하겠습니다.

두 번째로 우수상을 받은 박상윤 님은 초등학교 사회교과서에 수록된 이승만 대통령 관련 서술 현황을 정확히 제시하시면서 그 문제점을 낱낱이 지적하고 수정 필요성을 강조하였습니다.

자라나는 우리 미래 세대가 우리나라 건국의 위대한 여정과 건국 이념을 제대로 인지하고 조국에 대한 자부심과 자긍심을 가질 수 있도록 해야 마땅하며 그들의 역사적인 역사 인식 형성 과정을 왜곡하고 있는 이 안타까운 현실을 일깨우는 작품으로 매우 시의적절했다고 하겠습니다.

장려상을 받으신 김호영 님은 지난 조선 말기부터의 역사적 시대 흐름을 매우 현실적으로 고찰하고 그 흐름 속에서 자유민주 대한민국을 건국한 정말 기적과 같은 과정과 그런 시대의 흐름을 일깨우고 주도해 나간 이승만 대통령을 제대로 보여주었습니다.

또한 그러한 위대한 건국을 폄하하고 왜곡하는 현실 세력들에 대한 통렬한 지적과 안타까움을 호소하고 있습니다.

이 외에도 수상작들은 모두 일정한 수준의 독창적 시각과 탐구의 깊이를 보여주고 있다고 하겠습니다.

다시 한 번 수상자 여러분들에게 뜨거운 축하와 응모자 모두의 노고에 박수를 드립니다.

앞으로 더욱 정진하시고 주변에도 널리 알려주시기를 바랍니다.

좌승희 심사위원장

반갑습니다.

저는 지난 6년 동안 박정희 대통령 기념재단 이사장을 역임하고 작년 2022년부터 박정희 학술원이라는 연구원을 만들어 박정희 대통령 연구를 계속하고 있습니다.

이번에 심사 방법은 자유민주당과 심사위원들 간에 협의를 해서 위원들이 각 항목별로 점수를 매겨 합계점수로 수상작을 가리는 것으로 했습니다. 응모작을 받아보니 우수한 작품들도 들어 왔고, 좀 미흡한 작품들도 일부 있어 아쉬움도 좀 있었습니다만, 여러 편의 아주 우수한 작품을 찾아낼 수 있어 기뻤습니다.

최우수상을 받은 김은구님은 (확정한 뒤에 보니까) 트루스포럼 회장으로 활동하는 분이시더군요.

제목이 「유신, 대한민국 세 번째 보수주의 혁명」에서 유신이 보수주의 혁명이었다. 이런 입장을 견지하고 3.1운동과 이승만 대통령의 자유민주주의 시장

경제를 기반으로 한 건국, 그리고 박정희의 유신을 대한민국의 3대 보수주의 혁명이라고 주장했습니다.

그러니까 박정희 대통령이 진성 보수주의자임을 논하려고 노력했죠.

박정희 대통령은 이승만 대통령에 비해선 상당히 논쟁적인 부분이 있습니다.

저는 어려서 공부할 때 이승만 대통령 시절이어서 그런지 문제가 저는 없다는 생각을 많이 했는데, 대학생 때 박정희 대통령 시대에 공부를 하면서는 논쟁이 많았고 집권도 오래 했기 때문에 쟁점을 분석하고 격파하기 위해서는 많은 논거를 제시하지 않으면 안 됩니다.

쓰기가 참 어려운 편이에요.

사실 박정희 대통령은 어떤 사람들은 진보라고 하는데 주로 보수라고 얘기를 합니다.

그래서 김은구 씨는 왜 보수냐는 걸 증명하기 위해서 여러 가지 논거를 제시를 하는데 우선 보수주의가 프랑스 혁명에 대한 반성적 고찰에서 나왔다는 사실을 직시하고 보수주의라는 것이 인간의 존엄, 책임 있는 자유, 그리고 진실의 추구라는 보편적인 가치 체계를 존중하는 사상이라고 해석을 합니다. 이게 또 옳은 말이죠. 그 대표적인 사례가 미국의 독립과 건국 정신이라고 해석을 해요.

그래서 이런 측면에서 저희 박정희 시대의 유신을 해석을 하는데요, 유신 정치가 형식상으로는 절차적 민주주의에 역행하였지만 실제적으로는 민주주의의 고도화를 위한 바탕을 마련했다는 점에서 오히려 민주주의 발전에 기여했다고 주장합니다.

박정희의 유신 체제는 공산주의로부터 국가를 방어하고 경제 발전을 통해 국민들에게 인간다운 삶을 보장함으로써 보수주의의 보편적 가치를 지키고 고양시켰다는 점에서, 자유와 독립을 추구한 3.1운동과 자유민주주의 시장경제 체제를 근간으로 하는 이승만 건국혁명과 더불어 대한민국 제3대 보수주의 혁명이라고 주장합니다.

민주화가 만능이 돼버린 어려운 시대에 10월 유신을 본격적으로 다루면서 독창성과 창의성이 뛰어난 논술을 내놓았다고 생각합니다.

특히 보수주의를 자처하는 사람들도 잘 모르는 보수주의에 대한 이론적 고찰을 통해서 10월 유신의 근본 철학을 제대로 설파함으로써 박정희 시대를 재조명하는 데 큰 역할을 했다고 생각합니다.

우수상 이다헌 씨는 연세대학교 정치외교학과 재학중이신데 이분도 트루스포럼 청년연합 소속이라고 해요. 이 분은 토크빌의 저서 「미국의 민주주의」에 나타난 사상을 통해서 박정희 대통령 시대, 특히 유신까지 포함해서 박정희 시대를 자유민주주의를 정착시키는데

큰 기여를 했다는 증명을 하고자 노력을 했습니다.

「미국 민주주의」라는 책의 본 뜻은 다음과 같은 의미를 갖는다고 이다헌씨는 주장을 합니다.

역사상 가장 성공한 민주주의 역사를 쓴 미국 민주주의가 통상적으로는 성문 규칙, 민주주의 법규를 통해서 이 민주주의가 잘 굴러가는 걸로 보통 생각합니다. 즉 메디슨 적 민주주의라고 하는 법칙 법규를 통해서 민주주의가 잘 돼야 된다는 생각을 많이 하는데, 토크빌이라는 사람은 법만 있어서 되는 건 아니고 그 법규를 잘 지키고 지킬 수 있는 환경을 만들어주는 문화나 경제

나 여러 가지 측면에서 주변 분위기가 조성이 돼야 민주주의가 성장할 수 있다는 점을 통찰했다는 거예요.

토크빌은 현실적으로 미국 민주주의의 성공 비결을 법규상으로 민주주의를 잘 규정한 건 물론이고 그다음으로 중요한 건 미국이라는 사회가 출발에서부터 평등한 사회로 출발했다는 거예요. 다 아시죠. 유럽에서 건너올 때 무슨 귀족의 친구를 가지고 온 사람들이 아니고 일반 평민들이 다 건너와서 신분적으로 평등했을 뿐만 아니라 미국에 와서 경제 생활도 상당히 공평하게 발전을 하고 자원도 풍부하고 부유한 환경 속에서 자유와 평등의 경제를 만들어냈기 때문에 민주주의의 자유 평등 사상을 수용하기 위해 참 좋은 여건을 가지고 있었다는 거죠.

또 하나는 미국은 당시 다른 나라와는 달리 정말 절해고도이죠. 유럽 선진국에서 볼 때는 아메리카는 아주 멀리 떨어진 절해고도의 미개한 땅이고 그런 곳에 국가를 만들었기 때문에 함부로 누구도 침략할 수 없는 안보상의 아주 안전한 체제를 가지고 있었기 때문에 이 두가지가 미국 민주주의를 발전시키는 데 큰 기여를 했다, 이런 거예요. 이 두 가지가 없었으면 미국의 법규를 통한 민주주의는 성공하기 어려웠을 거다. 이런 해석이에요.

그러니까 이런 관점에서 보면 서양 민주주의를 가지고 와서 다 제대로 발전된다고 얘기할 수 없다, 눈에 보이지 않는 비공식적인 여러 가지 환경이 잘 뒷받침을 해줘야 된다, 그런데 그것이 없는 상태에서 우리나라에 민주주의가 들어왔는데 박정희 대통령이 유신을 통해서 또 권위주의적인 정치를 통해서 그 두 가지를 다 이루었다는 거예요.

경제 발전을 이루어내고 공산주의의 침략을 막아냈기 때문에 이게 사실은 민주주의가 더 발전할 수 있는 바탕을 공고히 했다, 이런 면에서 박정희 대통령은 민주주의를 일으킨 위인이라고 우리가 불러야 하지 않겠느냐 하는 주장을 했습니다.

아주 정말 창의적인 발상이라고 생각을 하는데 그 토크빌을 해석하는 데 있어서 경제 문제의 중요성은 별로 얘기를 안 했다고 그래요. 우리 평가하는 사람들로서는 정치의 외부적인 여건으로서 사고를 확장하면 경제를 포함해서 충분히 얘기할 수 있습니다. 그런 발상의 전환을 통해서 경제 발전이 없이 민주주의가 안 된다는 부분은 이미 정치학계에서는 많이 평가되고 있습니다만 그런 주장도 다 포함을 해가지고 전향적으로 해석을 하지 않았느냐 이렇게 해석을 합니다. 그래서 아주 훌륭하다는 평가를 했습니다.

그 다음 장려상을 받은 최진씨의 「박정희 대통령이 이뤄낸 부국강병 대한민국의 두 축, 경부고속도로와 포항제철」이라는 논술문인데요, 박정희 대통령의 공적을 평가하는 방법을 어떻게 할 거냐 하는 측면에서는 아주 많습니다만, 고속도로하고 포항제철을 아주 가장 중요한 성과를 보고 이걸 추진하는 과정에서 여러 가지 에피소드를 많이 해 실제로 하는 과정에서 대통령을 통해 나온 여러 가지 일화들, 기업인들과의 접촉 과정에서 나온 여러 가지 스토리를 잘 엮어가지고 상당히 흥미 있게 잘 정리한 것으로 저희들이 평가를 했습니다.

그런데 특히 이 과정에서 박정희 대통령이 얼마나 실용적이고 현장 중심이고 실사구시적이었느냐는 걸 아주 명확하게 보여줘서 이런 걸 성공하면 대통령이 어떻게 되는지, 우리 윤석열 대통령이 무슨 일을 해야 하는지 아주 잘 설명해 주시지 않았나 하는 생각을 했습니다.

그리고 가작으로 조주형 씨가 '박정희 대통령의 위대한 유산'이라 해서 단일 전쟁지휘체제로서의 한미 연합사령부를 꼽았어요. 한미연합사령부가 박정희 대통령의 엄청나게 중요한 업적이라는 거예요.

저는 사실 재단 이사장을 하고 연구를 하면서도 이건 별로 그렇게 중요성을 못 느꼈고 안보 전문가들도 이 체제에 대해서 그렇게 언급한 사람이 별로 없는데 이 논문이 이걸 딱 꺼내서 이건 인류 지구상에서 동맹체제 중에는 가장 혁신적이고 새로운 아이디어다, 라는 거예요.

두 나라가 공동으로 군사권을 행사할 수 있는 동맹 체제를 만들어낸 건 너무나 창의적이고, 그래서 이것이 박정희 대통령의 대단한 값진 성과다, 이렇게 평가를 해서 저도 공부를 많이 하게 됐습니다.

정말 그동안 부각이 안됐는데, 물론 오늘 앞서 이승만 대통령이 한미동맹을 통해서 제2의 건국을 하셨다고 그랬는데 그 당시에는 작전지휘권 이것에 대해서는 이승만 대통령이 그냥 맡겼을 뿐이지 제도적으로 장치가 미비했다는 거죠. 이 제도를 박정희 대통령이 정착시키는 과정에서 미군과 한국군이 똑같이 참여하는 공동운영체제를 아주 체계적으로 잘 만들었다는거죠. 여러분들이 이런 훌륭한 제도가 없다고 평가를 했어요. 그래서 아주 흥미롭게 봤습니다.

또 한편의 가작 박현정양이 수원 망포고등학교 재학생인데 17세예요. 「하늘이 내린 지도자 박정희 대통령」이라는 글을 쓰셨는데, 대통령의 업적이 아주 궁금하잖아요. 이게 재미있게 써내려 간 거예요. 박현정양은 업적을 열거하면서 왜 이 일을 했나, 왜 꼭 그 일을 했지, 이런 식으로 의문을 제기하고 그에 대한 답을 찾는 거예요. 그래서 우리는 보통 이거 이거 했다고 그러는데, 왜 그걸 하고 그다음에 왜 이걸 했지, 왜 이걸 하지 않으면 안 됐을까 하는 아주 논리적인 그런 사고를 통해서 호기심을 자문자답하는 형식으로 풀러 나갔는데 결론은 뭐냐 하면 우리는 현재 박정희 대통령의 유산을 먹고 살고 있다. 앞서 음수사원(飮水思源) 얘기도 나왔습니다만, 이 학생이야말로 음수사원의 이치를 아주 잘 이해했고 우리 국민들한테도 조언을 하는 게 아닌가 싶었습니다.

다음에 또 한편의 가작인 김민정양은 또 수원 곡정고등학교 졸업반인데 이제 18살이에요. 알고 보니까 이 두 학생이 같은 선생님들에게서 공부해서 아주 비슷한 내용인데 김민정양은 소설로 썼어요. 대통령님에 대해 아주 궁금한 사항이 많은데 잠자다가 꿈에 대통령을 만나서 대통령님과 계속 대화를 하는 거예요. 앞서의 박현정 양은 자기가 질문을 던지고 자기가 답하는 식으로 분석을 해나가는데, 이 학생은 대통령이 이렇게 말씀하신다 즉 대통령이 유소년 시절이라든가 청년 시절, 또는 대통령 된 다음에 하신 일들을 대통령님이 직접 스스로 좀 얘기하게 하는 방식으로 아주 흥미롭게 정리를 했습니다. 그래서 앞으로 소설가가 돼서 '대하 소설 박정희'를 쓰면 얼마나 좋을까 하는 그런 생각을 했습니다.

제가 이제 마지막으로 느끼는 건, 이런 논술문 공모전 등을 통해서 계속 공부도 하고 앞으로 사회에서 존경을 받고 더 나아가 좋은 직장을 가질 수 있었으면 하는 겁니다.

이건 우리의 책임이에요. 기성세대 특히 정부나 이런 데서 이승만 박정희 논술대회에서 무슨 상을 받았거나 기여를 했으면 기업 같은 데에서도 이력서를 보고 우선해서 뽑겠다. 정치권에서도 제일 먼저 데려가고 공천 주겠다. 대학 대학원에서는 이렇게 대한민국을 제대로 공부한 사람에게 학점을 줘가지 뽑는 그런 사회가 돼야 하겠다라는 겁니다.

오늘 수상하신 분들은 아주 고생 많이 하셨고요 수상 못 한 분들은 좀 더 분투해서 다음 번에 또 기회가 되는 공모에 참여하면 좋겠습니다.

감사합니다.

- **심하연** (이승만 대통령 부문 최우수상)

논술 동화 공모전이 제2회를 맞이한 것을 진심으로 축하드립니다.

저는 경희사이버대학교(이하 경희대학교) 글로벌경영학과 3학년에 재학중인 직장인 겸 대학생입니다. 제가 이 대회에 참석하게 된 계기는 제가 재학 중인 경희대학교 앞에 게시된 공고문을 보게 되었고, 아버지께서 역사를 알아야 된다는 신념과 부합되어서 이 대회에 참가하게 되었습니다. 도서관에서 많은 관련 서적들을 통해 자료를 읽어보면서 논술문을 작성하는 과정에서 과거 개발도상국이었던 대한민국이 이렇게 선진국 대열에 올라서게 된 것도 대한민국 최초 박사인 이승만 대통령의 시장 경제 체제 등이 밑바탕이 되었다는 것과 현재 우리나라 민주주의도 결국 자유민주주의 건국 이념에 기반이 되어 성취되었다는 것입니다.

그리고 오늘날 세계 속의 경제와 진정한 민주주의의 선진국인 대한민국으로 발전할 수 있는 기틀을 이승만 대통령이 만들었다는 걸 알게 됐을 때 제가 그동안 몰랐던 업적들에 대해서 많이 놀라웠습니다. 개인 적으로는 모태신앙이고 크리스천으로서 기독교 정신을 바탕으로 한 입 국론에 대해서도 굉장히 인상 깊었고,

최초의 박사 학위를 취득한 것을 보고 저도 대학원까지 진학하고 싶은 사람으로서 젊은 시절 이승만 대통령이 너무 부러웠습니다. 현재 젊은 사람들이 역사를 제대로 알아야 앞으로 우리나라를 이끌어갈 수 있는 지도자를 선택해야 하는 순간에도 많은 도움이 될 거라고 생각을 합니다.

앞으로 저를 비롯해 대한민국의 많은 젊은 사람들이 초대 대통령에 대해 많은 관심을 가지므로 진정한 지도자의 표상을 잘 인지할 수 있기를 바랍니다. 제가 드리고 싶은 말씀은 대통령이 재임한 시대에 살았던 사람이 아니라면, 저와 같은 세대 혹은 어린 세대라면 그 사람을 정말 잘 모른다는 것이었습니다. 제가 이 글을 쓸 수 있었던 이유는 100년 전 인물이었던 그를 지금 현 시대 사람으로 생각해서 대화를 한 것입니다.

저는 그 과정을 책을 통해서 할 수 있었습니다. 그리고 대통령 보좌관을 하셨던 경희대학교 강원국 교수님의 글쓰기 강의에서 글을 쓸 때는 필자 그리고 독자와 수많은 대화를 하라고 했습니다. 저는 이승만 대

통령이 제 나이 대 부분에 책을 읽을 때는 실제로 지금 내 옆에 청년 시절 이승만이 있었다고 떠올리면서 읽었습니다.

이게 대통령이라는 직업을 가진 사람과 가까워지고 싶고, 가까이 하려는 저의 의지가 없었다면 이 글을 끝까지 완성할 수 없었을 것입니다.

글의 시작과 과정에 많은 도움을 주시고 응원해 주신 아버지, 어머니와 그리고 박정희 (논술)부문에 같이 참여하면서 책을 빌리고 출품하기까지 최선을 다했던 저희 언니와

최우수상 수상 발표가 나고 칭찬을 아끼지 않은 남동생에게도 감사의 말을 전하구요.

그리고 무엇보다 글을 잘 쓰도록 강의해 주신 경희대 교수님들께도 감사드립니다. 이렇게 대한민국의 청년층을 대표해서 최우수상을 수상하게 해주셔서 너무 감사드리고 이 공모전에 참여하신 저를 제외한(비롯한) 모든 수상자분들께도 축하를 드립니다.

이 대회에서 끝나는 것이 아니고 앞으로 대한민국이 융성한 발전이 있기를 기원합니다. 다시 한 번 주최 측 자유민주당 대표 고영주 변호사님과 자유민주아카데미 이석우 원장님을 비롯하여 심사위원분들과 대회에 도움을 주신 모든 분들께 감사 인사를 전합니다.

■ **김은구** (박정희 대통령 부문 최우수상)

제가 사실 '응모하는 게 맞나', '후배들한테 기회를 주는 것이 맞지 않나' 이런 생각에 주저하는 마음이 컸습니다. 그런데 제가 써야 할 글이 있었습니다.

박정희 대통령은 소위 보수우파 진영의 가장 위대한 대통령이라고들 하는데 보수주의자의 관점에서 박정희 대통령을 평가한 글을 찾기 어려웠습니다. 오히려 '박정희 대통령은 진보다.', '박정희 대통령이야말로 사회주의자다.'라는 주장들이 난무합니다. 박정희 대통령이 사회주의자라는 주장은 남로당 가입 이력을 비롯해서 박정희 대통령의 국가주도 경제성장을 국가사회주의로 평가한 것인데, 평소 이런 주장들에 대한 답변을 정리할 필요를 느꼈습니다. 사실 작년에 진행된 제1회 공모전에 이런 글을 써보라고 트루스포럼 친구에게 권했는데 아무도 도전하는 사람이 없었습니다. 그래서 결국 제가 써야겠다는 생각에, 또 제가 쓰지 않으면 이런 글이 나오는데 시간이 좀 걸리겠다는 생각에 글을 쓰게 됐습니다.

트루스포럼은 보수주의를 표방하고 있습니다. 보수주의는 어려운 것이 아닙니다. 우리 사회가 지켜야 할 본질적인 가치들을 지키는 것이 보수주의입니다. 결국 하나님의 형상대로 창조된 인간의 존엄과 책임 있는 자유, 진실·진리의 가치를 지키는 것이 보수주의의 핵심입니다. 보수주의자의 시각에서도 박정희 대통령과 유신은 충분히 긍정적으로 평가될 수 있습니다.

보수주의 혁명이 가능한지에 대해서도 논란이 있습니다. 보수주의 혁명이라는 것 자체가 언어모순이고 불가능하다는 주장이 많이 퍼져있습니다. 하지만 이런 이해는 대한민국 보수주의 연구가 주로 좌파 진영에 의해 진행되어 온 현실과 무관하지 않습니다. 2008년, 보수주의의 경전이라 불리는 에드먼드 버크의 '프랑스 혁명에 대한 성찰'이 경희대 이태숙 교수님의 번역으로 한국에 출판됐습니다. 그런데 이분은 사실 진보 성향의 학자로 분류되는 분입니다. 성경책을 스님이 번역하신 것과 다름없는 상황인데, 안타까운 것은 보수주의에 대한 이런 분의 견해를 보수진영 안에서도 별다른 비판 없이 그대로 수용하고 있습니다. 그래서 이런 상황에 대응하고 보수주의자의 관점에서 박정희 대통령을 평가하는 글이 필요하겠다고 생각해 왔습니다.

이런 마음이 있더라도 없는 글을 쓰는 게 사실 쉽지는 않습니다. 그런데 논술문 공모전을 개최해 주셔서 이렇게 생각을 정리하고 글을 쓸 기회를 주신 자유민주당 고영주 대표님과 이석우 총장님께 진심으로 감사드립니다. 그리고 대한민국과 자유민주주의를 위해 꾸준한 지원을 계속해 주신 김박 회장님께 진심으로 감사드립니다. 제가 지난 6년 동안 활동하면서 김박 회장님처럼 이렇게 적극적으로 꾸준하게 나라를 위한 모든 활동을 지원하시는 분을 많이 뵙지 못했습니다.

보수주의자를 그저 수구적인 성향의 사람들로 오해하는 분들이 적지 않습니다. 하지만 보수주의는 인간의 존엄과 책임 있는 자유 또 진실의 가치를 지키는 것이기 때문에 이러한 가치가 무너질 때, 보수주의자들은 누구보다도 혁명가적인 면모를 보입니다. 이런 상황에서 목숨 걸고 싸우는 사람들이 바로 보수주의자입니다. 그런 의미에서 저는 여기 계신 분들이 보수주의 혁명가라 생각합니다. 또 지난 6년 동안 나라 걱정에 편안한 삶을 마다하고 목소리 내며 행동해 오신 분들이 바로 보수주의 혁명가입니다. 또한 그런 의미에서 유신은, 박정희 대통령의 산업혁명은, 대한민국의 보수주의 혁명입니다.

유신의 시대적 배경을 망각하고 민주화라는 잣대로 유신을 재단하는 경향이 있습니다. 문화대혁명과 대기근으로 중국에서는 수 천만 명이 죽었습니다. 연구에 따라 차이가 있지만 약 8천만 명이 사망한 것으로 추정됩니다. 캄보디아에서는 닉슨 독트린의 여파로 킬링필드가 자행됐고 약 300만 명이 사망했습니다. 이러한 참상들이 바로 유신을 전후로 한 시기에 발생했습니다. 많은 분들이 이런 시대적 사실을 놓치고 계십니다. 킬링필드가 대한민국에서도 발생할 수 있었던 것입니다. 게릴라전을 통해 공산주의가 세계적으로 발호하던 그때, 박정희 대통령은 시대적 위기 상황을 직시하고 유신이라는 결단을 내렸습니다. 중화학 공업 육성을 통한 경제 발전도 모두 유신 이후에 이루어진 것입니다. 그렇기 때문에 유신이야말로 대한민국의 보수주의 혁명이라 할 수 있습니다.

대한민국 최초의 보수주의 혁명은 독립정신을 바탕으로 태동한 3.1 운동에서 시작됩니다. 3·1 운동은 일본의 압제와 폭력, 거짓에 대한 저항이었습니다. 이 3·1혁명으로 시작된 대한민국의 보수주의 혁명은 이승만 대통령의 건국혁명으로 첫 열매를 맺습니다. 그리고 대한민국 세 번째 보수주의 혁명이자 산업혁명인 박정희 혁명, 즉 유신을 통해 또 다른 열매를 얻었습니다. 하지만 이승만 대통령의 건국 혁명과 박정희 혁명은 아직 미완의 혁명입니다. 3·1 운동은 독립정신에 바탕을 둔 한반도 전체의 온전한 해방과 건국을 염원했기 때문입니다. 휴전협정이 체결되는 날 이승만 대통령은 북한 동포들의 해방을 약속했습니다. 유신의 궁극적인 목적은 대한민국이 자유의 파도가 되어 북한을 해방하고 평화 통일을 완수하는 것이었습니다. 그런 의미에서 대한민국의 보수주의 혁명은 아직 진행 중인, 미완의 혁명입니다. 자유의 파도가 북한을 덮는 날, 3.1운동으로 시작되고 이승만·박정희 혁명으로 열매를 맺은 대한민국 보수주의 혁명은 마침내 올곧게 완수될 것입니다. 여기 계신 모든 분들이 함께 이 혁명을 완수해 주시기 바랍니다. 감사합니다.

■ **박상윤** (이승만 대통령 부문 우수상)

현직 초등교사로서 현재 우리 아이들이 배우는 역사 과목 교과서에서 이승만 대통령이 어떻게 그려지고 있는지를 보고 있노라면 분노하지 않을 수가 없었습니다. 현재 대한민국에서 살아가고 있으며, 미래의 이 나라 대한민국을 더욱 멋진 나라, 부강한 나라로 만들어 나가기 위해 올바르게 성장해야 하는 어린이들에게 국부 이승만 대통령에 대한 오해를 심어주는 교과서는 자격이 없는 교과서입니다.

이에 현재 초등학교 5~6학년 학생들이 배우고 있는 초등학교 사회 교과서의 역사 부분에서는 이승만 대통령을 어떻게 서술하고 있는지를 먼저 분석해보고, 그 문제점을 바탕으로 현재 잘못되어 있는 교과서를 어떤 방향으로 바꾸어야 하는지에 대한 고민을 함께 해 보고자 이번에 응모했습니다.

다행히도 결과가 좋아 출품작 중에서 두 번째로 높은 우수상을 받게 되었는데, 제가 우수상으로 선정되었다는 사실보다 현재 우리 아이들이 배우고 있는 교과서에서 이승만 대통령을 어떻게 그리고 있는지를 많은 사람에게 알릴 수 있게 된 점, 그리고 이번 수상을 계기로 함께 이 문제에 대해 고민해볼 수 있는 계기를 마련하게 되었다는 점이 더 기쁩니다.

대한민국 건국의 아버지 이승만 대통령이 '그저 부정선거를 저질러서 국민의 뜻에 따라 하야를 한 대통령'으로 기억되어서는 절대로 안 됩니다. 그렇게 기억이 되는 순간, 우리나라 대한민국 자체가 부정당하는 것과 같은 결과를 불러올 것입니다. 그 당시 공산주의의 광풍이 몰아치던 국제 정세 속에서 이 나라 대한민국을 어떻게 자유민주주의 국가로 세울 수 있었는지, 북한 공산당과 중공, 그리고 소련의 야욕으로 말미암아 자행된 불법 남침으로부터 어떻게 이 나라의 자유민주주의를 수호했는지, 전쟁으로 폐허가 된 나라를 어떠한 비전으로 재건했는지를 널리 알려야 합니다.

1945년 일제로부터 해방이 된 이후, 자유민주주의와 자본주의 체제를 통해 나라를 세우고 그 바탕에서 부국강병을 이루어 해방 당시 경제적으로 우리를 앞서있던 북한을 넘어서 전 세계에서 손꼽히는 경제 대국으로 성장한 우리나라 대한민국의 역사를 올바르게 배우고, 그것을 바탕으로 더 밝은 대한민국의 미래를 만들어 나가기 위해 무엇보다 선결되어야 하는 과제가 바로 '이승만 대통령 바로 세우기'입니다!

동서고금을 막론하고, 한 나라를 건국한 인물 중에 이승만 대통령처럼 그 나라의 국민에게 오해를 받는 인물은 거의 없을 것입니다. 오해를 바로잡고, 지금의 우리나라 대한민국이 존재할 수 있었던 그 출발점이 된 건국 대통령 이승만에 대한 국민의 평가가 바로 서는 날, 우리나라 대한민국이 바로 서서 더욱 발전할 수 있을 것이며, '바로 서기'의 출발점은 우리의 미래를 짊어질 학생들이 이승만 대통령에 대해 바로 알도록 교과서를 바로잡아 올바른 교육을 받도록 하게 만드는 것일 겁니다.

전국의 수많은 청년이 응모한 논술문 중에 저의 부족한 글을 높게 평가해 주셔서 감사합니다. 저의 글이 이승만 대통령에 대한 평가와 대한민국의 역사를 바로잡을 수 있는 큰 움직임에 아주 작은 보탬이 될 수 있어서 영광입니다. 제가 쓴 글을 시발점으로 하여 후속 연구 및 바로잡을 방안 마련에 대한 치열한 고민으로 이어지기를 희망합니다. 감사합니다.

■ 이다헌 (박정희 대통령 부문 우수상)

작년에 이승만 대통령을 주제로 공모전에 제출했다가 100만 원을 받았습니다. 이번에는 500만 원 받고 돌아가서 너무 기쁩니다. 내년에는 이제 최우수상 받아서 1000만원을 노려보도록 하겠습니다.

먼저 하나님께 영광과 감사 말씀을 드립니다. 그리고 또 오늘 이 자리를 마련해 주신 고영주 대표님과 또 이석우 원장님께 감사 말씀드립니다. 그리고 또 저를 이렇게 잘 길러주신 우리 엄마 저기 참석해 주셨는데, 엄마한테도 감사합니다. 아빠는 지금 유튜브를 보고 계신다는데 아빠한테도 또한 감사합니다. 제가 저를 봐도 이렇게 기특한데 엄마 아빠는 얼마나 기특하게 여기실까요? 그리고 또 사실 이번에 좀 돈이 필요한 상황이었습니다. 이렇게 큰 후원을 해주신 김박 회장님께도 너무나 감사드립니다.

오늘 이렇게 나라를 사랑하고 또 이승만 박정희를 사랑하시는 이런 대단하신 분들을 여기서 만나 뵙게 되어서 너무나 큰 영광입니다. 그리고 또 한편으로는 큰 위로가 되었습니다. 위로가 되었다는 것은 제 마음의 아픔이 사라졌다는 것입니다. 제 마음의 아픔은 역사가 왜곡되고 또 이승만 박정희에 대해서 상당히 많은 사람들이 그릇된 시선으로 바라본다는 것이었습니다. 그러나 이렇게 나라를 사랑하시고, 옳은 시선으로 역사를 바라보기를 원하시는 분들과 함께하게 되어서 위로가 됩니다.

저는 제가 어렸을 때 만으로 15살, 또 우리가 통상적으로 이야기하는 나이로 17살 때 "나는 하나님을 위하여, 그리고 하나님이 사랑하신 이 대한민국을 위하여 그리고 또 이 민족과 나의 사랑하는 조국 대한민국을 위하여 이 몸을 바치겠다." 이런 다짐을 했었습니다. 지금 저는 그 생각을 버리지 않고, 지금 점점 한 발자국씩 걸어가고 있습니다. 저는 이런 시작점의 시기에 이렇게 큰 상을 받을 수 있어서 아주 감사하고 기쁩니다. 정말 감개무량하고 또 앞으로 분골쇄신하여 나라와 민족을 위하여 열심히 노력하는 인재가 되겠습니다. 감사합니다.

■ **김호영** (이승만 대통령 부문 장려상)

안녕하십니까, 장려상 수상작 「대한민국을 대한민국으로」 지은이입니다.

먼저, 공모전을 준비해 주신 자유민주당에 감사의 말씀을 드립니다. 그간 저는 앞선 역사에 대해 다소 막연하게 생각해왔습니다. 물론 생각의 방향이 틀렸다고 여긴 적은 없지만, 세세한 부분까지는 알아볼 여유가 없었습니다. 이번 공모전을 계기로 다양한 자료를 찾아보며 부족함을 메꿀 수 있었습니다.

함께 수상의 영광을 안은 분들께도 축하의 말씀을 전합니다. 아울러 감사의 말씀을 드리고 싶습니다. 사회 곳곳에서 묵묵히 자신의 자리를 지키며 대한민국과 자유민주주의의 소중함을 마음속에 새기고 살아가는 분들이 절대 적지 않기에, 지난 고난의 세월에도 불구하고 우리나라가 굳건히 서 있을 수 있다고 믿습니다.

제가 부족한 지식과 글솜씨로나마 이번 공모전에 참가하게 된 계기는 단순합니다. 우리가 그간 항상 당연하다고 생각했던 것들이 위협받고 있기 때문입니다. 이러한 위협에 적절히 대처하지 못하게 되면 점차 모든 일에 있어서 기대 수준이 낮아지고, 위기의식이 저하됩니다. 그러다 보면 결국 나라가 망하게 될 것이라는 위기감이 높아졌습니다.

봄부터 겨울까지 어느 계절 할 것 없이, 미세먼지가 자욱해진 풍경이 언제부터 당연하게 여겨졌습니까? 그나마 미세먼지는 눈에 보이는 존재이고, 예민한 사람이라면 눈과 코에 고통을 느껴 마스크를 써서 자신을 지킬 수라도 있습니다. 이와 같은 이야기로서, 당장 우리나라에 미사일과 포탄이 떨어진다면 그것은 눈에 보이는 위협이고, 대부분 사람은 그것을 개인과 국가에 대한 공격으로 분명히 인식하게 됩니다.

그러나 사람의 내면이라 할 수 있는, 사상과 생각은 눈으로 볼 수 없기에 언젠가 말과 행동으로 터져 나오기 전까지는 무엇이 잘못되었는지 알 길이 없습니다. 따라서 잘못된 교육, 부정한 정치, 왜곡된 사고는 즉시 나라를 망치는 것이 아니라, 서서히 병들고 죽어가게 합니다.

저는 매사 상당히 둔감한 사람이라고 생각합니다만, 그동안 우리의 자유를 말살하려 하는 특정 세력의 행태가 도를 넘은 것 하나는 분명하다고 봅니다. 관용과 다양성이라는 핑계로 너무 오랜 시간을 흘려보낸 것도 사실입니다.

그들은 우리나라가 힘들게 세워놓은 '자유와 민주의 가치'를 왜곡하여 대한민국을 무너뜨리고 동맹을 파괴하는 시위에 사용해 왔습니다. 나아가 교육, 노동, 양성평등과 같은 다양한 분야에서 극도의 갈등을 조장해 나라를 분열시켜 왔습니다. 어른들은 갈기갈기 찢어진 사회에서 자신을 숨기고 살아가며, 아이들은 오염된 교육과정과 사회환경을 경험하며 망가져 가고 있습니다.

눈에 보이는 위협에 대비하는 것만으로는 부족합니다. 정신과 사상에 대한 침략에 반드시 적절한 대처가 있어야만 합니다. 늦었더라도 나서야 합니다.

그래서 우리는 건국과 부국을 이뤄낸 가장 첫 사람들의 생각과 행동, 업적에 대해 보다 구체적인 이야기를 다시 생산하고, 더 세련된 방법으로 전파할 필요가 있습니다. 미래를 그리며 노력했던 그들의 정당성과 업적을 알리고, 오늘의 평안과 행복을 과거의 고난과 노력의 연장선상에서 바라볼 수 있게끔 자세하게 설명해야 합니다. 누구나 관심만 있다면 해 낼 수 있습니다.

지금부터라도, 우리 손끝에서부터 시작해 보면 어떨까요?
감사합니다.

화보

이승만 건국 대통령·박정희 부국강병 대통령
청년 논술문·전 국민 동화 공모전
시상식 현장 모습

시상식장 무대

시상식장 내빈들

개회사: 고영주(자유민주당 대표)

사회: 이석우(자유민주아카데미 원장)

축사: 인보길(뉴데일리미디어그룹 회장/전 조선일보 편집국장)

축사: 손병두(전 박정희대통령기념재단 이사장/서강대총장)

축사: 박상재(한국아동문학협회 이사장)

심사평: 신철식(전 이승만건국대통령기념사업회 회장)

심사평: 좌승희(박정희대통령기념재단 박정희학술원장)

수상: 김은구(최우수상), 시상: 김박(앨트웰 회장)

수상: 심하연(최우수상), 시상: 고영주(자유민주당 대표)

수상: 김도식(최우수상), 시상: 인보길(뉴데일리미디어그룹 회장)

수상: 이다헌(우수상), 시상: 손병두(전 서강대 총장)

수상: 김정애(우수상), 시상: 박상재(한국아동문학인협회 이사장)

수상: 김호영母(장려상), 시상: 신철식(우호문화재단 이사장)

수상: 최진(장려상), 시상: 좌승희(박정희대통령기념재단 박정희학술원장)

수상: 김규태(가작), 시상: 김박(앨트웰 회장)

수상: 설총명母(가작), 시상: 김박(앨트웰 회장)

수상: 이하은(가작), 시상: 이석우(자유민주아카데미 원장)

수상: 조주형(가작), 시상: 김대남(대통령실 비서관대리)

수상: 박현정(가작), 시상: 김대남(대통령실 비서관대리)

수상: 김민정(가작), 시상: 김대남(비서관대리)

수상: 박상윤(우수상)

수상자, 시상자 모두 함께

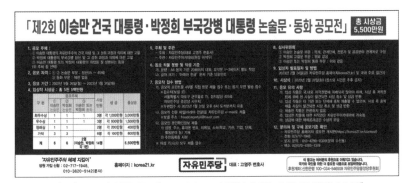

제2회 공모전 신문 공고(2022.9.27 조선일보 34면, 9.26 문화일보 31면)

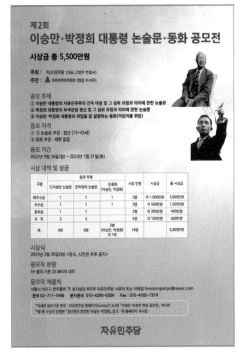

제2회 공모전 포스터

제2회 공모전 포스터

제2회 공모전 플랜카드
(서울·수도권 대학들에 게시)

시상식 리플렛 표지

시상식 리플렛 안쪽

제2회 이승만 건국 대통령·박정희 부국강병 대통령 청년 논술문·전국민 동화 공모전

주최 자유민주당 **주관** 자유민주아카데미
(총상금 5500만원, 응모 2022.9.21.~2023.1.31.)

공모 주제
○ 이승만 대통령의 자유민주주의 건국 이념 및 그 성취 과정과 의미에 대한 고찰
○ 박정희 대통령의 부국강병 정신 및 그 성취 과정과 의미에 대한 고찰
○ 이승만 대통령과 박정희 대통령의 위업을 알려주는 어린이를 위한 동화

이승만 대통령 논술문 부문	최우수상 (1000만원)	우수상 (500만원)	장려상 (200만원)	가작 (3명 각 100만원)
	심하연(26세) 대한민국의 자유는 어디로부터 왔는가	박상윤(39세) 초등학교 '사회(역사)' 교과서부터 바꾸어야 이승만 대통령 평가와 대한민국을 바로 세울 수 있다.	김호영(36세) 대한민국을 대한민국으로	김규태(42세) 설홍명(37세) 이하은(22세)

박정희 대통령 논술문 부문	최우수상 (1000만원)	우수상 (500만원)	장려상 (200만원)	가작 (3명 각 100만원)
	김은구(45세) 유신, 대한민국 세 번째 보수주의 혁명	이다현(20세) 토크빌의 「미국의 민주주의」를 통해 본 박정희와 자유민주주의	최 진(24세) 박정희 대통령이 이룩한 부국강병 대한민국의 두 축, 경부고속도로와 포항제철	조주형(33세) 박현정(17세) 김민정(18세)

이승만 박정희 어린이 동화 부문	최우수상 (1000만원)	우수상 (500만원)	심사위원장
	김도식(50세) 새벽빛	김정애(67세) 순덕이네 집	신철식 우호문화재단 이사장 좌승희 박정희대통령기념재단 박정희학술원 원장 김원석 한국아동문학인협회 고문

시상식 2023년 2월 28일(화) 오후 3시, 자유민주당 중앙홀 (서울 마포구 큰우물로 75)

제2회 공모전 시상식 개최 및 수상자 발표(2023.2.27 조선일보/문화일보 34/31면)